上海韬奋纪念馆 编

1933

生活書店

会议记录1933—1945

——排印本——

1945

中华书局

图书在版编目（CIP）数据

生活书店会议记录. 1933-1945/上海韬奋纪念馆编. —北京：
中华书局,2022.11
（韬奋纪念馆馆藏文献丛书）
ISBN 978-7-101-15962-2

Ⅰ.生⋯　Ⅱ.上⋯　Ⅲ.生活书店-会议资料-1933~1945
Ⅳ.G239.22

中国版本图书馆 CIP 数据核字（2022）第 198452 号

书　　名	生活书店会议记录 1933-1945
编　　者	上海韬奋纪念馆
丛 书 名	韬奋纪念馆馆藏文献丛书
责任编辑	吴艳红
装帧设计	刘　丽
责任印制	管　斌
出版发行	中华书局
	（北京市丰台区太平桥西里 38 号　100073）
	http://www.zhbc.com.cn
	E-mail:zhbc@zhbc.com.cn
印　　刷	天津图文方嘉印刷有限公司
版　　次	2022 年 11 月第 1 版
	2022 年 11 月第 1 次印刷
规　　格	开本/889×1194 毫米　1/16
	印张 31¼　插页 6　字数 600 千字
印　　数	1-2000 册
国际书号	ISBN 978-7-101-15962-2
定　　价	99.00 元

「韬奋纪念馆馆藏文献」丛书

编辑工作委员会

主 编　徐 炯

编 委　赵书雷　贾雪飞　王 晨

　　　　张 霞　王草倩　吴艳红

　　　　周祯伟

生活书店最早使用的店招

生活书店店徽

生活书店早期在沪店址，位于陶尔斐斯路（今南昌路）

生活出版合作社信條

一　服務社會

二　贏利歸全體

三　以共同努力謀社員福利

四　社務民主化

胡愈之　君於民國三十二年七
月一日加入生活出版合作社為社
員依照本社章程獲得社員待遇特此
為證

民國三十三年七月八日

常務理事　畢雲程（簽名蓋章）

胡愈之生活出版合作社社员证

生活書店理事會第一次會議記錄

日期　二十八年一月一日

地點　重慶由以巷十六号總處

出席理事　沈鈞儒　徐伯昕　胡愈之　王志莘　杜重遠　王志莘　王寿来　張仲實

記錄　王泰來（張錫榮代）

臨時主席　徐伯昕

生活书店理事会第一次会议记录（1939年1月1日）

生活书店同人于汉口合影〔1938年。前排左起：诸侃、吴彬、沈俊元、罗颖、许觉民、吴德迈、金汝楫、黄川（黄宝珣之女）、徐启运；中排左起：杨文屏、毕青、徐宗福、钱小柏、黄宝珣、徐植璧、岳剑莹、孙洁人、张又新、顾一凡、徐伯昕、艾寒松、周名寰；后排左起：严长衍、邵峻甫、张志民、包士俊、任乾英、张仲实、方学武、黄洪年、仲秋元、董文椿、祁保恒〕

韬奋（右四）、沈钧儒（左四）赴江西德安前线慰问抗日战士王炳南（拿锦旗者）等人（1938年）

生活书店香港分店，位于香港皇后大道中 54 号二楼

生活书店新加坡分店，位于大坡马路 186 号（1939 年）

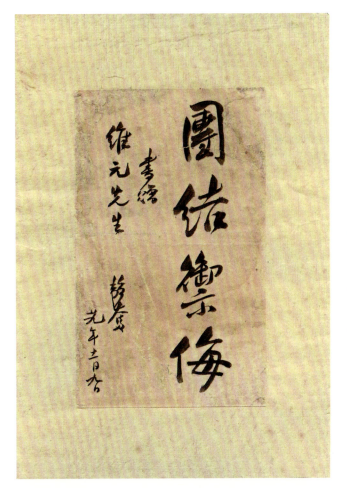

韬奋在重庆主编《全民抗战》期间为张维元题词（1940年）

国民党查封生活书店衡阳支店、新知书店衡阳分店，职工十余人被捕，43天后取保释放，在旅馆留影（1940年。前排左起：储继、陆仁德、王华、金伟民、王产元、王焕洪、方学武、严长庆；中排左二起：吴文琛、王解谷、郭智清、陈日超；后排左起：马肇光、刘继武、王仿子、赵海青、沈勤南、曾淦泉）

皖南事变后，生活书店分支店仅剩重庆分店一家未被国民党封闭，渝店同人在店前合影留念（1942年1月3日）

广东连县兄弟图书公司同人合影（1944 年。左起：文子冈、董顺华、蒋美方、唐泽霖、沈汇）

延安华北书店外景（左一：李文；前蹲者：林默涵）

沈静芷（左）、黄洛峰（中）、徐伯昕（右）主持三店合并成立三联书店（1948年，香港）

1948年10月，在香港庆祝三联书店成立联欢合影。前排左起：王仿子、潘经中、濮光达、胡绳、艾明之、张明西、陈正为、汪允安、蔡学昌；后排左起：杨文屏（永祥）、徐伯昕、程浩飞、蓝真、董文椿、王高嵩、王桂鸿、潘宝洪、涂敬恒、刘容光（文屏爱人）

凡　例

　　《生活书店会议记录1933—1945》原稿为民国时期手写文献,系繁体竖排,其中部分草书有一定辨识难度,个别处亦存在一定的错漏与笔误,故为方便学界研究和大众阅读,特整理本简体横排本。因本书内容涵盖自1933至1945年,时间跨度达12年,历经抗日战争及解放战争时期,会议记录内容及会议体例颇为复杂,故将编校过程中的整理凡例说明如下:

　　一、体例问题。在尽量保留原会议记录大貌和层级的宗旨下,对上下两个层级内容使用相同序号者,按当下读者习惯,区分出不同层级。正文中的章程、条例等作为独立部分用楷体字,以与正文区分。每个会议记录体例统一,但因全稿包含的会议记录情况复杂,不做全书体例统一。

　　二、缺字问题。漫漶不清处及不能确凿判断的字词,以缺字符□表示;若难以判断缺字数量,则以□……□表示;辨认不清的字,用符号☒表示。

　　三、改正字、增加字用六角括号〔〕,字号同正文;原错字、删除字用圆括号(),小字表示。

　　四、为方便阅读,标点符号多用现代标点规范,如书名、报刊名统一用书名号。

　　五、什志、佩带、截止、定户、声请、坐位、连系等词,虽与现代汉语规范不一,但不影响理解,照录。

　　六、同一人名存在大量用字不一的情形,为便于理解,多统一成常用名。如王泰来、王太来实为一人,统一成王太来,其他资料中的王泰雷是其后期用名;张知新、张志辛、张知辛实为一人,统一成张知辛;黄孝平、黄孝苹、黄晓萍实为一人,统一成黄孝平;张通英与张通云实为一人,统一成张通英。也有少数人名读音相同,用字不同,因不能判断是否为同一人,照录。又,因字号、笔名、又名、更名等原因,胡愈之与胡伏生、毕云程与毕新生、陈锡麟与陈雪岭、艾寒松与艾逖生、顾一凡与顾冀然、黄炎培与黄任之、柳湜与柳乃夫、诸祖荣与诸度凝,前后人名实为同一人,照录,不做统一。

　　七、原影印本四册附录集中置于书末作为本册附录。但第一册《生活书店会议记录 1933—1937》附录之"生活出版合作社会议记录原稿散件",因文字多有残缺,且系底稿,与正文有重复,不录;第四册《生活书店会议记录 1940—1945》附录之"生活书店为封店事与国民党政府间往来函件及底稿"因底稿模糊,亦不录。

　　以上为主要说明事项。本书文字虽已尽可能辨认,但难免有失误,其他方面亦恐有未尽事宜,敬请读者方家不吝赐教!

前　言

在中国现代出版史上，由邹韬奋、徐伯昕等人创办的生活书店留下了浓墨重彩的一笔。1932 年 7 月，民族危难之时，生活书店在当时全国的出版中心——上海成立，其前身是生活周刊社书报代办部，由韬奋主编的《生活》周刊曾创下 15.5 万份全国书刊发行量纪录。生活书店对内为生活出版合作社，每一个工作人员都是书店的主人。由胡愈之起草的"合作社章程"中有三项原则规定：经营集体化、管理民主化、盈利归全体。生活书店以"促进文化、服务社会"为主旨，致力于进步书刊的出版。全面抗战爆发后，它成为战时文化抗战的一支重要力量，供应战时文化之所需，先后建立了遍布全国的 55 家分支店及办事处，大量出版宣传马列主义进步思想的书刊，对宣传抗日救国、推动进步文化的发展起到了不可磨灭的作用。在侵华日军和国民党当局的双重摧残下，进行了顽强抗争和不屈"苦斗"，启蒙和鼓舞了一代中国人走向进步与革命的道路。生活书店与新知书店、读书出版社一同积极投入到宣传抗日、普及革命理论、号召和教育群众的工作中，成为进步文化的坚强堡垒。1948年 10 月，生活、读书、新知三家书店合并成立生活·读书·新知三联书店，开启新的书业征程。

成立于 1958 年的上海韬奋纪念馆流淌着生活书店的血脉，馆藏"生活书店会议记录"原件是独有的珍稀档案史料，它历经抗日战争、解放战争的炮火，以及国民党的扣押、查抄、封店等迫害，随生活书店同人颠沛流离，能保存下来殊为不易。建馆时，这批珍贵档案由老三联人移交韬奋纪念馆入藏。这批档案信息量大、自成体系，且保存相对完整，具有较高的史料价值和研究价值。为此，韬奋纪念馆自 2018 年建馆 60 周年之际启动馆藏文献影印出版计划，相继出版了"韬奋纪念馆馆藏文献丛书"之《生活书店会议记录 1933—1937》《生活书店会议记录 1938—1939》《生活书店会议记录 1939—1940》《生活书店会议记录 1940—1945》四册影印本。第一册的起止时间为 1933 年至 1937 年，自生活书店在沪创立后第一次社员大会召开起，至抗日战争全面爆发、生活书店总店迁至汉口止，记载了生活书店初创时期民主管理体制的形成和完善，理事会、人事委员会、监察委员会讨论社务情况及人事变动等细节;第二册的起止时间为1938年1月3日生活书店总店迁至汉口,到1939年4月临时委员会结束,记载了替代理事会、人事委员会、监察委员会三个机构职权并由张仲实担任主席的临时委员会,在战争动荡的特殊时期处理社务、业务和人事等情况;第三册的起止时间为1939年2月24日至1940年5月8日,记载了生活出版合作社新社章的通过、新领导机构的选举产生、"组织系统大纲"的确立等事项,展现了书店在遭受日机轰炸,国民党禁书、封店、捕人种种摧残下,多措并举努力完成"促进大众文化、供应抗战需要、发展服务精神"的工作目标;第四册的起止时间为1940年5月29日至1945年3月24日,记载了执行书店之最高职权的理事会、人事委员会、监察委员会联席会议常务委员会及1945年1月成立的内地区管理委员会及内地区管理处,在面临战事及国民党当局迫害、摧残的双重压力下,处理社务、业务和人事等情况。

生活书店会议记录详尽记录了生活书店的发展历程,充分展现了"逆流中的一个文化堡垒"艰辛创业、历经播迁、坚持文化抗战、不懈追求真理等诸多层面的不凡历史,同时也呈现了其独树一帜的内部管理制度,制度化、人性化的民主管理,独特的企业文化等,这些不仅对韬奋及同人、生活书店历史研究具有重要价值,对同一时期出版史的研究也是重要的补充。同时,透过这些发黄的纸张、笔迹各异的记录,我们能看到一个个前赴后继的身影,一批批风尘仆仆的书店同人,在烽火连天的岁月里,在艰难的时势中,仍斗志昂扬地高呼:"愈艰苦愈兴奋愈努力!"这种精神被韬奋总结为"坚定、虚心、公正、负责、刻苦、耐劳、服务精神、同志爱",即"生活精神",它是生活书店的魂魄,更是一种品格,至今仍散发着耀眼的光芒,值得当代出版人学习、继承与发扬。

值此生活书店成立90周年之际,上海韬奋纪念馆在已出版的四册《生活书店会议记录》影印本的基础上,为便于进一步阅读、研究,推出《生活书店会议记录1933—1945》排印本以飨读者。愿我们循着这些带有战火印记的文字穿越时空,体悟邹韬奋、徐伯昕、胡愈之、张仲实等引领者与同人们为生活书店的创办、发展呕心沥血,为求得民族独立和人民解放"以笔为枪"不懈奋斗的精神!

感谢陈达凯、刘大立、周祯伟为排印本辨识付出的辛劳,感谢中华书局上海公司贾雪飞、胡正娟和吴艳红为本书的编辑、出版和宣传做出的努力。愿排印本的出版,能带动更多人走近韬奋,走近生活书店,激发对韬奋及生活书店史料研究、对出版史和文化史研究的新热潮!

目 录

生活书店会议记录 1940—1945

附录

生活书店会议记录 1933—1937

生活书店早期在沪店址，位于陶尔斐斯路（今南昌路）

生活出版合作社社员大会
会议记录

第一次社员大会

廿二年七月八日在生活周刊社举行

列席者：艾逖生　王太来　邵公文　杜国钧　严长衍　陈其襄　朱照松

　　　　王永德　孙明心　汪文豪　薛迪畅　徐伯昕　毕子桂　徐励生

　　　　诸祖荣　陈　元　陈文江　朱曦光　陆石水　金汝楫　张锡荣

　　　　何萼梅　孙梦旦　丁君匋　陈锡麟　邹韬奋　胡愈之　毕云程

　　　　黄宝珣　唐敬新　濮品元　董文椿　刘桂璋

一、通过社章案

甲、社章第二十条修正为："理事会互选经理及副经理各一人为理事会之代表总揽社务并为本社对外之代表。"

乙、社章第廿八条修正为："每届总决算除去各项开支及各项摊提准备外，如有盈余应先提公积金百分之十五捐助中华职业教育社公益金百分之二十，社员福利基金百分之十五，股息百分之二十及职工红利百分之三十，但股息如超过年息一分二厘时，应将超过之数归入公积金。职工红利总额如超过职工月薪总额一倍以上时，则经社员大会决议得扩充股数，将职工应得红利若干成作为新股。"

二、邹韬奋先生提议请王志莘、毕云程、杜重远三先生依社章第七条第三项之资格加入社员案，议决一致通过。

三、选举理事五人，用不记名投票法选，由艾逖生先生唱票，王永德先生记录。

结果　王志莘　三十一票　　　杜重远　三十一票

　　　毕云程　三十票　　　　邹韬奋　二十八票

　　　徐伯昕　二十八票　　　艾逖生　八票

　　　孙梦旦　四票　　　　　严长衍　四票

　　　胡愈之　一票

王志莘、杜重远、毕云程、邹韬奋、徐伯昕五先生以得票最多当选理事。

四、选举监察二人

结果　艾逖生　十九票　　　严长衍　十六票

　　　孙梦旦　十票　　　　胡伏生　六票

　　　孙明心　三票　　　　徐伯昕　三票

　　　张锡荣　二票　　　　王永德　二票

　　　唐敬新　一票　　　　邵公文　一票

陈文江　一票

艾逖生、严长衍二先生以得票最多当选监察。

五、社章第廿三条应由社员大会主席指定监察一人为人事委员会委员案

主席指定艾逖生先生任人事委员会委员。

主席　韬　奋

记录　徐伯昕

生活出版合作社第一届理事会
会议记录

第一次理事会议

廿二年七月十日上午八时半

地　　点：亚尔培路亚尔培坊廿五号

出席者：杜重远　毕云程　邹韬奋　徐伯昕　王志莘（杜代）

一、公推毕云程先生为临时主席

二、公推徐伯昕先生为会议记录

三、选举经理

邹韬奋先生当选经理。

四、选举副经理

徐伯昕先生当选副经理。

五、选举常务理事

毕云程先生当选常务理事。

六、理事邹韬奋先生离国期间出席代表案

理事邹韬奋先生离国期内，请艾逖生先生为出席理事会代表，一致通过。

七、理事会聘任秘书案

议决：请艾逖生先生担任。

八、理事会办事细则起草案

议决：请秘书艾逖生先生起草提出，下次理事会通过。

九、本社全部财产估计案

议决：请徐伯昕先生估计后，于下次理事会提出。

十、本社股份支配案

议决：请徐伯昕先生拟具体办法，于下次理事会提出讨论。

十一、理事王志莘、毕云程、杜重远三先生股份计算案

议决：根据以前之薪金或稿费为标准。

十二、下次理事会定于十二日上午八时半在原地点举行。

主席　毕云程

第二次理事会议

廿二年七月十二日上午八时半

地　点：亚尔培坊 25 号

出席者：杜重远　毕云程　邹韬奋　徐伯昕　王志莘（杜代）　艾逖生

一、毕云程先生报告上次议决案

二、徐伯昕先生报告本社全部资产估计额为三万八千六百九十六元。

三、徐伯昕先生报告股份支配办法：（一）本社全部资产估计额如上述。（二）职工过去薪额总数除不满六个月者不列入外，总计为四万八千三百七十元。（三）照职工薪额总数以八折计算发给股份。（四）每位职工薪额总数合算时，其不满一股之数应以五舍六入计算。

议决：职工薪额总数应改五折发给股份。

四、第三种社员支给薪金办法案

议决：规定每月致送拾元之薪金。

五、本社注册案

议决：俟王志莘先生回沪后接洽进行。

六、生活书店商标注册案

议决：仍向陈霆锐律师接洽进行。

七、本社社员证拟定案

议决：请艾逖生、徐伯昕二先生拟具式样交下次理事会审定。

八、另提职工生活保障金案

议决：事实上无需要可取消。

九、理事会办事细则草拟案

议决：仍请艾逖生先生负责起草。

主席　毕云程

生活书店会议记录 1933—1937　生活出版合作社第一届理事会会议记录

第三次理事会议

八月十六日下午四时

地　点：环龙路环龙别业二号

出席者：毕云程　杜重远（胡愈之代）　邹韬奋（艾代）　徐伯昕　艾逖生

一、胡愈之先生提议本社经理邹韬奋先生有功于社，此次赴欧考察经济不甚充裕，
　　应酌赠考察费以资补助案。

　　议决：在二十二年六月底结算盈余中提出五千元赠作考察费用。

二、艾逖生先生提议关于特种社员股本依稿费及以前薪金计算数量太少，以后较少
　　增股机会，似应另定办法改为每位由本社酌赠五百元股本案。

　　议决：通过，惟该股银数应在上年度盈余内开支。

　　以上两案应在股份支配办法整理齐全后同时提出，于社员大会通过之。

三、徐伯昕先生报告二十二年七月起，周刊及书店会计已用生活出版合作社名义合
　　并，惟资产表应否根据确定资本数量，依照股份支配外，其它盈余列入折旧及坏
　　账准备案。

　　议决：通过。

四、邹韬奋先生赴欧考察请假一年案

　　议决：通过，在请假期薪金照支，一切社务由副经理代行职务。

五、社员未满六个月之股份分配案

　　议决：未满六个月之社员在七月以前，每月概照薪额总数对折发给；七月以后应
　　照章扣算，以扣足十个月为止。

六、讨论理事会章程案

　　议决：修正通过。

七、讨论社员证及社员名册式样案

　　议决：通过。

八、徐伯昕先生提议上海市政府八月七日第九九号通告关于出版品应于发行时以
　　二份寄送内政部审订，并须在版权页详载发行人姓名、发行所、印刷所等，应否
　　照办案。

　　议决：调查各书店情形酌办，惟关于版权页刊载发行人姓名时，可采"□刊"例，
　　仍用徐伯昕先生名义。

九、徐伯昕先生报告最近营业状况。

十、讨论本社代收捐款，近日外间谣言甚炽应如何处置案。

　　议决：援马捐款可函请杜重远先生以本社征信录及□……□影后就近向马将军
　　接洽，来信证明以便公开发表关于东北义勇□……□，请会计师查核证明后
　　公告。

主席　毕云程

第四次理事会议

九月二十日下午二时

　　地　　点：环龙路环龙别业贰号

　　出席者：毕新生　杜重远　王志莘　邹韬奋（艾逖生代）　徐伯昕　艾逖生

一、毕新生先生报告人事委员会第二次会议决定请傅东华先生正式加入本社为社员，担任编辑并校阅文学丛书等工作，自九月份起月支薪一百元。

二、徐伯昕先生报告社务状况：（1）周刊销数较前增加，汉口、沙市等代销□……□。（2）书店门市生意较差，邮购甚好，每日平均二三百元。（3）文学畅销□……□，丛刊销数不大好。

三、关于补助邹韬奋先生考察费及酌赠特种社员股银案

　　□□由常年大会提出报告，不必另开特别大会报告之。

四、□□周刊进行开禁案

　　议决：暂缓进行，仍维现状。

五、生活书店注册问题

　　议决：交由王志莘先生研究后进行。

　　　　　　　　　　　　　　　　　　　　　　　　　主席　毕云程

第五次理事会议

十月二十五日下午二时

　　地　　点：环龙路环龙别业贰号

　　出席者：毕新生　王志莘　杜重远　邹韬奋（艾逖生代）　徐伯昕　艾逖生

一、徐伯昕先生报告社务：（1）最近因书店业务发达，各部需人，新近邮购部已添请社员一位襄助，该职员系在华通书局任事，能力甚好，已经人事委员会决定□过入社工作。（2）书店房屋原有不敷应用，拟最近一二月内另觅新址。（3）□……□界巡捕房曾屡派人来本社，调查甚详，市党部亦有调查表寄□……□版物。（4）营业情形大致尚佳。

二、□□问题由王志莘先生介绍徐伯昕先生向新华银行王逢辛先生□洽进行。

　　　　　　　　　　　　　　　　　　　　　　　　　主席　毕云程

第六次理事会议

十一月二十二日下午二时

地　点：环龙路环龙别业贰号

出席者：杜重远　王志莘　邹韬奋（艾代）　徐伯昕　毕云程（缺席）　艾逖生

一、推举临时主席

议决：公推杜重远先生为临时主席。

二、生活书店注册案

议决：用无限公司注册，仍由生活出版合作社现任理事五人代表为股东，呈请登记。

三、徐伯昕先生报告：（一）营业情形从七月到十月，总共每月盈余约两千余元。（二）书店新址已觅，定下月初可迁入。

四、艾逖生先生报告出版情形：（一）文学丛书：由傅东华先生主编之文学丛书，收稿约有十余部，因付排书不多，同时该书纸张尚缺，大概都须延至明年出版。（二）《时事问题丛刊》：拟编印时事年报约十余万字，由胡愈之先生主持，明年一月可出版□……□。

收印《外交年鉴》一书系外交部职员章进先生主编，明年二月可出版，□……□书籍有两部很重要的经济学著作稿已交来，现正在审阅，明年一二月可出版。明年出版方针现正在计划中。

主席

第七次理事会议（临时召集）

十二月七日下午四时

地　点：环龙路环龙别业贰号

出席者：杜重远　王志莘　徐伯昕　邹韬奋（艾代）　艾逖生　毕新生（缺席）

一、徐伯昕先生报告：据本埠本刊代派总报贩王春山接得市政府情报处函令，不准销售本刊，事后调查闻系市政府奉有南京方面明令办理此事，是否有进一步查封本刊之举，尚不知悉，但本刊今后应如何对付。

议决：（一）请杜重远先生负责向市府调查是否有进一步查封之意,如无此意则设法疏解。（二）当局如无查封之意,本刊言论方面除稍缓和外,仍继续出版。

二、徐伯昕先生报告昨日生活书店曾有捕房探捕、法院、公安局、党部人员会同前来,指令搜检本店出版之《高尔基创作选集》一书,认为反动,当将该书纸板及书一□本⊠去。今日余曾于下午二时往法巡捕房,据谓法租当局仅负执行之责,所有搜来书籍概解法院听其办理,大概此事不致扩大,书虽搜去,所损无几。

主席

第八次理事会议（临时）

□……□日下午三时

地　　点：环龙路环龙别业贰号

出席者：杜重远　毕云程　王志莘　徐伯昕　邹韬奋（艾代）　艾逖生

列　　席：胡伏生　严长衍

□……□之自动停刊与否今日作最后之正式决定。

议决：在未得确实查封命令以前,决仍继续设法出版。

主席　毕云程

第九次临时会议

十二月九日上午八时

地　　点：亚尔培坊二十五号

出席者：杜重远　王志莘　艾逖生　徐伯昕　胡伏生

徐伯昕先生报告：昨晚十时左右接得确实报告,市政府已有查封周刊公文转公安局,当即各方设法令此公文暂搁,但为时已迟,恐翌日即予执行,故当夜拟好停刊□告,赶往各报馆登广告,因报馆方面留难亦未登出,一面连夜全体同事动员□□中所有重要物件包扎停当,搬往他处,即万一来封,损失亦不大。昨夜经过之情□□此。

议决：在未来查封前,由律师代表本社写一书面报告式之呈文,通知法捕房政治部,声明暂行自动停刊,如此捕房即奉到公安局转来查封公文亦可不□□行。

主席

第十次临时理事会议

十二月十一日下午六时
地　　点：崇德里六号
出席者：王志莘　杜重远　徐伯昕　艾逖生　胡伏生

徐伯昕先生报告：昨为星期日，捕房未来执行。今日上午捕房曾派员□……□查，外传查封不确，照现在情形，查封不致执行，周刊事至此可告一段落□□□，不明真相者多，亟宜登报公告。

议决：拟好通告如下："本刊迫于环境无法出版，结束办法另行通告。通讯处　上海邮政信箱二一六○号。"（此通告于十三日上海各报登出）

第十一次理事会议

十二月十六日下午六时
地　　点：功德林
出席者：毕新生　杜重远　王志莘　徐伯昕　艾逖生　严长衍

徐伯昕先生报告：因周刊停办，原有工作人员过多及书店今后出版之计划皆成问题，应如何处理特提出今晚会议解决。

《时事问题丛刊》主编胡愈之先生提出辞职，从明年一月起即不负责编辑，应否□□发行案。

议决：（一）胡愈之先生辞职照准。（二）《时事问题丛刊》从十八号起停止□……□。（三）《时事问题》存稿另出单行本。（四）《时事年报》停止出版。

□□应付当前恶劣环境可否本社增聘名誉理事以为掩护案。

议决：名誉理事不需增聘。

□□停刊原有工作人员过多，可否酌裁并如何办理案。

议决：（一）过多工作人员应裁去。（二）裁去□计编□部三人，编辑部□……□一人。（三）优待退职社员办法：（1）发给退职薪金两月；（2）发还□……□清。（四）由人事委员会通知办理。

徐伯昕先生提出减薪，同时邹韬奋先生来函提出，徐伯昕先生、艾逖生先生□各加薪二十元案。

　　议决：暂时不加亦不减。

主席　毕云程

第十二次理事会议（临时）

　　十二月二十九日下午一时
　　地　　址：功德林
　　出席者：杜重远　王志莘　毕云程　傅东华　徐伯昕　艾逖生　胡伏生
　　　　　　严长衍

一、徐伯昕先生报告：《文学》月刊最近被市党部查禁，并拟封生活书店，理由为文学
　　杂志宣传普罗文化与阶级斗争，法工部局曾派探□来书店查抄文学与发封书
　　店，后经说项，幸未立即封闭，惟□……□甚险恶，大概法捕房方面须用相当金
　　钱，暂时可保无事。

　　□……□党部撤消查封公文，今后应如何对付，须请理事会商决。

二、傅东华先生报告：自文学杂志查禁事件发生后，本人即奔走□……□疏通，大概
　　已无转圜余地。潘公展曾提出两个条件：第一，今后□□杂志每期须送市党部
　　审查；第二，生活书店所出版图书今后一律须送党部审查。此二件书店当时口
　　头已完全答应□……□查封，惟党部尚故意迁延，大概亦须使用相当金钱。

三、关于《文学》与书店事

　　议决：请徐伯昕先生全权酌量办理。

四、关于文学丛书出版如何避免审查事

　　议决：用另一出版机关名义出版。

主席　毕云程

民国二十三年第一次理事会议

　　五月十八日下午七时
　　地　　点：功德林
　　出席者：杜重远　王志莘　毕云程　徐伯昕　艾逖生

徐伯昕先生报告店务

经济情形：

（一）上年度下半期结账报告：书店自本年一月间迭遭《生活》周刊□……□学被禁略受损失，现已次第恢复原状，邮购部营业□……□下来，尚可稍有盈余，最近经济情形亦颇佳。

（二）《新生》周刊经济报告：《新生》周刊自二月间创刊以来，销数甚好，每期可实销四万，广告收费月入可千余元，因初办推广方□……□很多，故稍有亏损，惟绝对可以维持。

出版情形：

（一）单行本出版情形：本店新出之书不多，目前多半为文艺□……□，惟当中创作甚少，故不甚畅销，一般看来，尚无十分滞销之书。

（二）《文学》杂志发行情形：《文学》因受审查影响，致一、二、三期皆不能按期出版，故销数较去年跌得很多，现从第四期起，无论如何不延期并拟连出四专号，或可恢复过去信誉。

关于《新生》周刊与书店合作办法：

议决：《新生》周刊由杜重远先生与生活书店各出资本二千，共四千合办，详细办法见另拟双方订立之合同。

关于《文学》合同续订事项：

议决：《文学》继续发行，对原有合同，无甚更改，惟由书店特备正式函一封致文学社通知之。

关于发行《世界知识》半月刊事：

议决：通过。

主席　毕云程

第二次理事会议

七月十四日下午四时

地　点：霞飞路四明里廿四号

出席者：王志莘　杜重远　毕云程　徐伯昕　艾逖生

一、徐伯昕先生报告：（一）最近出版情形：上海已设中央图书杂志审查机关，□店已接到通告，以后所有出版物皆送中宣会图书杂志审查委员会□□，关于出版

生活書店 会议记录 1933—1945

方面,除文艺书籍照常出版外,最近尚拟出版《世界知识》半月刊一种,《译文》月刊一种。(二)本年度邮购扩充情形:(1)委托银行代□款购书不收汇费,已接洽者有下列五银行:中国银行、交通银行、上海银行、新华银行、江苏农民银行。(2)凡本埠购买书报,只须电话通知,即可照办并代送去。(三)各埠特约发行所订约情形,特约发行所已成立者有□□处,其他重要商埠尚拟增设,有的正在进行接洽中。

□店在法租界,邮购门市皆感不便,拟迁至四马路,房屋正在寻□□洽。新生周刊社与书店亦拟迁在一处,以便办公。

议决:通过。

□、关于职员薪金更动问题

议决:全体酌量增加,由人事委员会决定。

主席　毕云程

第三次理事会议

十月二十一日下午六时

地　点:功德林

出席人:毕云程　王志莘　徐伯昕　艾逖生

徐伯昕先生报告社务,报告事项如左①

(一)二十二、三年结账报告

二十二年下期纯益(七月到十二月)　3 621.14 元 ╲

二十三年上期纯益(一月至六月)　1 264.21 元 ╱　共计 4 885.35 元

二十三年下期七月损　3 998.34 ╲

二十三年下期八月盈　1 756.69 —— 除损净盈 778.54 元

二十三年下期九月盈　3 020.19 ╱

(二)出版情形

(1)《新生》(二十三年二月十号创刊),四万份(每期),定户约六千。

(2)《文学》(二十二年七月一日创刊),一万二千份(每期),定户约六千。

(3)《世界知识》半月刊(二十三年九月十六日创刊),八千(每期),定户约六七百。

---

①　因原会议记录为繁体竖排,常见"如左"等表示左右的词,简体横排则应理解为"如下"。为尽可能保留原样,照录。下文同。

(4)《太白》半月刊(二十三年九月二十五日创刊),一万二千(每期),定户近一□。

(5)《译文》(二十三年九月十六日创刊),三千二百(每期),定户约一二百。

(三)营业状况

(1)门市　较上期增加一倍,每日平均约二三百元。

(2)邮购　较上期增加一倍,最多一天有四五百元之汇款。

(3)批发　较上期增加十分之三。

(四)增添社员(练习生七人)

(1)邮购科添二人。(2)进货科一人。(3)批发科一人。(4)编辑部一人。

(5)稽核一人。(6)服务生一人。

(五)三楼上再加建一层作为宿舍,样已打好,今冬可以造好。

讨论事项

(一)社员大会日期与议案整理。

(二)退股社员要求继续加股入社问题。

(三)新社员问题。

(四)《新生》与书店之关系。

议决:因杜重远先生未到,俟下次再议。

主席　毕云程

第四次理事会议

十月二十四日下午一时

地　点:梅园

出席人:毕云程　杜重远　王志莘　艾逖生　徐伯昕

列　席:胡愈之

讨论事件:上次未决各件

(一)大会日期

议决:俟会计师查账后择日开会。

(二)(三)(四)合并讨论　杜先生主张一切照旧,概不更动,并表示《新生》职员□□生活书店职员同样待遇,《新生》按月津贴生活书店房租五元,无异议通过。

主席　毕云程

民国二十四年第一次理事会议

十一月二日下午七时

地　点：功德林

出席人：王志莘　杜重远（胡愈之代）　邹韬奋　徐伯昕（严长衍代）　毕云程

主　席：邹韬奋

记　录：毕云程

（一）邹韬奋先生提议修正章程草案

　　　议决：修正通过交社员大会。

（二）邹韬奋先生提议本店组织大纲、编辑部办事规程、营业部办事规程、总务部办
　　　事规程草案

　　　议决：通过。

（三）毕云程先生报告上年度营业决算并盈利分配案

　　　议决：股息及职工红利并入下届分派交社员大会。

（四）毕云程先生提出本年度营业预算

　　　议决：通过交社员大会。

（五）毕云程先生提议定于十一月九日举行社员大会

　　　议决：通过。

主席　韬奋

生活出版合作社第二届理事会
会议记录

生活出版合作社第二届理事会第一次常会记录

开会日期：二十四年十一月十九日下午七时

开会地址：上海福州路梅园

出席理事：王志莘　邹韬奋　张仲实　杜重远（胡愈之代）　徐伯昕（严长衍代）

　　　　　王永德　毕云程

主　　席：邹韬奋

记　　录：毕云程

讨论事件

（一）通过本会办事规则案

　　议决：关于开会程序、职权问题、秘书问题各要点交秘书整理。

（二）选举常务理事、总经理及经理案

　　邹韬奋先生得六票当选常务理事。

　　毕云程先生得六票当选总经理，月薪贰百陆拾元正。

　　徐伯昕先生得六票当选经理，月薪贰百元正。

（三）规定本会常会日期案

　　议决：每月第二星期三为本会常会期。

（四）推举本会秘书案

　　公推毕云程兼任本会秘书。

　　散会

主席　韬奋

第二届理事会第二次常会记录

开会日期：二十五年一月十三日

开会地点：本社经理室

出席人：

主　　席：

记　　录：

报告事件

（一）上月付给邹韬奋先生暂借之一千元，系邹先生另有正用，并非毕云程借用，特□报告存案，以免引起误会。

（二）一月十一日晚上，本社新年茶话会陈锡麟、杜国钧等提出各项问题非总经理所能解决，特请求理事会提出讨论。

讨论事件

（一）《文学》月刊编辑费，陈锡麟君提议减少案

议决

（二）文学书籍，如小型文库及文学社丛书，陈锡麟、杜国钧二君提议停止收稿，编辑及印行应如何办理案

议决

（三）作家已经缴稿后，商请预支稿费或版税，杜国钧君提议一律停止预支案

议决

（四）《世界文库》编辑费，孙梦旦君提议停止预支案

议决

（五）从前买进稿子，如《国际政治讲话》等，特约编译稿如《邓肯自传》等，久久延搁，应由何人负责案

议决

（六）从前买进稿子，如《无线电集粹》，久久尚未印竣，应由何人负责案

议决

（七）《文学》月刊六卷出齐后，陈锡麟君提议应否停刊案

议决

（八）本社对于文学社、文学出版社及本社文艺编辑傅东华先生之种种关系应如何解决案

议决

（九）本社图书馆计划审查委员报告案

议决

（十）本社业务发展及职员增加甚速，应如何统盘筹划整理组织案

议决

（十一）本社职员一月份增加薪水总额应如何规定案

议决

生活出版合作社第二届理事会第五次临时会记录

开会日期：二十五年七月二十日下午八时
开会地点：虹桥疗养院
出席理事：邹韬奋　杜重远　张仲实　徐伯昕
主　　席：邹韬奋
记　　录：徐伯昕

讨论事件

（一）常务理事报告收到社员李伯彭等二十二人提议召开临时社员大会，讨论人事委员会关于练习生张季良君停止试用□……□事，同时在本案收到□，又接得社员□□□等七人□□□□名召开临时社员大会以原因不□□□□□是否有当，应请公决案。

议决：社员二十二人签名，除自动声明退出七人外，实际提议人仅十五人，不足社章所规定之法定人数，召开临时社员大会案，应作罢论，并照下列通告公布之。

据社员李伯彭等二十二人来函，提议召集临时社员大会，讨论人事委员会关于练习生张季良君停止试用之议决案一事；旋接社员陈文江等七人来函声明在前函之签名作废，故实际提议人仅十五人，不合社章所规定之法定人数。兹经理事会议决，召集临时社员大会应作罢论。人事委员会关于练习生张季良君停止试用之议决案，仍依法有效。

（二）常务理事提议：对本社同人之待遇向来根据营业状况为标准，本届加薪标准，因营业较逊，故酌量减低。惟对于薪金较低者，因生活程度日高，似应分别酌增；同时关于宿费津贴一事，以房租颇昂，维持不易，原分为三、四、五元三种房贴，似应增加为四、五、六元三种，应否向人事委员会建议案。

议决：应照上项办法向人事委员会建议。

（三）常务理事提议，应否定期举行茶话会案。

□□□□□月二十二日下午七□□八仙桥□□□举行茶话会，□□□□日向青年□□□请□分别发出□□□□入座。

主席　韬　奋

第二届理事会第六次会议记录

日　　期：二十五年七月廿六日

地　　点：虹桥疗养院

出席人：杜重远　邹韬奋　张仲实　徐伯昕

主　　席：邹韬奋

记　　录：徐伯昕

讨论事项

一、生活日报社垫款案。

　　议决：生活日报社垫款第一次贰万元已陆续汇出，应由本会追认，最近□有需要再垫四千元应照拨。

二、香港设立分店及指定负责人案。

　　议决：香港分店由毕云程先生负责筹划设立，并请毕云程先生任香港分店经理。

三、本店总经理毕云程先生因改任香港分店经理，本店薪水应如何支付案。

　　议决：毕云程先生薪水自六月份起改支一百二十元，由分店支付。

四、汉口特约发行所前因积欠账款过多，已电严长衍先生前往接收改办分店，同时派定严长庆先生前往主持，应请本会追认案。

　　议决：通过。

主席　韬　奋

生活出版合作社人事委员会
会议记录

第一次会议

廿二年七月十二日上午八时半

地　　点：亚尔培坊25号

出席者：毕云程　邹韬奋　艾逖生

一、邹韬奋先生提议本社书店编译所主任胡愈之先生以编辑《时事问题丛刊》等工作加重应否酌增月薪案。

议决：自本月份起改支贰百圆。

主席　毕云程

第二次会议

廿二年八月廿五日下午二时

地　　点：纱布交易所五楼

列席者：毕云程　艾逖生　徐伯昕

一、《文学》月刊销数已超过一万二千册，照合同应增加编辑费，需否自动提出案。

议决：每月增加九十元，连前共月支二百四十元。

二、九月份起计划编行文学丛书，拟聘请傅东华先生担任主编案。

议决：请傅东华先生正式加入本社为社员，担任编辑并校阅文学丛书等工作，月支薪一百元自九月份起开始。

主席　毕云程

第三次会议

廿二年十月二日下午二时

地　　点：纱布交易所五楼

列席者：毕云程　艾逖生　徐伯昕

一、徐伯昕先生提议书店邮购部业务日益繁重须添招练习生一二位方可分
配案。

议决：先招华通书局邮购部服务之徐君耀桢来店试用，后酌定之。

主席　毕云程

生活出版合作社人事委员会
会议记录(第二册)

生活出版合作社人事委员会开会记录（第二册）

开会日期：二十四年八月三十日上午九时

开会地址：本社会客室

出 席 者：邹韬奋　毕云程　严长衍　陈锡麟　孙明心

列　　席：孙梦旦

□……□款一千元之□……□《世界知识》写通信两篇每□……□字为度，每□稿费四十元得预支□□共五百元，给假期内不支薪水。

主席　毕云程

开会日期：二十四年八月三十一日下午二时

开会地址：本社会客室

出 席 者：邹韬奋　毕云程　严长衍　孙明心

列 席 者：孙梦旦　张锡荣　丁君匋　邵公文　薛迪畅

主　　席：毕云程

记　　录：孙明心

□……□

□……□

出 席 者：毕云程　邹韬奋　□□□　陈锡麟　孙明心

列 席 者：孙梦旦

主　　席：毕云程

记　　录：孙明心

讨论事项

进货科主任丁君匋先生屡次以个人投资利用本社名义经营与本社同样性质之业务，此次与邹先生谈话时，自承过失并有表示解雇之意，本会对此应如何处置案。

议决：丁君匋先生对于本社过去□□情形□……□但迭次利用职务上地位□……□样业务实有立即解□……□。

主席　毕云程

生活书店

会议记录1933—1945

开会日期：二十四年九月五日下午□□

开会地点：本社

出　席　者：邹韬奋　毕云程　孙明心　陈锡麟　严长衍

主　　　席：毕云程

记　　　录：孙明心

讨论事项

邹韬奋先生提议：徐伯昕先生为本社服务十年，因为操劳过甚，以致损害健康，徐先生在本社营业方面艰苦创业，劳绩□著似应□□优待，为□提议在徐先生□……□给□□医药费除□……□。

开会日期：二十四年九月七日下午四时

开会地点：本社会客室

出　席　者：邹韬奋　毕云程　严长衍　陈锡麟　孙明心

列　席　者：孙梦旦

主　　　席：毕云程

记　　　录：□□□

□……□丁君徇雇前所支薪水□……□按月发□七十五元至发足□……□。

主席　毕云程

开会日期：二十四年九月十六日下午二时

开会地址：本社会客室

出　席　者：邹韬奋　毕云程　严长衍　陈锡麟　孙明心

列　席　者：孙梦旦

主　　　席：毕云程

记　　　录：□□□

（一）□……□金乃洪、赵培德、李伯彭□……□薪各□□元。

殷益文、王昆元、徐启运从九月份起月薪各加二元。

余守仁从九月份起月薪加一元。

（二）邹韬奋先生提议愿拨股份一部分偿还旧欠全数以清账目案。

议决：留待下次开会讨论。

主席　毕云程

讨论事项

（一）本届招考练习生函约面试者,计二十八人,经考试委员会评定成绩,应如何决
　　定取舍案

　　议决：录取赵晓恩、孙鹤年、施励奋三人,通知自十月一日起到店试用。

（二）上次会议邹韬奋先生提出愿拨还股款一部分偿还旧欠全数以清账目,应如何
　　决定案

　　议决：□……□办□……□。

讨论事项

一、本社新添职员陆凤祥君派在出版科服务,其薪给应如何确定案

　　议决：陆凤祥薪水月支三十元。

二、本社寄宿舍□□月份起迁住环龙路环龙别业七号,所有寄宿同人往返车资应如
　　何津贴案

　　议决：凡迁居环龙路新寄宿舍者每人每月给予车费贰元。

　　□……□如□要求再加入本店为练习生应□……□。

讨论事项

　　本店因业务日繁,拟请毕云程先生辞去豫丰纱厂兼职,俾得集中全力担任本店
代理经理及总务部主任案

议决：自本月十一日起，请毕云程先生担任本店代理经理及总务部主任，月薪改支二百五十元。

主席　韬　奋

开会日期：二十四年十月十五日□……□

开会地点：本社□□室

出　席　者：毕云程　邹韬奋　严长衍……□□□

主　　　席：毕云程

记　　　录：孙明心

讨论事项

本社同人不住在本社供给之宿舍者，往返车资应否亦由本社给予津贴案。

议决：凡本社同人除留住福州路宿舍外，其余无论自理住宿或寄住本社环龙路宿舍一律每人月给车资津贴二元。

主席　毕云程

开会日期：二十四年十月二十□日上午十一时

开会地点：本社会客室

出　席　者：毕云程　邹韬奋　严长衍　□□□……□□□　孙明心

主　　　席：毕云程

记　　　录：孙明心

讨论事项

本届招考练习生应如何决定取舍案。

议决：正取五名，备取五名。

（一）正取　程树章　江钟渊　杨振声　周幼瑞　金逸舟

（二）备取　朱振新　郑保惠　朱树廉　沈俊元　耿龙根

主席　毕云程

开会日期：二十四年十一月十五日下午三时

开会地点：本社经理室

出　席　者：邹韬奋　严长衍　陈锡麟　毕云程……□□□

列　席　者：孙梦旦

主　　　席：邹韬奋

记　　录：毕云程

讨论事项

（一）徐伯昕、孙梦旦、严长衍三位先生书面请求退还股款一部分以抵还旧欠案

议决：二十四年九月二十四日议决邹韬奋先生愿拨股款一部分偿还旧欠全数一案撤销，本社章程草案规定每一社员股份最高额拟改为二百股，由邹韬奋、毕云程二人负责向社员大会提出，所有徐、孙、严三位书面请求，除严君自动撤销外，徐、孙二位应照社员大会议决案办理。

（二）本社职员陈元近来办事得力，社工吕桐林、董文椿□……□拟酌增薪工案

议决：自本月份起，陈元加薪贰元，吕桐林加工资贰元，董文椿加工资一元。

（三）本社合作社员黄宝珣、邵顺龄、王瑞金改为正式社员案

议决：照办。

主席　韬　奋

开会日期：二十四年十一月十八日上午十一时

开会地点：本社经理室

出 席 者：邹韬奋　毕云程　严长衍　孙明心

主　　席：邹韬奋

记　　录：孙明心

讨论事项

为《大众生活》□……□拟添一练习生案。

议决：黄宝珣社员介绍之黄洪年经考试后准予试用六个月，期内双方均可随时提出解约。

主席　韬　奋

生活出版合作社第三届人事委员第一次常会记录

开会日期：二十四年十一月二十日下午七时

开会地址：本社经理室

出 席 者：邹韬奋　徐伯昕（严长衍代）　毕云程　孙梦旦　陈锡麟　孙明心　邵顺龄

主　　席：邹韬奋

记　　录：毕云程

报告事项

　　邹韬奋先生报告第二届理事〔会〕第一次常会选举邹韬奋为常务理事,毕云程为总经理,徐伯昕为经理,照章程均为当然人事委员。

讨论事项

（一）推举人事委员会主席及书记案

　　公举毕云程先生为人事委员会主席,孙明心先生为书记。

（二）推举起草委员起草本会办事细则及整理服务规程案

　　公举毕云程、孙明心为起草委员。

（三）决定邹韬奋先生薪水案

　　议决:邹先生专任《大众生活》编辑,仍支原薪,稿费照付。

（四）添雇职员案

　　议决:下列二人准予试用三个月,在期内双方均可随时解约。

　　胡伯恳职员月薪四十元正。

　　许长馥职员月薪三十元正。

　　原拟添练习生三人派邮购科服务,现因两种日记系短期工作,不必另添,议决由出版科派江钟渊、栈务科派孙鹤年、推广科派赵晓恩到邮购科帮忙。

（五）社员社费未满六十个月者应如何补足案

　　议决:凡未缴足社费满六十个月者从廿五年一月份起照扣。

（六）人事委员工作应如何分□案

　　议决:宿舍委员会推陈锡麟、邵顺龄二人主持组织并草拟规则,提出下次人事委员会□□□。请假及考勤事项推孙明心、徐伯昕二人主持管理并草拟请假规则,提出下次人事委员会。增加薪水标准推孙梦旦、陈锡麟、邵顺龄三人征求各社员意见,草拟办法,提出下次人事委员会。

（七）规定本会常会日期案

　　议决:每月二次,第一星期四及第三星期四各一次。

（八）组织读书会案

　　公推邵顺龄、张仲实、王永德、周积涵、张梓玉五人起草办法,提出下次人事委员会由邵顺龄召集。

（九）改用新签到簿定十一月二十二日开始实行,由主席通告。

　　议决:照办。

临时主席　韬　奋

第三届人事委员会第一次临时会记录

开会日期：二十四年十一月二十九日下午七时
开会地点：本社经理室
出 席 者：邹韬奋　毕云程　徐伯昕（严长衍代）　孙梦旦　邵顺龄　陈锡麟
　　　　　孙明心
主　　席：毕云程
记　　录：孙明心

报告事件

主席报告上次议决添雇职员胡伯恩、许长馥均因事不能成议作为罢论。

讨论事件

（一）聘请金仲华先生为本社编辑部主任案
　　议决：照办，月薪贰百元。因为工作上之便利起见，到店时间准予优待。
（二）试用陆九华为本社文书科助理案
　　议决：照办，月薪三十元，准予试用三个月，期内双方均可随时提出解约。

主席　毕云程

第三届人事委员会第二次临时记录

开会日期：二十四年十二月二日下午七时
开会地点：本社经理室
出 席 者：邹韬奋　毕云程　邵顺龄　徐伯昕（严长衍代）　孙梦旦　陈锡麟　孙明心
主　　席：毕云程
记　　录：孙明心

讨论事件

张仲实先生介绍刘执之先生为编辑部助理案。
　　议决：准予试用三个月，月薪四十元，期内双方均可随时提出解约。

主席　毕云程

第三届人事委员会第二次常会记录

开会日期：二十四年十二月五日下午七时

开会地点：本社经理室

出 席 者：邹韬奋　毕云程　孙梦旦　陈锡麟　邵顺龄　孙明心

主　　席：毕云程

记　　录：孙明心

讨论事项

（一）本会办事细则案

　　议决：修正通过。

（二）宿舍章程案

　　议决：修正通过。

（三）请假规则案

　　议决：修正通过。

（四）加薪标准案

　　议决：照修正加薪标准再征求社员意见。

（五）读书会章程案

　　议决：推举邵顺龄重行起草。

主席　毕云程

第三届人事委员会第三次临时会记录

开会日期：二十四年十二月十三日下午一时

开会地点：本社经理室

出 席 者：邹韬奋　毕云程　邵顺龄　陈锡麟　孙梦旦　孙明心　徐伯昕(严长衍代)

主　　席：毕云程

记　　录：孙明心

讨论事项

（一）邵公文先生介绍严长庆先生为试用职员案

议决：准予试用三个月，月薪三十元。

（二）添雇社工案

议决：添雇李德辉一人，试用三个月，月支薪工十六元。

（三）通知各部各科主任报告各该部科职员工作成绩案

议决：推定陈锡麟、邵顺龄、孙梦旦、严长衍、孙明心五人草拟办法提出下次人事委员会。

主席　毕云程

第三届人事委员会第四次临时会记录

开会日期：二十四年十二月十六日下午一时

开会地点：本社经理室

出 席 者：毕云程　陈锡麟　邵顺龄　孙明心　邹韬奋　孙梦旦　徐伯昕（严长衍代）

主　　席：毕云程

记　　录：孙明心

讨论事件

本月十一日收发股发出致刘麟生一函搁在进〔货〕科未发案

议决：一方面应责成收发股以后发交信差之回单存根上必须将送件人姓名写明，由信差签字负责。一面查此系陈四一疏忽所致，应记过一次以观后效。

主席　毕云程

第三届人事委员会第五次临时会记录

开会日期：二十四年十二月二十一日上午九时

开会地点：本社经理室

出 席 者：毕云程　徐伯昕（严长衍代）　孙梦旦　陈锡麟　邵顺龄　孙明心　邹韬奋

主　　席：毕云程

记　　录：孙明心

讨论事件

本社社工王瑞金因病故世，拟酌予抚恤案。

议决：送给抚恤费壹百六十元，除扣还预借薪工六十元外，再付现壹百元。

主席　毕云程

第三届人事委员会第三次常会记录

开会日期：二十四年十二月二十六日下午七时

开会地点：本社经理室

出　席　人：邹韬奋　邵顺龄　陈锡麟　孙梦旦　孙明心　徐伯昕　毕云程

列　席　人：严长衍

主　　　席：毕云程

记　　　录：孙明心

讨论事件

（一）新年例假案

议决：国历新年照例放假二天，从三日起，照常工作。

（二）实行请假规则案

议决：将上次议决请假规则，明年元旦起实行。

（三）试用练习生孙鹤年于本月廿四日并未请假而出，迄今未回，应如何办理案

议决：除通知家属外，再行调查。

（附注：孙鹤年已于廿七日回店，已当面警戒。）

（四）年终考虑本社职工有无更动案

议决：考核平日工作，赵培德、杨振声两君均未能称职，应于年终解雇。赵君已缴社费发还，并另给薪水二个月。全体一致通过。

（五）添雇职员案

议决：试用薛天鹏、林孟愉、吴伟生三君为本社职员，试用三个月。薛君月薪廿五元，林君月薪三十元，吴君月薪三十元。

主席　毕云程

第三届人事委员会第六次临时会记录

开会日期：廿五年一月四日下午一时

开会地点：本社经理室

生活书店会议记录1933—1937　生活出版合作社人事委员会会议记录（第二册）

出 席 人：邹韬奋　徐伯昕　孙明心　邵顺龄　陈锡麟　孙梦旦　毕云程
列 席 人：严长衍　张锡荣
主　　席：毕云程
记　　录：孙明心

讨论事件

（一）添雇新职员案

因为大众生活社迁移及邮购科、发行科增加发行外版杂志工作需要添雇职员，由张锡荣先生介绍王锦云先生，由杨卫玉先生介绍沈敢先生，应如何任用案。

议决：王锦云试用三个月，月薪二十元。沈敢因考试成绩平常，不拟试用。

（二）吴伟生薪水案

议决：月薪三十元。

（三）余守仁、郑保惠旷职案

议决：余守仁停职，郑保惠停止试用。

（四）通告同人介绍职员、练习生先行登记案

议决：照办。

主席　毕云程

第三届人事委员会第七次临时会记录

开会日期：二十五年一月六日下午五时
开会地点：本社经理室
出 席 人：邹韬奋　徐伯昕（严长衍代）　毕云程　邵顺龄（王永德代）
　　　　　陈锡麟　孙梦旦　孙明心
主　　席：毕云程
记　　录：孙明心

讨论事项

邮购科十二月七日为生活日记通告定户一千余封信，今日查得搁在四层楼上并未发出，对于读者影响非常恶劣，应查明责任案。

议决：应查明责任所在，不论错误在于何人，均应加以停职处分。

主席　毕云程

第三届人事委员会第八次临时会记录（一月九日补记）

开会日期：二十五年一月七日上午十时

开会地点：本社经理室

出　席　人：毕云程　邹韬奋　徐伯昕　孙梦旦　陈锡麟　邵顺龄　孙明心

主　　　席：毕云程

记　　　录：孙明心

讨论事项

（一）招考营业员及练习生办法及广告如何拟定案

　　议决：推徐伯昕先生拟定办法刊登《申》《新》两报广告各一天。

（二）添雇职员案

　　议决：杨义方准予试用三个月，月薪二十五元。

主席　毕云程

第三届人事委员会第四次常会记录

开会日期：二十五年一月九日下午七时

开会地点：本社经理室

出　席　人：邹韬奋　徐伯昕　陈锡麟　毕云程　孙梦旦　邵顺龄　孙明心

列　席　人：严长衍

主　　　席：毕云程

记　　　录：孙明心

讨论事件

（一）艾逖生先生来函，请求借款五十镑，在一月底电汇英国，应如何办理案

　　议决：本社已经借与借款一千元及预支稿费五百元，此时社中经济亦不甚宽裕，实属未能再借。

（二）加薪标准前曾拟有原则数项，应如何决定实施案

　　议决：由前推五位约各科主任先行讨论再提出本会讨论。

（三）添雇绘图员案

议决：拟向金仲华先生所介绍之沈振黄先生取得装饰画样张，看后再行决定。

（四）周积涵先生来函请求借款二百五十元即日汇给，应如何办理案

议决：准借五十元，分十个月扣还。

（五）读书会征求各组会员案

议决：由邵顺龄负责办理。

主席　毕云程

第三届人事委员会第五次常会记录

开会日期：二十五年一月十五日下午七时

开会地点：本社经理室

出 席 人：徐伯昕　孙明心　陈锡麟　孙梦旦　邵顺龄　毕云程　邹韬奋

列 席 人：严长衍

主　　席：毕云程

记　　录：孙明心

报告事件

主席报告本月十一日新年茶话会陈锡麟先生等提出质问情形，有六点必须注意：

（一）此次谈话会，系陈其襄先生等联名要求，具名者约五十人，其请求理由为贡献意见。

（二）开会时除由张锡荣、邵公文、王太来、严长衍、毕子桂、孙明心诸君报告外，有陈锡麟、杜国钧、孙梦旦三人提出种种质问。

（三）第一个发言杜国钧先生，要求本人报告各部分工作情形，而各部分工作情形，向例做了就算，并无对总经理作报告之习惯，故本人对于杜先生要求，无法答复，且又不须当众说明各部分没有报告。

（四）陈锡麟先生等提议减少《文学》编辑费，停止预支稿费，或停刊《文学》及文学书籍等，事实上确有为难。因为本社经济活动，全靠各刊物定费有五六万元之巨，足以周转。倘然照陈先生主张，必然使各编辑人及作者方面，不能与本社合作，而各刊物停刊危险，即有发还定费使本社经济根本发生动摇之危险。但此种情形，必须保守秘密，不能对众说明。至于《文学》与文学书籍，此后编辑方针，当然可以商量。

（五）此次陈先生等最大错误，在于事前未与邹先生、徐先生接洽，而突然提出严重质问，使本人猝不及防，又不能对众说明真相。万一此项消息流露出去，引起各刊

物编辑人恶感,或竟因感到办事棘手而辞职,尤足以使本社业务大受影响。

（六）本人为顾全大局起见,对于陈锡麟先生等,可以原谅。但希望此后同人如有意见尽可随时面谈,不必要求开会或约集多人同谈。关于本社业务,大家可以密切合作,除非本人有营私舞弊行为,可以请求理事会撤换,此外一切均可以友谊态度当面商谈。

讨论事项

职工加薪案

议决:自二十五年一月起加薪如下:

邵顺龄拾元。

严长衍、孙明心、陈锡麟、邵公文、黄宝珣各八元。

张锡荣、卞钟俊、李济安各七元。

张子旼六元。

王永德、薛迪畅、毕子桂、陈元、诸祖荣、孟汉臣、金汝楫、陆凤祥、李伯彭、张明西、陈冠球各五元。

杜国钧、王太来、陈文江、陆石水、张洪涛、周积涵、金乃洪、张梓玉、王昆元、徐启运、赵晓恩、施励奋各四元。

卜兆麟、吴元章、顾根荣、周名寰、陆中飞、程树章、朱振新、耿龙根各三元。

朱照松、殷益文、毕有华、孙鹤年、朱树廉、秦逸舟各二元。

汪子纯、江钟渊、沈俊元、周幼瑞、黄洪年各一元。

濮品元、陈文鉴、董文椿、刘桂璋、陈四一、殷荣高、吕桐林、殷荣宽、沈炎林、陈品南、丁道友、潘宝洪各二元。

主席　毕云程

第三届人事委员会第九次临时会记录

开会日期:二十五年一月十六日上午十一时

开会地点:本社经理室

出　席　人:徐伯昕　孙明心　孙梦旦　邵顺龄　毕云程

列　席　人:严长衍

主　　　席:毕云程

记　　　录:孙明心

讨论事项

江妙发将本版《文学百题》私自携出送人,应如何办理案

议决:停止职务,退职金二个月照付。

(附注)《生活日记》通告定户信一千余封延误未发,据余守仁来函证明确系江妙发应负责任。

主席　毕云程

第三届人事委员会第十次临时会记录

开会日期:二十五年一月十七日

开会地点:本社经理室

出　席　人:孙明心　陈锡麟　邵顺龄　孙梦旦　徐伯昕(严长衍代)　毕云程
邹韬奋(毕云程代)

主　　　席:毕云程

记　　　录:孙明心

讨论事件

(一)旧历新年例假案

议决:按照向例,放假三天,但因一月廿六日系星期日,应补假一天。自一月廿八日(即旧历正月初五日)起,照常工作。

(二)添雇社工案:本社需添用社工二人,而各方介绍及短工试用者,计有三人可以试用,请选用二人。

议决:添雇朱坤瑞、朱广林二人,试用六个月,每月工资各十六元。

主席　毕云程

第三届人事委员会第十一次临时会记录

开会日期:二十五年一月廿二日

开会地址:本社经理室

出　席　者:邹韬奋　徐伯昕　孙明心　毕云程　邵顺龄　孙梦旦

列　席　者:严长衍

主　　席：毕云程

记　　录：孙明心

讨论事项

（一）录取试用练习生及职员案

　　议决：正取王希言、张季良二人试用六个月，月薪十四元。

（二）雇用绘图员案

　　议决：雇用沈振黄为本社绘图员，月薪七十元，二月一日开始。

主席

第三届人事委员会第十二次临时会记录

　　开会日期：廿五年二月三日下午五时

　　开会地点：本社经理室

　　出　席　人：徐伯昕　孙梦旦　邵顺龄　陈锡麟　毕云程

　　主　　席：毕云程

　　列　　席：严长衍

　　记　　录：毕云程代（孙明心录簿）

讨论事件

　　拟添用练习生一人派在收发股听电话案。

　　议决：函约前次考试成绩较佳之程柏龄来店面谈后酌为试用。

主席

第三届人事委员会第十三次临时会记录

　　开会日期：廿五年二月一十九日下午一时

　　开会地点：本社经理室

　　出　席　人：徐伯昕　邵顺龄　毕云程（张仲实代）　孙梦旦　孙明心　陈锡麟

　　列　席　人：严长衍

　　主　　席：徐伯昕

　　记　　录：孙明心

讨论事件

（一）试用练习生汪子纯任意旷职应如何处理案。

议决：汪子纯自三月一日起停止试用。

（二）三月份起，《世界知识》请钱俊瑞先生担任编辑事务，月薪一百五十元。

议决：通过。

（三）《永生》请施尔宜先生担任助理编辑，月薪卅五元，自三月一日起试办三月。

议决：施尔宜试用三个月，月薪卅五元。

（四）沈振黄先生以原有职务不能脱离拟中止聘用案。

议决：取消第十一次临时会第二项议决案。

（五）本社特约绘图员郑川谷增加津贴案。

议决：郑川谷自三月份起月增津贴五元。

（六）职工朱坤瑞工作不称职，应否继续试用案。

议决：朱坤瑞自三月份起停止试用。

主席　徐伯昕

第三届人事委员会第十四次临时会记录

开会日期：二十五年三月三日下午五时

开会地点：本社经理室

出　席　人：张仲实（毕代）　孙明心　孙梦旦　陈锡麟　邵顺龄　徐伯昕

列　席　人：严长衍

主　　　席：徐伯昕

记　　　录：孙明心

讨论事件

（一）本社宿舍需添职工一人，由孟汉臣先生介绍徐阿堂来社试用案。

议决：徐阿堂以过去工作不甚合宜决再另行招雇。

（二）门市廉价部需用临时练习生，由毕子桂介绍毕子芳来社襄助，以廉价时期截止为期，满月支薪贴十四元，另给车资贰元。

议决：追认通过。

主席　徐伯昕

第三届人事委员会第十五次临时会记录

开会日期：廿五年三月四日下午一时

开会地点：本社经理室

出　席　人：毕云程（张仲实代）　孙梦旦　徐伯昕　邵顺龄　陈锡麟　孙明心

列　席　人：邵公文　严长衍

主　　　席：徐伯昕

记　　　录：孙明心

讨论事件

（一）批发部试用职员杨义方辞职案

　　议决：杨义方准予辞职。

（二）批发、发行、进货三部需添练习生案

　　议决：函约前曾投考之沈百民、卞祖纪二人来社试用，进货科练习生另行物色。

主席　徐伯昕

第三届人事委员会第十六次临时会记录

开会日期：廿五年三月九日下午五时

开会地点：本社经理室

出　席　者：毕云程（张仲实代）　邹韬奋（金仲华代）　徐伯昕　陈锡麟

　　　　　　孙明心　邵顺龄

主　　　席：徐伯昕

记　　　录：孙明心

讨论事项

（一）试用职员、练习生、社工满期应如何去留及加薪案

　　议决：试用期满职员刘执之、陆九华，练习生毕有华、顾根荣、周名寰、陆中飞，社工李德辉决予继续任用并自本月份起，刘执之加薪三元，陆九华加薪五元，林孟愉加薪三元。

（一）进货科拟添用周保昌为试用练习生案

议决：周保昌试用六个月，薪水十四元。

（一）门市部添用毕子芳为练习生案

议决：毕子芳自三月份起试用六个月，薪水十四元。

（一）毕先生、邹先生提议金仲华先生主编《永生》工作加重，拟增加薪水案

议决：金仲华先生加薪事，待再函毕、邹两先生商洽后留待下次表决。

主席　徐伯昕

第三届人事委员会第八次常会记录

开会日期：本社经理室

开会时间：廿五年三月廿日

出 席 人：毕云程（金仲华代）　邹韬奋（张仲实代）　邵顺龄　陈锡麟

　　　　　徐伯昕

列 席 人：严长衍

主　　席：徐伯昕

记　　录：

讨论事项

添用社工周清大应否试用案。

议决：准予先行试用。

主席　徐伯昕
五月十三日补记

生活出版合作社人事委员会
会议记录(第三册)

生活出版合作社人事委员会会议记录（第三册）

开会日期：二十五年三月三十日下午五时

开会地点：本社会客室

出 席 人：陈锡麟 孙梦旦 徐伯昕 孙明心 邵顺龄 毕云程（金仲华代）

列 席 人：严长衍

主 席：徐伯昕

记 录：孙明心

讨论事项

一、金仲华、张仲实两先生加薪案

  议决：金仲华先生薪水照旧，惟从三月份起为《永生》《世知》等另外写稿，另支稿费。张仲实先生薪水从三月份起加薪卅元。

二、分店用人问题案

  议决：徐伯昕先生提议毕先生来信介绍毕拱华、吴卯生二人拟在分店试用案，认为尚须考虑暂缓决定。

三、本社办公室更动后，工作须重行支配案

  议决：邵顺龄、沈俊元两先生调至新刊发行部，张梓玉调至会计科，卜兆麟调至编辑部。

主席 徐伯昕

第三届人事委员会第十八次临时会记录

开会日期：二十五年四月十日下午六时

开会地点：本社编辑室

出 席 人：毕云程（金仲华代） 邹韬奋（张仲实代） 徐伯昕 陈锡麟
     孙明心 邵顺龄 孙梦旦（严长衍代）

主 席：毕云程（金仲华代）

记 录：孙明心

讨论事项

一、三月底考核职工服务成绩拟定如何奖惩案

生活書店

会议记录 1933—1945

议决：四月份试用期满职员林孟愉、严长庆、薛天鹏、王锦云，练习生赵晓恩、孙鹤年、施励奋决予正式任用。

职工丁道友工作疏懒，不守礼貌，决予记过一次，以资惩戒而观后效。

施尔宜试用不合，自下月起不再继续。

朱广林试用不合，自五月份起不再继续。

自四月份起，严长庆、薛天鹏、施励奋各加薪三元，赵晓恩加薪五元，陈冠球、孙鹤年各加薪四元，毕有华、周名寰、王锦云、顾根荣、陆中飞各加薪二元，李德辉加薪一元。

朱照松工作不负责任，自四月十一日起决予解雇。

卜兆麟工作不负责任，自四月十一日起决予解雇。

王永德工作不称职，自四月十一日起决予解雇。

邵顺龄工作不适宜，自四月十一日起决予解雇。

朱照松、卜兆麟、王永德、邵顺龄解雇后各给退职津贴两个月薪水以示优待，所有已缴社股照数发还。

二、改订同人住宿办法案

议决：先由住在宿舍同人中推定代表拟订改善办法，提交本会后再行决定。

主席　毕云程（金仲华代）

第三届人事委员会第十九次临时会记录

开会日期：二十五年四月十五日下午六时

开会地点：本社编辑室

出　席　人：徐伯昕　邹韬奋（张仲实代）　孙明心　毕云程（金仲华）　陈锡麟　周积涵　孙梦旦（严长衍）

主　　　席：毕云程（金仲华代）

记　　　录：孙明心

讨论事项

考核职员服务成绩案。

议决：（一）张梓玉因工作不合，经表决全体通过，自四月十六日起解雇，已缴社股发还并津贴退职薪水两个月。（二）以后考核工作若发觉社员工作有错误或不尽责时，应先提出口头或书面警告。

主席　毕云程（金仲华代）

第三届人事委员会第二十次临时会记录

开会日期：二十五年四月二十九日下午六时

开会地点：本社编辑室

出　席　人：徐伯昕　毕云程（金仲华代）　邹韬奋（张仲实代）　陈锡麟
　　　　　　周积涵　孙梦旦（严长衍代）　孙明心

主　　　席：毕云程（金仲华代）

记　　　录：孙明心

讨论事项

（一）编辑部添用校对职员案

　　议决：录用袁信之为编辑部练习生，自五月四日起先行试用六个月，月薪十四元。

　　吴全衡、张明静自荐愿为校对员案，约期考试后决定取舍。

（二）《永生》添用职员案

　　议决：由金仲华先生通知莫志恒约期试用。

（三）试用期满练习生决定应否继续任用案

　　议决：本月份试用期满练习生朱树廉、耿龙根、沈俊元继续任用并自五月份起各加月薪贰元，朱振新至本月底止，不再继续。

（四）分店用人问题案

　　议决：分店需要门市职员由毕、邹两先生就地物色之，批发并会计职员由总店及分店双方物色之。

主席　毕云程（金仲华）

第三届人事委员会第二十一次临时会记录

开会日期：二十五年四月三十日下午

开会地点：本社经理室

出　席　人：毕云程（金仲华代）　陈锡麟　孙梦旦（严长衍代）　周积涵
　　　　　　邹韬奋（张仲实代）　徐伯昕　孙明心

主　　　席：毕云程（金仲华代）

生活书店 会议记录 1933—1945

记　　录：孙明心

讨论事项

吴全衡、张明静经过考试后决定如何试用案。

议决：吴全衡、张明静均先试用三个月，试用期间月薪二十五元。

主席　毕云程（金仲华代）

第三届人事委员会第二十二次临时会记录

开会日期：二十五年五月七日下午六时

开会地点：本社编辑部

出　席　人：徐伯昕　陈锡麟　周积涵　邹韬奋（张仲实代）　孙明心
　　　　　　毕云程（金仲华）

主　　　席：毕云程（金仲华代）

记　　　录：孙明心

讨论事项

（一）批发科拟添用职员案

议决：通知前宁波新生书店张又新君来店考试后，再行决定。

（二）《世界知识》拟请钱亦石先生为编辑案

议决：自六月一日请钱亦石先生为《世知》编辑，月薪一百五十元，与钱俊瑞先生同样情形。

（三）《永生》因金仲华先生须请长假，拟调钱俊瑞先生主持编辑案

议决：钱俊瑞先生自本月十六日起调任《永生》编辑，月薪待遇与金仲华先生同样办理。

（四）拟请柳乃夫先生为《永生》助理编辑案

议决：请柳乃夫先生为《永生》助编，月薪六十元。

（五）《永生》职员更调工作案

议决：自柳乃夫先生开始工作日起，调黄宝珣先生至书店做事。

主席　毕云程（金仲华代）

第三届人事委员会第二十三次临时会记录

开会日期：二十五年五月八日下午五时

开会地点：本社经理室

出 席 人：毕云程(缺)　徐伯昕　周积涵　陈锡麟　邹韬奋(张仲实代)　孙明心

主　　席：徐伯昕

记　　录：孙明心

讨论事项

张又新经过考试应否录用案。

议决：张又新派在批发科试用三个月，月薪三十元。

主席　徐伯昕

第三届人事委员会第二十四次临时会记录

开会日期：二十五年五月十三日下午六时

出 席 人：周积涵　陈锡麟　张仲实(代邹)　金仲华(代毕)　徐伯昕　孙明心

列 席 人：张子旼

主　　席：徐伯昕

记　　录：孙明心

讨论事项

张子旼先生拟请假赴外埠，会计科需要添用职员案。

议决：张子旼先生介绍张志民先生为本店会计科职员，通知张志民先生自本月十四日起，试用三个月，月薪四十元。

主席　徐伯昕

第二十五次临时会议记录

开会日期：二十五年五月廿五日下午六时

开会地点：本社经理室

出 席 人：毕云程（金仲华代） 徐伯昕 邹韬奋（张仲实代） 陈锡麟

周积涵 孙明心

主 席：徐伯昕

记 录：孙明心

讨论事项

（一）陈元因病请假一月回家疗养并拟借款事

议决：准予借给医药费五十元并请长假一个月。

（二）耿龙根声请辞职

议决：准其辞职。

（三）拟添用练习生案

议决：添用冯沧宁为练习生，先在门市试用六个月，月薪十四元。

主席 徐伯昕

第二十六次临时会议

开会日期：五月三十日下午六时

开会地点：本社经理室

出 席 人：邹韬奋（张仲实代） 孙明心 徐伯昕（陈其襄代） 陈锡麟 周积涵

主 席：孙明心

讨论事项

王昆元于今晨七时前觉察职工李德恢有偷窃刊物嫌疑，经各方调查，濮品元亦有通同作弊情事，应如何处置案。

议决：讯问各方情形，李德恢、濮品元均有重大嫌疑，惟为郑重办理计，再行严密调查，下次议决惩责办法。

主席 孙明心

第二十七次临时会议记录

开会日期：二十五年六月一日下午四时

开会地点：本社经理室

出 席 人：徐伯昕　周积涵　陈锡麟　孙明心　邹韬奋（张仲实代）

主　　席：徐伯昕

记　　录：孙明心

讨论事项

濮品元偷售刊物经陈其襄、邵公文两先生向报贩调查属实，李德恢似有通同舞弊嫌疑，应予如何处置案。

议决：濮品元态度狡赖，应传报贩对质后从严处分，李德恢擅自送货应另定惩责办法，待下次开会时决定之。

主席　徐伯昕

第二十八次临时会议记录

开会日期：六月三日下午五时半

开会地点：本社编辑部

出 席 人：徐伯昕（严长衍代）　陈锡麟　周积涵　孙明心　邹韬奋（张代）

列 席 人：刘执之

主　　席：张仲实（代邹）

记　　录：孙明心

讨论事项

（一）编辑部试用职员张明静拟予中止试用案

议决：张明静以工作不合，自六月六日起中止试用。

（二）濮品元舞弊事实调查对质属实，应如何决定处分案

议决：濮品元从本月四日起予以停职处分，所有社股暂缓发还。

主席　张仲实

第二十九次临时会议记录

开会日期：二十五年六月十一日下午三时

开会地点：本社经理室

出　席　人：徐伯昕　陈锡麟　周积涵　孙明心　邹韬奋（张仲实代）

主　　　席：

列　席　人：严长衍

记　　　录：孙明心

讨论事项

（一）职工陈品南有虚报邮费及通同濮品元舞弊行为,应如何惩戒案

　　议决：陈品南自六月十二日起停职,社股发还,浮报邮费一元应予照扣。

（二）濮品元要求发还社股案

　　议决：濮品元社股先还壹百元,其余暂缓发还。

（三）李德恢应如何惩戒案

　　议决：李德恢记大过一次。

主席　徐伯昕

第三十次临时会议记录

开会日期：二十五年六月十五日下午五时半

出　席　人：徐伯昕　孙梦旦　陈锡麟　周积涵　孙明心

列　席　人：严长衍

主　　　席：徐伯昕

记　　　录：孙明心

讨论事项

（一）添用职工案

　　议决：通知董文椿介绍之黄宝兴先来试用三个月,每月薪工十六元。

（二）考核试用练习生服务成绩案

　　议决：程伯龄工作不甚适宜,自本月十六日起停止试用。

（三）汉口分店职员规定薪给案

议决：职员顾一凡月薪廿五元，练习生王云松月薪十元，王玉忱六元，吴德迈八元，均供给膳宿，自本月十六日起试用三个月。严长庆由总店调赴汉口分店，薪水照原支数支给，膳宿由店供给。

主席　徐伯昕

第三届人事委员会第卅一次临时会议记录

开会日期：二十五年六月十七日下午七时

开会地点：本社会计室

出　席　人：张仲实（代邹）　徐伯昕　孙明心　周积涵　陈锡麟　孙梦旦

列　席　人：严长衍

主　　　席：徐伯昕

记　　　录：孙明心

讨论事项

（一）拟约莫志恒为本店试用职员，担任绘图及推广科工作案

议决：先请徐伯昕先生约谈，月薪定为五十元，试用期为三个月。

（二）王希言辞职案

议决：准其辞职。

（三）取消宿舍案

议决：本社环龙路宿舍决定从七月十六日起取消，此后同人住宿概归自理，应如何酌给房贴，容再拟定办法。

（四）整饬本社管理纪律案

议决：规定下列各条自本月廿九日起公布。

实行（一）凡同人请假必须填具请假书并得经理之签字核定。（二）除本社社章所规定及由经理召集之会议外，不得在本店内举行任何集会。（三）凡本社内不得私藏违禁印品。（四）凡私人印件不得假借本店名义与印刷所接洽。

（五）凡违背以上各条者应即予以严重处分。

徐伯昕

第三届人事委员会第卅二次临时会记录

开会日期：二十五年七月十日下午五时

开会地点：本社会客室

出 席 人：徐伯昕　张仲实（代邹）　孙梦旦　陈锡麟　周积涵　孙明心

列 席 人：严长衍

主　　席：徐伯昕

记　　录：孙明心

讨论事项

（一）本社同人宿舍取消后，应如何致给房贴案

议决：

一、凡本社同人不论过去由本社供给宿舍或自租宿舍，从八月份起一律发给房贴。

二、每月应给职员房贴及车费，规定数额如下：

薪水在三十元以下者七元；

薪水在三十一元至五十元者六元；

薪水在五十元以上，未满百元者五元；

薪水满百元者不津贴。

三、职工应给房贴及车费，不论薪水多少，每人月给六元。

四、上项房贴及车费，自八月份起归并于薪水内发给。

五、凡在七月十六日以前迁出本社宿舍者，七月份发给半个月房贴。

六、凡在七月十六日以后尚未迁出本社宿舍者，七月份房贴概不发给。

（二）关于考核同人服务成绩酌加薪水案

议决：先拟定考核标准［（一）工作成绩占百分之四十。（二）责任心占百分之四十。（三）职务占百分之二十］，再行考查决定之。

（三）港店用人问题案

议决：

一、调派冯沧宁赴港试用。

二、毕拱华、吴卯生二人以前服务期内应给酬报，因总店颇多隔膜，委托毕云程先生视实际情形酌量办理之。

三、港店过去营业状况及以后收支预算请港店负责人作一详细报告借资参考。

（四）《永生》办理结束案

议决：永生社编辑部分截至本月十五日结束，柳乃夫先生职务至本月十一日为

生活书店会议记录 1933—1937　生活出版合作社人事委员会会议记录（第三册）

止,不再继续,七月份半个月薪水照发外,并另给薪水一个月。钱俊瑞先生去留问题俟张仲实、徐伯昕两先生与钱先生接洽后再行决定。

（五）傅东华先生薪水案

议决：傅东华先生自七月份起,坚辞薪给。本社以此后需要傅先生协助之处甚多,故改给月薪五十元维持社员关系。

主席　徐伯昕

第三届人事委员会第卅三次临时会议

开会日期：二十五年七月十三日下午五时

开会地点：本社会客室

出　席　人：徐伯昕　张仲实（代邹）　周积涵　孙梦旦　陈锡麟　孙明心

列　席　人：严长衍

主　　　席：徐伯昕

记　　　录：孙明心

讨论事项

陈文江等联名要求本会答复下列三项：

一、七月份房贴发给一个月。二、薪水与房贴分开发给。三、同人租用铁床及其他用具。

议决：

一、七月份房贴发给二十天。

二、照办。

三、铁床及用具减价售让,铁床照原价收回三分之一。桌凳及其他用具照原价二分之一收回。

主席　徐伯昕

第三届人事委员会第卅四次临时会议记录

开会日期：二十五年七月十四日下午六时

开会地点：本社经理室

出　席　人：徐伯昕　张仲实　陈锡麟　孙梦旦　周积涵　孙明心

列 席 人：严长衍

主　　席：徐伯昕

记　　录：孙明心

讨论事项

（一）根据第卅二次议决考核同人服务成绩分别奖惩案

议决：

一、从七月份起加薪名单如下

杜国钧	二元	王太来	二元	薛迪畅	一元
毕子桂	一元	陈文江	一元	刘执之	三元
诸祖荣	三元	孟汉臣	三元	卞钟俊	三元
李济安	二元	金汝楫	二元	陆凤祥	三元
陆九华	二元	陆石水	一元	张洪涛	二元
周积涵	二元	金乃洪	一元	张明西	二元
李伯彭	一元	薛天鹏	三元	徐双运	二元
赵晓恩	三元	陈冠球	二元	王锦云	二元
孙鹤年	一元	顾根荣	一元	陆中飞	一元
程树章	二元	秦逸舟	一元	朱树廉	一元
江钟渊	一元	周幼瑞	二元	黄洪年	一元
沈俊元	一元	毕子芳	一元	卞祖纪	三元
沈百民	二元	周保昌	三元		
陈文鉴	二元	董文椿	二元	刘桂璋	一元
陈四一	一元	沈炎林	一元	潘宝洪	一元
李□□	一元	周清大	一元		

二、张季良试用不合，于十五日起停止试用。

三、周名寰、殷益文对职务不负责任，常有错误且对同事间缺乏礼貌，应予书面
警告以资惩戒而观后效。

讨论事项

（二）《永生》结束后钱俊瑞先生退职案

议决：钱俊瑞先生从七月十六日起不继续职务，除七月份上半个月薪水照发
外，并另给津贴半个月薪水。

主席　徐伯昕

生活书店会议记录 1933—1937　｜　生活出版合作社人事委员会会议记录（第三册）

第三届人事委员会第卅五次临时会记录

开会日期：二十五年七月十五日下午六时

开会地点：本社经理室

出 席 人：徐伯昕 张仲实（代邹） 孙明心 孙梦旦 陈锡麟 周积涵

列 席 人：严长衍

主 席：徐伯昕

记 录：孙明心

讨论事项

本会在卅三次会议决定宿舍用具售让办法及卅四次会议决定练习生张季良停止试用,后接王锦云等联名书面提出三点:（一）收回开除张君季良成命。（二）保持过去加薪成例。（三）对宿舍床的问题要求答复案。

议决

（一）张季良工作不力,经本会议决停止试用,碍难收回原议。

（二）加薪标准本届以营业不如从前,故酌量减低,以后营业如有起色,标准自当提高,本会根据此点向同人解释。

（三）床桌及其他用具借给同人办法容再商定通知。

主席 徐伯昕

第三届人事委员会第卅六次临时会议记录

开会日期：二十五年七月十六日下午一时

开会地点：本社经理室

出 席 人：周积涵 陈锡麟 孙梦旦 徐伯昕 孙明心 张仲实（代邹）

列 席 人：严长衍

主 席：徐伯昕

记 录：孙明心

讨论事项

继续讨论上次议案应如何答复案。

议决

决定下列办法公布答复

（一）本店历来加薪向以营业状况为标准，本届营业不及从前，故对于加薪标准，酌量减低，以后营业如有起色，标准自可提高。

（二）宿舍用具如床桌等物，可借给同人应用。但借用各物系属本店公共财产，务请负责保管爱护，如有损坏或遗失情事，概须负责赔偿。

（三）本店向来对于职员及练习生在试用期间特重服务成绩及纪律，以作正式录用之标准。依章如有一方不合，随时即可停止试用。前查练习生张季良君截至本月底试用期满，于期满前必须郑重考核，决定录用与否。在本年四月间，本会曾经考核成绩一次，当时以工作欠佳，本拟停止试用，嗣经考虑结果，仍予以继续练习之机会，以观后效。最近复加审核，认为工作缺点颇多，其较重之事实，列举如下：

甲、耽误工作，例如开就退货票积压至十余日或甚至二十余日之久者，查有多起，此于本店工作纪律与对外信用，均有重大妨碍。

乙、工作屡次错误，例如开发货票一再涂改，计算错误，易使顾客发生疑窦，对本店办事精神及信誉有重大之影响。

丙、在工作时间内不守纪律，例如在办公处所购食面包，哄引其他同人，妨碍工作，扰乱办公秩序。

综观上述各条，均与本店用人标准不合。现届试用即将期满，故经人事委员会第卅四次会议决定，停止试用。本店对于同人福利固应重视，但对工作纪律，亦不得不慎重维持。特此公告，尚希同人鉴察为幸。

主席　徐伯昕

第三届人事委员会第卅七次临时会记录

开会日期：二十五年七月二十一日下午八时

开会地点：万宜坊五十二号

出　席　人：徐伯昕　陈锡麟　孙梦旦　周积涵　邹韬奋（张仲实代）　孙明心

列　席　人：严长衍

主　　席：徐伯昕
记　　录：孙明心

主席报告社员卞钟俊等二十六人致函本会，请求对此次蔑视社章，油印诬蔑宣言及破坏本社组织原则，胁迫怠工者执行紧急处分，本会应如何表示案。

讨论事项

本会对社员卞钟俊等二十六人连名请求对于七月十八日少数社员之非法事件执行紧急处分事，经本会全体一致认为应予接受。

此次一部分社员在七月十八日怠工，根据各委员所举事实及严长衍先生之详细报告，经全体委员一致认为事属确实，应再列举各部科参加者姓名及各人开始怠工时间如下：

孙明心报告进货科陈冠球下午一时半以后开始怠工，张洪涛上下午均有一部分时间怠工。

张仲实报告编辑部吴全衡、袁信之上午十时许起开始怠工。

严长衍报告批发科陆石水、卞祖纪、周名寰、张又新从十时许起开始怠工。

徐伯昕报告薛迪畅、周幼瑞、毕有华从上午十时许起开始怠工。

周积涵报告李济安从下午一时半起开始怠工，毕子桂下午三点钟以后有一部分时间参加怠工。邮购科张锡荣、施励奋、薛天鹏、金汝楫、沈俊元、殷益文、王锦云、顾根荣、朱树廉、吴元章上午十时起开始怠工，李伯彭、秦逸舟下午一时半起开始怠工，卞钟俊、周积涵、金汝楫自下午起因受怠工影响无法继续工作。

严长衍报告栈务科王太来、孙鹤年、沈炎林上午十时许起开始怠工，江钟渊下午一时半起开始怠工。

关于油印宣言检得证据二张，其中破坏本社最重要之点摘录如下："在最近的过去，书店用了无耻的手段骗走了我们的五位同事，理由是'外有压力'，'内有汉奸'，并且还假造了市党部开来的名单，作为开除同人的借口。……"此种宣言显系捏造事实，诬蔑本社名誉，经周积涵、孙明心二人证明确系薛天鹏缮写。

孙梦旦报告李伯彭胁迫陆九华停止工作。

严长衍报告严长衍向书栈取书时被李济安、李伯彭、秦逸舟三人强行阻止并肆言谩骂。

徐伯昕报告李济安向众宣言最先主张采取有效手段鼓动怠工，并于十八日上午被推为代表向人事委员会谈话时声言否认社章，坚决要求人事委员会不撤消原案决不复工。

议决：本会对于社员卞钟俊等二十六人连名请求对七月十八日一部分社员之

非法事件执行紧急处分事,经本会全体委员一致认为情势非常严重,应予接受严厉处分,惟应如何处分留待下次会议决定,在未经决定办法前全体委员应一致负责严守秘密。

主席　徐伯昕

第卅八次会议记录

开会日期:二十五年七月廿二日下午四时

开会地点:本社会客室

出　席　人:邹韬奋(张仲实代)　徐伯昕　孙梦旦　陈锡麟　孙明心
　　　　　　周积涵(迟到)

主　　　席:徐伯昕

记　　　录:孙明心

讨论事项

(一)根据上次议案继续讨论如何处分案

(二)理事会向本会建议谓宿舍取消后同人居住费用负担增加应予增加房贴案

议决

(一)李济安鼓动怠工破坏社章,李伯彭、秦逸舟胁迫他人怠工,妨害公共利益,薛天鹏缮写诬蔑本社信誉之宣言,危害本社组织,以上四人各予以最后警告,以后如再犯同类事件及其他破坏社章、危害本社公共利益,应无条件予以停职处分。其他参加怠工者姑念胁从免予处分。

本会为巩固本社基础,保障公共利益及整饬工作纪律起见,特规定下列两项办法公布实行。

凡有破坏社章,妨害公共利益,危害本社组织及其他对本社营业上有重大之损害者,立即予以停职处分。

凡有不守纪律及工作错误致影响本社营业及信誉者,予以警告处分。

警告至三次者,立即予以停职处分。

(二)接受理事会建议,将前案三、四、五元三种房贴改为四、五、六元三种。

社工房贴一律增加一元。

主席　徐伯昕

第卅九次临时会议记录

开会日期：二十五年七月二十八日下午三时

开会地点：本社经理室

出　席　人：徐伯昕　陈锡麟　周积涵　邹韬奋（张仲实代）　孙梦旦　孙明心

主　　　席：徐伯昕　邹韬奋（张仲实代）

记　　　录：孙明心

讨论事项

（一）整顿各部工作纪律案

（二）组织传达委员会案

（三）港店派人案

（四）调查严长庆工作错误案

（五）批发、进货、出版科添人案

议决

（一）自八月份起各部科主任对本部科工作人员之工作情形除随时口头报告外，每隔两个月须用书面负责报告本会一次（报告需用之表格由本会拟定并征求传达委员会意见后付印备用）。

（二）本会为沟通同人意见，免除种种隔膜起见，特设传达委员会借以咨询及传达各方意见。作为属于本会之咨询机关，传达委员之产生，每科至少须有委员一人，各科工作人员满五人者除科主任为当然委员外，另举一人为委员，满十人者推举二人为委员。

（三）暂缓决定。

（四）先由批发部、总务部分函大东书局及严长庆，调查当时实际情形后再行讨论处置。

（五）先由各科从事物色，再行决定考选手续。

主席　韬奋

生活書店

会议记录 1933—1945

第四十一次临时会议记录

开会日期：二十五年七月卅一日

开会地点：本社经理室

出　席　人：徐伯昕　邹韬奋　周积涵　陈锡麟　孙明心　孙梦旦

主　　　席：邹韬奋

列　席　人：张仲实

记　　　录：孙明心

讨论事项

职员张又新、吴全衡本月份试用期满应否继续任用案。

议决：

（一）据批发科邵公文、严长衍报告：张又新在试用期内颇能负责，成绩尚佳。经议决，应予继续任用。

（二）据张仲实报告：吴全衡工作不切实，整理编辑部图书不负责任，所做工作与练习生无多差异，在三星期前，曾由张仲实口头警告一次（经由本会追认），现在仍未见努力。兹经本会决定由主席向吴全衡予以第二次口头警告，并由张仲实先生口头说明工作成绩欠佳、不守工作纪律及随时离开职守等缺点，通知其此后工作应须改善。

编辑部拟聘任林雪邨为试用职员案。

议决：林雪邨准自八月一日起试用三个月，月薪四十。

主席　韬　奋

第四十二次临时会记录

开会日期：二十五年八月十日

开会地点：本社经理室

出　席　人：徐伯昕　陈锡麟　周积涵　孙明心　孙梦旦　邹韬奋

主　　　席：徐伯昕

记　　　录：孙明心

讨论事项

（一）进货科拟添用练习生，经约前曾登记之方学武来社考试，审查成绩应否录取试用案。

　　议决：方学武准予试用六个月。在试用期内任何一方认为不满意时，即可随时无条件中止试用。

（二）本社自宿舍取消后，以后对新进练习生及职员薪额应另订标准案。

　　议决：以后招考练习生规定月薪廿贰元，职员规定月薪卅八元，膳宿车费一概自理。惟任用职员如有特殊情形，应视实际需要，得予变通增减之。

主席

第四十三次临时会记录

　　开会日期：二十五年八月廿一日上午九时

　　开会地点：本社经理室

　　出　席　人：邹韬奋　徐伯昕　陈锡麟　周积涵　孙梦旦　孙明心

　　主　　　席：邹韬奋

　　列　席　人：张锡荣

　　记　　　录：孙明心

讨论事项

（一）李伯彭在本月中无故旷工十日，应如何予以惩戒处分

（二）本社拟定期召集同人茶话会，以资联络同人情谊案

（三）汉口分店业务繁忙，拟由总店调派职员案

议决

（一）李伯彭应予停职处分经一致通过。

（二）规定每月召集一次茶话会，逢星期六晚举行，本届准定于下星期六（八月三十日）晚举行，并推定陈冠球、张明西、秦逸舟、施励奋、周积涵、毕有华、薛迪畅七人负责筹备，茶点费用由本社支付，但每次至多不得超过十元。

（三）汉口分店需人，决派王昆元于本月二十四日启程赴汉。

主席　韬　奋

生活出版合作社临时委员会
会议记录(一)

生活出版合作社临时委员会记录

开会日期：二十五年九月三日下午

开会地点：本社会客室

出 席 人：王志莘 杜重远(邹韬奋代) 邹韬奋 陈锡麟 李济安 徐伯昕

周积涵 张锡荣 孙梦旦 张仲实 孙明心

临时主席：邹韬奋

记 录：孙明心

讨论事项

（一）拟定临时委员会办事细则

一、本会根据廿五年八月三十一日第二次临时社员大会决议案设立，在大会停会期内执行大会职权。

二、本会推举主席一人召集本会议并负责本会一切决议之执行。

本会推举经理一人执行本□……□议主持处理日常店务并对□……□店代表□……□。

本会由主席指定一人担任秘书，掌理本会文件及会议记录事宜。

三、本会每隔两星期开常会一次，如遇有重要事项急待讨论时得由□……□召集临时会议。

四、本会开会以三分之二之出席为□定人数，任何表决必须得出席委员过半数之通过方为有效。

五、本会委员如因事不能出席可委托代表，代表人以委员为限，但每一委员至多代表一人。

六、本会开会时讨论事项有涉及委员个人者，关系人本身应暂行离席。

七、本会开会时遇有必要得由主席邀请其他社员列席参加讨论，但无表决权。

八、本会因业务上、管理上之必要，凡□□委员对于本会任何决议案□……□具名通告者外，有保守秘密□……□。

九、本细则自临时委员会通过之日实行。

议决：一致通过。

（二）推举本会主席

张仲实先生当选主席。

（三）推举本店经理

徐伯昕先生当选经理。

主席　张仲实

临时委员会第一次临时会议

开会日期：二十五年九月九日下午四时

开会地点：本社会客室

出 席 人：邹韬奋　张仲实　王志莘　陈锡麟　孙梦旦　周积涵　张锡荣
　　　　　李济安　孙明心　徐伯昕

主　　席：张仲实

记　　录：孙明心

讨论事项

一、指定本会秘书案

二、讨论修改社章案

三、应如何着手整顿店务案

四、规定常会日期案

议决

一、由主席指定孙明心为本会秘书。

二、先由本会印发原有社章征求同人修改意见，限至迟于一个月内汇交本会，再由本会讨论修正。

三、先由经理拟具整顿计划，协同各科主任调查各科工作实际情形，从事实施整顿。

四、决定每隔两星期开会一次，逢星期四召集。

主席　张仲实

临时委员会第一次常会

开会日期：二十五年九月廿四日下午四时

开会地点：本社会客室

出 席 人：张仲实　周积涵　孙明心　陈锡麟　孙梦旦　徐伯昕　邹韬奋

主　　席：张仲实

記　　录：孙明心

报告事项

徐伯昕先生报告最近本社人事更动。

甲、添用

一、门市部添请章德宣君自九月十日起来店试用,作为临时雇用性质,每月酬报廿二元,膳宿自理,期限暂以十月底止,需要时得延长之。

二、栈务科添用社工赵海青君自九月□日起来店试用,工资廿三元,膳宿自理,试用期六个月。

三、会计科添用练习生朱平初君,自九月十一日起来店试用,每月津贴二十二元,膳宿自理,试用六个月。

四、收发科添用服务生徐宗福君,自九月十三日起来店试用,每月津贴十八元,膳宿自理,试用六个月。

五、邮购科添用短期雇员赏仲明君,自九月十七日起来店试用,每月酬报二十二元,膳宿自理,期限以十月底止,需要时得延长之。

六、邮购〔科〕添用职员邵振华君,自九月十九日起来店试用,月薪三十元(供宿),试用三个月。

七、世界知识社添用助理编辑钱文珍君,自九月廿一日起来店试用,月薪三十八元,膳宿自理,试用三个月。

八、栈务科雇用临时社工倪宽,自九月十五日起来店试用,工资廿三元,膳宿自理,试用期暂以十月底止,需要时得延长之。

乙、更调

一、会计科程树章君,自九月十一日起调邮购科工作。

二、汉口分店职员王昆元君因故返沪,自九月廿六日起拟调往香港安生工作。

丙、退职

一、发行科职员金乃洪君因有舞弊情事,于九月廿三日自动辞职。

二、栈务科试用职工周清大因舞弊于九月廿四日解职。

讨论事项

一、九月份试用期满职员张志民,练习生沈百民、卞祖纪、毕子芳、周保昌等五人,应否继续任用案。

二、以后本社为组织巩固,审慎增加社员计,添用新同人作为雇员办理。凡本社之附属机关用人,除主要负责人必须由总社调派社员担任外,□□职工均由附属机关之主要负责□□权处理,作为雇员性质任用,惟事□□必须征得总社经理之同意为有效。

议决

一、张志民、沈百民、卞祖纪、毕子芳、周保昌均继续任用。

二、通过照办。

主席　张仲实

临时委员会第二次常会

开会日期：二十五年十月八日下午五时

开会地点：本社会客室

出 席 人：张仲实　张锡荣　邹韬奋　杜重远（邹代）　孙梦旦　周积涵

陈锡麟　孙明心

主　　席：张仲实

记　　录：孙明心

报告事项

甲、经理徐伯昕先生报告最近人事更动

（一）添用

一、总务部文书科添用职员徐植璧女士，自九月廿九日起来店试用，月薪□□八元，膳宿自理，试用三个月。

二、发行科添用练习生任乾英君，自十月□日起来店试用，月薪二十二元，膳宿自理，试用六个月。

三、批发科添用服务生张通英君，自十月三日起来店试用，月给津贴十八元，膳宿自理，试用六个月。

四、进货科添用练习生杨永祥君，自十月八日起来店试用，月给津贴二十二元，膳宿自理，试用六个月。

五、邮购科添用练习生李仁哉君，自十月五日起来店试用，月给津贴二十二元，膳宿自理，试用六个月。

六、发行科添用练习生王志万君，自□月七日起来店试用，月给津贴二十二元，膳宿自理，试用六个月。

七、栈务科添用职工邵峻甫君，自十月一日起来店试用，每月工资二十三元，膳宿自理，试用三个月。

（二）更调

一、进货科主任孙明心自九月廿五日□□任邮购科主任。

二、批发科主任邵公文因病长期请假，自九月廿五日起改由严长衍先生担任批发科主任。

三、邮购科主任张锡荣自十月一日起调在编辑部办事。

四、门市科临时雇员章德宣自十月八日起调邮购科办事。

（三）惩戒

一、八月三十一日寄发七卷三号文学，实寄数为一千五百份，主管人薛迪畅误寄为三千份，本店损失邮费三十七元五角，除责令照数赔偿外，因办事疏忽，应予书面警告一次。

议决：通过照办。

乙、本店应在广州增设分店案

一、理由：本店香港分店营业不振，此次特派严长衍先生前往广州调查，结果以广州书业情形均甚发达，本店出版物在广州方面尚未能尽量发展，为减少香港损失并扩展广州营业计，似有将香港分店结束，增设广州分店之必要。

二、办法：广州分店店址已择定永汉北路儿童书局为地位，因已商得该局同意，愿以三千一二百元将一切生财等转让本店，希望在一二月后能结束清楚，将香港分店迁往广州。

三、营业概算：依据汉口分店营业情形，每月营业总额平均以二千五百元计，广州至少可在四千元以上（另制预算），假定以最低限度四千元，照二分利益计算，每月约得利益八百元，在开支方面可无大问题。

议决：通过。

主席　张仲实

丙、拟定员工试用办法

一、试用员工暂定下列五种：职员、练习员、练习生、服务生、社工。以能刻苦耐劳、富责任心，而有相当学力与服务经验者为合格；先经过登记手续，再由考试决定之。

二、考试科目为：国文、珠算、常识、书法及口试，题目随时拟定之。

三、待遇分：1. 试用职员三十元；2. 练习员二十五元；3. 练习生二十二元；4. 服务生十八元；5. 社工二十三元，包括车资、房贴、膳食等。

四、试用期限分：三个月、六个月、一年三个阶段。

五、员工如经过考试合格，接得本店试用通知书后，必须依照本店规定手续，填具保证书及订立契约，方可入店试用。

六、试用员工在第一阶段经本店考核成绩认为试用合格时，得重行订立契约，进至第二阶段试用;如认为成绩不适合时,即在阶段终了时,不再续订契约,作为终止试用。在试用期间,如认为不合格者,得随时停止试用。

七、终止试用之员工,除照发应得之薪给,不足一月者以日计算外,如满六个月者加送半个月,满一年者加送一个月,以示优待。

八、终止试用员工之保证书,得在终止试用后二个月内检还之。

九、试用员工由该部科负责人员每月考核成绩一次,报告经理。

十、试用员工之薪津,除第一阶段照第三条办法支给外,第二及第三阶段得视其成绩酌予递增。

议决:通过照办。

(补第二次常会记录)

主席　张仲实

临时委员会第三次常会记录

开会日期:二十五年十一月五日下午五时

开会地点:本社会客室

出 席 人:张仲实　周积涵　李济安　张锡荣　陈锡麟　孙明心　孙梦旦

邹韬奋

主　　席:张仲实

记　　录:孙明心

报告事项

关于最近本社人事更动,经理徐伯昕先生因病请假,由邹韬奋先生代理报告。

一、进货科添用练习生杨永祥,自十月八日起试用,月薪二十二元,膳宿自理,试用期六个月。

二、发行科添用练习□金世祯,自十月十二日起试用,月薪二十二元,膳宿自理,试用期六个月。

三、门市科添用职员黄宝亢,自十月十六日起试用,月薪三十八元,膳食自理,试用期三个月。

四、邮购科添用练习生陈国樑,自十月十七日起试用,月薪二十二元,膳宿自理,试用期六个月。

五、邮购科添用职员胡连坤,自十月廿四日起试用,月薪三十八元,膳宿自理,试用期三个月。

六、邮购科添用临时雇员金伟民,自十月廿九日起,暂定一个月,月给津贴三十元,膳宿自理。

七、邮购科添用临时雇员邵越峰,自十一月三日起,暂定一个月,月给津贴二十五元,膳宿自理。

八、门市科添用临时雇员黄孝平,自十月三十日起,暂定一个月,月给津贴二十五元,膳宿自理。

九、邮购科临时雇员赏仲明、章德宣,自十一月一日起,继续试用二个月,改给月薪三十元,膳宿自理。

十、袁信之、林雪邨十月底试用期满,仍予继续。

十一、会计科职员张子旼办事错误,予以口头警告一次。

十二、批发科职员陆石水请假不照手续,予以口头警告一次。

讨论事项

一、征求修改社章意见,前经规定迟至十月底交到,但同人交来者不多,应如何催促案。

二、邹韬奋先生提议,本店为业务上之需要,拟聘用副经理案。

三、邹韬奋先生提议,本店拟聘用甘蓬园先生为副经理兼总务部主任,每月给致薪水一百八十元。

四、邹韬奋先生提议,本店经理徐伯昕先生拟自十一月份起加薪卅元。

议决

一、由本会通告,展限两星期,迟至十一月二十日必须交来,否则作为无意见论。

二、通过。

三、通过。

四、通过。

主席　张仲实

第四次常会

开会日期：廿五年十二月三日下午二时

开会地点：本社会客室

出　席　人：徐伯昕　张仲实(甘蓬园代)　周积涵　陈锡麟　孙梦旦　李济安

　　　　　　张锡荣　孙明心

报告事项

经理徐伯昕先生报告本社上年度结账情形及广州分店筹备情形与最近人事更动。

一、本店上年度(廿四年七月至廿五年六月止)总结算已经潘序伦会计师查核,报告纯益为一千四百二十元二角四分,最近因中华职业教育社经济困难,特照章将应捐助公益金百分之二十,计二百八十四元四角八分提前送去。

二、广州分店正在积极进行,广州儿童书局经理吴涵真先生来沪,业经双方商定,一面从事结束,此间亦同时筹备,希望能在二月一日正式开幕以应春销。

三、人事更动

1. 门市部临时雇员黄孝平君继续一月展延至十二月底止。

2. 邮购科临时雇员邵越峰君继续试用至十二月底止。

3. 批发科临时雇员金伟民君继续一月至十二月底止。

讨论事项

一、本会临时委员邹韬奋先生提出辞职案

议决:准予辞职。

二、修改社章案

议决:各社员交来社章修正意见,先由张仲实先生整理后,再交本会讨论。

主席　徐伯昕代

第五次常会

开会日期:廿六年一月十四日下午五时

开会地点:本店会客室

出　席　者:张仲实　徐伯昕　孙梦旦　张锡荣　李济安　陈锡麟

主　　席:张仲实

记　　录:陈锡麟

甲、主席报告

一、本会以到会人数不足法定人数改开谈话会。

二、本会秘书孙明心君因调任广州分店经理,所遗秘书职务照章由主席指定陈锡麟君继任。

乙、经理报告

一、营业状况

本店廿四年七月至廿五年六月,一年度营业总额为四十八万六千元,廿五年七月至十二月,营业总额为二十八万二千元,较上年度约增四万元,而成本及开支与上年大致相同,营业总额外版书几达本版书及杂志之半。

二、人事更动

A. 更调

1. 邮购科试用职员邵振华君自十二月卅日起调往汉口分店工作,暂照支原薪三十元,供给膳宿,川资由汉店支付。

2. 邮购主任孙明心君于一月六日调任广州分店经理,孟汉臣君调任分店会计。

3. 出版科主任陈锡麟君于一月四日起调任邮购科主任,出版科在未合并以前仍由陈君兼任。

4. 杜国钧君于十二月二十三日起调任会计科出纳事务。

5. 黄宝珣君于十二月卅日起调任总务部文书事务。

B. 添用

1. 添用社工马斌元君自十二月十四日起来社试用,工资十八元,供宿不供膳,试用期三个月。

2. 编辑部添用校对员刘培慧君,自十二月廿八日起来店试用,月薪三十元,试用一个月。

3. 添用社工朱根兴君自一月四日起来店试用,工资十八元,试用三个月。

4. 批发科添请杨义方君担任外版批发事务,自一月四日起来店工作。

C. 停职

1. 邮购科秦逸舟因在本社内私藏违禁印刷品,自十二月五日起予以停职处分,除发还社股外,照章给予退职金两个月以示优待。

2. 邮购科临时雇员邵越峰君及试用练习生王亮君于十二月底均终止职务。

D. 其他

1. 编辑部职员林雪邨君自十二月九日起工作时间改为半天(下午),薪水减支为三十五元。

三、修改社章事

业已将各社员意见汇齐,惟尚有专家意见未到,故尚须稍缓。

四、扩充办公室

因原有办公处所不敷应用,同时感觉各部科办事手续处要连接起见,特向世界书局承租过街楼二、三两层全部以作扩充之用,计月租一百五十元(巡捕捐包括在内),并签订租约,自二十六年二月一日起一年为期。

五、加薪

本期加薪标准仍援旧例分二元、三元、四元、五元四级,其有特殊情形者稍有增加。

主席　张仲实

第六次常会

开会日期：廿六年一月廿八日

开会地点：本店会客室

出 席 者：张仲实　徐伯昕　孙梦旦　张锡荣　李济安　周积涵　陈锡麟

列 席 者：甘蔗园

主　　席：张仲实

记　　录：陈锡麟

甲、报告事项

主席报告：分店服务规程已征得汉粤两分店之意见并加整理,拟加以讨论。

乙、经理报告

一、人事更动

（一）更调

1. 香港安生书店吴之章君调往广州分店工作。

（二）继续试用

1. 门市科黄孝平君自一月份起继续试用三个月,待遇照旧;

2. 批发科金伟民君自一月份起继续试用三个月,待遇照旧。

（三）终止试用

1. 编辑部校对员刘培慧君因工作不甚相宜,于一月廿六日终止试用。

二、惩戒

栈务科职员江钟渊君因私自将机房存书数量抄给客户,有泄漏本店营业上之秘密行为,应予以书面警告处分。

三、广州分店承盘合同已由严长衍君代为签妥,分店决定在二月一日正式开幕。

丙、讨论事项

一、分店服务规程应如何参酌分店提供之意见加以修正案

议决　将下列修正各条重印分发分店，各同人征求意见后汇齐，提出决定修正条文如下：

1. 第廿二条前增加一条，原有廿二条应改为廿三条，以下照改，增加条文为："分店职员对于店务如有意见可径向总店经理陈述。"

2. 第廿八条修正为："分店各部分职员之每日工作时间根据当地事实上之需要规定，但至多不得超过十小时（进餐时依次调班，休息一小时），于必要时得临时由经理决定延长之。"

3. 第二十九条修正为："星期日上午休业，正午十二时起照常营业，如因特殊情形而有全日营业之必要时，由经理临时决定之。"

4. 第三十一条修正为"本店规定假期如左"：星期日上午半天，年节五天，双十节一天，遇必要时得由经理斟酌当地情形决定休假，但全年除上列假期外，至多不得超过五天。

5. 第卅四条"每年各给特别休假"下加"（包括病假）"。

6. 第三十六条全文取消。

丁、本店因业务上之需要对组织系统略有更动，拟将编辑部改为出版部，原有之出版科改为印刷科，并增加编审及校对两科均属于出版部案。

议决：留待下次常会讨论。

主席　张仲实

第七次常会

开会日期：廿六年二月十八日下午五时半

开会地点：本社会客室

出　席　人：张仲实　徐伯昕　周积涵　李济安　张锡荣　孙梦旦　陈锡麟

列　席　者：甘蘧园

主　　　席：张仲实

记　　　录：陈锡麟

甲、报告事项

经理报告：

一、本店服务规程业已改正错误付排，俟印就后再行分发各同仁征求意见。

二、本店应行征缴所得税,除同仁部分已自本月起照数扣缴外,本店部分亦已准备就绪。

三、关于会计年度,为便利结算起见,决改自一月起十二月止为一年度,去年下半年度并入上年度作一总决算。

四、所得税应行申报资本额决定为十万元,须向上海市社会局申请增加资本十万元,仍由经理负责办理。

五、所得税于营业管理极有关系,特请孙梦旦君前往立信会计补习学校研究,自二月二十日起十星期期满,每日下午七时至九时,学费八元,由本店支付。

六、本店常年法律顾问陈霆锐律师及常年会计顾问潘序伦会计师,本年仍继续聘任。

七、人事更动

1. 邮购科添用练习生沈敢君于二月三日起来店试用,月薪二十三元,试用期三个月。

2. 社工股荣高君因平时工作不努力,最近时常遗失送件,二月三日又将回单簿遗失,并故意诬害他人,于二月八日起终止职务,照章加给退职津贴两个月,社股全数发还。

3. 进货科添用服务生陆敬士君于二月十五日起来店试用,津贴十八元,试用期三个月。

4. 校对科添用莫迺群君于二月十五日起来店试用,月薪三十元,试用期三个月。

乙、讨论事项

一、经理提出草拟之同仁疾病、补助办法九条及调往分店职工待遇办法七条提出讨论案。

议决:照讨论结果加以修正,并油印分给各委员再加考虑,于下届常会提出通过。

主席　张仲实

第八次常会

开会日期:廿六年三月四日下午五时半

开会地点:本社会客室

出　席　者:张仲实　徐伯昕　孙梦旦　周积涵　李济安　陈锡麟

列　席　者:甘蓂园

主　　席：张仲实

记　　录：陈锡麟

主席报告：今日开会因出席人数不足，改开谈话会。

甲、报告事项

经理报告：

一、人事更动

1. 推广科添用特约绘图员郑川谷君于二月廿五日起来店工作，工作半日，月薪四十元。

2. 进货科职员陈冠球君经官厅判决刑事处分，不能在本店执行职务，照章自一月十九日起应予以停职处分，社股全部一次发还并给退职金两个月。

二、廿六年下半年账册业已开始由立信会计师事务所查核决算情形，俟查账报告书到后再行报告。

乙、讨论事项

一、生活书店职工疾病死亡津贴试行办法草案。

二、生活书店职工调往外埠旅费及假期试行办法草案。

三、生活书店门市科职员穿着制服暂行办法草案。

上列三项办法逐条讨论交下届常会再行核议。

四、经理报告关于生活书店职员服务规程业经征询粤汉两分店意见，均以第五章第二十九条每日工作时间至多不得超过十小时一项，以事实上执行殊感困难，应否酌予变更案。

讨论结果：规定时间以不变更为原则，如感人手不足时，可酌量增加人员分班工作。

主席　　张仲实

第九次常会

开会日期：廿六年四月一日

开会地点：本店会客室

出　席　者：张仲实　孙梦旦　陈锡麟　张锡荣　周积涵　李济安

列　席　者：甘蓝园

主　　席：张仲实

記　　录：孙梦旦

主席报告

（一）今日开会因出席不足法定人数改开谈话会。

（二）本会书记陈锡麟君自即日起，请假半年，书记一职，改派孙梦旦君担任。

报告事项

副经理报告门市科试用练习员黄孝平君，试用期原为三月底截止，兹因尚有继续试用之必要，特延长试用期二个月，至五月底，待遇照旧。

讨论事项

一、委员陈锡麟君请假后，由孙梦旦君代表。

二、本店为增进同人健康起见，每年举行同人检验身体一次，委托上海医院办理，检验费每人每次二元五角，归店中开支。

三、四月份练习生考核成绩，递加薪金，请甘蘐园君会同各科主任填具成绩考核表格，交下次会议讨论。

四、本会因缺席委员过多，为集思广益计，以后开会时，请有关议案之各科主任或职员列席，参加讨论，参加人员于开会前由主席临时决定邀请。

五、本店为求发展业务起见，恢复营业会议，各科主任均得参加，每星期举行一次。

主席　张仲实

第十次常会

开会日期：廿六年四月十七日

开会地点：本店会客室

出 席 者：张仲实　孙梦旦　张锡荣　陈锡麟（孙梦旦代）　周积涵　李济安

列 席 者：甘蘐园

主　　席：张仲实

记　　录：孙梦旦

报告事项

副经理报告：

（一）门市科试用服务生祁保恒自本月十五日起调在发行科工作，另添用练习生李宛中补充之，自本月十五日起试用三个月，月薪廿二元。

（二）邮购科添用练习生谢珍水、罗颖、许三新三人，月薪各廿二元，谢于本月十三日，许十四日，罗十五日起到店试用，试用期谢、罗二人各三个月，许三新临时试用二星期。

（三）机务科添用练习生王敬德自本月十五日起试用，月薪廿二元，试用期为三个月。

（四）社工添用杜福泰、顾德进、张春生三人，司出差兼打包职务，工资各廿三元，津贴在内。张于三月廿八日，杜于四月六日，顾于四月十四日起，试用期均为三个月。

（五）本月份练习生考核成绩递加薪金事已由各科主任填具成绩考核表，交经理核定数目后交会计科照办。

提议事项

社工陈文鉴之脚踏车在店内被窃，请求补助案。

议决：补助贰拾元。

主席　张仲实

第十一次常会

开会日期：廿六年四月廿二日

开会地点：本店会客室

出 席 者：张仲实　孙梦旦　张锡荣　陈锡麟（孙梦旦代）　李济安　周积涵

列 席 者：甘蓬园　严长衍　邵公文　王太来　毕子桂　诸祖荣　薛迪畅
　　　　　刘执之

主　　　席：张仲实

记　　　录：孙梦旦

报告事项

（一）主席报告：今日开会除原来列席之甘蓬园先生外，特再邀请各科主任列席参加讨论或有所报告。

（二）副经理报告：

　　A. 添用社工崔福新一名司打包兼木匠职务，工资二十五元，津贴在内。自本月廿二日起开始试用，试用期为一个月。

　　B. 汉口分店因原有房屋租期届满，兹已觅得交通路三层楼房屋一幢，预备迁移扩充，营业现正筹划进行中。

讨论事项

（一）此次练习生考勤加薪有一部分职员适届试用期满,须否加薪案。

讨论结果:

请副经理调查本店规定之办法,提交下次会议讨论。

（二）邮购科时有读者来函询问图书内容或请介绍书籍等须详细答复者,因日常工作颇形紧(涨)〔张〕,致有积压未复或复而未详之现象应如何处理案。

讨论结果:

此项函件归各组组长负责答复,另招临时雇员分派各组,俾组长(淂)〔得〕腾出时间处理复信工作,添用临时雇员事请甘先生办理。

（三）经理提出之职工疾病补助试行办法草案应作最后之修正以便早日实施案。

议决:修正通过即日公布施行。

（四）为谋发展业务,提高工作效能,增进同人健康起见,应进行下列各事:

甲、训练人才

乙、健全各科组织

丙、经常考绩

丁、改进同人住食问题

讨论结果:

分别派员计划交下次会议讨论。

甲、张锡荣

乙、孙梦旦　李济安

丙、甘蓬园

丁、张锡荣　周积涵

（五）校对科主任、出版部主任会同报告,校对科职员林孟愉因平日工作太不努力,每日校对仅二十余页,较与其他职员相差甚远,在办公时间内不做分内工作,不受主任支配,不肯填具校对登记表格等应如何处理案。

议决:为整饬工作纪律起见予以停职处分交经理执行。

主席　张仲实

第十二次常会

开会日期:廿六年五月六日

开会地点:本店会客室

生活书店会议记录 1933—1937　生活出版合作社临时委员会会议记录(一)

出 席 者：张仲实　徐伯昕　孙梦旦　张锡荣　李济安　陈锡麟(梦旦代)
　　　　　周积涵
列 席 者：甘蓑园
主 　 席：张仲实
记 　 录：孙梦旦

报告事项

一、副经理报告人事更动：

　　1. 邮购科添用练习生许三新君试用期满，考查成绩尚称合格，仍予试用三个月。

　　2. 试用社工顾德进君因工作不努力于四月卅日起终止试用。

　　3. 批发科添用临时社工王仁甫君于四月廿六日起到店试用。

　　4. 推广科添用职员吴琛君担任《国民》周刊广告事务，月薪三十元，试用三个月。

　　5. 校对科职员林孟愉君来信声请辞职已予照准，于四月三十日离职，股款照数一次发还。

二、四月份练习生考勤加薪事，查薪金在三十元以下者已一律酌加并无遗漏。

讨论事项

一、经理报告上届修正通过之本店职工疾病死亡津贴试行办法，因未根据第八次常会修正草案修改，除经合并公布施行外，兹以本办法第二条第一项增加括弧内之(施手术、注射、照 X 光、照灯检验等)之各点与事实颇有未妥，应行重加讨论修正案。

　　议决：(甲)照下列条文修正重行公布本办法第二条第一项括弧内之注解完全删去。(乙)第二条第四项"凡薪水在四十元以下者药费由本店津贴，但全年不得超过二十元"改为"凡薪水在五十元以下者药费及手术费等由本店津贴，但全年不得超过二十元"。

二、经理提议上届讨论之职工调往外埠旅费及假期试行办法草案应予修正通过案。

　　议决：通过，即日公布施行。

三、经理提议上届修正之门市科职员穿着制服暂行办法应予通过以便施行案。

　　议决：通过。

四、经理报告本店徽章式样及佩带办法草拟经过应如何决定案。

　　议决：徽章照拟定式样赶制办法重行修正后交下次会议讨论，社章系铜质、圆形，四周环齿轮，中间上半部分占三分之一地位嵌三人在黑暗中工作，工具发出光芒并发现光明大道下置"生活书店"固定字体四字，轮齿、人形及字为最高光芒及路次之黑暗背景最低。

五、经理提议编制社歌案。

　　议决：请张锡荣君担任，征求材料，提交本会讨论。

六、经理提议本年五一劳动节因事实上之需要，特休假一天，请本会正式追认并在服务规程照加案。

　　议决：通过。

七、张锡荣君报告训练人才大意应如何着手进行案。

　　议决：仍请张君拟订大纲提交本会讨论。

主席　张仲实

第十三次常会

　　开会日期：廿六年五月二十日

　　开会地点：本店会客室

　　出　席　者：张仲实　徐伯昕　孙梦旦　张锡荣　周积涵　李济安

　　　　　　　　陈锡麟（孙梦旦代）

　　列　席　者：甘蔗园

　　主　　　席：张仲实

　　记　　　录：孙梦旦

报告事项

　　副经理报告：人事更动

　　1. 邮购科添用练习生华风夏、吴元勋两君，月薪二十二元，试用三个月，华君于五月十七日到店，吴君于五月十九日到店工作。

　　2. 编审科添用职员胡耐秋君，月薪三十元，试用三个月，于五月十七日到店工作。

　　3. 添用社工裘如良于五月十七日来店试用，月薪二十三元。

　　经理报告：

　　1. 招考校对员及练习生事

　　此次招考系委托上海职业指导所办理，计收到来信共四百六十二件，函约面试者三十九人，到三十一人。录取练习生华风夏、吴元勋、张尚德三名，前两名业已到店试用，后一名因原有职务一时不能辞去，故未来店试用。

　　2. 廿五年下半年度查账报告

　　本届（民国廿五年七月一日至十二月三十一日止）账册业经立信会计师事务所查核证明，半年营〔蒙〕〔业〕总额已达二十八万二千八百卅七元四角六分，较上届约增四万元，尤以本版书本届营业额已较上届全年总额仅少四千七百余元，本届纯益为一千零零三元五角四分，较上届全年盈余相差无几，照社章应提送中华职业教育社公益捐百分之二十，计国币二百元七角，业已办妥。

讨论事项

一、经理提出"职工佩带证章试行章程"草案十条应加讨论案。

议决：修正通过，即日公布施行。

二、经理提出"职工住宿店内津贴办法"草案五条应请讨论案。

议决：修正通过，即日公布施行。

三、经理提出试用职工以后一律应照本会第三次常会通过之试用办法，在到店时，订立契约，兹将拟就草约请加讨论案。

议决：通过。

主席　张仲实

第十四次常会

开会日期：廿六年六月四日

开会地点：本店会客室

出 席 者：徐伯昕　张仲实　孙梦旦　张锡荣　周积涵　李济安

陈锡麟（孙梦旦代）

列　　席：甘蔗园

主　　席：张仲实

记　　录：孙梦旦

报告事项

经理报告：

（一）人事更动

1. 添用社工赵志成君于五月卅一日到店试用，待遇二十三元，试用三个月。

2. 邮购科试用职员赏仲明君对邮购户因私人关系，任意减低折扣，欠款至三十余元之多，并将本人购阅之书款记入邮购户卡，营私舞弊，有碍本店对外信誉，故自五月廿一日起终止试用。

（二）征求人才

最近数次招考均以时间局促极少可用人才，现拟改用登报征求人才，登记办法先填具登记表格，待需用时再约考试似较便利。

（三）粤分店房屋简陋，地位偏狭，不敷应用，现已商得新华银行同意，在永汉北路惠爱东路口建造新厦时，租借靠惠爱路公共汽车站左边店面一幢，大小式样及租金等，待该行打样时，再行商订。

（四）总店门市部房屋俟底层租户租约到期后，即行并租，兹拟先将东面一间租定，暂作进货科办公室及批发科打包间之用。

讨论事项

（一）试用职工办法内"因过终止试用"应否给予津贴案

议决：应加补充为"因过终止试用者津贴减半"一条。

（二）经理提出试用人员考绩报告表应加讨论案

议决：通过施行。

（三）经理提出试用职工到职须知应加讨论案

议决：修正通过。

（四）经理提出收印图书办法草案应详加讨论案

（五）张锡荣提出已拟就之设立职业训练班办法草案应予继续讨论案

以上两案改交下次会议继续讨论。

（六）陈锡麟请假赴日要求津贴案

本案请经理拟订办法后，交下次会议讨论。

主席　张仲实

第十五次常会

开会日期：廿六年六月十七日

开会地点：本店会客室

出 席 者：张仲实　徐伯昕　孙梦旦　张锡荣　周积涵　李济安

　　　　　陈锡麟（孙梦旦代）

列 席 者：甘遽园

主　　席：张仲实

记　　录：孙梦旦

报告事项

（一）副经理甘遽园报告人事更动：

1. 曹建章邮购科练习生,六月七日起到店试用三个月;
2. 戴绍钧试用社工,六月八日起到店试用三个月;
3. 孙洁人栈务科练习生,六月十日到店试用三个月;
4. 添用临时工三人,张秉衡任邮购科练习生,六月八日到店,陈炳耀六月九日开始亦为邮购科练习生,金祥卿六月十五日起工作,试用期均为一个月。

(二)经理报告:中宣部以本店历来出版及经售书籍内容左倾者颇多,又于西安事变时将大量左倾书籍运送内地销售,特训令上海市政府、市党部会同派员来店警告,除已据情分别详予当局作口头解释外,并另行分呈市政府、市党部转向中宣部解释误会矣。

讨论事项

(一)继续讨论职工训练班办法草案

议决:修正通过,即日公布施行并照章推定临时委员二人张锡荣、李济安,指定职员三人甘蘧园、杜国钧、严长衍等组织职工训练委员会负责进行。

(二)经理提出之职工赴外考察及留学津贴办法草案

讨论结果:先作初次修正,俟下次会议时继续讨论。

(三)经理提出职工疾病死亡补助办法第二条第三项之规定未尽妥善应予修正案

议决:通过照改"向本店指定之医院住院诊疗者,本店每日津贴住院费至多二元,每年以六十元为限,一律须实支实付,以医院单据为凭"。

(四)经理提出之职工预支薪水及借款办法草案

议决:修正通过,即日公布施行。

(五)经理提出征求人才办法

讨论结果:仍用招考办法,先招考练习生及营业员,由本店招考名义在《国民》周刊登载广告。

主席　张仲实

第十六次常会

开会日期:廿六年七月八日

开会地点:本店经理室

出　席　者:张仲实　徐伯昕　孙梦旦　张锡荣　周积涵　李济安　孙明心
　　　　　　陈锡麟(孙梦旦代)

列　席　者:甘蘧园

主　　席：张仲实

记　　录：孙梦旦

报告事项

（一）副经理报告人事更动

    1. 许觉民任进货科练习生，临时试用一个月，月（新）〔薪〕二十二元，廿六年七月二日到店。

    2. 李秉桃任发行科练习生（写蜡纸），临时试用一个月，二十二元，七月二日到店工作。

    3. 冯永元任收发科临时试用服务生，一个月十八元，七月六日到店。

    4. 戴霭明任门市科练习生（临时试用一个月），月薪二十二元，七月六日开始工作。

    5. 钱伯城任邮购科临时试用练习生，一个月二十二元，七月七日到店。

    6. 邮购科临时试用练习生张秉衡、陈炳耀、金祥卿三君已满期，再行续继试用一个月。

    7. 邮购科编卡片袁信之君自七月七日起调任批发科职，原职由沈敢君担任。

（二）张锡荣报告训练班筹备经过

    训练班筹备委员会曾举行两次会议，订定办事细则及教育大纲，关于训练课程及授课时间已分别请各科负责者拟订。

讨论事项

（一）经理提出职工〔疾〕病死亡补助办法，尚在试用之新进职工是否全部适用本办法，应否增加一条"凡试用未满三个月者不适用本办法，惟因公者不在此限"案。

    议决：通过。

（二）经理提议邮购同人要求因天热拟提早办公时间案。

    议决：在暑期内办公时间改为上午八时至十二时，下午二时至五时，本月十二日起公布施行。

主席　　张仲实

临时会

开会日期：廿六年七月十日
开会地点：本店经理室
出　席　者：张仲实　徐伯昕　孙梦旦　张锡荣　周积涵　李济安　孙明心
　　　　　　陈锡麟（孙梦旦代）
列　席　者：甘藻园
主　　　席：张仲实
记　　　录：孙梦旦

讨论事项

（一）经理提议上次议决暑期更改办公时间，原定十二〔日〕起施行，兹因门市、进货、
　　栈务等各科均感不便，需否维持原议案。
　　议决：取消第十六次会议议定办法，仍照（归）〔规〕定时间办公。

（二）经理提议七月份职工考绩加薪需否普加及规定加薪标准案。
　　同时经理报告今年上半年结账情形，约计营业总额为廿七万五千余元，开支总
　　额为六万八千余元，与去年下半年比较，营业数减少而开支反增，依据此项实
　　际情形，普加恐影响经济，故特别说明，请诸位斟酌。
　　议决：薪金在五十元以上者除特殊情形者外，暂时不加薪金。在五十元以下者
　　得考核成绩分别递加，加薪标准仍分一元至五元五级，请经理决定。

（三）张仲实先生提议关于收印稿件为避免对外困难计，可否组织一编审委员会案。
　　议决：请经理草拟编审委员会组织大纲于下届会议时提出讨论。

主席　张仲实

第十七次常会

开会日期：廿六年七月廿九日
开会地点：本店会客室
出　席　者：徐伯昕　孙梦旦　张锡荣　张仲实　周积涵　李济安　陈锡麟（孙梦旦代）
列　席　者：甘藻园
主　　　席：张仲实

生活書店——会议记录1933—1945

记　　　录：孙梦旦

报告事项

（一）经理报告上半年营业情形：略谓本年上半年营业总额计三三四，五九八.〇九元，内本版书占一一九，六二一.四二元，外版书占一四四，二五八.八七元，什志占七〇，七一七.八〇元；与去年下半比较，计本版书增加四一，二六〇.九六元，外版书增一二，七三一.八七元，什志减少二，二三二.二〇元，总计增加五一，七六〇.六二元。

（二）副经理报告人事更动

    1. 进货科添用临时试用练习生方钧，于七月十日到店，先试用一个月，月薪二十二元。

    2. 校对科添用职员张严，于七月十六日来店试用，试用期三个月，月薪三十元。

（三）经理报告本店同人为适应战时需要起见，特约红十字会医院派员讲授救护及急救常识，时间计十六小时，费用每人一元五角，每五十人一班。女同事可参加中国医学会所办之救护训练班，免费听讲，已请同人签名参加，视人数多少再行决定班数。

（四）经理报告关于紧急时之准备，如经济之提存、重要文件之保管、存货之准备、账款之催收以及分店之处理，均已着手进行。

讨论事项

（一）经理提出救护班每人应缴费用是否由店负担，抑由同人分担案。

    议决：全数由店负担。

（二）经理提出"职工预支薪水及借款办法"第四条职工如遇重病，须长期休养之特殊借款，对于试用职工未有规定，应予修正，拟加"试用期内，至多以一个月为限"。

    议决：通过照加。

（三）经理提出已拟就之"编审委员会组织大纲草案"及"职工经常考绩办法草案"两种业已印出，分请各委员详细讨论案。

    讨论结果：先交各委员详细研究，在下届会议时提出讨论。

主席　张仲实

临时会议

开会日期：廿六年八月二日

开会地点：本店会客室

出　席　者：张仲实　徐伯昕　孙梦旦　张锡荣　周积涵　李济安
　　　　　　陈锡麟（孙梦旦代）
列　席　者：甘蔗园
主　　　席：张仲实
记　　　录：孙梦旦

讨论事项

一、经理提议本店除已于去年五月筹设汉口分店及本年二月筹设广州分店外，兹以事实上之需要，拟于即日起筹设西安及成都两分店，应请公决案。

（理由）本店过去在西安方面，系特约大东书局，每月营业额已在千元以上，倘自办后能加以推广，营业情形至少可与汉口相仿，同时因该书局以限于发货限额，致当地需要尚不能供应，更以处此紧急时期，为扩大发行网及分散力量计，似西安与成都均有筹设分店之必要。

（办法）现为应付紧急时期计，可请严长衍先生与西安分店经理于本月五日至迟六日前往筹备，租赁店面及机房房屋，会计主任可在十二日左右动身，将一切印件等带去，希望严先生能在到达西安规划一星期后，即返汉口。成都分店经理及营业主任可于十六日左右到达汉口与严先生同行赴蓉，严先生在离蓉返沪途中，可便道向各同业结账，并予以连络。总店方面即日准备大批发货，两分店每一处至少发货在一万五千元实价书以上。

议决：通过。

二、经理提议关于本店同人之有重病需要长期休养者，因限于经济不能安心治疗，拟将疾病死亡津贴办法加一条"各职工如因重病经本店指定医生证明连续请假在一个月以上者，其薪水应照下列办法支给之：

1. 任职满五年以上者，病假期内薪水照给，但至多以三个月为限；

2. 任职满三年以上者，病假期内薪水减半支给，但至多以三个月为限；

3. 任职满一年以上者，病假期内薪水减支四分之一，但至多以三个月为限。"此条可列入第七条，将原有第七条改为第八条，以下照改，应请公决案。

议决：通过。

三、经理提议总店派往分店之工作人员，其假期及旅费业经规定，惟对于一年中不请假返里者亦应加奖励，拟加一条"凡在一年中不请假返里者，其往返川资照给之"。此条可列入第六条，将原有第六条改为第七条，以下照改，应请公决案。

议决：通过。

主席　张仲实

第十八次常会

开会日期：廿六年八月十六日

开会地点：上海本店

出 席 者：徐伯昕　张仲实（徐伯昕代）　陈锡麟　李济安　孙梦旦

周积涵（孙梦旦代）

主 　 席：徐伯昕

记 　 录：孙梦旦

提议事项

（一）主席提议邹韬奋先生业已恢复自由，应即恢复临时委员职务，下次开会并应请
其出席案。

议决：通过。

（二）邹韬奋先生提出本店同人薪金自八月十二日以后因受战事影响，原定"留店工作
者一律发给生活费二十五元，不派职务者一律发给生活费十五元，自愿回乡者借
给川资十元"一案似有未妥，拟改为无论留店或回乡一律发给生活费十五元。

议决：通过，先试行一月，并提前发给。

（三）经理提出在战事时期内关于升工及疾病补助办法暂行停止。

议决：通过。

主席　张仲实

第十九次常会

开会日期：廿六年九月十一日

开会地点：上海本店

出 席 者：邹韬奋　徐伯昕　张仲实　陈锡麟　李济安　周积涵　孙梦旦

主 　 席：张仲实

记 　 录：孙梦旦

提议事项

一、经理提出政府发行救国公债，本店认购一万元，在定期存款项下分五次拨付，同人认

购之数亦包括在内,由店中垫款分五次在月薪内扣还,已函劝募委员会先行登记案。

　　议决:通过。

二、经理提出本店在战事期内为不使店务停顿起见,将邮购、发行、批发、印刷、会计各科全部或一部迁汉与分店合并案。

　　议决:迁并汉口原则通过,详细办法由经理决定。

主席　张仲实

第二十次常会

　　开会日期:二十六年九月十三日

　　开会地点:上海本店

　　出 席 者:邹韬奋　徐伯昕　张仲实　陈锡麟　李济安　周积涵　孙梦旦

　　列 席 者:邵公文

　　主　　席:张仲实

　　记　　录:孙梦旦

提议事项

一、经理提出同人薪金自战事发生后,一律改发生活费十五元,试行以来,殊多困难,下月份办法须重行规定案。

　　议决:薪金(包括房车津贴)在二十元以下者全发;二十一元至廿五元者九折,不足二十元者补足之;廿六元至卅元者八五折,不足二十三元者补足之;卅一元至四十元者八折,不足廿六元者补足之;四十一元至五十元者七五折,不足卅二元者补足之;五十一元以上者七折,不足卅八元者补足之。上项办法仍先试行一月,以后视本店经济情形,再行商议增减办法。

二、经理提出迁汉人员问题。

　　议决:由经理指派。

三、经理提出自九月十六日起照常办公,回乡者分别通知来店报到,其不能如期报到者,须来函申明原因,征得经理许可后作请假论。

　　议决:通过。

主席　张仲实

生活书店会议记录 1938—1939

汉口交通路生活书店（1937年）

生活出版合作社临时委员会
会议记录(一)

临时委员会临时会议记录

开会日期：二十七年一月三日下午四时半

开会地点：汉店会客室

出　席　者：杜重远　邹韬奋　张仲实　徐伯昕　孙梦旦　周积涵　陈锡麟

列　席　者：甘蔗园

主　　　席：张仲实

记　　　录：陈锡麟

主席提议

一、修正社章案

决议：尽在一星期内由邹韬奋先生拟定修正草案，交元旦茶话会中所推选之研究修正社章委员会详细研究，再提交本会。由本会征集各地社员之意见并于整理后提出社员大会讨论通过。

二、改选问题案

决议：待社章经社员大会修正通过，确定理事及人事委员会人数后再行在社员大会中改选。

三、组织重心案

决议：第一地点定重庆。如将来事实上认为有必要时分设第二重心于广州。

四、整个计划案

决议：如汉地感受威胁不能继续营业时则全部迁渝，汉店酌留极少人员驻守。各定期刊亦同时迁渝出版。惟《世界知识》取材偏重国际，必要时可移（奥）〔粤〕出版，待征求该刊编辑人金仲华先生及胡愈之先生意见后再决定。

五、本店编辑部为广采各撰稿人意见并更谋充实出版物内容起见，特组织编辑委员会。聘请钱俊瑞、金仲华、胡愈之、邹韬奋、范希夫、沈兹九、柳湜、张仲实、杜重远、钱亦石、王纪元等十一人为委员，请予追认案。

决议：通过。

邹韬奋先生提议

一、本店同事王锦云、殷益文二人拟请长假一年赴外埠求学，并请求贷予薪水三月作为旅费案。

决议：准予给假一年，薪水照扣，并以社股作担保贷予薪水三月。

二、在人事委员会未成立前拟由本会指请各科主任及本科同事一人组织咨询委员会,供本会咨询关于人事方面之问题而为本会讨论时之参考。

决议：通过。

主席　张仲实

临时委员会第廿一次常会

开会时期：二十七年二月十三日下午四时

开会地点：汉口交通路金城文具公司三楼

出　席　者：张仲实　徐伯昕　邹韬奋　孙梦旦　陈锡麟

列　席　者：艾逊生

主　　　席：张仲实

记　　　录：陈锡麟

主席提议

一、本店营业日渐好转，经济亦稍形稳定，对于各同仁之减持发薪办法，似应酌予变动。

议决：凡月薪在三十元以下者，概照原额发给；卅一元至卅五元者，九折；卅六元至四十元者，八五折；四十一元至五十元者，八折；五十元以上者，七五折。此办法自二月份起实行。

二、过去有一部分初进本店服务之同仁，因抗战发动，营业受影响，故未曾按期增加月薪，际此营业稍趋好转，似应按照职务轻重、工作情况，酌予增加。

三、本店因业务上之需要，似有设立总管理处之必要。

议决：成立总管理处，并由总务部拟具组织办法及职权分配，再经本会核定通过。

主席　张仲实

临时委员会第二十二次常会

开会时期：二十七年二月二十四日下午五时

开会地点：汉店二楼

出　席　者：张仲实　徐伯昕　邹韬奋　孙梦旦　陈锡麟

列　席　者：艾逊生　甘蔗园

主　　　席：张仲实

主席提议

第一,本店同事周保昌请长假一年赴外埠求学业经本店总经理核准,以股款作抵预支薪水三个月作为旅费,请求追认案。

第二,本店同事张通英亦拟请长假,因职务关系,未予核准,乃竟擅自自由离职,应如何处理案。

第三,同人请给长假求学,考虑动机,原堪嘉许,但本店以人各有职,如皆离店他去,对职务上一时殊不易支配,似应加以相当限止或补救案。

议决:

一、对周保昌请假求学,予以追认。

二、张通英请假未获核准,擅自离职他去,作自由弃职论。

三、以后凡连续请假在六个月以上者,须经临时委员会根据职务上实际情形,加以核定,如未经核准自由离职者作弃职论。请长假离职者,概不得预支薪水。

艾逖生先生报告

关于本社社章,正在详细研究,加以修正中,一俟草案拟就,当再提交本会,请求讨论。

主席　张仲实

临时委员会第二十三次常会

开会时期：廿七年四月九日下午四时卅分

开会地点：汉店二楼

出　席　者：张仲实　邹韬奋　孙梦旦(艾逖生代)　李济安(吴全衡代)

孙明心(甘蕱园代)　徐伯昕　陈锡麟

主　　席：(徐伯昕)〔张仲实〕

记　　录：陈锡麟

主席提议

一、本店迩来营业,较前更为好转,经济周转亦较前灵活,所有同人月薪,拟即恢复原额发给。

议决:恢复原薪,所有根据社章应缴纳之社股,自应由会计科代扣。

二、全体同仁为整齐一律及壮观瞻起见，拟定制制服并希望予以津贴案。

议决：穿着制服，先由门市部开始，其他部分，暂缓定制。

主席　张仲实

临时委员会第二十四次常会

开会日期：廿七年五月十三日下午七时

开会地址：江汉路新华银行

出 席 人：邹韬奋　徐伯昕　张仲实　王志莘　杜重远（黄宝珣代）

　　　　　陈锡麟（艾逖生代）　孙明心（严长衍代）　周积涵（张又新代）

　　　　　李济安（金汝楫代）　张锡荣（莫志恒代）

主　　席：张仲实

记　　录：艾逖生

一、报告事项

1. 徐伯昕先生对业务概况报告

（一）业务发展情形

　　（1）分支店办事处之设立：

　　　　A. 本店在抗战爆发前总店设于上海，并先后成立汉粤两分店，抗战爆发以来，先后成立及计划中之分店有六处，支店有二处，办事处有六处，如全部成立，分支店办事处共有二十处。

　　　　B. 本店成立分支店办事处分三个阶段：第一期为各省省会或重要市区，以绝对后方安全地带并能维持本身而有余为原则；第二期为各省次要城市或交通枢纽，以地点安全营业能维持为原则；第三期为近战区，应供前方军队与民众之精神食粮，稍带冒险性。

　　　　C. 各分支店办事处成立日期如下：

　　　　（甲）分店　　　　（乙）支店　　　　（丙）办事处

　　　　西安分店　　　廿六年十二月十五日

　　　　长沙分店　　　廿六年十二月廿三日

　　　　重庆分店　　　廿六年十二月十九日

　　　　桂林分店　　　廿七年一月三日

　　　　成都分店　　　廿七年一月五日

　　　　贵阳分店　　　廿七年四月一日

昆明分店	廿七年五月十四日
宜昌办事处	廿七年一月十一日
万县支店	廿七年一月二十六日
衡阳办事处	廿七年三月五日
兰州分店	廿七年三月廿五日
南郑办事处	廿七年四月
六安办事处	廿七年四月廿三日
南昌支店	在筹备中
金华办事处	在筹备中
天水办事处	在筹备中
香港分店	在筹备中

（2）三月（一至三月）来各店收支总比较：

一月份　收入　五二,三七四.八六　　支出　一三,六五二.四三

二月份　收入　六二,一九八.四二　　支出　一三,二四〇.〇一

三月份　收入　七九,五八三.二四　　支出　一四,三一七.八四

总　额　收入　一九四,一五六.五二　　支出　四一,二一〇.二八

平均数　收入　六四,七一八.八四　　支出　一三,七三六.七六

上述情形,营业额每月可增高一万元以上。收入方面假定利益以二成计算,与支出相抵,尚勉堪维持。支出方面,内包括管理费平均每月约九千元左右、销售费平均每月五千元左右。

（3）三月来各店营业比较：

A. 一月份

① 汉店（汉口）　一三,五四八.〇八

② 粤店（广州）　一二,七五六.一九

③ 陕店（西安）　七,〇五八.七二

④ 渝店（重庆）　六,七二九.五〇

⑤ 蓉店（成都）　四,二一九.〇九

⑥ 湘店（长沙）　四,九二〇.六八

⑦ 梧店（梧州）　二,三四二.六〇

B. 二月份

① 粤店（广州）　一六,〇七〇.〇九

② 汉店（汉口）　一五,七一七.三九

③ 陕店（西安）　一〇,一三九.四一

④ 湘店（长沙）　五,六〇一.五八

⑤ 蓉店（成都）　四,七〇三.三一
⑥ 渝店（重庆）　四,六一七.五六
⑦ 梧店（梧州）　三,六二八.一三
⑧ 宜店（宜昌）　一,三七八.四六
⑨ 衡阳　　　　三四二.五〇

C. 三月份

① 粤店（广州）　二一,四二三.七五
② 汉店（汉口）　一九,二二四.二三
③ 渝店（重庆）　八,一四三.八九
④ 陕店（西安）　六,六一九.〇二
⑤ 梧店（梧州）　六,四七八.二四
⑥ 湘店（长沙）　五,三三八.九〇
⑦ 蓉店（成都）　五,二一二.二〇
⑧ 万店（万县）　三,四九三.五四
⑨ 桂店（桂林）　二,三九八.三六
⑩ 衡店（衡阳）　八九〇.九七
⑪ 宜店（宜昌）　三六〇.一四

（二）业务新计划

（1）本店现仍在积极建立第三期发行网：

A. 组织流动营业处

每三人一组,每组开支每月以百元为限,择重要市镇开设,一个月期间视营业情形变更,至多二个月后□□新址成立。兹作用有下列二点：① 提高当地文化水平,推动附近乡区文化工作；② 联络当地同业,在离开后能成立较普遍之分销网。

B. 根据下列各原则继续增设办事处：

甲、学校区　　乙、青训区　　丙、驻军区

（2）增设抗战书报供应部,扩大邮购范围。

（3）准备大推广一次,遍发本版及全国抗战与救亡书目。

（4）举办全国抗战书报联合广告,先从武汉做起,每月至少一次,刊登《扫荡》《大公》《新华》三日报。

（5）推广杂志定户,吸收现金,俾流动资金较为宽裕。

（6）实行每月工作计划大纲,自五月份起按月切实实行。

（三）最近经济情形

本店以分支店办事处逐渐增加,存货亦随之增多,每月外版现进为数尤巨,加以三处进货,纸张等囤积极多,现金周转大感困难,自向新华银行借款二万元后,现又需经常向该行透支四五千元,但仍感应付困难,现正在设法调整中。

（四）总分店增加同仁情形

（1）各店人数总计（到今天为止）：

汉店　五十四人　　粤店　二十四人

□店　十七人　　　陕店　十一人

□店　十三人　　　蓉店　七人

湘店　八人　　　　梧店　六人

桂店　四人　　　　筑店　三人

滇店　八人　　　　万店　三人

甘店　二人　　　　宜店　二人

南店　一人　　　　六店　二人

赣店　三人　　　　港店　二人

天水　一人

请假十人

总计　一百八十一人

（2）各店一至四月份新添同仁如下：

姓　名	到　职　日　期	职　　别
（汉口总店）　共十三人		
张志民	廿七年一月七日	会计科职员
包士俊	廿七年一月廿九日	会计科职员
钱小柏	廿七年二月十七日	编审科职员（《世界知识》助理）
岳剑莹	廿七年四月一日	会计科练习生
狄福珍	廿七年四月十九日	编审科职员
许彦生	廿七年四月二十日	门市科练习生
□□□	廿七年四月十八日	门市部服务生
□□□	廿七年四月二十一日	出版部印刷科职员
徐云尧	廿七年四月二十三日	门市科服务生
殷渭生	廿七年四月二十三日	门市科练习生

姓　名	到 职 日 期	职　　别
仲秋元	廿七年四月二十七日	会计科练习生
毕　青	廿七年五月三日	批发科练习生
胡　绳	廿七年五月三日	编审科职员
（西安分店）　共三人		
陈祥锐	廿七年一月五日	门市
周玉成	廿七年一月廿八日	门市
苟志汉	廿七年二月十三日	杂务
（重庆分店）　共五人		
王恒信	廿七年三月	厨司
吴孝先	廿七年三月	门市
庄旦明	廿七年三月	社工
陆彬文	廿七年三月	门市
张国钧	廿七年三月	门市
（成都分店）　共二人		
乌贤麟	廿七年一月廿六日	门市
罗伯忠	廿七年二月七日	门市
（□□店）　共二人		
□□□	廿七年二月十三日	社□
关权林	廿七年二月十三日	门市
（桂林分店）　一人		
姚广源	廿七年三月廿八日	门市
（昆明分店）　共五人		
王秉坤	廿七年五月	练习生
沈　荣	廿七年三月	厨司
刘徵福	廿七年三月	练习生

姓　名	到 职 日 期	职　别
周启治	廿七年三月	练习生
蔡德仁	廿七年四月十五日	练习生
（贵阳分店）　共二人		
凌毓俊	廿七年三月二十六日	职员
何祖钧	廿七年三月二十日	服务生

(3) 社员张洪涛君因在沪添购申报地图营私舞弊，已于三月间离职。

(4) 汉店门市部职员陈岳荪君于廿七年四月五日辞职他就。

2. 张仲实先生对编辑出版工作报告

Ⅰ. 过去编辑方针有四点：

A. 学术研究参考用书

（一）世界名著译丛——五种

（二）世界知识丛书——十九种——二十一〔种〕

（三）妇女生活丛书——六种——七〔种〕

（四）□□参考用书——七种

　　　□□□近百年史丛书

B. 通俗学术读物

（一）青年自学丛书——二十六种

（二）百科小译丛——二种——四种

C. 介绍世界文学名作

（一）世界文库

D. 救亡读物

（一）黑白丛书

Ⅱ. 抗战爆发后编辑方针：

A. 学术研究参考用书仍继续征稿，但宗旨侧重救亡理论。新编定者有：

（一）新中国学术丛书——沈志远主编

（二）中国文化丛书——艾思奇、周扬主编——一〔种〕

（三）救亡文丛——八种——十二种

（四）战时社会科学丛书——柳湜——三种

B. 大众读物

（一）大众读物丛刊——江陵主编——八种

（二）通俗读物丛刊——编刊社　每月二十本

（三）战时读本——初高两级，共八册

问题与答案丛刊——四种

C. □□读物

（一）黑白丛书战时特刊——二十二种

（二）大众军事知识丛书——十二种

（三）抗战中的中国丛刊——长江主编　八种

（四）世界知识战时特刊——四种

Ⅲ. 出版情形：

（一）一九三五年五十种左右

（二）一九三六年一百种左右

（三）一九三七年战前平均二天一种

（四）现在计划每天大小一种

二、讨论事项

1. 在新社章草案未经全体社员正式通过以前，是否应先予设法增加新社员案。

2. 依照廿五年九月二十四日临时委员会第一次常会议决：以后凡"添用新同人，作为雇员办理"，应如何使该议决案以后进店之同人，由雇员晋升为职员以便可能取得社员资格案。

3. 本店供给同人宿舍，扣除宿费办法不甚完妥，应如何解决，以及同人间薪水应如何调整案。

4. 〔徐伯昕〕先生因病需要短期休养，经理职务应〔严长衍〕代理案。

5. 孙梦旦先生现在上海患咯血甚重，不能工作，应如何办理案。

三、议决事项

1. 在新社章草案未经全体社员正式通过以前，为充实社务起见，应设法增加新社员。（一致通过）

2. 雇员制度仍予保留，修正廿五年九月廿四日临委会议决案关于雇员之性质（不能升职员），取消二十五年十月八日临时委员会第二次常会通过之职工试用期限一年零九个月的办法，规定以后凡雇员工作满一年经过审查考核认为合格者，得晋升为正式职员，即依照社章由正式职员经过六个月后可以取得社员资格，如不合格者，仍作雇员性质任用，并以后每隔六个月予以一次审查考核的机会。（六对三之多数通过）关于雇员之审查考核事宜，推定徐伯昕、顾一凡、艾逊生、张又新、金汝楫、严长衍、方学武等七人组织委员会研究此事,并于最短期内将研究结果提出临时委员会决定之。

3. 对于宿费扣除办法不甚妥当之解决:第一,先发还不应扣除之宿费;第二,在最短期内研究一个总□□□解决的办法。关于薪水调整的解决:第一,□□调整一部分最需要调整的;第二,在最短期间内研究一个总的合理解决的办法,从七月份开始。(全体通过)

4. 在徐伯昕先生因病休养期间,经理职务暂由严长衍先生代理。

5. 关于孙梦旦先生疾病,须作较长期休养,应许给假三个月,薪水照给。(根据职工疾病津贴办法)

主席　张仲实

生活出版合作社临时委员会
会议记录(二)

临时委员会第廿五次会议记录

开会日期：廿七年六月十四日

开会地点：汉店三楼

出 席 者：邹韬奋　徐伯昕　张仲实　陈锡麟（艾逖生代）　孙明心（严长衍代）

　　　　　周积涵（张又新代）　张锡荣（莫志恒代）　李济安（吴全衡代）

主　　　席：张仲实

记　　　录：吴全衡

□……□

一、□……□营业情形：

汉——一七,九八五.一八	粤——一五,三八五.七三
陕——六,九二七.三九	渝——五,六六七.八八
蓉——四,七七四.〇五	湘——三,四六〇.四七
梧——三,八一五.二六	桂——三,二二八.二五
宜——九七九.一五	衡——七九六.一一
万——二,三九二.一八	滇——二,二七七.九〇
兰——四〇七.〇四	安——六〇五.二七
南——六〇三.五四	沪——八七四.七四
总计——七〇,二四四.四八	

较三月份收入（七九,五八三.二四）少九,〇〇〇元。

二、各店扩展与收缩情形：

A. 粤店——六日起暂停营业

发行、批发、邮购已转港去梧，余均去港暂避。拟一部分留粤，一部分去港，一部分去梧，筹设南宁分店及柳州办事处。

B. 六安办事处——移麻埠，再由立煌迁回。

C. 天水办事处、南昌支店两处在进行中。

三、经济情形：

A. □□□□甚窘，现金流□□□透支，最近□□□□透支五千元。

B. 存渝纸，已押款得三万元。

艾逖生先生报告

关于由职员晋升社员问题，在新华银行开临时委员会时议决取消过去临委会一年九个月方得为正式任用之决议,改为凡雇员经过一年经审查考核后升任职员,再过六个月,即为社员。

考核之标准有三项:

A. 以工作做标准;

B. 以品性做标准;

C. 以学识做标准。

此决议曾由临委会所推出之"雇员晋升社员资格及成绩审查考核研究委员会"开会商讨过一次,后因大家集中精力于整调薪水及津贴问题,故暂搁。

讨论及议决事项

一、艾逖生先生提出修改临时委员会办事细则案

议决:通过修改下列各条

A. 第四条:"本会每两星期开会一次,如遇有重要事项急待讨论时得由主席召开临时会议。"□□□□□□开常会一次□……□。

B. □……□开会,以委员□□□出席为法定人数,任何表决得出席委员过半数之通过即为有效,但关于人事方面与全体福利有关系者,须经出席委员三分之二之通过,方为有效"。第六条:"本会委员如有事故不能出席,可委托代表,代表人以委员为限,但每一委员至多代表一人",改为"……可委托代表,代表人以社员为限"。

二、艾逖生先生提出如何调整津贴及薪水案

A. 凡员工因事调遣,得因当地生活程度及事实需要酌给津贴,该项津贴标准由人事委员会或临时委员会根据需要酌定,且限于当地。(通过)

B. 关于调整全体同人之膳宿津贴问题,暂予保留,推定艾逖生先生负责召集各科主任及各科代表一人专门研究,一星期内将结果提交临时委员会解决,并予追认,尽于本月内实行之。

三、徐伯昕先生提出应确定分区办法及分区后之管理范围案

□……□。

□……□拟之分区办法□……□理范围:

A. 分区办法:

西北区——中心在西安。包括西安、兰州、南郑、天水等。

华西区——中心在重庆。包括重庆、成都、贵阳、万县、宜昌等。

西南区——中心在桂林。包括桂林、梧州、长沙、南昌、衡阳、汉口等。

华南区——中心在香港。包括香港、昆明、上海、广州、新加坡。

B. 管理范围:

1. 本区内营业扩展计划之建设及执行;

2. 本区内发货及存货之调整；

3. 本区内人事更调及考绩；

4. 本区内出版之管理；

5. 本区内稿件之收转与接洽。

四、徐伯昕先生提出确定分区管理处名义及管理处办法案

议决：用"生活书店××区管理处"名义，办法□……□再通过之。

五、□……□迁移地点案

议决：重庆。因重庆在目前具有下列诸优点：

A. 政治文化中心，能反映现实，收稿便利；

B. 航空线甚多，便利管理；

C. 不受币制影响，汇兑灵活。

六、确定出版与造货重心案

议决：出版重心偏重重庆及香港两处，桂林、西安、上海辅之；大量造货，偏重桂林及上海两处，重庆、香港偏重印刷杂志。

七、确定各杂志迁移地点案

议决：为节省人力物力起见，各杂志应尽量集中及合并。

A.《抗战》——重庆

B.《世界知识》——香港

C.《妇女生活》——（重庆或桂林）契约另订，编稿费依销数计算。

D.《文艺阵地》——迁内地出版

E.《战时教育》——（桂林）

F. □……□（《抗战》合并）

G. □……□（《世知》合并）

H.《新学识》——（停，商编丛书）。

八、汉粤两地因受战事影响，营业损失极大，应如何补救案

议决：应从开源节流两方面着想，如向南洋方面发展以及多设分销处等。

九、关于汉店迁移之准备案

议决：在原则上应有如下之确定：

A. 以二个月的时间来准备撤退；

B. 一部作撤退长沙准备，货可由上海运来；

C. 去重庆者尽可能减少。

十、关于港币高涨，港店同人薪金如何支发案

议决：保留，俟下次会议时决定。

主席　张仲实

生活书店——会议记录 1933—1945

临时委员会临时会议记录

开会日期：廿七年六月廿四日下午七时

开会地点：汉店三楼编辑室

出 席 者：李济安（吴全衡代） 杜重远（黄宝珣代） 周积涵（张又新代）

　　　　　徐伯昕 陈锡麟（艾逖生代） 张锡荣（莫志恒代）

　　　　　孙明心（严长衍代） 邹韬奋 张仲实

主 　 席：张仲实

记 　 录：艾逖生

一、报告

（A）徐伯昕先生报告最近书店营业经济状况

　　1. 四五两月各分支店办事处营业比较

	四 月	五 月
汉	17 985.18	20 154.62
粤	15 385.73	13 594.42
陕	6 927.39	7 544.30
渝	5 667.88	5 178.10
滇	2 277.90	4 920.94
湘	3 460.47	3 729.91
梧	3 815.26	3 574.32
桂	3 228.25	2 546.04
蓉	4 774.05	1 652.01
兰	407.04	1 220.09
沪	874.74	1 020.83
万	2 392.18	940.92
衡	796.11	702.73

	四　月	五　月
宜	979.15	687.22
南	603.54	526.08（缺十日）
安	605.27	
总数	70 244.48	67 992.53
差数		2 251.95

2. 造货计划

(一) □……□

稿费　　　四〇〇元

用纸　　　二〇〇〇元(160 令)

印刷　　　一六〇〇元

推营　　　五〇〇元

合计　　　四五〇〇元

(二) 渝一百万〔字〕

稿费　　　四〇〇〇元

用纸　　　二〇〇〇〇元(1600 令)

印刷　　　一六〇〇〇元

推营　　　五〇〇〇元

合计　　　四五〇〇〇元

(三) 港五十万字

稿费　　　二〇〇〇元

用纸　　　一〇〇〇〇元(800 令)

印刷　　　八〇〇〇元

推营　　　二五〇〇元

合计　　　二二五〇〇元

(四) 假定每月出版单行本二百万字需

存纸　　　三二〇〇令(四〇〇〇〇元)

稿费　　　八〇〇〇元

印费　　　三二〇〇〇元

合计　　　八〇〇〇〇元

（五）□……□

《抗战》	□……□	6页	203令	200 000字	·□	10 800.00
《世知》	18 000×2 ＝36 000	16页	72令	110 000字	·12	4 320.00
《妇生》	8 000×2 ＝16 000	16页	32令	110 000字	·10	1 600.00
《文阵》	10 000×2 ＝20 000	16页	40令	110 000字	·12	2 400.00
《战教》	4 000×3 ＝12 000	8页	12令	80 000字	·03	360.00
	354 000册		359令	600 000字		19 480.00

（六）□……□

什志成本

稿　　$60×4＝2400.00$ 元[1]

编　　$＝750.00$ 元

纸　　$359×13＝4\ 667.00$ 元

排　　$60×10＝600.00$ 元

印　　$359×23＝825.00$ 元

订　　$2\ 868\ 000×1＝300.00$ 元

封纸　$16×26＝416.00$ 元

印双色排　$＝374.00$ 元

　　　　　 10 332.00 元

（七）□……□

假定

编稿费　3 200 元

纸张　　4 700 元

印刷费　2 100 元

□□什志成本

（八）□……□单行本八万元□……□共九万元

重庆	稿费：单行本 4 000 元	杂志 1 240 元——5 240 元
香港	稿费：单行本 2 000 元	杂志 880 元——2 880 元
桂林	存纸：1600 令 $20 000 元	印刷费 16 000 元——36 000 元

---

① 本面有几处乘法运算与常规有异，不解其意，姑且照录。

上海　　存纸：800令 $10 000元　　　印刷费　8 000元——18 000元

3. 香港分店已租定立报馆原址,定六月十六日开始营业,七月一日起正式开幕。
南昌支店六月十四日起正式开幕,营业情形,第一天门市和批发共约一百七
十元。

4. 经济情形,现金周转,较前更感困难。最近粤沪两地连电催款,约需一万之
数。重庆方面押款仅办妥一小部分,已汇来者不过一万二千多点,不敷甚
巨。请临时委员会统筹整个金融活动办法。

5. 关于汉店撤退及同人疏散步骤:《世界知识》定下月初移香港,金仲华先生及调
港店同人准备下月初赴港。到重庆去的已走第一批。(六月廿三日)去者为徐
启运、邵峻甫,并带去同人行李共二十五件。第二批撤退的约在下月初开始。
准备□……□第一批,罗颖□□□搭车赴长沙□□□行李亦打算先□……□。

(B) 张仲实先生报告编辑委员会最近开会情形:本店所组织之编委会久未开会,特
于昨日(六月廿三号)在一江春召开编委会,到会人有金仲华、邹韬奋、徐伯昕、
艾逖生、胡绳、柳湜、沈兹九、钱俊瑞、张志让、胡愈之、范长江等诸先生。讨论结
果甚好,对本店将来编辑方针都提出有很好的意见。

二、讨论

今天须要讨论的问题,归纳起来有左列几个:

(A) 书店整个经济问题;

(B) 汉店同人撤退问题;

(C) 调整同人膳食津贴问题;

(D) 调整同人全部薪水问题;

(E) 港店同人薪水支给办法。

三、议决事项

(A) 关于书店整个经济问题

根据徐伯昕先生报告,议决补救经济困难办法如下:

1. 草拟同人储蓄章程

2. 增加□……□吸收社股,并迅□□□(当时拟出一批□……□名誉社员之名
□□下:黄任之、胡愈之、张志让、卢作孚、沈钧儒、盛世才、马占山、章乃器、吴
蕴初、吴健陶、吴鸿逵、秦翰才、蔡永新、宋子文、杨卫玉、江问渔等十六人。)

3. 组织经济研究委员会,当时并推定徐伯昕、严长衍、艾逖生、张仲实、张又新、
吴全衡、张志民等七人为委员,由张仲实负责召集。限最短期内提供具体开
源节流办法,交临委会决定通过后实行之。

（B）关于汉店同人撤退问题，拟定原则如下：

1. 第二、三批同人撤退，以信阳或马当任何一地失陷为准备撤退标准。

2. 凡女同事以及有家眷小孩之同事，尽可能设法先行离汉。

（C）关于调整膳宿津贴问题

1. 在抗战期间，膳食一律由书店供给，不到店用膳者作弃权论，不另津贴或供给。

    附调整办法五项如左：

    a. 凡由上海总店调外同人，原薪水内有膳贴者，□……□津贴转成薪水，膳食由店供给（□……□膳食由店供给□□以后不照此例）

    b. 一向膳食自理，未言明有津贴者，迁到汉口或其他各地分店后膳食由店供给。

    c. 前汉分店同人每月领有十元膳食津贴者一律取消。

    d. 上海同人膳食，从实行本办法起，一律由书店供给。原有津贴者将津贴转为薪水，原为膳食自理者亦由书店供给，惟以到店用膳为限。

    e. 新进职员或练习生在薪水内包括有膳食津贴者，取消该项津贴，另行确定固定薪水。

2. 对于宿舍问题解决办法为，凡同人寄宿，一律由书店供给。

    附调整办法如左：

    a. 凡过去领有宿舍津贴，现寄宿在书店宿舍内者，该项津贴，一律取消。

    b. 因有家眷在外寄宿者得酌给津贴，办法另定。

    c. 无家眷，但有特殊理由（如宿舍不敷和有疾病等）得书店许可者亦可在外寄宿，并酌给津贴。

    d. 凡新进职员及练习生，如无特殊情形必须在寄宿舍内□□。

    e. 除以上理由外，自由在外寄宿，□认为系自己弃权，无津贴。

    附注：当时临委会对宿舍津贴问题，意见不一。本经确定对宿舍津贴不全取消，酌量扣除。后临委会同人终以此办法不符原则，如谓同人经济困难，应在薪水内调整，故经临委会委员邹韬奋先生提议，请对此议案重新考虑。复于翌日（廿五日）下午二时在本店二楼会客室开会，决定将宿舍津贴完全取消。大家一致同意通过。故前面之决议，亦于第二日会议后更改。

（D）关于调整同人全部薪水问题

    根据临委会廿四次常会之议决案，调整同人薪水本已决定在七月份开始，现为保证该项决议能如期实现起见,特组织"薪水调整研究委员会"帮助迅速解决,限七月十日以前办妥。该委员会人选由临委会推定如下:

徐伯昕、邹韬奋、艾逊生、顾一凡、张又新、赵晓恩、方学武(本会由艾逊生召集)。

(E) 关于港店同人薪水支给办法

除国币合港币□折实付外,其余店方与个人各半负担。举例:国币一百元,假定六折,合港币六十元。吃亏之四十元,店方负担二十元,即每次多给二十元,共国币一百二十元。

临时动议和决议

(A) 临时动议

黄宝珣先生临时动议:谓本人在上海原领有宿舍津贴,自四月初到汉口,因书店宿舍不敷,不能容纳,暂仍在外自赁房屋居住,但津贴未曾续领。此与自由在外寄宿不同,可否请店当局考虑本人此项特殊情形,仍补发宿舍津贴;或照今日通过之议案办理,即"无家眷,但有特殊理由(如宿舍不敷和有疾病等)得书店许可者,亦可在外寄宿并酌给津贴"。

(B) 临时决议

对黄宝珣先生之动议,如查明当时确系因宿舍不敷暂居外间者,应酌予津贴,并补发过去应给之津贴。

主席　张仲实

临时委员会临时会议

开会日期:廿七年六月廿五日下午二时

开会地点:汉分店二楼会客室

出　席　人:李济安(吴全衡代)　杜重远(黄宝珣代)　周积涵(张又新代)

徐伯昕　陈锡麟(艾逊生代)　张锡荣(莫志恒代)

孙明心(严长衍代)　邹韬奋　张仲实

主　　席:张仲实

记　　录:艾逊生

一、报告

张仲实先生报告昨日开会经过,并提出对昨日关于宿舍津贴议决案有值得重新考虑予以部分修正的必要。

二、讨论

1. 全体同意修正昨日通过之宿舍津贴案。

2. 徐伯昕先生提出同人储金办法草案。

3. 关于有家眷寄宿外间之津贴案。

4. 同人疏散问题。

三、决议

1. 同人寄宿□□由书店供给,所有同人宿舍津贴一律取消。

2. 通过同人储蓄章程草案。

3. 对有家眷在外寄宿之同人津贴案,原则上确定,办法另定之。

4. 同人疏散问题,如时局日益紧张,当尽可能分批疏散。

主席　张仲实

临时委员会谈话会议记录

开会日期:廿七年八月四日下午八时

开会地点:汉口分店

出　席　人:张仲实　徐伯昕　邹韬奋　孙明心(严长衍代)　陈雪岭(艾逖生代)
　　　　　李济安(顾一凡代)　杜重远(黄宝珣代)　周积涵(金汝楫代)

主　　　席:张仲实

记　　　录:顾一凡

徐伯昕先生报告

(一)营业方面

　　1. 半年来各店营业情形:

　　　① 52 198.42

　　　② 62 198.42

　　　③ 79 583.24

　　　④ 70 244.48

　　　⑤ 64 180.58

　　　⑥ ————

　　　约共 38 万

（六月因不及结出，未能确定数目）

2. 半年来汉店营业情形：

① 13 548.08

② 15 719.39

③ 19 224.23

④ 17 985.18

⑤ 20 737.81

⑥ 20 927.07

总 108 139.75

但七月份起因战事关系，批发顿形减少。七月份总收入数已降至一月份相同，只一万三千六百七十三元八角七分。内门市仍约占万元左右。

3. 广州营业，在前一时期，因日机轰炸太猛，曾一时停业，现已恢复原状，每日平均约有二百元之门市收入。

4. 香港分店平均每日可收入港币百元以上，情形尚好。

5. 天水已正式开幕。第一日营业有二百余元，以后略差，但仍可维持。

6. 湘店已在准备退步。最近湘店经理已赴沅陵调查，略事布置，以便将来必要时后移。关于湘省营业，最近并与湖南省公路管理局接洽妥当，在各大公路车站成立流动营业办事处，正在试办。

7. 关于南昌分店，本已去电嘱退吉安。现除将货运走外，一部〔分〕人员仍留原处，必要时退至吉安。目前门市收入每天尚有三四十元。

8. 浙江流动办事处已在金华成立，但将来拟偏重丽水方面。

（二）经济报告

最近因造货关系，经济支出浩大。计向汉口新华借洋两万元，透支一万元，向粤新华透支五千元，向沪新华透支五千元，另向私人借洋一万元，共五万元。又在重庆向银行抵押借款三万元。

（三）禁书注册

从前被地方当局查禁之书籍中，本店已经内政部注册准予通过者八种，现已准备将注册执照影印书上发售。

（四）退汉准备

总管理处自决定迁渝后，汉店属总处人员即分批入川，现定第一批未走者于四五日内启程。第二批则定十日左右走。到湘西同人亦定十五日左右走一批。最后留汉者拟用征求自愿方式进行。

（五）总管理处

总处现已在渝开始办公，正在着手做造货统计等工作。将来总处完全偏重于统计支配及整理工作,及人事方面之训育工作。

艾逊生先生报告

(一)人事更动

  1. 汉口

     a. 门市部之试用员工许彦生、殷渭生、张正新三人,试用以来,成绩尚佳。唯因目前营业较清,故将该三人暂停试用。又门市职员徐宗福,屡犯过失,工作成绩亦甚恶劣,已于七月十八日解职。门市部练习生刘玉卿提出辞职,因其平日工作成绩不佳,准予辞职。

     b. 批发科职员谢纯祥,试用一月,据批发科报告,成绩不佳,故亦停止试用。

     c. 总务部职员狄福珍在试用期中,因事在六月底自动辞职赴沪。

     d. 校对科试用职员邱正衡在六月间尚未试用期满一月即辞职离店。

     e. "全民""抗战"合并为全民抗战社,从七月起胡绳、柳湜加入全民抗战社任编辑,七月八日又新添一助理杜伯英君。胡绳原任书店编辑,从七月起书店编辑职务解除。

  2. 香港:编辑部已成立,由金仲华先生主持,并聘刘思慕先生任编辑,从七月份起正式工作。

(二)调整薪水

  1. 汉店方面同人薪水已自七月份起依照考绩表及平时工作状况实行调整,请临委会予以追认。

  2. 各地分店同人之考绩表迄今尚有一小部分未到,已到者正在阅核中,决于数日内将薪水调整工作办竣。

(三)未决人事纠纷

  1. 汉店职工朱根兴与门市职员鲁昌年于六月十三日下午九时在门市部动武冲突案。

  2. 陕店(a)职员孙鹤年与鹿怀宝因书借事在店内动武冲突案;(b)张通英原系自动脱离汉店,今又擅返陕店工作,应如何处理案。

(四)对各战区紧急地带最后撤退之同事,应如何规定优待办法。

(五)对同人储蓄章程应如何实施案。

徐伯昕先生补充意见

我认为今天的最大问题,莫过于店的经济基础,将来日益动摇。目前应赶办下列各项,以为日后发展之步骤:

(一)即速实行同人储蓄;

（二）店应改为股份两合公司，俾易增加资本；

（三）薪水调整后之同人减薪折扣问题；

（四）各种办事细则、惩奖办法等规章应即行制就施行；

（五）各地人事之调整；

（六）编辑出版应如何注意与计划；

（七）各地分支店办事处应依实际情形予以扩充、缩小或合并之调整。

决议

（一）调整薪水

    1. 汉店方面已于七月份实行，予以追认。

    2. 各分支店办事处人员于七号前由徐、艾二先生拟定后通过，其薪水自七月份起计算。

（二）经济问题

    1. 同人储蓄办法，照原草案修正通过，自九月一日起生效（九月一日以前如有存款可出临时收据计算）。

    2. 为要增加名誉社员吸收股金，应先印发《生活书店概况》一种，俾热心赞助本店者明了本社发展情形。该书编拟由张仲实先生草拟大纲，材料由徐、艾二先生共同供给，限三天内拟就，提出通过施行之。

（三）修改社章，改为两合公司案

    决议：先同专家商量办法后，拟就草案，征求同人意见，再由社员全体多数通过施行。

（四）开源节流案

    决议：在七号晚上续开临委会讨论之。

（五）纪律问题

    （1）关于员工进退处理权限应明白规定案

        决议：关于人事方面与全体福利有关（如扣薪、减薪、裁员）者由临时委员会处理，此点早已在临委会办事细则内规定，惟尚须明白规定而与以补充者，即关于个别人事进退及维持工作纪律惩奖等事。为便利起见，应由总经理与总务部商同处理后报告临委会。倘对惩处不服从者，得向临委会提出理由申诉。但在临委会未决定前，总经理与总务部之处理，仍属有效。

    （2）关于西安分店人事纠纷案

        决议：

        1. 对陕店经理张锡荣先生关于此次人事纠纷之处理办法——朱晋卿停职，鹿怀宝受最后儆告，予以追认。

2. 张通英前离汉店时系自由离职，前经临委会决定予以停职处分。现在西安分店自由复职，应通知陕店不准复职。

3. 孙鹤年过去曾受儆告，屡犯错误。现又在店内与同人贸然动武，并拒绝填写考绩表。如此不守纪律，应受停职处分。

（3）关于分店员工管理权限应明白规定案

决议：凡由总处调派及由各分店调动之员工，与其他员工同样，一律须遵守当地分店工作纪律并服从经理指挥。如有违犯者，得由该分店经理照章处办后报告总管理处核准。如有对分店经理惩处不服从，得向总处提出理由申诉。但在总管理处未答复前，分店经理处理仍属有效。

（六）关于通过新社员新社章及临委会改选案

决议：上项各事尽于十月底以前办理完竣，由总务部负责进行。

（七）关于逼近战区之工作同人奖惩案

决议：接近战区各分店同人于紧张时期，仍留在当地艰苦工作或自由离职者，应由各地分支店或办事处负责人呈报总处，由总经理酌量情形，予以惩奖。其办法如左：

1. 维持营业至最后关头而在撤退时受到极大物质痛苦者。

　　a. 加薪半月至一月；

　　b. 予以一星期至一月之休假，薪金照给。

2. 凡未向总处报告，擅自撤退或不应过早撤退，经总处调查属实者，予以扣薪儆告或停职处分。

3. 各地分支店或办事处员工在时局紧张期内，如未得负责人同意，擅自离职者，作停职论。

九月七日在重庆阅后补签者

周积涵（金汝楫代）

杜重远（黄宝珣代）

主席　张仲实

临时委员会谈话会议记录

开会日期：廿七年八月七日晚八时

开会地点：汉口分店

出　席　人：邹韬奋　张仲实　徐伯昕　孙明心（严长衍代）　陈雪岭（艾逖生代）
　　　　　　李济安（顾一凡代）　周积涵（金汝楫代）（九月七日在重庆补签）

杜重远(黄宝珣代)(九月七日在重庆补签)

　　主　　席：张仲实

　　记　　录：顾一凡

决议案件如左

一、总经理提出分支店暂行办事细则草案供同讨论

　　决议：修正通过。即日起施行，并征求各分支店之意见。如遇必要，得按实际情形修正之。在未经更改时，即按本办法实行。

二、各地分支店、办事处员工薪水之调整

　　决议：对总经理依照各地考绩表并会同薪水调整委员会拟定之调整数目单照原单通过。由本会通知各地依照规定办理。其七月份薪水照数补发之。

三、薪水折扣问题

　　决议：暂予保留，由总经理拟定办法后再行决定。

四、在汉人员之撤退问题

　　决议：原定第二批撤退人员，最迟须于本月十日前退走。

主席　张仲实

临时委员会第廿六次常会

　　开会日期：廿七年九月九日下午二时

　　开会地点：重庆冉家巷总管理处二楼寝室

　　出　席　人：邹韬奋　李济安　陈锡麟(艾逖生代)　张仲实(张志民代)

　　　　　　　徐伯昕(方学武代)　周积涵(金汝楫代)　杜重远(黄宝珣代)

　　　　　　　孙明心(赵晓恩代)

　　主　　席：邹韬奋

　　记　　录：赵晓恩

报告事项

（一）邹韬奋先生报告　今日出席各位虽多系代理，但所负责任同等重大。临委会现在所急应进行者有下列三项：1. 厘订雇员升职员审查标准；2. 通过新社章；3. 选举正式理事及人事委员。第一项请艾先生报告经过情形。

（二）艾逖生先生报告　关于雇员晋升为职员以取得社员资格问题，系由廿五年九月二十四日第一次临时委员会"以后添用新同人作为雇员办法"之议决及同年

十月八日第二次常会之"试用期限分为三个月、六个月、一年三个阶段"之决议案而来;后经廿七年五月十三日二十四次常会修正为"雇员制度仍予保留……规定以后雇员工作满一年经过审核认为合格者,得晋升为正式职员即依照社章内正式职员经过六个月后可以取得社员资格,如不合格者仍作雇员性质试用,并以后每隔六个月予以一次审查考核之机会……"。即廿五年九月廿四日以后进店之同人虽均作为雇员试用,但今后均有升为正式职员和入社之机会。

讨论事项

(一)拟订雇员晋升为职员审查标准案。

(二)旧雇员审查委员多因职分散应请重新推选案。

议决

(一)雇员审查标准应以文化水准占百分之五十及工作成绩占百分之五十为原则。具体办法交由雇员审查委员会起草,提出本会通过后施行。

(二)推选艾逖生、张志民、赵晓恩、方学武、金汝楫五人为雇员审查研究委员会委员,并由艾逖生负责召集开会。

代主席　韬奋

临时委员会临时会议记录

开会日期:廿七年九月廿一日下午二时

开会地点:总处二楼

出　席　者:艾逖生(代陈锡麟)　吴全衡(代张锡荣)　赵晓恩(代孙明心)

方学武(代徐伯昕)　金汝楫(代周积涵)　黄宝珣(代杜重远)

李济安　张志民(代张仲实)

主　　席:艾逖生

记　　录:赵晓恩

报告事项

艾逖生先生报告

(一)雇员晋升职员审查标准研究委员会曾于九月十九日下午七时开会,对雇员审查标准研究结果如左:

1. 关于工作考绩表三份之分数计算法如下：

    甲、自己填表占百分之五十；

    乙、经理填表占百分之三十；

    丙、第三者填表占百分之二十；

    丁、三表总分数占百分之六十；

    戊、文化水准测验表占百分之四十；

    己、在自己填表中：

        （1）业务意见占百分之五十；

        （2）工作概况占百分之四十；

        （3）业余生活占百分之十。

2. 最低及格分数为六十分。

3. 被审查者之截止期为廿七年十月底。

4. 表格填寄手续如下：

    A. 由经理填的，直接寄与经理，并由经理直接寄还。

    B. 由本人填与第三者填的，由经理转交与第三者和本人。填好由第三者和本人各自放入信封内封好交由经理寄还。

    C. 文化水准测验表交由经理分发被审查者，并与指定填表之第三者负责监督填写，最后由经理收集寄还。

    D. 如分支店及办事处负责人即为审查者，由附近分支店经理负责前往执行或临时改用其他办法。

5. 测验表题目共一百个。

6. 雇工审查办法另定，大部偏重工作考绩。

（二）关于陕店孙鹤年被惩处经过及最近孙之申诉。

    在今年八月四日下午八时之临时委员会会议，根据陕店经理张锡荣对孙鹤年在陕店发生人事纠纷之报告后，认为情节严重，当即议决与以停职处分。孙鹤年在陕店接得该项通知后，不满停职处分，一面写了一份申诉书给临委会，一面亲自由陕赴汉向徐伯昕先生面陈一切。顷接徐先生由汉来信，孙鹤年现在汉等候临委会对此事之重新考虑。此事之简单经过就是如此。

提付讨论事项

1. 吴全衡先生提议取消上届临委会通过之对雇员晋升职员应受文化水准测验一项决议案；

2. 研究委员会拟定雇员晋升职员审查办法是否有当案；

3. 根据今年五月十三日廿四次临委会常会决议，新进职工试用期改为一年，宜予确定一年试用期中之阶段案；

4. 近以本店分支店普设国内外，职工由总处或他处派往另一地点服务者，如因故停职，其回程旅费是否应予津贴案；

5. 社员孙鹤年对停职惩处提出申诉，要求对该项惩处重加考虑案；

6. 金汝楫先生提出辞去研究委员会委员职务案。

议决事项

1. 对吴全衡先生之提议，否决通过；

2. 对研究委员会拟定之雇员晋升职员审查办法修正通过如左：

    A. 工作考绩表分数占百分之八十，文化水准分数占百分之二十。

    B. 工作考绩表分数计算法：

        甲、自己填表占百分之五十；

        乙、经理填表占百分之三十；

        丙、第三者填表占百分之二十。

    C. 自己填表分数计算法：

        甲、工作概况占百分之五十；

        乙、业务意见〔占〕百分之四十；

        丙、业余生活占百分之十。

    D. 最低及格分数为六十分。

    E. 被审查者之截止期为廿七年十月底。

    F. 表格填寄手续，依照委员会所拟办法。

    G. 测验表题目太艰深，请委员会研究重拟。

    H. 工作考绩表之内容，依照委员会所拟办法。

    I. 雇工审查偏重经理填表之报告，对文化水准测验改由经理口试。

3. 职工试用一年中之阶段，改为三个月、三个月、六个月三个阶段。

4. 对退职职员川资津贴，除辞职和因舞弊解职概不给予川资津贴外，其他退职职员按照实际情形酌予最低限度之川资津贴。

5. 孙鹤年对本会惩处要求重新考虑，不能单凭本人申诉理由，作为重予考虑根据。当另搜集事实材料，作为参考。一面请在场目击之杜国钧先生作一更详细报告，借供是否可以重予考虑之参考。惟该事件未得本会重予考虑讨论决定以前，对孙鹤年之停职惩处，仍为有效。

6. 对金汝楫先生提出辞去研究委员会委员职案，一致否决通过。

主席　　逖生

临时委员会临时会议

开会时间：廿七年十月三日下午二时半

开会地点：总处二楼

出 席 者：艾逊生（代陈锡麟） 方学武（代徐伯昕） 李济安 吴全衡（代张锡荣）

金汝楫（代周积涵） 张志民（代张仲实） 黄宝珣（代杜重远）

赵晓恩（代孙明心）

主 席：艾逊生

记 录：赵晓恩

报告事项

艾逊生先生报告：今天开会所要讨论的主要问题，仍是关于处理社员孙鹤年的停职问题。根据上次九月廿一日临委会对该事件的决议，认为"孙鹤年对本会惩处要求重新考虑，不能单凭本人申诉理由，作为重予考虑根据，应另搜集事实材料作为参考。一面请在场目击之杜国钧先生作一更详细报告，借供是否可以重予考虑之参考……"在这决议以后，九月廿二日临委会就由代主席韬奋先生致函陕店杜国钧先生，请其作关于孙鹤年事件的报告，到十月二日，我们就收到了这个报告。一方面孙鹤年仍在汉口等待该事件的最后决定。现在将凡有关孙鹤年事件的参考材料都带在这里供到会委员参阅，并盼今天能作一个最后的决定。

提付讨论事项

根据本会九月廿一日的决议，和杜国钧先生报告，对本会八月四日关于孙鹤年停职的决议是否应提出重予考虑案。

各委员对此事件的意见

方学武先生：看过了各项材料以后，有一点值得注意，就是社员孙鹤年乃系因公致和同事发生恶感，酿成斗殴，情有可原，停职处分似太严厉，可否除给予最后儆告外，改为三个月或六个月留职察看以观后效。

李济安先生：我认为对于社员的进退，更应严密的考虑。孙鹤年的错误深信他是能够改过的，他的个性太强，是需要我们用善意的批判，方能克服，当然他自己的努力还是主要的因素。刚才方学武先生对前次临委会决议提出复决办法，本人同意。留职察看期内应特别注重他的行为和工作效力。他是社员，在这察看时期，只有选举权，无被选举权。不知各位的意见怎样。

张志民先生：孙鹤年君易与同事发生意气之主因，似为个性太强，如临〔委〕会决定减轻处分，留职察看，含有予以自省及教育之意义，窃意变换其环境实有必要，更为易于察看计，以调任总处为适当。

最后金汝楫先生、吴全衡先生、黄宝珣先生、赵晓恩先生、艾逊生先生都一致同意上面三位的意见，就是撤消停职处分原案，给与新的处分，并认为在决议案内应公开的指出批评孙鹤年君的错误。

议决事项

根据了张锡荣先生的报告，孙鹤年先生本人的自白（给临委会的信）、徐伯昕先生的报告（与孙鹤年在汉口谈过话以后）和杜国钧先生的报告，没有疑问的，孙鹤年社员是犯了下面的错误：

第一，孙鹤年君平时对同人的态度欠佳（有张、杜两先生的报告为据），致易引起同人间的误会而至发生纠纷，即使是为了公事，但态度不好总是错误的。

第二，孙鹤年君在和同事争吵时，正确的解决办法，应即提出共同向经理报告，由经理公平处置，或可避免斗殴事件的发生。然孙鹤年君当时没有如此办理，是错误的。

第三，孙鹤年君在和同事争吵时，如果态度严正和平，可能以理说服对方，避免斗殴。但孙鹤年君首先开口骂人和动手打人，致酿成斗殴。（当然对方自然也是错误的，而孙鹤年君应多负责任，并且对方亦已受到惩处了。）这是严重的错误。

第四，事件的发生虽不在办公时间内，或者即不在办公室内，然而第一，同人间亦不该有斗殴情事，应当遇事和平解决，亲诚互助。第二，因斗殴而召来外面的警察，甚至被带局询问，对本店声誉不无影响，这样就不能不承认会因私而妨害到公，这也是错误的。

第五，关于总处发交同人填写的考绩表，据陕店经理张锡荣先生报告说："孙鹤年拒绝填写该表，理由是：'以前已经填过了，老是这一套。'"这更是严重的错误。

本会认为满意的即孙鹤年社员在给本会的信中，在和徐伯昕先生谈话中，都能很坦白的承认错误。后据杜国钧先生报告，虽然无论对同人或同业的态度欠佳，但工作上尚属认真。根据了各方面的考察和本会讨论的结果，认为可以从宽处理，给与孙鹤年社员以一个改正错误的自新的机会。因此，议决如左：

一、撤消廿七年八月四日临委会关于孙鹤年君因过失而受停职处分的决议案。

二、社员孙鹤年于七月十九日在陕店于办公终了后与同事发生斗殴，另外并拒绝填写总处发出之同人工作考绩表，应受下列惩处：

（1）给予最后儆告（书面）；

（2）留职察看六个月（在察看期内，薪金照给）；

（3）留社察看六个月（在察看期内，有选举权，无被选举权）。

三、社员孙鹤年应即调至总处，察看并受训育，以便就近协助改进其工作上之弱点和态度。

代主席　艾逖生

临时委员会第廿七次常会

开会日期：廿七年十月十一日下午七时

开会地点：总处办公室

出　席　人：方学武（代徐伯昕）　艾逖生（代陈锡麟）　吴全衡（代张锡荣）
　　　　　　李济安　金汝楫（代周积涵）　张志民（代张仲实）　黄宝琚（代杜重远）
　　　　　　赵晓恩（代孙明心）　邹韬奋

主　　　席：邹韬奋

记　　　录：艾逖生

（一）提付讨论事项

（1）雇员晋升为职员之审查问题

说明：关于雇员晋升为职员必须经过审查，在今年五月十三日本会第二十四次常会已有决定：在同年九月九日本会第二十六次常会更决定了审查标准，即应以文化水准占百分之五十及工作成绩占百分之五十为原则，并推定五人为雇员审查研究委员会委员。在九月廿一日本会举行临时会议，又作了如下决定，把审查标准更改为：工作考绩表分数占百分之八十，文化水准分数占百分之二十。在九月廿三日有重庆分店非社员同人（即尚属雇员之同人）范广桢、冯一予、华风夏、沈敢、王志万、张国钧、刘静波、邵峻甫、刘春江等九人共同写一公函给本会各委员，对审查问题提出许多意见，并要求取消原有审查办法，故今天应将过去曾经决定之审查标准重新提出考虑。

（2）雇员制度是否应予保留

说明：在社章内本有短期雇员和特约雇员之规定，但新进同人如未事先言明是雇员性质，过去新进同人多半都认为是试用职工，试用期满即为正式职员，六个月以后升为社员。直到廿五年九月廿四日本会第一次常会规定了以后新进同人，都为雇员性质，这样以后即不能成为正式职员，由职员而升为社员。因此，雇员逐渐增多，其至数量超过了社员，最大缺点是无形中雇员和社员当中造成了对立。雇员因不能升为社员，与社员享受同样权利，工作的情绪和积极性不能提高,因之在廿七年五月十三日本会第二十四次常会上规定了雇员可以升为正式职员,由职员而社员,不过须经过一度审查,同时雇员制度仍予保留。这就是说,凡尚未被审查的工作人(指廿五年九月廿四日以后进来的)仍称雇员。事实上在工作方面,雇员和职员没有丝毫不同,不同者只是名义而已。现在有些同人意见,以为最好取消雇员名义,一律改称职员,分为试用、正式两种,这样就牵涉到雇员制度之存废问题。

(3)职工试用期中之职业保障问题

说明:在廿五年十月八日临时委员会第二次常会对试用职工曾有过下面几条重要的规定:① 员工如经过考试合格,接得本店试用通知书后,必须依照本店规定手续,填具保证书及订立契约,方可入店试用。② 试用员工在第一阶段经本店考核,成绩认为试用合格时,得重行订立契约,进至第二阶段试用,如认为成绩不适合时,即在阶段终了时,不再续订契约,作为终止试用。在试用期间,如认为不合格者,得随时停止试用。在这一规定内,试用职工之职业保障是要看工作成绩为标准,如不合格,随时可以停止试用。现在问题就是,在认为成绩不佳,停止试用之时,被停止试用的职员如自认为成绩不差,是否有权利可以提出意见来申诉呢?

(4)分店经理进退职工之权限问题

说明:如果依照社章,决定职工进退,是属于人事委员会的权限,因为在人事委员会的权限内,是有"决定职工进退"一项的规定,经理不过是代为执行。但当时因本店的范围尚小,只有一个店,人数不多,人事纠纷较少,解决亦甚顺利。不久就有了汉口、广州两个分店,同人增加。决定职工进退仍由人事委员会执行,已经感到常有许多困难,对每一件人事纠纷,不能很迅速的解决,并且搁误。等到了"八一三"以后,本分店突然增加到了二十个以上,对于人事管理,如不给予分店经理以相当便利,人事委员会实际上是无法行使职权的。因为有些分店和总处相隔很远,有些人事是来不及等人委会决定的,分店经理往往办了以后再报告总经理,总经理也是办了以后再报告给临委会。一向的习惯法是这样。但因为总分店的权限不清,以致常常责任不明,所以在廿七年八月四日的临委会上,通过了关于处理人事方面的两个决议:

一个是关于总经理的权限的,如左:

"关于人事方面与全体福利有关(如扣薪、减薪、裁员)者,由临时委员会处理,此点早已在临委会办事细则内规定,惟尚须明白规定而与以补充者,即关于个别人事进退及维持工作纪律奖惩等事,为便利起见,应由总经理与总务部商同处理后报告临委会。倘对惩处不服从者,得向临委会提出理由申诉,但在临委会未决定前,总经理与总务部之处理,仍属有效。"

另外一个决议是关于分店经理权限的,如左:

"凡由总处调派及由各分店调动之员工,与其他员工同样,一律须遵守当地分店工作纪律,并服从经理指挥。如有违犯者,得由该分店经理照章处办后报告总管理处核准。如有对分店经理惩处不服从者,得向总处提出理由申诉,但在总管理处未答复前分店经理处理仍属有效。"

在这两个决议内,第二个关于分店经理权限的决议字句间尚不十分清楚。如决议里面说分店经理处罚分店职员以后,报告总管理处,是报告总经理呢? 还是报告给临委会呢? 应该明白确定。同时,在廿七年八月七日临委会通过之"分店暂行办事规则"内第八条第三项关于经理职权说:"管理员工之进退及支配工作,并考核其勤惰。"第四十八条说:"凡在分店工作之员工,不论你当地招考试用或由总处移调者,均由分店经理负责管理。"这样规定,本与临委会关于分店经理权限之决议相符合,但在该办事规则第六条内,却又是这样说:

"分店经理及营业、会计、总务各科主任之进退移调,由总副经理决定后报告人事委员会。惟必要时,会计、营业、总务主任有失职时,得由分店经理处置后报告总处经理核准,其他各部分职员及练习生、店工之进退,由分店经理决定,但须报告总处核准。"

在这条规定内,第一,分店营业、会计及总务各科主任之进退由总副经理决定,此与分店经理进退职工权限是否有冲突之处。第二,分店经理处理人事报告总经理处后,总经理是否要报告与临委会。第三,其他职工进退由分店经理决定后,报告总处核准。所谓"总处",意义亦不十分明白。所以为了要使权限分明,对分店进退职工手续,应该补充与以更清楚之确定。

(5) 张通英君是否应准许复职问题

说明:张通英君原为廿五年十月三日在上海考进职员,廿六年十一月间到汉口汉店批发科工作,廿七年二月廿二日于事前未曾获准请假(总经理徐伯昕先生始终没有答应)突然自由离职,据称系赴陕北求学。在廿七年二月二十四日,第二十二次之临时委员会常会对张通英君自由离职曾作过如下的决议:"张通英请假未获核准,擅自离职他去,作自由弃职论。"惟当时因尚未能确定张君行止,致该决议尚不能直接通知张君本人。在张君离职数月之后,忽然又在西安本分店自由复职,故在廿七年八月四日临时委员会会议对张君自由复职又复通过如下决议:"张通英前离汉店时系自由离职,前经临委会决定予以停职处分。现在西安分店自由复职,应通知陕店不准复职。"张君在西安分店接到了该项通知以后,即致书给临委会代主席邹先生提出书面意见四点:① 离汉店时,请假手续系由临时委员之一孙梦旦先生代为保证请假;② 在要回店工作以前,曾有信给徐伯昕先生,说要回店工作。及到西安分店工作以后,亦有信给徐先生报告,徐

生活书店

会议记录1933—1945

先生没有复信,即为允许之表示;③ 当时解职之决议没有公布;④ 有四位同事因求学而允许给假,个人亦可援例。张君此四项理由是否充足为另一问题。惟既有意见提出,即应将张君是否准许复职问题,重予考虑和答复张君之意见。

(6) 有眷属同人住外津贴问题

说明:过去本店同人凡有眷属在外寄宿的,本店概不给与津贴。从廿七年七月份起,临委会曾有决定,对同人住宿一律供给。关于眷属同人因不便在店内寄宿,须住外面,在廿七年六月廿四日的临委会亦有了一个初步原则的确定。即:"因有家眷在外寄宿者得酌给津贴,办法另定。"自确定这一原则后,当时因汉局紧张,同人陆续疏散,无暇顾及此事。到今年九月,总处迁渝,临委会亦改在渝办公。最近总处总务部因同人有眷属住外津贴问题,急待解决,特拟了一个有眷属同人住外津贴办法草案,提交今日之临委会讨论并作最后决定。

(7) 孙鹤年君有自动辞职意,应否给与退职金及川资津贴?

说明:在廿七年十月三日之临委会会议,本已决定孙鹤年君停职处分改为留社留职察看六个月,并已通知孙鹤年君,但近接本店总经理徐伯昕先生来函,谓孙君"现在书店受此打击,不拟继续。希望给与退职金两个月及最低限度川资。请提交临委会议决后通知汉店划付。"不过本会尚未接到孙君正式辞职的信,今天只是根据徐伯昕先生来函,提出讨论。即:如孙君真正不愿继续职务,是否可以给予两个月退职金及最低限度之川资津贴?

(8) 汉店职工朱根兴君已停职,应否酌给川资津贴?

说明:朱根兴君到本店来工作,是在上海廿六年一月四日,职任出差,工作不甚努力,常和同事发生争吵,在汉店曾受徼告一次。最近据总经理徐伯昕先生来函,谓:"根兴平时工作,除有少数人可指挥外,常常不经请假手续,私自离开职守,屡犯屡戒,极少效果。已于十月三日起解职,给予退职金两个月,应否补给川资,亦请商定后通知汉店照付。"因此朱根兴君之川资津贴问题要提出讨论一下。

(9) 社员江钟渊应否准其销假工作?

说明:社员江钟渊原曾请长假,从事歌咏队救亡工作。近据总经理徐伯昕先生来函,谓:"江钟渊兄请长假,现已去南昌,拟销假工作。应否准其销假,请提由临委会商定,直接通知。"根据徐先生来信,社员江钟渊应否准其销假工作?

(10)《我们的生活》月刊系重庆同人自治会编辑出版,现拟分发给各地同人,该项寄费是否可由书店负担?

(二) 议决事项

(1) 雇员晋升为职员必须经过审查之原则,仍须保留。惟改为由本会委员根据平时工作考绩表予以个别审查,并取消廿七年九月廿一日本会临时会议所通过之审查办法。

（2）雇员制度系在社章内规定，本会无权变更。其存废问题，须在将要通过之新社章内决定。但取消廿五年九月廿四日本会第一次常会所规定之"添用新同人，作为雇员办理"。凡廿五年九月廿四日以后进店之同人，一律改称职员（内分试用职员、正式任用职员，及特约职员。）

（3）职员在试用期内，原定任何一方有不满意时，皆得随时停止职务。但在试用期内被停之职员如认为有必要时，得向最高临委会（将来为人事委员会）提出理由申诉。此种申诉当由临委会斟酌情形，决定接受与否。

（4）分店需要添用职员，须由分店经理事前向总经理报告，核准后执行，并由总经理转报临委会备案。

（5）关于张通英君之自由离职和自由复职问题，察张君所述理由，殊不充分。如张君来函之声辩四点：第一，如谓临委孙梦旦先生曾保证代为请假，但在张君走后第三天之临委会上，临委孙梦旦先生并未将代张君请假之事在本会提出，且临委会议案须经集体议决，非一个委员所能任意代表；第二，如谓屡次有信给徐先生即为取得合法手续和已经允许之表示，此亦不正确。因徐先生始终没有复信，亦即可谓对此事没有同意之表示；第三，如谓临委会对解职处分没有公布，仅有不准复职之决议，亦不符合事实，在张君自由离职后之第三天，临委会开会即有对张君自由离职加以处分之决议，因当时不明张君行止，致未能及时通知；第四，如谓其他同事亦可请假求学，因其他同事在请假时，经本店认为工作一时有人代替，可以暂时离职，故尔准许给假。张君则本店总经理徐伯昕先生始终未曾允许给假，走时亦未填给假单。为了维持工作纪律，张君是不应复职。惟本会根据各方面调查，张君过去在本店工作成绩尚属优良，并已工作多年，为着爱惜干部起见，本会允将此事予以考虑，开会复议，决议如左：

根据张通英君向本会提出可以复职之理由，殊不充分，已如上述。惟念张君工作多年，据调查所得，成绩颇佳，复职可予考虑，但仍须征求总经理兼本会委员徐伯昕先生之意见，借供参考，以作最后决定。在未作最后决定以前，对前关于张君之停职及不准复职之决议，仍属有效。

（6）有眷属同人住外津贴办法修正通过如左：

生活书店有眷属员工住外津贴规则

第一条 本店员工在工作当地携有家眷在外寄宿者得照本规则领受津贴。

第二条 员工眷属以夫妇子女为限。

第三条 凡工役、服务生、练习生和练习员在试用期内不能领受此项津贴，但职

—生活书店—

会议记录 1933—1945

138

员试用满三个月者得领受之。

第四条　员工领受住外津贴按照下列标准：

一、凡薪金在五十元以下者月给津贴八元。

二、凡薪金在五十元以上至一百元者月给津贴六元。

三、凡薪金在一百元以上者无津贴。

第五条　本津贴按月连同薪金发给，不得预支。

第六条　本规则从廿七年十一月一日起施行。

第七条　本规则如有未尽事宜，得随时提出临时委员会（将来是人事委员会）修改之。

（7）孙鹤年君如系自动辞职，两个月退职金不应照给。同时根据廿七年九月廿一日本会临时会议对退职同人川资津贴之决议，孙君亦不能享受是项川资津贴权利。

（8）汉店职工朱根兴君因过停职，照章得给川资津贴，由汉店负责人酌量发给。

（9）社员江钟渊准予销假工作，惟以江君离社颇久，最好调来总处工作。此事应先商得总经理徐伯昕先生同意后决定。

（10）关于《我们的生活》月刊，决议如左：

一、重庆同人自治会编《我们的生活》月刊，本期寄费可由书店负担，但以寄快刷为限。

二、将各分店已有之《我们的生活》集中在渝地总处出版，并通知各分店之《我们的生活》停止出版，借以节省纸张寄费。

三、为指导并充实《我们的生活》内容，本会特派艾逖生先生代表本会正式参加《我们的生活》编委会。

四、《我们的生活》改由重庆同人自治会及临委会合编出版。

五、《我们的生活》以后一切编辑出版等邮寄费用，全由书店负担。

临时动议

金汝楫先生提议：

渝分店同人王志万君与顾根荣君进店工作颇久，薪金低微。此次七月份总处调整全体同人薪水，王君薪水仍旧，顾君仅增加一元。可否根据王、顾二君近日工作情形，重予考虑。

渝分店经理李济安先生意见：王、顾二君最近工作较忙，本人同意对王、顾二君考虑酌量增加薪水。

其他各委员共同意见：本店同人加薪规则，原有一定阶段，即每半年考虑一次。如有特殊劳绩，自亦可以破例随时酌加，以资鼓励。故王、顾二君加薪应从明年一月份起，予以考虑。至七月份同人调整薪水未曾加薪或加薪甚少之同人颇多，当然是另有原因。惟王君由汉到渝，曾错过一个阶段未曾加薪，可以根据这点来考虑。

□□

顾根荣君薪水照旧。王志万君从十月份起加薪二元。

代主席　韬　奋

生活出版合作社临时委员会
会议记录(三)

临时委员会临时会议

开会日期：廿七年十月十五日下午二时

开会地点：总处二楼

出　席　人：方学武(代徐伯昕)　艾逖生(代陈锡麟)　吴全衡(代张锡荣)

李济安　金汝楫(代周积涵)　张志民(代张仲实)　黄宝珣(代杜重远)

赵晓恩(代孙明心)　邹韬奋

主　　　席：邹韬奋

记　　　录：艾逖生

(一) 提付讨论事项

1. 社员孙鹤年君向总经理徐先生提出请病假一年应否照准案。

孙鹤年君之请假条如左：

"西安分店孙鹤年因患病拟择地休养，请长假一年，自民国廿柒年拾月捌日起至民国廿捌年拾月柒日止，仰请照准为盼，此致

徐总经理

社员孙鹤年　廿七年十月八日"

2. 衡店负责人吴琛君事前未征同意，因公赴桂并留汉店因过停职职员徐宗福君在店住宿及帮助工作案。

吴琛君给总经理徐先生信：

"宗福兄流浪到此，为了同事关系，留宿店中，他倒也好，帮店中做了不少事。我决计趁他在此，出去一次，估计往返不过三五日。于是把经济都交给海青，请宗福襄助帮忙。因为他目前既已不是我店之一员，而这次离店原因未详，不便重托。"

总经理徐先生来信：

"衡店吴琛兄此次赴桂，事前并未征询同意，更留徐宗福在店内住宿帮忙似有未妥"。

3. 陕店杜国钧君因病请长假案。

总经理徐先生来函：

"国钧兄此次患慢性肺疾，完全系积劳所致。国钧兄过去工作极努力，对于书店极多贡献，应提请临委会按照优待条例准予给假两月，静心休养，两个月内薪工照给，无任企盼。通过后请用临委会名义正式去函通知，以昭郑重。"

4. 社员孙梦旦君来信，因病休养，经济困难，拟将股款向书店抵借一千五百元案。

孙君来信略谓：

"店中股款，本可援例抵借，因谂店中经济迥非昔比，虽早曾声请而不敢催询，今者

休养尚须时日,生活及医药费用,所需尚巨,不得不再行要求抵借一千五百元,俾拨还债务,余作日后生活医药逃难之费,务恳体念下情,俯予照准,函咨金华分店就近拨付,以济眉目为感。"

5. 渝分店职员沈敢、范广桢、王志万致信本会,请求对伊等加薪阶段予以注意案。

沈敢等来信摘要:

"我们很希望早点实现在上海时候月薪在三十元以下的练习生每年有四次加薪的机会。……我们呢,从"八一三"到现在,仅有的一次加薪(七月份)事实是很明显的,还不能和汉店同人同样得到合理的调整,拿我们现在的薪水来看,无疑的还是练习生,拿我们的工作来看,比较从前繁重得多。"

6. 渝分店一部分同人提出几个关于人事问题交邹韬奋先生转请本会解答案。

问题如左:

(1) 练习生与以前所谓的雇员,最近改为试用职员,分别在什么地方?

(2) 练习生的工作范围?

(3) 练习生的练习期限?

(4) 如门市的练习生每月只拿二—四元,这和十一—廿元的练习生界限怎样划分?

(5) 薪水若干为职员,薪水若干为练习生?

(6) 练习生每三月加薪一次呢? 还是同职员一样?

(7) 经理是否有权加薪水? 假如不经过人事委员会决定?

(8) 分店直接用的人,过三个月加薪水,总店来人是否有同样权利?

7. 总处职员徐植璧君来信恳求寄宿店内不扣津贴案。

(二) 议决事项

1. 社员孙鹤年君因患病拟择地休养,请长假一年;惟需要休养一年之重病,须经本店所指定之医生检验,出证明书,在未经检验证明以前,对社员孙鹤年君所称因病请假一年,不能照准。

2. 衡店吴琛君事前未征同意赴桂,并留因过停职职员徐宗福君在店工作、住宿,有违工作纪律,应与以书面儆告一次。此外尚有筑店邵公文君、万店周积涵君及粤店陈锡麟君在过去不久亦有擅离职守类似情形,照章亦应分别予以书面劝告一次。

3. 社员杜国钧君因病请假,确系为公积劳所致,准许给假两个月并照职工疾病优待条例,病假期内,薪水照给。

4. 社员孙梦旦君因病长期休养需费,准许将社股作抵,先借予伍百元,并即通知总处主计部汇付。

5. 对渝分店职员沈敢、范广桢、王志万等之加薪阶段,本会当协同渝分店经理予以注意。

6. 渝分店一部分同人所提出之问题答复如左：

(1) 练习生与职员之分别在于工作能力与经验。

(2) 练习生之工作范围并无一定，须视练习生对某部门之志趣和能力，然后决定其在何部门工作练习最为适宜。

(3) 练习生之练习期限亦无一定，但至少半年以上，如成绩优异，月薪增加至二十元时(过去包括膳宿为三十元)，即为职员。

(4) 门市部练习生之薪水差数是按照工作能力和当地情形来划分。

(5) 薪水在二十元以上者为职员，在二十元以下者为练习生及练习员。

(6) 练习生在试用期内加薪阶段与试用职员一样，分为三个月、三个月、六个月三个阶段试用期满，每半年考虑加薪一次，倘成绩卓越，随时可以考虑酌加。

(7) 经理增加职员薪水，事前须报告总经理核准，由总经理交由人事委员会备案。

(8) 凡属分店职员薪水，经理皆有权增加，惟事前须报告总经理核准。

7. 关于徐植璧君决议：

(1) 在徐植璧君薪水内，与过去大多数同人一样，包括有住宿、车资津贴，现宿舍既一律由店供给，徐君亦应与其他已扣津贴职员同样待遇，扣除津贴。

(2) 在本年七月份调整同人薪水，徐君薪水并未增加，本会以徐君最近工作颇为努力，从廿七年十一月份起加薪三元。

临时动议

1. 胡耐秋君之薪水内，是否包括有住宿、车资津贴？

2. 廿六年八月二日临委会通过之"职工调往外埠旅费及假期试行办法"是否适用于目前之环境？

3. 渝分店职员张国钧君及冯一予君第二阶段试用期已经届满，工作颇称努力，是否应予考虑酌量加薪？

4. 总处职员岳剑莹君第二阶段试用期已经届满，是否应予考虑酌量加薪？

决议

1. 胡耐秋君之薪水确有住宿、车资津贴在内，与其他职员同样，应予扣除；惟以胡君工作繁重，且甚努力，从廿七年十一月份起加薪八元。

2. 职工调往外埠旅费及假期"试行办法"追认从今年一月份起，暂缓执行。

3. 张国钧君、冯一予君从廿七年十一月份起各加薪二元。

4. 岳剑莹君加薪问题，须(予)〔与〕工作有关系之负责人商谈考虑后再予决定。

代主席　韬　奋

临时委员会临时会议

开会日期：廿七年十月十七日下午七时

开会地点：总处办公室

出　席　人：方学武(代徐伯昕)　艾逖生(代陈锡麟)　李济安　吴全衡(代张锡荣)

　　　　　　金汝楫(代周积涵)　黄宝珣(代杜重远)　张志民(代张仲实)

　　　　　　赵晓恩(代孙明心)　邹韬奋

主　　　席：邹韬奋

记　　　录：艾逖生

（一）讨论事项

1. 张通英君之复职重予考虑问题

   根据十月十一日本会第廿七次常会对张通英君复职，认为可予考虑，惟尚须征求总经理兼本会委员徐伯昕先生之意见，现徐先生已有来信，谓："张通英事，以过去工作能力言，尚能称职苦干，可能造就一新干部，但为书店纪律计，应由临委会慎重考虑后决定。"本会因此又开会议考虑。同时对于张通英君尚有一事值得提出讨论，即当张君到西安分店自由复职时，在七月十九日西安分店因孙鹤年君而引起之人事纠纷，事后据经理张锡荣先生报告，谓："张通英事先闻知事件将发生，并未作有效之劝阻，或报告负责人，应报告总店予以相当处分。"所以关于张君已有两件事应该受到处分。一件是未准请假，自由离职；一件是对陕店人事纠纷，知而不告。

2. 在廿七年十月十一日临委会廿七次常会通过之"有眷属员工住外津贴规则"内第三条尚须提出考虑修改。

   该规则第三条原文：

   "凡工役、服务生、练习生和练习员在试用期内，不能领受此项津贴，但职员试用满三个月者得领受之。"

3. 廿六年八月二日临委会通过之"职工疾病死亡津贴试行办法"内第七条尚须补充。

   第七条原文如左：

   "各职工如因重病，经本店指定医生证明，连续请假在一个月以上者，其薪水应照下列办法支给之：

   (1) 任职满五年以上者，病假期内，薪水照给，但至多以三个月为限；

   (2) 任职满三年以上者，病假期内，薪水减半支给，但至多以三个月为限；

   (3) 任职满一年以上者，病假期内，薪水减支四分之一，但至多以三个月为限。"

议决

1. 根据本会十月十一日对张通英君之决议,根据总经理兼本会临委徐伯昕先生之意见,根据陕店经理张锡荣先生对张通英君与七月十九日人事纠纷有关之报告,议决如下:第一,本会认为廿七年二月二十四日本会给与张君停职之决议,与廿七年八月四日本会对张君不准复职之决议,可以修正,准许复职,为维持工作纪律,仍应予以最后儆告处分。第二,张君准许复职后,得仍回陕店工作。

2. "有眷属员工住外津贴规则"第三条修正如左:

"凡工役、服务生、练习生、练习员与职员在试用期内,满六个月者,亦得领受此项津贴。"

3. "职工疾病死亡津贴试行办法"第七条补充修正如左:

"各职工如因重病,经本店指定医生证明,连续请假在一个月以上者,其薪水应照下列办法支给之。

(1) 任职满一年以上者,病假期内,薪水减支四分之一,但至多以三个月为限。

(2) 任职满三年以上者,病假期内,薪水减半支给,但至多以三个月为限。

(3) 任职满五年以上者,病假期内,薪水照给,但至多以三个月为限。

(4) 任职满十年以上者,病假〔期〕内,薪水照给,以五个月为限;满十五年以上者,病假期内,薪水照给,以七个月为限;满二十年以上者,病假期内,薪水照给,以九个月为限;满二十五年以上者,病假期内,薪水照给,以一年为限。"

代主席　韬　奋

临时委员会第廿八次常会

开会日期:廿七年十一月一日下午三时

开会地点:总处二楼

出　席　人:陈锡麟(艾逖生代)　张锡荣(吴全衡代)　李济安　周积涵(金汝楫代)
　　　　　徐伯昕　张仲实　杜重远(黄宝珣代)　邹韬奋　孙明心(赵晓恩代)

主　　　席:张仲实

记　　　录:艾逖生

报告事项

(一)艾逖生先生报告

今天应予讨论的主要事项:第一,是根据本会第廿七次常会议决案"雇员晋升为职员必须经过审查之原则,仍须保留,惟改为由本会委员根据平时工作考绩表予以个别审查",现在本会委员已经将晋升为职员之雇员个别审查完毕,在今天会议上须作最后决定;第二是暂决定理、监、人委会人数,以便早日提前改选,结束本会职务;第三是进行选举并通过新社章问题;第四是增设分支店问题。

(二)徐伯昕先生报告

1. 最近各店动态

   a. 分支店办事处共有二十九处,自十月二十日起两处沦陷(粤汉两店),现有分店十一处,支店五处,办事处十一处。

   b. 汉口的后移(二十日)十月十八日停业,存货运湘。

   c. 广州的撤退(二十三日由梧来电——二十一日晨货装船)

   d. 长沙(正在计划疏散中)

   e. 西安(三十日查去书二十种被迫停业,经理张锡荣先生押警局)——三十一日来电,现总处正在设法。

   f. 南昌(三十日中山路被炸,分店损失未详)。

   g. 立煌(因避敌机轰炸,办事处移乡间)。

   h. 桂林(树章、任廉两人因空袭在晒台上观望被拘,释放与否,尚未得桂店报告)。

2. 半年来营业比较

   a. 总额近三十八万(平均每月六万三千)。

   b. 营业最好月是三、四、五三个月,最多为三月份八万。

   c. 营业最好店是汉、粤、陕、渝、湘、蓉、梧、桂。

3. 七月份营业比较

   a. 七月份营业总额为六六,一四二.三三(内港店占一万四千多),实际仅五万二千。

   b. 根据七月份营业情形与各店剧变后之比较

   ① 汉一万五千　② 港一万三千　③ 粤八千　④ 陕七千

   ⑤ 渝四千(近)　⑥ 湘三千　　⑦ 滇三千　⑧ 梧三千

   c. 汉、粤损失每月约二万余,占全体营业六分之二
   将来如湘、陕损失约一万余,又将占全体六分之一,共将占二分之一以上。

4. 今后营业的转变

   a. 增设新的根据地

   ① 新加坡

    ② 迪化

  b. 充实浙江流动区

  c. 沿海岸（汕头—潮安）（福州—延平）

  d. 川省内地

  e. 沦陷区（上海—山西）

5. 造货的布置与纸张

  a. 上海、重庆

  b. 桂林

  c. 长沙、衡阳

  d. 拟与纸厂合作

6. 召开两会议

  a. 营业会议（讨论内容）

   ① 确立划区供应办法

   ② 确立造货中心

   ③ 畅销书供应与存货调整

   ④ 分店各项规程

   ⑤ 调整营业

   ⑥ 出版意见

   ⑦ 扩展同业统一折扣

  b. 会计会议（讨论内容）

   ① 订立会计规程—稽核规程

   ② 各种会计细则

   ③ 会计人员的调整

讨论事项

（一）到廿七年十月底为止，任职满一年零六个月以上之雇员（廿五年九月廿四日以后进店者）共有三十八人，根据本会委员个别审查结果是否应予通过为正式职员并晋升为社员案。

（二）为要迅速结束本会职务，改选成立理事会、人事委员会及监察委员会，是否应暂决定理、人、监委会人数，进行选举，以便早日健全本社行政机构案。

（三）新社章草案应如何予以迅速通过案。

（四）本店各分店之分散准备与今后扩展方向应如何确定案。

（五）在最短期内召集社员代表会议、营业会议及会计会议案。

议决事项

（一）通过下列三十人为正式职员并晋升为社员，各人社股从十一月份起照章由会计科扣缴。

徐植璧　邵峻甫　杨永祥　王志万　金世祯　李仁哉　胡连坤　任乾英

金伟民　袁　润　黄宝元　甘蘧园　陈国樑　范广桢　罗　颖　陈云才

张春生　杜福泰　沈　敢　许三新　冯成就　区　鉴　瞿悦明　冯景耀

王绍阳　洪俊涛　谢珍水　吴　琛　夏长贵　王敬德

下列五人，因工作考绩不佳，除通知各本人对工作应予注意外，暂缓晋升为社员（依照本会五月十三日第廿四次常会决定，不合格者六个月后再予审核一次），但照章仍得为正式职员：

鲁昌年　陈树南　濮光达　卢锦存　谈春篪

下列三人，工作考绩欠佳，尚待考察，暂缓晋升为社员：

黄孝平　章德宣　陆敬士

（二）暂决定理事会理事十一人，另候补理事两人；人事委员会委员九人，连同总经理及理事会主席共十一人，另候补委员两人；监察委员会委员三人，另候补委员二人。为求迅速起见，理、人、监委会委员之选举与通过新社章同时进行。俟新社章通过后，再根据新社章确定理、人、监委会人数。

（三）社章草案，从十一月一日起，停止讨论，各地分支店同人所提意见，应先召集重庆分店及总处同人联席会议，加以整理，再分发各地同人表决，上述会议须于十一月五日晚举行。

（四）为配合抗战新形势与需要起见，本店今后布置与扩展方向如左：

1. 在新加坡设立分店以应南洋各地读者之需要：

　　a. 派甘蘧园、包士俊、冯景耀三位前去积极筹备，应在十二月初动身前往；

　　b. 港店调孟汉臣君前往主持。

2. 在迪化设立分店，以应西北读者之需要：

　　a. 应在迪化建立出版与造货中心，以供给西北需要；

　　b. 详细计划应俟接得杜重远先生及萨空了先生报告后决定。

3. 广州撤退同人，分散南宁、桂林等处：

　　a. 周幼瑞（发行职务由陈文江接替）、许三新两君调南宁；

　　b. 莫志恒、陆凤祥调桂林。

4. 汉口撤退同人，分散浙江、福建、广东等处：

　　a. 一部分至金华、丽水、余姚等处；

　　b. 黄宝元、罗颖至福州，福州如万一紧张，可撤退延平；

c. 顾一凡、陈云才至汕头，汕头如万一紧张，可退潮安。

5. 武汉撤退后，湘省吃紧，长沙分店应早日准备：

    a. 存货分散于吉安及沅陵两店；

    b. 增设宝庆支店；

    c. 如万一撤退，同人可分散于常德、沅陵两店。

6. 为防万一起见，西安分店应早日准备：

    a. 存货分散于南郑及兰州两处；

    b. 如万一撤退，同人可分散于南郑、兰州两店。

7. 宜昌如万一吃紧，办事处应移往施南营业。

8. 扩充酆都营业处，加派一位干练同人前往襄助。

9. 梧州分店为防万一起见，亦应早日准备：

    a. 存货除分散于南宁、柳州两处外，大部运贵阳；

    b. 如万一撤退，同人可分散于邕、柳、桂诸店。

10. 扩展四川内地：

    a. 嘉定筹设支店，人员由渝店抽调；

    b. 资中筹设支店，人员由蓉店抽调。

11. 迅速建立桂林第二中心。

（五）本社社章与改选，须由全体社员投票表决，故代表会议缓开。营业会议及会计会议应尽可能在今年十二月以前召集。

临时动议

胡愈之先生原为本社社员，现决重返本店工作，其社员资格是否应即立予恢复案。

议决

胡愈之先生从加入本社工作之日起，仍恢复为本社社员。

主席　张仲实

临时委员会临时会议

开会日期：二十七年十一月五日下午四时

开会地点：总处二楼

出　席　人：杜重远（黄宝珣代）　李济安　陈锡麟（艾逖生代）　周积涵（金汝楫代）

徐伯昕　孙明心（赵晓恩代）　张锡荣（吴全衡代）　张仲实
邹韬奋
主　　席：张仲实
记　　录：艾逊生

报告事项

（一）徐伯昕先生报告

一、汉店撤退情形

最近接到汉店负责人严长衍先生由湘店来函报告汉店撤退情形甚详，汉店已于十月二十一日全部结束，汉店全体同人于二十四日安抵湘店。此次离汉时，经三日之整理，除汉店门市存货无法带湘外，其他一应要件、日用家具、账册文件，均随带来湘。至门市存货五十余包悉数运宜，在二十二日晚间上船，由赵友押上，其他如电话机、电扇、电灯、文具、招牌字，均扫数拆运带走。店中仅遗存少数之笨重家具，损失极微，交通路店屋空锁中，鼎安里栈房（无存货）已托人代管。

二、陕店被迫停业及张锡荣先生被押经过

这次陕店查书以致被迫停业之表面理由为："过去查禁的书，不该又重新印卖。"事情发生是在十月三十日早晨八时。由警察第二分局局长亲自到店搜查，十分严重，查去王明、毛泽东等著作多种，当即带走张锡荣先生，并不准营业。总处当日晚上接到陕店急电，即由韬奋先生在各方设法奔走，请国民党中央党部宣传部长周佛海电陕省党部解释，同时由国民参政会汪议长及军委会四川行营主任张岳军分别致电西安党政当局疏解，十一月二日陕省党部有复电给中宣部，大意谓："西安生活书店前因印售违禁书籍，经省警局传案结释，现又秘密印售，被军警大批查获，致有传该经理讯办之事。现拟商请军警当局如讯无别情，当即从宽处理。"照此电报推测，事情不会如何严重，十一月二日总处接西安急电，谓陕店十一月一日恢复营业，四日又接陕店急电，谓张锡荣先生已释放，因此，西安之事件已算暂告一段落。

讨论事项

一、在廿七年六月廿四日本会临时会议所拟定之名誉社员黄任之等十六人，应予迅速审定通过案。

二、本日晚上八时一刻总处及分店全体同人在分店讨论社章草案，讨论方式应预先由本会确定案。

三、《世界知识》发行人毕云程先生之薪水，是否应予补发案。

议决事项

一、先予决定江问渔、沈钧儒、黄任之、杨卫玉、张志让、蔡承新等六先生为本社名誉社员，由本会向全体社员提出，用通讯投票表决。

二、本日晚上八时一刻讨论社章草案方式如左：

1. 由本会推定张仲实先生为社章讨论大会主席。
2. 临时由大会推举书记二人，数票者二人，管理发言时间者一人。
3. 每人发言时间以三分钟为标准，最多不能超过五分钟。
4. 讨论时间从下午八时一刻起至十时半为止。

三、关于毕云程先生薪水补发议决如左：

1. 从廿六年八月起至廿七年十月底止，毕云程先生薪水应予补发照付。
2. 毕云程先生原为本社社员，过去曾因事退出本社，从廿七年十一月七日起仍恢复为本社社员，社股由补发薪水内扣缴五百元。
3. 毕云程先生过去在上海因事不克到店办公，现有此可能，从十一月份起，应由本会通知毕先生请到店来照常工作，处理与世界知识社有关事务。

临时动议

徐伯昕先生动议：本店现因须大量使用土纸，为保证土纸供给来源，不发生困难，需要自行制造土纸，独资设立，抑系与人合办，应由本会详细讨论并予以最后决定。

议决

设立造纸厂计划尚须精密研究，特组织研究委员会负责进行，指定李济安、张志民、汪允安三先生为研究委员会委员，由李济安先生负责召集。

主席　张仲实

临时委员会第廿九次常会

开会日期：廿七年十一月廿三日下午三时

开会地点：总处二楼

出　席　人：李济安　杜重远（黄宝珣代）　周积涵（金汝楫代）　陈锡麟（艾逖生代）

徐伯昕　孙明心（赵晓恩代）　张锡荣（吴全衡代）　张仲实

邹韬奋

主　席：张仲实

记　录：赵晓恩

报告事项

（一）徐伯昕先生报告

1. 各店后移与筹备分支店情形

Ⅰ. 后移情形

a. 粤店存货已运出二百包，尚有三百二十余包及三十二箱尚未运到；

b. 汉店存货由职工徐赵友随身运宜，系乘新浦轮，至今尚无消息，正在多方查询中；

c. 湘店已于本月十三日分退邵阳、沅陵两处。

Ⅱ. 分支店筹备情形

a. 柳州支店已于十一月十日正式开幕，地址在培新街四十九号楼下铺面一间，月租卅二元。

b. 南宁支店于十一月十五日正式开幕，地址在兴宁路三十九号三楼一幢，月租十七元半。

2. 纸厂筹备情形

关于纸厂筹备事，已组织一小组委员会调查研究，大致就绪，现正在物色技术人才，一俟经济部中央工业实验所拟介绍之胡广元君考查合格后，即可约其详谈，决定进行。

3. 重庆分店拟于十一月廿七日（星期日）举行义卖献金运动一天，约书价值二百元，推广费用一百元。

（二）艾逖生先生报告

1. 社章草案已由渝地同人研究整理完毕，不久即可油印好，分发各地社员，请其作最后表决。

2. 关于进行选举及通过社章等手续，已经草就"选举须知"及"社章草案表决须知"等，拟交本会本次会议审定通过。

3. 关于通过名誉社员手续及每一名誉社员之履历，皆已拟就，惟根据廿七年十一月五日本会临时会议名誉社员决定为六人，现拟暂改为四人，即为江问渔、沈钧儒、黄任之、杨卫玉等四人。

讨论事项

（一）"社章草案""选举须知""社章草案表决须知"应如何审定案。

（二）审定名誉社员履历及修正廿七年十一月五日本会对名誉社员决定案。

（三）社员孙鹤年君不遵守本会廿七年十月三日临时会议决议，延不到职，应如何处理案。

（四）胡耐秋、华风夏、赵志成、张通英等四君在本社工作至本年十一月底止已满一年六个月以上，依照本会规定，如由本会审查合格，得晋升为社员，请予审查通过案。

（五）港店同人因港币上涨，国币低落，请求确立固定国港币折算率发给薪金案。

（六）渝地同人要求津贴调迁外埠之员工携带直属亲系旅费案。

（七）黄宝珣君具函要求发还并经常照给前在上海会计科误扣之薪金八元案。

（八）《世界知识》发行人毕云程先生在渝之工作应如何解决案。

议决

（一）"社章草案""选举须知""社章草案表决须知"照原文通过，但文字在会后交由本会委员传观审定。

（二）修正廿七年十一月五日本会对名誉社员决议，先决定沈钧儒、黄任之、江问渔、杨卫玉等四先生为名誉社员并由本会向全体社员提出通过。

（三）社员孙鹤年君不遵守本会廿七年十月三日临时会议决议，延不到职，应视为自动弃职，脱离本社，除设法通知孙君外，并通知陕店会计科发还社股，清理银钱手续。

（四）通过胡耐秋、华风夏、赵志成、张通英等四君晋升为社员，除由本会通知各本人外，各人社股从十二月份起照章由会计科扣缴。

（五）关于港店同人薪金发给折扣之确定请总经理会同会计科研究后，拟定办法，迅速函复港店同人，该办法留交下届本会追认。

（六）关于调迁外埠员工携带直属亲系之旅费津贴，请总经理会同会计科详加研究，拟具办法，交下届本会通过公布。

（七）关于会计科误扣黄宝珣君之薪金捌元，查确系误扣，应予补还并经常照给，尚有陆凤祥君之薪金误扣，系与黄君同样情形，故亦应与黄君同样办理。

（八）《世界知识》发行人毕云程先生之具体工作，待胡愈之先生来后商同决定。

临时动议

李济安先生临时动议：前因上海汇水上涨，沪店通知各店同人暂请停止汇划款项，以免沪店遭受贴水损失；但同人家眷多半留居上海，须按月接济，如由银行或邮局汇兑，诸感不便，因此，为顾念同人此种困难情形，不应概予停止，本人提议汇划仍应照旧，惟对汇款数量或可酌予限制。

议决

请总经理会同会计科商同拟定限制汇款办法,交下届本会讨论通过。

主席　张仲实

临时委员会第三十次常会

时　　间：廿七年十二月廿四日下午三时半

地　　点：总处二楼

出 席 人：李济安　杜重远(黄宝珣代)　周积涵(金汝楫代)　陈锡麟(艾逖生代)

　　　　　徐伯昕　张锡荣　张仲实　孙明心　邹韬奋

主　　席：张仲实

记　　录：艾逖生

报告事项

(一)徐伯昕先生报告业务

1. 营业方面　七月份营业总额为六七,四六四.七六,八月份为七〇,四九六.三〇,九月份为七四,五四一.六五,十月份为约六〇,〇〇〇.〇〇。下半年各月营业额与上半年每月平均额七〇,四三八.八九元比较,十月份以后恐将锐减。

2. 各店动态　A. 沿海区：福建南平支店成立;江西南昌、临川设支店后,以该地环境恶劣,改在遂川成立支店,以留退步;新加坡分店可在下月初出发筹备。B. 西南区：广西南宁、梧州已在筹备后移,南宁移到龙州,梧州暂向桂平流动,最后至宜山成立支店;湖南邵阳已在筹备,零陵暂作衡阳之货栈,将来如湘市渐有起色,长沙分店可予恢复,则邵、陵两店均可停止。C. 华西区：四川增设乐山支店;湖北巴东恩施在筹备中。D. 西北区：迪化在计划中。

3. 造货布置　A. 桂林已在开始。B. 畅销货三十二种已通知沪店赶印并有七种重排加打纸型,桂、渝两方面在纸型分别交换重印。

4. 营业会议　下星期一起每日上午八时至十时召开营业会议,检讨过去工作缺点,商定将来改进办法,重要问题有：A. 改订定价问题;B. 畅销书供应问题;C. 分区管理问题等。

(二)艾逖生先生报告人事

1. 增加社员问题　在此次本社选举事宜未进行以前,根据本会廿七年十一月

生活书店会议记录1938—1939　生活出版合作社临时委员会会议记录(三)

一日第廿八次常会通过增加之新社员共三十八人,在本会廿九次常会又通过社员四人,连过去之社员共一百十四人。

2. 通过社章草案 本社旧有社章因内容欠完善,几经修改。到今年十二月八日,已由总处将汇集全体社员意见拟成草案,用最快捷方法发给分地分店,请各地社员正式决定通过。预计于一个月以后,本社将成立正式新社章。

3. 关于临时委员会改选及成立正式理事会、人事委员会、监察委员会问题 此问题与通过新社章同时进行,根据本会第廿八次常会议决:"暂决定理事会理事十一人,另候补理事二人;人事委员会委员九人,连同总经理及理事会主席共十一人,另候补委员二人;监察委员三人,另候补委员二人。"社员选举票已于十二月八日发给各分店负责人转交社员,该项选举手续,预计一个月以后可以完毕。

4. 西安分店最近有一个处理人事的报告给本会,其内容如下:"鹿怀宝,私寄书籍与亲友不曾付钱,私启开同人的箱子与信件检查,私自外出不曾请假,工作疏忽错误,对待同人态度傲慢:除赔偿店的物值损失外,应予以试用三个月察看之惩戒。苟志汉,无故怠忽所担任之挑水职务:应予以书面劝告之惩戒。李开泰,请假不准,仍私自外出,旷工一小时半:应予以书面劝告之惩戒。贺承先,同意将发票存根作废,未报告负责人:应予以口头劝告之惩戒。王福田,无故怠忽所担任之挑水职务:应予以书面劝告之惩戒。"请示本会解决是否妥当。

讨论事项

(一)西安分店经理张锡荣之人事报告

(二)社员杜国钧辞职求学问题

(三)港店同人薪水折扣因外汇高涨应否变更问题

(四)同人汇款至沪交店中代汇划其汇水应如何计算问题

(五)同人调动携带眷属旅费津贴问题

(六)社员莫志恒因调动次数特多津贴旅费问题

(七)新考绩表内容审查问题

(八)本社职员回家旅费津贴及日期计算问题

(九)同人加薪问题

(十)《我们的生活》集中统一出版问题

议决事项

(一)关于陕店经理对人事之处置,本会认为处置得当,应予以追认;将该处置办法作为人事考绩方面之参考。

（二）对社员杜国钧之辞职求学问题，以社员杜国钧在店服务多年，颇著劳绩，此次求学心切，去志坚决，应准许请假，并用书面恳切慰留。

（三）对港店同人薪水兑换损失津贴办法，仍照前定办法处理，惟最近外汇高涨，其兑换折扣低过六折时，仍照六折发给。过去在六折以下发给之薪水，应按照六折补足。

（四）各地同人由店代为汇款至沪，应照下列规定办理：1. 每月每人最多可汇二十元，汇水损失，由店负担；2. 凡薪水在五十元以下者得享受上项权利；3. 如发现假名代别人汇划者，即永远取消其享受上项权利。

（五）同人因工作调动而携带眷属者，得领受旅费津贴，其办法如左：1. 该项津贴以母、夫、妻、子、女为限；2. 津贴旅费以三等车船票为限；3. 依照全程车站票价津贴半数，最多不得超过一百元；4. 本办法自廿八年一月一日起施行。

（六）莫志恒君在过去半年内职务调动连续在三次以上，携带眷属，所耗旅费颇巨，得根据眷属所耗旅费，特予酌量津贴三分之一。以后同人调动如携眷属，依照上列第五条新章办理。

（七）新考绩表内容尚需修正，改交由本会委员个别审阅补充后，提交下次会议通过。

（八）职员回家旅费津贴及日期计算，办法如下：1. 凡服务一年以上之职员调任外埠，因已结婚须于年终或年初回家者，得津贴旅费一半；2. 该项津贴以薪金在一百五十元以下者始能享受；3. 车站票以三等为限；4. 请假回家，除途中日程不计外，余作请假论，在每年例假中照扣；5. 上项办法从廿八年一月一日起施行。

（九）全体同人薪给，除练习生每三月考虑一次外，向例每半年考虑一次，本届加薪，应于廿八年一月十六日前决定。根据新考绩表审核办理，惟外埠同人不及准时寄到者，应一律概从廿八年一月份起照补。

（十）同人编印之《我们的生活》月刊，曾经廿七年十月十一日第廿七次临委会决定，由渝地集中出版，现以抗战期间，交通困难，势难集中出版，拟分区发行，交由艾逖生先生拟定办法和原则，留待下次讨论。

代主席　韬　奋

临时委员会临时会议

时　　间：廿七年十二月卅一日

地　　点：总处二楼

出　席　人：李济安　杜重远(黄宝珣代)　周积涵(金汝楫代)　陈锡麟(艾逖生代)
　　　　　　徐伯昕　张锡荣　孙明心　邹韬奋　张仲实
主　　　席：张仲实
记　　　录：艾逖生

报告事项

（一）徐伯昕先生报告业务

　　1. 关于营业会议

　　　　为检讨本店营业上过去工作的缺点，拟定将来之方针起见，本店最近在总处举行营业会议，参加者为：张锡荣、孙明心、邵公文、张志民、李济安、汪允安、赵晓恩、徐伯昕。议决重要事项如左：

　　　　A. 关于改订定价问题：一、新版书定价，内地发售者卅二开本每页(面)以三厘为标准，沿海区以每页(面)二厘五毫为标准，印两种版权分别发售。此项标准，得依照出版物之专门性与普遍性酌量伸缩。二、再版书抽版税者照第一条办法办，改订定价，惟版税仍照原定价抽取。不抽版税者每页(面)以二厘七毫为准。三、采用改订定价办法增高售价，取消原有加成办法。四、存货以不加价为原则，惟一小部分畅销书按照第二条办法，改订定价出售，由总处确定后通知各分店实行之。五、改订定价后，同行批价外埠仍照七五折计算，邮费及包扎费每包三分另加，惟对外省同行，邮费照省内减收，以便同行直接向造货中心添货。本埠批价改照八五折计算。（同行特约尽量减少，增多一般的往来户，力行预存书款与不退之原则。）六、版权授与各书之改订定价者，其版税仍照原定价计算之。

　　　　B. 关于造货问题：一、按照书籍内容及读者需要情形，分全部图书为畅销、常销、滞销、绝版四等，尽先充分印造畅销货。印数比例，以畅销百分之百，常销百分之五十，滞销百分之廿五为准。二、按照营业及当地读者需要情形，分各分支店为甲、乙、丙、丁四等，各店畅销货存量，以甲等百分之百，乙等百分之五十，丙等百分之二十，丁等百分之七为准。三、依据上列二项方法，决定印造何书，及印造数量多少。四、每书依照类属，书名首三字，著者末字编号。

　　　　C. 关于划区管理业务问题：一、划上海、浙、皖、赣、闽、粤、港、新加坡为沿海区。设分管理处于香港，管理该区内业务。以上海为造货、发货之中心。浙赣暂以金华为营业中心，温店成立后以温州为营业中心。其余各店营业各自独立。二、划桂、湘及粤者为西南区，以桂林为造货、发货与营业之中心。设主任一人主持该区内业务，并兼任桂林分店经理。

三、划云南为西南特区,以昆明为营业中心,货物由上海供应,昆明并为转发内地货物之中心。受总处直接管理。四、划川、黔、鄂、康为华西区,以重庆为造货、发货与营业之中心。区内各店由总处兼管。五、划陕、甘、宁为西北区,营业各自独立,惟发行(除陕店因发《全抗》,西北区《全抗》发行暂集中西安外)概归重庆办理。区内各店均受总处直接管理。六、划新疆为西北特区,以迪化为造货、发货及营业之中心。除经营省内业务外,并供应西北区、华北区货物。七、划晋冀为华北区,以长治为造货、发货及营业之中心。八、批发、邮购、发行、进货均集中该区内营业中心(沿海区进货以上海为中心)之分店办理。无中心分店者则独立办理。

D. 关于分支店调整问题:一、沿海区除上海、金华、丽水、立煌、南昌、南平、香港外,增设温州、屯溪、遂川、梅县、汕头、新加坡,收缩余姚、吉安。二、西南区除桂林、柳州、沅陵、衡阳、昆明外,恢复长沙,增设韶关,收缩桂平、百色、邵阳、零陵。梧州准备退宜山,南宁准备退龙州。三、西北区除西安、南郑、兰州外,增设延安、洛阳、迪化,收缩天水。四、华西区除重庆、成都、贵阳、宜昌、万县外,增设嘉定,收缩酆都、开江、巴东、恩施。五、华北区增设长治。

2. 筹设迪化分店

关于在迪化筹设分店,现已拟定一筹备大纲,其内容如左:

A. **主要任务** 推广新省文化,以自给自足之原则,向新省各地谋发展。供应西北区(包括甘、宁、陕、晋、绥)精神食粮。收印正确理论书籍,并编译苏联名著。建立初步印刷基础。

B. **营业方针** 在新省区内,本版书价照成本加开支重行定价出售,以提高新省文化水平;外版书以服务为原则。在新省区外之本版书刊,仍照本店原有办法办理。

C. **资金** 暂定为现金五千元。发本版书四千元、外版书一千元。

D. **工作人员** 经理一人,会计一人,总务兼运输一人,营业部门市批发二人,管理出版一人。

E. **营业概算** 根据当地情形另行编造。

F. **筹备事项** 经理、会计、总务三人于十二月底与杜、萨两先生同往筹备。其余人员于明年一月押货前往。希望能在三月一日正式开幕。大部分货试由上海运由西比利亚转往,小部分交货车带去。准备集中西北区畅销书纸(形)〔型〕带去重印发售。接洽外版畅销书纸型一并运往翻印。搜集适宜于西北区需要之样本全套带去:甲、各级社会、政治、经济、哲学书;乙、中国问题论著;丙、国际问题论著;丁、拉丁化书刊。

讨论事项

（一）迪化分店筹备大纲案

（二）廿八年一月份起同人加薪标准

（三）提高低薪水者待遇案

（四）张仲实先生请假赴新疆案

（五）同人升工计算办法

（六）购置运输卡车以利运输案

议决事项

（一）通过。

（二）本届加薪标准，除仍依照工作考绩表审核外，并应顾到当地生活程度。

（三）对低薪水者薪水待遇提高如下：练习生开始月薪八元，练习员开始月薪十五元，职员开始月薪二十元，膳宿均仍由店供给。又根据廿七年六月十四日临委会第廿五次常会议决："凡员工因事调遣，得因当地生活程度及事实需要酌给津贴。"该项津贴办法请张锡荣、邵公文、孙明心三位同仁研究，拟定原则，交由下次会议讨论。

（四）张仲实先生请假赴新疆，办法如下：甲、准许请假三个月；乙、临委会主席请邹韬奋先生代理；丙、临委会出席请邵公文先生代表；丁、仍为本店编审委员会委员，主持新疆迪化分店编辑事务。

（五）同仁于每年终了计算升工，应以签到簿为根据，过去编辑部同人因不签到，故无升工。总经理虽照常签到，向例不算升工，但无明文规定，故总经理之升工应同样算给。

（六）运货卡车暂购一辆，车价约在一万二千元左右。

临事动议

（一）前以孙洁人、苏锡麟两君到本店任职日期计算有误，认为在廿七年十一月底经审查合格通过后可以取得社员资格，应参加本社选举。现查明孙洁人、苏锡麟两君须至廿七年十二月底方能经审查合格通过，取得社员资格，时间相差一月，应如何办理案。

议决

（一）除用函正式通知孙洁人、苏锡麟两君详为解释外，对此次本社选举，孙、苏两君所投之票作为无效。

代主席　韬　奋

临时委员会第三十一次常会

    时　　间：一月十日上午十时
    地　　点：总处二楼
    出　席　人：李济安　杜重远（黄宝珣代）　周积涵（金汝楫代）　陈锡麟（艾逖生代）
    　　　　　　徐伯昕　张锡荣　孙明心　张仲实（邵公文代）　邹韬奋
    主　　席：邹韬奋代
    记　　录：艾逖生

报告事项

（一）邹韬奋先生报告　本店机构业已先事整顿，其重要部门及人选如下：总经
　　理、经理下秘书处，主任张锡荣；设生产部，主任陈锡麟；设营业部，主任孙明
　　心；设服务部，主任拟聘请阎宝航。并分设东南区管理处于香港，主任甘蔗
　　园；分设西南区管理处严长衍。并设编审委员会，主席胡愈之，副主席沈志
　　远、金仲华。

讨论事项

（一）徐伯昕先生提出辞总经理职务问题
（二）艾逖生先生提出辞本会秘书职务问题
（三）加薪标准及办法改订问题

议决事项

（一）徐伯昕先生辞总经理职照准。徐先生改任经理职务；惟对外因业务上之方便，
　　仍得间用徐先生名义。
（二）本会推选邹韬奋为本店总经理，代表本会主持业务。
（三）本会秘书艾逖生辞职照准。改推张锡荣担任本会秘书职务。
（四）加推李济安、张志民两君会同张锡荣、邵公文、孙明心五人组薪给标准研究委
　　员会，研究薪给标准。

　　　　　　　　　　　　　　　代主席　韬　奋

临时委员会第三十二次常会

日　　　期：一月廿六日下午三时

地　　　点：总处二楼

出 席 人：李济安　徐伯昕　张锡荣　孙明心　张仲实（邵公文代）　杜重远
（黄宝珣代）　陈锡麟（艾逖生代）　周积涵（金汝楳代）　邹韬奋

主　　　席：邹韬奋代

记　　　录：张锡荣代

报告事项

（一）徐伯昕先生报告

1. 各店营业状况　十一月份营业总额为四八，三〇九.九九元，较上半年平均数少二九，〇四四.一八元。计港二，二三四.八八，陕九，三八九.四九，渝五，三七〇.三三，桂四，一六六.八一，（填）〔滇〕三，九〇一.〇一，筑三，〇八九.七四，沪二，九四六.九九，万一，八六六.九三，兰一，八〇五.九一，蓉一，六七一.六〇，沅一，二五六.〇五，湘六六七.八八，梧五九三.七一，南郑二八四.九九，天水六三.六七；尚有宜昌、衡阳未到。十二月份已收到报告者兰三，〇六四.三二，沪二，四二三.八九，沅一，六三八.三九。

2. 各店近况　上海远东上月二十三日被搜查，搜去书店图章二枚及发票信件等。黄孝平被传入捕房并被扣留，须书店有人出头始允详查后释放。此事起因为汉文印战时通俗读物被查出所累，现正设法进行营救中。香港房屋租期已满，立报提出迁让，现用两种方法进行：磋商继续租用，酌加房租；直接向大房东控租，约需千余元控费，尚在接洽中。南平元旦开幕，售一百五十余元，福州已由一凡筹备中。吉安于十一月廿五日被搜查，并将江钟渊君拘捕后，现已于十二月廿五日恢复自由，维该事尚未结束。南昌十二月廿二恢复营业，第一天售四百余元。遂川十二月十八日开幕第一日售一百余元。桂林两次狂炸均无恙，元旦义卖献金得二，〇〇四.三〇元，内有白主任二百元，黄旭初一百元，各厅长官均踊跃参加，成绩最好。桂平、百色两流动性店已于一月三日、二日成立，第一天售八四元、四十余元。天水收缩改在延安设立安生书店。酆都、开江已结缩并入万县。万县一月十四狂炸平安。陕一月十八狂炸，间壁及原处货栈均炸毁，店无损失。兰州查禁书二十九种，内经内政部注册者十一种，一部分已呈内政部交涉。乐山已租妥房屋在装

生活書店　会议记录 1933—1945

修中。沪店四楼自建房屋,计造价四,四〇〇.〇〇元,当时不出租费,惟以十年为期,十年内如迁移时可照造价按年数收回成数,十年以外,无条件交还女子银行,现因该屋已由姚慕莲转让许茂洋行,该行以下面已退租,远东又不能说明即生活,致不能履行契约。

(二)邵公文先生报告　此次本店拟添用工作人员十五人,招考结果甚坏,只取五人,其中二人因无可靠保人,尚在考虑中。汪允安介绍何步云君已于一月廿三日进店。选举票各地已大部分寄到,未到者十分之二,已分函催促。请确定最后截止期。

(三)艾逖生先生报告　编审委员会已于一月一日成立,属总处管理。已开会三次,制定本年生产计划,计八百余万字,已分别担任编辑。重版书均经审阅。

(四)邹韬奋先生报告　编委员人员已聘定,并略增酬报。胡愈之任主席,给十二月、一月酬各二百元,二月份起按月一百元。金仲华任副主席,二月份起按月五十元。委员戈宝权、柳湜、艾逖生各加三十元。沈志远任副主席,按月一百八十元。其他各杂志(本版)编辑均为委员。服务部请阎宝航任主任,偏重游击区服务工作,酬给月薪一百元,二月份起。拟聘张知辛为战地服务科主任兼服务部副主任,月薪七十五元。

讨论事项

(一)选举票最后截止期确定案

(二)关于邹韬奋先生的报告核准案

(三)修改试用职员到职须知及手续案

(四)开办职工训练班案

(五)张通英请病假半年,朱树廉续假一年,殷益文、王锦云、周保昌续假各一年案

(六)沈敢、徐启运对疾病津贴办法之误解应予解释案

(七)孙鹤年质问取消社员资格应予驳覆案

(八)核准工作人员签到表、工作月报表及考绩表案

议决事项

(一)确定二月十五日为选举票收集最后截止期。

(二)试用职员到职须知应按照现行新办法予以修正,由总经理、经理会同总务部修改之。试用职员到职改用填写志愿书,取消订立契约办法。

(三)举办职工学术研究班,分思想与技术两部分,思想为必修科,技术为选修科,(只)〔至〕少选修一科。每星期两次,研究笔记须交经理考阅,成绩优良者酌给奖金。除总经理、经理、编委及部主任外,均须参加。

（四）张通英因在南郑肺病复发，请假半年照准。朱树廉因在成都学习航空，续假一年照准。殷益文、王锦云、周保昌在枸邑求学，各续假一年照准。

（五）关于医药津贴之误解两点，应解释如下：A. 任职期系依照实际计算，如连续请假满一月者，按月扣除，不计算在任职期内。B. 医药津贴只限消极医治方面，如洗牙、镶牙、吃补品等积极卫生方面者，不在津贴范围之内。过去对此有误解者，应予纠正。

（六）为明了各地工作人员勤旷劳绩起见，须制定个别签到表、工作月报表、勤旷月报表（经理填），及每月考绩表（经理填），交总务部拟定，经总经理、经理核定分发之。

（七）孙鹤年来信所称"此次离店，系向总经理办过请假手续，且已蒙当面准许（按章总经理有权准假）"，查与事实不符。当时徐伯昕先生按照本会廿七年二月廿四日的决议，答以"六个月以上的长假，须交临时委员会决定，我未能决定"。故孙鹤年君此次离店，系"不遵守本会廿七年十月三日的决议，延不到职，应视为自动弃职，脱离本社"。应照本会廿七年十一月廿三日第二十九次常会的决议办理，作为出社。

临时动议

（一）本会会期应确定时间以便准备案

（二）孙梦旦君拟将股款抵借现款案

议决

（一）本会每隔一星期四下午三时举行常会。

（二）孙梦旦君在浙养病，尚未痊愈，应再准予抵借股款伍百元。

代主席　韬　奋

临时委员会临时会议

日　　期：廿八年二月三日上午九时半

地　　点：总处二楼

出 席 者：李济安　徐伯昕　张锡荣　孙明心　张仲实（邵公文代）　杜重远（黄宝珣代）　陈锡麟（艾逖生代）　周积涵（金汝楫代）　邹韬奋

主　　席：邹韬奋

记　　录：张锡荣

邹韬奋先生报告

本届加薪问题,因考绩表尚不够具体,未能办到绝对公平,但竭尽可能求其公允。加薪标准拟定如下:一、加薪额自一元至七元;二、根据考绩表及调查表考核;三、参照各部各店负责人拟加数额;四、依照新标准在最低薪额以下者酌予递补;五、顾到上届调整情形及入店先后;六、同样职务者应作相互比较。又拟定原则如下:一、甲等两级七元、六元,乙等三级五元、四元、三元,丙等两级二元、一元;二、成绩最优,工作努力,责任甚重者加甲等一级或二级;三、成绩尚优,工作努力,责任尚重者加乙等一级、二级或三级;四、成绩平平,工作尚努力,责任较轻者加丙等一级或二级;五、调任较重工作或以前少加者酌量多加;六、薪水原已较大者,虽合于第二条标准,亦只照第三条办理。此外,职务特别加重与其支薪额相距太远者,或工作有特殊成绩者应不受此项限制而另行考虑;其有过失者不加。

讨论事项

(一)本届加薪问题

议决事项

(一)本届加薪,依照主席报告之标准及原则办理。其特殊者:张锡荣加十五元,张志民加十七元,邵公文加十四元,甘蕙园加十元,王太来加十元,孙明心不加。

代主席　韬　奋

临时委员会临时会议

日　　期:廿八年二月三日下午六时半

地　　点:总处营业部

出 席 者:李济安　徐伯昕　张锡荣　孙明心　张仲实(邵公文代)　杜重远(黄宝珣代)　陈锡麟(艾寒松代)　周积涵(金汝楫代)　邹韬奋

主　　席:邹韬奋

记　　录:张锡荣

徐伯昕先生报告

廿六年下期决算,计营业总额二七五,八四三.〇五,成本一六六,九七三.八五,其他收益一二,一六五.二八,开支八二,七〇一.〇五,摊提三〇,〇六九.九三,特种损失六三,一〇六.一〇,纯损为五四,八四二.六〇元。

讨论事项

(一) 审核廿六年下期决算

(二) 审核编审委员会办事细则

(三) 张子旼先生因公被盗损失补贴案

议决事项

(一) 通过徐伯昕先生关于廿六年下期决算的报告。

(二) 廿八年一月一日编审委员会办事细则,予以追认。

(三) 因公派出,旅途遇人力所不能防备之损失时,经证明确实者,酌予补贴,但以随身应用财物为限。

代主席　韬　奋

临时委员会第三十三次常会

日　　期:廿八年二月九日上午九时半

地　　点:总处二楼

出 席 者:李济安　徐伯昕　张锡荣　孙明心　邹韬奋　张仲实(邵公文代)
　　　　　杜重远(黄宝珣代)　周积涵(金汝楫代)

主　　席:邹韬奋

记　　录:张锡荣

徐伯昕先生报告

运货卡车已购妥,福特牌,(截)〔载〕重二(顿)〔吨〕半,价港币二千六百余元。沪店事已解决,黄孝平君已于一月卅一日恢复自由。万店全部遭炸毁,何中五君无着。贵阳大轰炸,贵阳分店小有损失。南郑五日来电,称陈元病重,六日托沈志远先生电联大医学院院长特予设法救治,七日接电悉于六日病故。上海再版造货约四万元,连地图印费约一万元,渝汇出万元,港汇七千元。

讨论事项

(一) 陈元先生病故善后问题

(二) 自治会、小组会组织问题

（三）总经理取消签到，经理徐伯昕加薪问题

议决事项

（一）陈元先生在南郑于二月六日病故，应电知南郑支店为其治丧入殓暂厝，同时电其家属唁吊。查陈元先生在店八年，工作忠诚努力，去年调职前方，肺病复发无适当医治，以致死亡，实带有局部因公性质。遗有一妻一女，寓居上海，身后（肃）〔萧〕条，应从优抚恤。除治丧费约百元由店拨付外，自二月份起，按月支付半薪，以八年为限，直接付交其继承人（妻）。此外并为其开追悼会，以资纪念。

（二）凡有同人遭遇死亡而带有局部性质者，应按照情节轻重、在职成绩及身后情形，将其月薪折扣抚恤之。支薪年限：任职期一年至三年照三年算，三年以上至五年照五年算，五年以上至八年照八年算，八年以上至十年照十年算。

（三）总经理邹韬奋因工作无定时，准免于签到，惟年底升工（即特别假期）因计算无据，亦随之取消。经理徐伯昕加薪二十元。

代主席

生活出版合作社临时委员会
会议记录(四)

临时委员会临时会议

二十八年二月十日下午三时在总处二楼举行

出 席 者：李济安　徐伯昕　张锡荣　孙明心　张仲实（邵公文代）　杜重远（黄宝珣代）　陈锡麟（艾逖生代）　周积涵（金汝楫代）　邹韬奋

主　　席：邹韬奋

记　　录：张锡荣

报告事项

徐伯昕先生报告：万县分店何中五君，当二月四日警报来时，因职务去灶间熄火，未及逃避，致与店同毁身死。何君系廿七年一月进店，为万店创建人之一，平日对职务忠诚负责。原薪十二元，因能力较差，本届拟依照万店负责人意见加薪三元。分店经理等负责人员请假回里，对于店务固有妨碍，对于个人负担亦大，须有妥善办法。

讨论事项

一、万县分店何中五先生死亡善后问题

二、分店经理等负责人亲属旅费津贴问题

议决事项

一、据万县分店经理周积涵君之报告，何中五君当二月四日警报来时，因职务去灶间熄火，未及逃避，致与店同毁身死。尸首无着，惟有在附近拾得之店徽及血鞋可证。查何中五君系完全因公致死，应按照疾病死亡津贴办法之规定，除给与二百元之丧葬费外，并按月支给原薪十五元，时期以二十年为限。各款均付给其承继人（妻）。应通知万店办理外，并向其家属敬致慰唁。

二、本店各地主要负责工作人员，有一部分已结婚者，每年至少须回家一次。在回家期内，工作甚受影响，而个人损失亦大。为增进工作效力起见，规定凡已结婚的总处各部主任、各分管理处主任、各分支店办事处经理，携带妻、子女至工作地点者，其妻、子女之旅费由店津贴，以三等车船票为限。如月薪在一百五十元以上者，只贴一半。

代主席　韬　奋

临时委员会临时会议

廿八年二月十六日上午十时在总处三楼举行

出　席　者：徐伯昕　张锡荣　孙明心　李济安　陈锡麟（艾逖生代）　张仲实
　　　　　　（邵公文代）　杜重远（黄宝珣代）　周积涵（金汝楫代）

主　　　席：徐伯昕

记　　　录：张锡荣

讨论事项

一、选举日期确定案

二、外埠同人加薪案

三、确定柳湜等准社员开始扣股案

四、通过服务部预算案

议决事项

一、本届选举，展期至二月廿四日在渝地召集社员大会举行。

二、依照二月三日邹韬奋先生在本会报告之标准及原则，由经理拟定后，交本会出席者签字核定之。

三、柳湜自一月份起，胡愈之自十二月份起，沈志远、史枚、阎宝航、张知辛自到店之日起扣取社股。

四、照服务部三月工作之预算，本店应出资一千元，试办战地服务，予以通过。

临时动议

一、本会二月十日临时会议关于津贴局部负责人家属旅费之决议，对于全体，尤其是大多数职员不能享受，似与本店照顾大多数同人利益之原则相抵触，应予复议案。

议决

一、取消二月十日本会临时会议关于津贴局部负责人家属旅费之决议。

代主席　徐伯昕

临时委员会第三十四次常会

二月廿四日下午二时在总处三楼举行

出 席 者：李济安　徐伯昕　张锡荣　孙明心　张仲实（邵公文代）　杜重远（黄宝珣代）　陈锡麟（艾逖生代）　周积涵（金汝楫代）　邹韬奋

主　　　席：邹韬奋

记　　　录：张锡荣

主席报告

　　选举和通过新社章将在今晚的渝地社员大会上结束了。本会应进行准备工作。我预备了候选人名单供参考。当然，民主的选举是自由的，但为得到圆满的结果，应该提出候选人，以供选举者的参考和讨论。当选人名单有限，当然容纳不下全部优秀人才。我的选定候选人名单依据某些原则。理事着重资望，监察委员须懂会计；人事委员依据四个原则：一、提拔新干部，同时顾到各方面，务使不偏；二、能够计划设计者；三、顾到能够反映多数人的要求；四、尽可能取其在当地者。

讨论事项

　　一、准备今晚举行渝地社员大会进行选举及通过社章案。

议决事项

　　一、可以提出候选人名单，由各社员自由提出之。

　　二、推定邹韬奋、艾逖生、徐伯昕为主席团，张锡荣为大会之书记。

　　三、大会议事日程：1. 主席团报告；2. 临时委员会工作简略报告；3. 表决社章；4. 通过名誉社员；5. 选举（推定五人开票）；6. 主席团致闭会辞；7. 散会。

代主席　韬　奋

临时委员会第三十五次常会

廿八年三月二日在总处三楼举行

出 席 者：李济安　徐伯昕　邹韬奋　孙明心　张锡荣　张仲实（邵公文代）　杜重远（黄宝珣代）　陈锡麟（艾逖生代）　周积涵（金汝楫代）

主　　席：邹韬奋

记　　录：张锡荣

邹韬奋先生报告

关于粤店一部分同事舞弊嫌疑案，业已调查完毕。因事件复杂严重，故调查时期较长。目前收到各方报告颇详，人证已有，物证因广州失陷，不能充分。此事因调查时期已久，急待解决，故在新成立的人事委员会未执行职务以前，仍由本会处理。本会爱护干部，同时须顾到纪律，应完全以客观态度正确处理之。为避免引起同人间的纠纷，人证由本人负责保守秘密。此案涉及陆凤祥、孟汉臣、苏锡麟及许三新四人。拟首先提出事实，其次按照规章决定处分，最后考虑平日对本店劳绩，考虑是否可以酌量减轻处分。兹将事实分别报告如下：

一、关于陆凤祥部分　1. 翻印《日寇暴行录》同仁中曾有建议，"此书为政治部出版，如未得允准，私自复印，一被发觉，恐有麻烦"，结果仍照旧进行。2. 翻印《日寇暴行录》预算五千册，成本一千三百五十元，以影写版翻制铜版，拟售价一元余，此系半公开者，据称系"帮友人之忙"，曾托莫绘封面，婉拒而罢；惟在最后退出广州时，铜版已制好，纸张亦开好，损失约在七八百元以上。3. 据报告悉，陆系担任印刷。4. 有一晚见有书籍一批送到陆住所，因其夫人迅速移入内房，故无从知其书名。5. 许三新、苏锡麟隔晚必至陆住所细谈一次；并常见陆回寓后闭门工作一小时至半小时又匆匆出去。6. 远东出版社发票，皆为陆或其熟友之手笔。7. 远东出版社之办事处及存货均在陆住所。

二、关于孟汉臣部分　1. 查对远东出版社支付书款，自三月五日起十日止共计添货为一千六百三十五元，而在三月十二日至廿五日陆续付款，竟超出一百〇五元，其他客户似无此先例，并在此时期内一般客户均少付款，此点可问粤店负责人证明。2. 远东出版社之翻版书似大部分系交由本店代发者，故广州同业有"生活书店大做翻版生意"之传说，致影响我店信誉，其情形可从进货账中见其大概：A. 三月五日连开"红色文献"发票第四、五、六三号，总价为三三六元；此为疑点之一。B. 六月十日发票第一九五号，货价五七.七五元，迄七月三十日发票第一九六及一九七号货价四一一.三六元，相隔一月有半，而发票尚属连号。八月二十日发票第一九九号货价三四.五〇元，迄九月九日发票第二〇〇号货价二五.二〇元，同月三十日发票第二〇一号货价一三二.七五元，而发票又属连号，亦为疑点之一。3. 十月十四日广州情形已极紧张，各客户账均停止支付，而远东出版社又于是日付出二百元，为疑点之一。4. 远东出版社收据九月二日第四十六号计货款二〇〇元，与十月十四日收据五十一号货款二〇〇元，笔迹类似，而具名前者为"铭"后者为"鸿先"，似有故意造作之嫌。（据陆凤祥一月卅日致明心函称远东为陆培赓与石文渊所办，但陆培赓在印刷

生活书店会议记录1938—1939　生活出版合作社临时委员会会议记录（四）

装订等收据上均签(明)〔名〕为陆培赓三字,似可注意。)5.据报告悉,孟担任筹款子(即会计及进货)。6.粤店会计,在包士俊到粤后即全部移交包办理,惟进货账始终未交出,亦为疑点之一。7.粤店进货账,大部分系按月或随时由客户到店收取,远东账款,均由汉臣出外回店时在皮包中取出收据,向士俊支付,收取后再出去,据称系去邮汇沪上该社,但传票单据中并无邮局汇款凭证,亦为疑点之一。

三、关于苏锡麟部分　1.曾发现苏、许在陆寓所结算账目,并在销毁不能售出之存书。2.许在邕曾说:"我是冤枉,并无参加,只有天晓得,苏为翻版中之一,曾分得国币二百多元。"

四、关于许三新部分　1.据报告悉,许系担任批发邮购。2.许、苏去福州寄浙邮包,行期竟在一月左右,由福回港,本有直接船只,但二人至汕头停留一星期,不知何故?

五、当事人意见

孟汉臣:

1. 陆家中存书系民光王修伯寄存,粤店不要。

2. 粤店经售翻版书有新民、民众、北新、远东、新时代、大中等家,大部分由门市负责办理。

3. 远东由陆荣记(陆培赓兄弟二人)、《国华报》(周×)等共同投资经营,陆凤祥仅为友谊上之帮助。

陆凤祥:

1. 远东系陆培赓因接印北新翻版书后成立,陆凤祥为陆培赓创办印刷公司筹款急需,故请孟共同帮忙。

2. 远东陆、石二人字迹与凤很相像,陆培赓所办印刷所为现代,在陆去沪时,由《国华报》周某代管,书寄存凤寓,陆与凤又住在一起,曾委托粤店同人帮忙批发,故凤代开发票,是事实。

孙明心先生报告

本店经售翻版书,当陆培赓来广州前,已售出甚多。当时我离粤赴桂,故未知其详。付经售书账款,系以售脱付款为原则,对特别者稍宽则有之,但决不致超过货款总额。对于陆培赓在粤设立印刷所,为了向其联络,酌量予以经济上之帮助则无不可,但以翻版书款透支,实属不当。广州危急时账款只收勿付,据我所知,只付方天白君五十元,余未付。现查知孟汉臣君于十月十四日付远东二百元,实属不妥。自福州至香港有直接船只,许三新、苏锡麟在汕头停留一星期实不该。我店对同人不薄,但同人作大规模翻版,应严予惩罚。许三新知而不报,对店亦不够忠实。

讨论事项

一、粤店陆凤祥君、孟汉臣君、苏锡麟君、许三新君私营翻版案。

议决事项

（一）查陆凤祥君于廿七年任职广州分店印刷科，有下列犯规行为之事实：

一、据不同地点而同一时间的两个报告，皆指出陆凤祥君为远东出版社组织中之一员，担任管理印刷职务。而据陆凤祥君自认："至于远东出版社之事，弟帮忙则有之。"

二、据孟汉臣君之报告，远东出版社系陆培赓、陆培荣及国华报馆周某等共同投资经营，陆凤祥君等并不在内，但据陆凤祥君自认："陆培荣、陆培赓返申，现代印刷所由国华周某代管，他的书是寄在弟这里……由弟开发票给的。"陆培荣、陆培赓走后，存书及发货事务不交与周某或别人办理，而由陆凤祥君办理，可证明陆凤祥君为远东出版社之一员。

三、据不同地点而同一时间的两个报告，皆指出远东出版社办事处系设于陆凤祥君之寓所，亲见陆凤祥君在寓所与苏锡麟君、许三新君等结算账目，并亲见其寓所接收装订作送来的书籍，及烧毁存书之事实。孟汉臣君报告："平之（即凤祥）家中，确有一批书籍。"据此，足证陆凤祥为远东出版社组织者之一。

四、查远东出版社翻印书籍达十种以上，其最后一本《日寇暴行录》，预算翻印五千册，成本一千三百五十元，以影写版翻制铜版，拟定售一元余，可得五千余元。某同人曾警告陆凤祥君："此书为政治部出版，如未得允准，私自复印，一被发觉，恐有麻烦。"某同人曾拒绝陆凤祥君托画封面，人证具在。陆凤祥君自认："后民光周某等为了发扬抗日宣传有力起见，叫弟划算成本。"据此，陆凤祥君虽借口抗日宣传，但根据上述成本计算情形，及自认参加翻版之成本划算，其参加翻版业务以图利益，自无异疑。

五、据报告，陆凤祥君在广州临危时，因忙于奔走私人翻版事，以致四十四付纸型未能携出，可知因私误公，怠忽职守，致店加重损失。

六、当许三新君接到总处给予交职休假之通知后，对某同人说："我是冤枉的，我并无参加，只有天晓得，苏锡麟是参加的，他分得国币二百多元。"据此，可证粤店一部分同人确凿有私营翻版的组织无疑。

根据上列事实，陆凤祥君利用本店信誉及本人职务地位，参加组织远东出版社，私营翻版图利，怠忽职守，并损坏本店名誉。此系犯规行为，应予以停职处分。

（二）查孟汉臣君于廿七年任职广州分店营业科，有下列犯规行为之事实：

一、据不同地点而同一时间的两个报告，皆指出孟汉臣君为远东出版社组织中的一员,担任筹款及进货(即将该社之货售与本店)职务。自总处派员接替孟汉臣君会计职务后,孟汉臣君始终未将进货账交出。每次付与远东出版社之款,多由孟汉臣君收取。而据陆凤祥君说:"以致他(陆培赓)也出印书籍,弟因培赓兄创办印刷公司筹款需急,所以愿意帮助他,请孟先生帮忙。"

二、查本店向远东出版社进货,自三月五日起至十日止,共计一千六百三十五元,而在三月十二日至廿五日陆续付款,竟达一千七百四十元,即超过一百〇五元,均由孟汉臣君核付。据本店规定经售书报之办法及据粤店经理孙明心先生之报告,付款超过经售货款,向无先例。由此证明孟汉臣君利用公款经营私业。

三、九月十四日,广州已危急,据粤店经理孙明心先生之报告,各账款均停付。(除有一客户付五十元者系由经理特许且向临委会说明理由)而孟汉臣君核付远东出版社货款二百元,未得经理之同意,此显系保护私营机关利益之行为。

四、远东出版社之翻版书,大部分系交本店代发者,故广州同业中有"生活书店大做翻版生意"之传说,影响我店名誉。查三月五日连开该社发票第四、五、六三号。六月十日开发票一九五号而迄至七月三十日,相隔一月有半,接开一九六号。货款总额达三千二百元。由此可证孟汉臣君利用本店推销翻版书籍。

五、当许三新君接到总处给予交职休假之通知后,对其同人说:"我是冤枉的,我并无参加,只有天晓得,苏锡麟是参加的,他分得国币二百多元。"据此,可证粤店一部分同人确凿有私营翻版的组织无疑。

根据上列事实,孟汉臣君利用本店信誉、公款及本人职务地位,参加组织远东出版社,私营翻版图利。此系犯规行为,本店予以停职处分,惟查孟汉臣君任职上海素称忠诚负责,帮同创办广州分店,扶病最后退出,颇著功绩,特减轻予以最后警告之处分,并调总处工作以观后效。

(三)查苏锡麟君于廿七年任职广州分店营业科,有下列犯规行为之事实:

一、据不同地点而同一时间的两个报告,皆指出苏锡麟君参加远东出版社之工作。苏锡麟君与许三新君经常隔日至陆凤祥君寓所,几次与陆凤祥君结算账目,并销毁不能售脱之存书,可见苏君确参加此事。

二、许三新君在邕宁曾说:"我是冤枉,并无参加,只有天晓得,苏锡麟是参加的,曾分得国币二百多元。"由此可以证明苏锡麟君确曾参加翻版工作。

三、廿七年八月间,本店派苏锡麟君与许三新君同赴福州寄浙邮包,行期达一月,由福州至香港本有直接船只,但二人至汕头停留一星期,并非为公务而去。

根据上列事实,苏锡麟君利用本店信誉及本人职务地位,参与远东出版社私营翻版图利。查此系犯规行为,应予以停职处分。

(四)查许三新君于廿七年任职广州分店营业科,有下列犯规行为之事实:

一、据不同地点而同一时间的两个报告,皆指出许三新君参与远东出版社之工作,担任邮购及批发职务。廿七年八月间由店派与苏锡麟同赴福州寄浙邮包,行期达一月,由福州至香港本有直接船只,但二人至汕头停留一星期,显系为处理私务而停留。

二、当接到总处交职休假之通知后,说:"我是冤枉,苏锡麟是参加的,他分得国币二百余元。"明知苏锡麟等犯规,而予以隐瞒,可证许三新君对店不忠。

三、据报告,许三新君与苏锡麟君经常隔日至陆凤祥君寓所,几次与陆凤祥君结算账目,并销毁不能售脱之存书。苏锡麟君既分得国币二百余元,许三新君显系参与工作之一人。

根据上列事实,许三新君利用本店信誉及本人职务地位,参与远东出版社私营翻版工作。查此系犯规行为,应予以停职处分。

代主席　韬　奋

临时委员会第三十六次常会

廿八年三月十三日下午二时在总处二楼举行

出　席　者：李济安　徐伯昕　张锡荣　孙明心　张仲实(邵公文代)　杜重远　
　　　　　　(黄宝珣代)　陈锡麟(艾逖生代)　周积涵(金汝楫代)　邹韬奋

主　　　席：邹韬奋

记　　　录：张锡荣

邹韬奋先生报告

艾逖生先生在廿七年份有二十七天未签到而实际到店工作者,经本人承认手续欠缺之错误后,已补给薪资。此种处理是否有当,请公决。

讨论事项

一、艾逖生先生于廿七年未签到二十七次案;

二、张又新先生、陈锡麟先生加薪案;

三、张子旼先生廿七年一月间因公旅途被劫损失津贴案;

四、毕有华先生续假半年案;

五、李穉稌、赵志成、戴绍钧、沈炎林晋升为职员案;

六、孙梦旦先生病重,请求继续借款一千元,以股款作抵请予追认案。

议决事项

一、艾逖生先生于廿七年未签到二十七次,除照邹韬奋先生报告处理外,因此项忽视纪律行为，对本店有不良影响，应给予书面劝告之处分，以示惩戒。

二、张又新先生负责浙江区业务，责任甚重。金华分店成立八月，总处只收到八天账单，且用人不当，为其缺点。但在金华、丽水我店具有今日之基础，在余姚、海门等地流动，对读者印象颇好，对店颇有贡献，为其优点。衡量缺点与优点，应加薪四元，并书面解释之。

陈锡麟先生于廿七年四月间，不依照总店指示，完成香港建立印刷基础之任务，为其缺点。但在沪负责造货责任甚重，十二月间定印地图万册事，处理得当，对店颇有贡献，为其优点。衡量缺点与优点，应加薪六元，并书面解释之。

关于加薪考绩，规定原则如下：A. 每届考绩，以本届阶段为限，前届应考虑之过失及劳绩，不牵涉在内；B. 但本届以前之过失及劳绩，在本届始得证实材料而登记者，应并入本届考虑。

三、张子旼先生于廿七年因公赴筑，旅途遇劫，损失随身携带日用财物三百二十余元。经邵公文先生证明，损失财物确实无虚。决给予津贴壹百元。

以后因公旅途被劫，津贴损失原则如下：A. 限随身日用财物，如衣服、铺盖、箱子等；B. 须经本店同人至少一人之证明；C. 依照损失价值对折津贴，至多不得超过壹百元。

四、毕有华先生因转入无线电学校学习，续假半年，应予照准。以后同人因求学而请假，只须得到总经理、经理之同意，本会均予照准。

五、李稑猱、赵志成、戴绍钧原为社工，现经试习职员职务，成绩尚佳，应予晋升为职员。沈炎林原为社工，前经考试，已晋升为练习生，兹试习职员职务，成绩尚佳，应予晋升为职员。

六、孙梦旦先生病重，请求继续借款一千元，徐伯昕先生已通知金华分店照付，本会予以追认。

代主席　韬　奋

临时委员会第三十七次常会

廿八年三月廿二日在总处二楼举行

出　席　者：孙明心　李济安　张锡荣　徐伯昕　邹韬奋　陈锡麟（艾逖生代）

杜重远（黄宝珣代）　周积涵（金汝楫代）　张仲实（邵公文代）

主　　席：邹韬奋

记　　录：张锡荣

生活书店——会议记录 1933—1945

徐伯昕先生报告

毕云程先生已任本店总稽核工作，月薪六十元。前《世界知识》发行人月薪六十元已取消。

讨论事项

一、杨义方先生回家旅费津贴问题。

二、桂林分店办公时间问题。

三、陈锡麟先生为《日本间谍》一书被诈四百五十元问题。

四、聘请职员旅费津贴问题。

五、同人自治会组织条例及社员小组会组织条例通过案。

六、新社章规定职工试用期为六个月，在二月廿三日以前进店之职工试用期应否更动案。

议决事项

一、杨义方先生于二月　日请假回沪，因附带办理配货两千元，特予旅费津贴一百元。

二、本店办公时间，应依照社章之规定做到七小时。门市营业时间，应酌量当地情形延长，以十小时为原则。门市营业时间在十小时以内者，由内部工作人员轮流应值，其实际工作时间仍为七小时。门市营业时间在十小时以上者，添加工作人员轮班休息，或分二班工作人员调换之，实际工作时间仍为七小时。

三、《日本间谍》一书的出版，于本店事业有利益，因此事被（炸）〔诈〕四百五十元，应予以原谅。但事先未将委托洋商发行事与总处商议，事后未即报告总处，轻信人言，不无疏忽，应通知其注意。

四、聘请外埠职员至工作地点执行职务者，其旅费由本店津贴之，除特殊者外，概以三等车船票为限。

五、修正通过生活书店同人自治会组织条例及生活书店合作社小组会组织条例。

六、新社章规定职工试用期为六个月。凡在二十八年二月廿四日（新社章通过日）以前进店而在试用期内之职工，如照旧办法至八月廿三日止尚未满期者，概作为试用期满，以符新社章之精神。

七、范广桢、沈俊元、何廷福，在三八节自由离职半天，应予以口头劝告一次。

代主席　韬　奋

临时委员会临时会议

四月六日在总处三楼举行

出 席 者：孙明心　李济安　张锡荣　徐伯昕　邹韬奋　陈锡麟(艾逖生代)

　　　　　杜重远(黄宝珣代)　周积涵(金汝楫代)　张仲实(邵公文代)

主　　席：邹韬奋

记　　录：张锡荣

主席报告

孙梦旦先生于四月一日在浙江上虞因肺病复发医治无效逝世。同人均甚哀悼。孙先生系于民国十五年五月进生活周刊社，主持本店会计，颇著劳绩。在本社创始时代，人少事忙，孙先生常身兼数职，工作至午夜以至通宵达旦，孙先生之病，此种繁重工作有以致之。当时被客观的情况所迫，不幸的进行夜工，虽然做夜工本身是不得已的。孙先生遗有妻子女各一，本店似应酌予抚恤。

徐伯昕先生报告

孙梦旦先生于廿七年　月任职汉口，因肺病复发，去沪医治。途经长沙，扶病为长沙分店整理账目，通宵达旦，到广州后，又为广州分店整理账目，到上海后又为沪店整理账目。孙先生对于职务之过分负责，以致加重病状。

讨论事项

一、孙梦旦先生身后问题

议决事项

一、孙梦旦先生于四月一日在浙江上虞因肺病不治逝世。孙先生在职十三年，初因工作过度繁重，以致罹病；后因抱病负责职务，以致加重病状。此次病重不治，实带有局部因公性质。本店应从优予以抚恤，除拨付治丧费二百元外，（一）自廿八年四月份起，按月支付半薪六十七元五角，以十三年为限，直接付交其继承人（妻）。（二）为保证其子女受高等教育起见，如征得孙夫人之同意，得酌量存储一部分抚恤金由本店代为保管之。（三）鼓励孙夫人加强学习，在具有本店所要求之能力条件下，如愿进店工作，本店尽先给予工作权。（四）将来孙先生子女学费如有不敷，而又为本社经济所能顾及时，可由本店加以考虑，酌予协助。（五）致函孙夫人慰唁，并在渝举行追悼会。

代主席　韬　奋

临时委员会第三十八次常会

廿八年四月十二日在总处三楼举行

出 席 者：孙明心　张锡荣　李济安　徐伯昕　邹韬奋　陈锡麟(艾逖生代)

　　　　　杜重远(黄宝珣代)　周积涵(金汝楫代)　张仲实(邵公文代)

主　　席：邹韬奋

记　　录：张锡荣

讨论事项

一、渝地同人自治会小组及社员小组分配问题

二、新社员审查标准问题

三、万店同人炸毁衣物津贴问题

四、回避法大纲问题

五、厨房作一般职工待遇问题

六、同人家属旅费津贴问题

议决事项

一、渝地同人自治会小组及社员小组分配如下：

1. 自治会小组：

A. 邹韬奋　徐伯昕　沈志远　艾寒松　廖庶谦

B. 张志民　张锡荣　张知辛　孙明心　黄宝珣

C. 史　枚　柳　湜　程浩飞　胡耐秋

D. 徐植璧　吴全衡　岳剑莹　闵　适　殷国秀

E. 邵公文　方学武　何廷福　解子玉　沈　敢

F. 黄洪年　臧其吉　沈俊元　冯一予

G. 范广桢　张东璧　桂奕仙　朱尔悌　王鸿远

H. □□□　董文椿　陈四一　胡明发　黄奠三

I. 何步云　莫志恒　赵晓恩　秦侠侬　汪允安

2. 社员小组分配如下：

A. 胡耐秋　黄宝珣　徐植璧　吴全衡

B. 孙明心　邹韬奋　张锡荣　方学武

C. 张志民　徐伯昕　邵公文　赵晓恩　沈俊元

D. 莫志恒　黄洪年　邵峻甫　陈四一

E. 范广桢　董文椿　艾逖生　沈　敢

二、吸收新社员入社，须经审查，其标准如下：

A. 对于文化教育工作热心者；

B. 对于合□□业有兴趣并有相当认识者；

C. 思想□□纯正者；

D. 有良□□生活习惯者；

E. □□□□□良者。

依照上□□□附加说明，交与小组会讨论后作最后决定。

三、万县支□□人炸毁衣物津贴办法如下：损失衣物在五十元以下者，完全由店赔贴；超过五十元者，其超过之数照对折赔贴，至多不得超过壹百元。

四、回避法大纲依照草案修正通过。

五、厨房□□□殊，不作一般职工待遇，应按照特约职员□……□。

六、同人□……□如接送至工作地点者，其旅费完全由店津贴之，以三等车船票为限。按照年龄大小及负担轻重由本会□□核准之。

代主席

临时委员会临时会议

廿八年四月廿日在总处三楼举行

出　席　者：□□□　周积涵　张锡荣　徐伯昕　□□□　孙明心　张仲实（邵公文代）　杜重远（黄宝珣代）　陈锡麟（艾逖生代）

主　席：邹韬奋

记　录：张锡荣

□……□

□……□陆凤祥等犯规案，业已完全执行，最近拟□……□上发表。孙明心先生对于苏锡麟、许三新□……□停留一星期之部分，提出修正意见，本会据□……□与正确，对于新提出的修正意见，应予□……□。

□……□

□……□许三新去汕头一转，当时确实系由我□……□账单向汕头同行收账，虽然账款未曾收□……□店。至于三月二日我在本会的□……□出证明乃我个人的错误。

□……□

孙明心先生对于广州陆凤祥等犯规案□□□修□……□见问题。

□……□

临时委员会第三十五次常会决议中，关于苏锡麟□……□，认为完全为处理私务而□……□系□……□粤店经理孙明心先生之□……□至香港有直接船只，许三新、苏锡麟□……□一星期实不该。"今孙明心先生提出修正□……□当时曾由孙先生嘱令携带账单，顺□……□汕头收账。据此，苏锡麟、许三新在汕头停留一星期□……□犯规行为，应取消关于该部分之决议。但依□……□之事实报告，仍保持本案决议之结论。

代主席

生活出版合作社业务会
会议记录

三月份第一次业务会议

开会日期：廿七年三月九日晚

开会地点：在汉店编辑部

出　席　者：徐伯昕　甘蘧园　周幼瑞　顾一凡　莫志恒　徐启运　陈锡麟
　　　　　　金汝楫　张志民　吴全衡　孙梦旦　张又新　罗　颖

主　　　席：徐伯昕

记　　　录：陈锡麟

主席请各科报告准备迁移情形

1. 收发科：已整理就绪，随时可迁移。

2. 批发科：存书已发齐，文件正在整理。

3. 发行科：大部均已整理好。

4. 邮购科：尚有一小部分未出清，都属于平信，新来购书信件，已随到随办，无延搁。

5. 印刷科：对各家印刷费发票，已大部结清。纸型已有一箱装妥运粤，正拟续装一箱。

6. 推广科：小目录待纸付印。大张目录因排版不及，拟由粤印，图版已收集好，分店广告尚有三四张要画。

7. 栈务科：外版书已理清，沪店运来之总经售书，待先检出审查内容后再决定处置。

8. 会计科：因上海账册尚未运到，故未能结算去年决算，单据已理齐，待装箱。

9. 门市部：三楼书栈存书已整理好，各外版经售户之书，亦已理出待退。

10. 总务部：各科需用之信封、信纸、定单、发票等已添印。

主席报告

1. 西北部业务的移动

最近因敌占同蒲路南段，潼关西安均感受威胁，西安分店已作必要时之准备，并拟迁移一部分存书赴南郑，开设支店。至兰州方面，则薛迪畅君业已到达，正在布置。

2. 陕店被搜查

陕店最近曾受当地军警搜查，被取去外版书五百余册，据云须待审查内容后方可决定发还与否。

3. 沪店被搜与结束

沪店为《集纳》周刊事,曾被租界捕房会同敌方便衣人员到店搜查,并诘询负责者住址等等,幸经沪店同仁妥慎应付,故仅取去《集纳》数册,汉总店接报告后,以此事发生后,敌人对吾店必更注意,为顾全店与同仁之安全起见,特通知沪店即行结束。

4. 印刷重心转移

关于造货,因须顾到纸张来源及印刷设备起见,拟着重广,发行重心,亦可移粤。

5. 战地流动办事处的进行计划

为供应战区读者需要,拟办理战地流动办事处,先办浙赣与皖豫两线,其地点暂定如下:

浙赣线:金华—南昌—萍乡(转入湖南邵阳)

皖豫线:六安—潢川—信阳—南阳(转入湖北老河口)

讨论事项

1. 业务上技术训练问题

议决:利用业余时间,举办各种有关业务之技术讲习班,如会计讲习班、出版讲习班等。

2.《抗战》存刊合订问题

议决:《抗战》廿六号起至五十号止合订一卷,先通知各分店抄报存数。

3. 定期刊出版问题

议决:内容必须不重复,并适应读者需要。

4. 议决:店务通信中附载每周新书报告。由进货科收集材料,交总务部编入。

5. 议决:总经售书刊必须集中总店进货科办理并须先行审查内容。

主席

第二次业务会议

开会日期:廿七年三月十七日晚

开会地点:汉店编辑部

出　席　者:徐伯昕　艾逖生　吴全衡　方学武　张又新　甘蓬园　顾一凡
　　　　　　张仲实　张志民　陈锡麟　罗　颖　周幼瑞　金汝楫

主　　席:徐伯昕

记　　录:陈锡麟

讨论事项

1. 本店总管理处组织系统草案

议决：批发科改称发货科，营业部下另设运输科，专司运输事务。

2. 各杂志适应读者需要问题

议决：本店现所出版之杂志，尚为读者所欢迎，此后如有新杂志创刊，应以内容不与已出版者重复，而确为读者所殷切需要为原则。

3. 沪店结束问题

议决：沪店屡为敌人搜查，营业自受影响，而同仁安全亦颇可虑，应即结束，以策万全。

4. 门市部接受代售杂志事

议决：此后各店如承接代售杂志，最好先交进货科加以审核，免滋纠纷，陈列方面，应请门市部多注意，以免误会。

主席

第三次业务会议

开会日期：廿七年三月廿三日晚

开会地点：汉店编辑室

出 席 者：张仲实　张又新　罗　颖　张志民　方学武　吴全衡　顾一凡

　　　　　金汝楫　周幼瑞　甘蘧园　徐伯昕　陈锡麟　莫志恒

主　　席：徐伯昕

记　　录：陈锡麟

主席报告

A. 总店营业情形

	门　市	批　发
一月份	九，五五〇.七七	三，五〇八.三
二月份	一〇，三九九.〇八	五，八七五.五九
增加比较	八四八.三一	十二，三六七.三八

B. 一月份各店门市营业百分比

汉	粤	陕	渝	湘	蓉	梧
26.2%	20.7%	15.5%	11.5%	12.6%	9.7%	3.8%

C. 本店已特约江苏难民抗战书报贩卖团,专事贩售本店所出各项书报,既可使抗战书报广遍发售,便利读者,又可使难民得到一部利益,维持生计。

D.《群众》周刊及"新群丛书",已由本店承任总经售。

E. 桂林分店已于三月十五日开幕,营业尚佳。

F. 昆明分店因装修尚未竣工,故开幕尚有待。

G. 贵阳分店店址已找妥,正开始装修。

H. 陕店以最近晋南吃紧,陇海路受相当威胁,西安人心颇见浮动,为安全计,决迁去一部分存书至南郑,小部分则迁天水,于该处另组办事处,批售书报。

I. 茅盾主编、本店出版之《文艺阵地》定四月十六日出版,内容偏重文艺理论及抗战作品。

讨论

A. 杂志亏本问题　本店所出杂志,近因纸价飞涨,印刷成本至巨,各刊每期均有亏损,应如何补救。

议决:本店已出各定期刊,多为读者需要,且均有相当历史,自不能因成本高而停刊,为顾到读者购买力起见,亦不应提高售价,补救方法,应由减低成本方面着想,第一步先设法自运纸张来汉,免为纸商垄断高抬。

B. 制服问题　为整齐划一起见,本店同仁似有穿着制服之需要。

议决:关于此问题应请经理提交临时委员会决定津贴补助办法,至式样可采取学生装翻领,质料以经洗耐穿之斜纹或哔叽为宜。

C. 杂志寄发太迟,对销行殊多影响,如衡阳办事处最近来信,称《抗战》五十号及五十三号,同时收到,系汉店搁置并发,望以后加以改善。

议决:此事由批发科负责改善。

主席

四月份第一次业务会议

开会日期:廿七年四月六日晚

开会地点:汉店编辑室

出　席　者:张仲实　张又新　罗　颖　方学武　孙梦旦　徐伯昕　甘蕙园
　　　　　　金汝楫　莫志恒　吴全衡　徐启运　任乾英　陈锡麟

主　　　席:徐伯昕

记　　　录:陈锡麟

主席报告

A. 各分店营业情况 三月份各店营业,因尚有两处未寄到,故改于下次报告。汉店一日至十日营业收入:门市四,四八五.四八;批发二,八六八.八二。

B. 关于运输 粤汉路尚在接洽中。湘筑路可由西南公路管理局拨专车装运,费用较快邮加倍,可免湘筑两地邮局检扣损失。

C. 贵阳分店已于四月一日开幕,第一日门市营业为八百余元,门市之盛,为贵阳营业界所仅见。

D. 兰州分店已于三月廿五日开幕。

讨论

A. 对于各地分店、办事处、支店等应有统一名称。

议决:分店以后一律称为××生活书店,办事处改称生活书店××支店,账务由本内之××生活书店管辖,厦门分店改称特约发行所。

B. 出版物版权宜加注版税版权符号。

议决:待印刷科编定出版物类别号数时再行办理。

C. 汉地纸价近稍回跌,粤印各书一时不能运汉,粤存纸型,似应通知运汉,一部分仍可在汉造货,以应需要。

议决:照办,由批发科抄出畅销各书,通知粤店即以纸型运汉。

主席

第二次业务会议

开会日期:廿七年四月十三日晚

开会地点:汉店

出 席 者:徐伯昕 艾逖生 张仲实 甘蓝园 张又新 张志民 顾一凡
          严长衍 金汝楫 方学武 任乾英 徐启运 陈锡麟

主   席:徐伯昕

记   录:陈锡麟

主席报告

A. 造货 最近因粤汉路运输尚无办法,故粤地印出新书仍不能运汉,致汉地缺书颇多。现拟在汉大量购纸,在运输无办法前,决仍在汉造货。

B. 招考　近以各部工作较忙,原有同仁不敷分配,故拟招考若干新同事。

讨论

畅销书纸型备二付,分存粤汉二地,以便随时重版。

议决

畅销书请批发科抄出,交经理室转编审科修正,再行重排,打两付纸型,分存粤汉二地。

主席

第三次业务会议

开会日期：廿七年四月二十日

开会地点：汉店

出 席 者：徐伯昕　甘蘧园　张又新　张志民　方学武　罗　颖　徐启运
　　　　　任乾英　艾逖生　陈锡麟

主　　席：徐伯昕

记　　录：陈锡麟

主席报告

A. 各分店情形

1. 南郑已租定房屋,不日即可开始装修。

2. 昆明分店铺面正在油漆,下月初准可开幕。临时营业每天平均卅元至五十元,星期日约百元。开幕时拟廉价一星期。昆明当地政府检查书刊甚严,查禁十八种,本版中有二种,一为《费尔巴哈论》,一为《左派幼稚病》。

B. 六安办事处之书刊,现尚滞留武穴,已托章乃器先生设法请建设厅负责将书刊运六〔安〕。

C. 招考新同事结束,计文书科正取一人,门市科正取三人,缮写蜡纸一人。约考会计科十二人,定廿二日下午一时面试。

D. 出版方面,新编《问题与答案丛刊》一种,每册约五千字,每逢五、十出版一册。"战时社会科学常识读本"已付排二册：①《国际现势读本》;②《宣传艺术读本》。

E. 运输方面,已决定派甘蘧园赴粤,接洽办理。

讨论

星期日值班问题

议决

各部科如有职务上必要于星期日照常工作者,应先一日派定值班人员。

主席

第四次业务会议

开会日期：廿七年四月廿八日晚七时星期四举行

开会地点：汉店

出 席 者：徐伯昕　张仲实　张志民　艾逖生　金汝楫　顾一凡　严长衍

徐启运　陈锡麟

主　　席：徐伯昕

记　　录：张又新

讨论事项

（1）首由主席报告三月份全国营业总数七九,五八三.二四元,比二月份超出一万七千余元,广州居第一位,汉、渝、陕、蓉、湘、梧、桂次之。

（2）每次开会,规定每科负责人报告一周内的营业状况、检讨工作的（决）〔缺〕点及改进业务的发展。

1.印刷科：最近购存大量纸张,准备大量造货,在汉纸型须再版者已决定继续再版。

2.批发科：① 特约所增加办法。② 办事上的缺点改善。③ 需要歌集、大众读本、地图、战时课本。④ 两广与闽省同业的双方交易,但以现金交易为原则。

3.编辑部：最近新刊有"问题与答案丛书""世知战时丛刊""中日文化丛书"等。以后其他单本书刊共约廿余种已发稿。五月份起打算添人,并决定五月出版计划。

4.邮购科：现在邮购约百元左右,但是人手实在不够,在以前我们的邮购科是很有历史与信用的,在目前抗战期中,应有个推广办法,使各地读者——（除出分店办事处以外）也能读到抗战读物,这是很有意见的工作（如发目录扩广计划等）。

5.发行科：以后来的南粤口外华南各方面的新定户均从广州去发,以前的都从此间续发,目前好多读者来催,实在来不及发出,尤其是外版杂志最好添人,使事务不致久搁起来。

6. 栈务科：关于发出的书刊数目有错误事，是在打包间的发错。目前大量造货，如果出书，栈房房屋实在不够用，要赶快找房子。

7. 门市部：制服要快些做，人的分配，时间的规定，均应请先行分配定当。另外关于一部分书籍，最好在里面（或三楼）设小栈房以便放置，除做制服外应另备一徽（号）〔章〕，以便顾客识别。

（3）主席：从五月份起每科应拟定一个本日工作计划，在下星期三以前，各科自行开小组会，于星期三时提出讨论。

（4）五月一日全部休息，五月二日补"五·一"的星期日，遇必要时，得补做工作不停，使工作不至妨碍。

（5）会计科：最近门市部未能按日缴账。

议决：

门市部必须按日缴账，不得拖延。

邮购科缴账问题希望每隔几天清缴一天，不要积搁过久，致发生错误。

主席

五月份第一次业务会议

开会日期：廿七年五月四日晚七时星期三举行

开会地点：汉店三楼

出　席　者：徐伯昕　张仲实　张志民　艾逖生　金汝楫　顾一凡　严长衍

徐启运　方学武　孙洁人　任乾英　张又新

主　　席：艾逖生

记　　录：张又新

主席报告

关于各地营业情形，徐伯昕先生在昨天茶话会里已向大家报告过，这里也不重述了。各科五月份计划，希望各科负责人切实去实行。各科需要做的几件事，事先由徐先生拟定几点，希望各位补充。

A. 邮购方面

1. 每星期至少结清旧账壹百户。

2. 邮购户卡片应全部检查一次。

3. 订定发行书券办法及印刷书券。

4. 编订本版目录及抗战分目。

5. 拟定推广办法,五元、十元、廿元。

6. 邮购总部仍移汉。

邮购科负责人:人手缺乏,需添二人。

B. 栈务方面

1. 每十日抄存书单一次。

2. 发货稽核,勿使错误。

3. 检查邮费。

4. 处理旧书刊。

5. 整理本版杂志订合订本。

栈务科负责人:① 杂志合订本在整理中;② 外人存□如书籍,希设法退出;③ 外版杂志退清。

C. 批发方面

1. 催旧账:南京中央、济南东方等。

2. 调查每种本版书各地销路。

批发货负责人:① 新书刊适当发数;② 人手还是不□;③ 外版书质的方面应求充实,总代售杂志规定原则;④ 广州运输积极设法;⑤ 统计每本书各地销数,全部暂时无法统计,先从分店特约所着手。

D. 进货方面

1. 存货限期退清。

2. 调查各地外版书刊销路。

3. 总经售什志作一详细销行统计。

4. 自动向各同业接洽外版进货。

5. 总经售书刊审查集中。

6. 普通经售确定手续。

进货科负责人:① 审查太慢;② 进货科账册归会计科。

E. 发行方面

1. 确定发行区域与手续。

2.《国民》周刊等旧定户速改发《抗战》。

3. 上海定户交轮船带沪分送。

4. 代定户追还定费,办理退款及改定手续。

5.《光明》《文学》改《文阵》。

6. 各杂志推广定户办法。

7. 杂志寄发定户统计入账。

F. 出版方面

1. 做到每二天排印出版新书一册。

2. 确定秋季造货准备。

3. 注意杂志出版准期。

4. 抗战与救亡书目速排印。

出版负责人：不但每二天出一新书，再版书至少每月出廿本。希望编审科校对翻译快些，批发科发书适当。

G. 编译方面

1.《世知年鉴》重编。

2. 编手册日记。

3. 做到每日发新书一册。

4. 做到每月修正重排书一册。

5. 拟订出版计划。

6. 编一本地图。

H. 会计方面

1. 分店与支店办事处发货转账办法。

2. 支店及办事处账册。

3. 各部分均须每日交账。

4. 各分店办事处造具预算。

5. 编造总预算。

6. 拟定稽核办法。

负责：六月底结账办法。

I. 门市方面

① 设意见箱　② 制服　③ 徽章　④ 整洁　⑤ 新货添配快

负责：1. 橱窗广告；2. 调整门市薪水；3. 杂志定户期刊办法；4. 书券办法。

J. 总务方面

1.《文阵》向邮局挂号。

2.《抗战》三日刊催批文，速向邮局登记挂号立券。

3. 各地均考绩一次。

4. 打防疫针。

5. 聘请伍律（司）〔师〕为法律顾问。

6. 门市部徽章接洽定制。

7. 拟定制服办法。

8. 各分支店办事处应每周举行店务会议一次。

9. 拟调整同人待遇草案。

职工奖励办法,由临时委员会议定之。

主席

第二次业务会议

开会日期:廿七年五月十八日

开会地点:汉店三楼

出　席　者:张志民　张又新　孙洁人　任乾英　顾一凡　张仲实　方学武
　　　　　艾逖生　严长衔　金汝楫

主　　席:艾逖生

记　　录:张又新

主席　请各科报告上次规定几件工作

A. 栈务科:

① 每十天抄一存书报告,已抄好。

B. 批发科:

① 南京中央欠款俟灵芳返汉,托严先生去催,□南东方已托蓉、南郑催取,同业欠款预备五月□止总催。

② 各地书籍销路调查表正式草就。

③《抗战》三日刊希望规定准时送来发出办法。

议决:《抗战》三日刊当天送五千,门市 1 000,批发 4 000[1 000 二时前送到(发湘),3 000 五时左右送到]。

又,第二天下午二时完全送齐。第二天早晨发分支店办事处,下午发同业,第二天批发科完全发清。

C. 出版科:

①《世知》《妇生》出版日期已调整,《世知》为一号十六号,《妇生》为五号廿号。

② 本版杂志,希望不要重复,调整一下。

③ 十几天内已出书多种。

D. 编审科:

①《生活日记》手册拟编中。

②《世知年鉴》手册拟编中。

③《抗日活叶文选》拟编中。

④ "抗战服务团丛书"已付印三种,《战时乡村工作》亦将出版。

E. 发行科:

1. 确定分区发行办法,已做到。

2. 关于以前的上海定户,今后仍须继续发出一节,尚在进行中。

3. 以前《国民》《文学》《光明》定户改发《文阵》,信已发出。

4. 定户推广办法在计划中。

F. 门市:

① 橱窗、广告:每月至少更换一次,已实行。

② 另张广告仍缺人经常绘写。

③ 外版新书的快慢,是要进货去迅速添置的,主要原因是要审查得快。

④ 整洁工作,因为门市部至今还没有做清洁工作的人,希望快些派定。

⑤ 一般小册子已不很好销,目前最感缺乏是理论书籍。

⑥ 制服已在做,价约十五十六元,徽章还没有找到做的地方(接洽过的地方不合)。

G. 邮购科:

五月底完成的这几件工作:

① 书券前由孙梦旦先生赴粤带去广州付印,惟有否印就或未印,须去函询问明白,以便进行。

② 总部移汉事,须询经理进行如何。

③ 卡片已全部检查完毕。

④ 每星期至少结清一百账户,没有工夫做到。

⑤ 本版书目抗战书目尚未编就付印。

⑥ 推广办法

(甲)编印书目(可并入第五项内) ⎫
　　　　　　　　　　　　　　　　 ⎬ 尚未做到
(乙)复刊《读书与出版》　　　　　⎭

(丙)创办《抗战与救亡精粹读物汇库》缘起大意及办法已草就,请编辑部起稿,并选定书目。

主席

第三次业务会议

开会日期:廿七年五月廿五日晚七时

开会地点:汉店三楼

出　席　者:艾逖生　孙洁人　张志民　张又新　任乾英　金汝楫　赵晓恩

　　　　　方学武　顾一凡　严长衍
主　　　席：艾逖生
记　　　录：顾一凡

主席报告

　　最近几星期,徐先生患病,各方面的事急待整理,首先我们要讨论各科需要增加多少人,因为时局紧张,在用人方面,当然不能如平时一样,但工作也是重要,所以我们决定添人。

　　A. 栈务科:栈务科事情颇忙,需添一人,能有懂得四角□□者更好。

　　B. 批发科:因为过去发货时有错误,故决定派人到栈房去开单发货,至少要增加一人。

　　C. 发行科:目前尚可应付,希望在添加写(腊)〔蜡〕纸的人来时,要他有空帮同本科写。

　　D. 邮购科:过去积件甚多,至少增加二人,才能应付。

　　E. 进货科:能添一人最好。

　　F. 门市科:被收发科调去一人,急待添加补充。营业部共计需增加六人。

　　G. 编辑部:要一校对。

　　H. 总务部:要一人能写文件公函并能写蜡纸。

　　门市科:另添一人专办销号手续(什志不销号),每届月终收销号,账单与存书核对一次。

　　又,星期日休息办法,以对外不停止营业为原则,至于休息值日,则由上面抽调同人值日,详细办□□定,由店里指定同人,征求各同人同意后实施。

　　I. 出版部:关于出版新书及重版书之不能按期出版问题。

　　严:重版书较好的纸版(如《萍踪寄语》《忆语》等)均在广州,汉口没有纸版,无从付印。信已写去十□□纸版仍未寄来,纸张缺乏,价格飞涨,我们当不能□量购买,故不能很快出书。新书在我初到汉口时,只有七本在付印,印刷所能与我们负责的亦只二家,现已陆续赶做。

　　　　　　　　　　　　　　　　　　　　　　　　　　　　　　　主席

六月份第一次业务会议记录

　　开会日期:廿七年六月十日晚
　　开会地点:汉店三楼

出　席　者：徐伯昕　张仲实　艾逖生　严长衍　张志民　张又新　顾一凡
　　　　　　方学武　赵晓恩　孙洁人　吴全衡　徐启运　金汝楫　任乾英
主　　　席：徐伯昕
记　　　录：吴全衡

报告事项

经理报告：

（一）四月份各分店营业情形一律都较三月份减低。

（二）各分店最近的变动情形：

a. 香港　　b. 兰州　　c. 天水

以上三分店俱在筹备中。

d. 六安办事处移麻埠。

e. 宜昌办事处准备收缩，改与当地同仁特约。

f. 广州分店自广州连日遭轰炸后，拟调一部分办事精干者先去香港，粤酌留一批人，余者去南宁设支店，移货去。柳州拟设办事处。

（三）预拟中的分区办法：

a. 西北区：包括陕、甘、宁、青海、绥远、山西一部。

已设分店及办事处者计：西安、兰州、南郑、天水。

中心——西安，将来拟移南郑。

b. 华西区：包括四川、贵阳、湖北一部分。

已设分店及办事处者计：渝、蓉、黔、万、宜昌。

中心——重庆。

c. 西南区：包括广西、广东、湖南、江西、浙江。

已设分店及办事处者计：桂林、梧州、衡阳、长沙、南昌。

中心——桂林。

d. 华南区：包括香港、云南、上海、新加坡。

中心——香港。

（四）汉店的准备迁动问题：

本月十一号起各科开始准备，至十五号止。十六号起开始迁动。

讨论事项

（一）总管理处迁移问题：

总管理处应迁往何地，对于书店影响至大，业务会议无权决定，只能作原则上之（供）〔贡〕献意见。

a. 总管理处应随整个文化政治之中心而迁移；

b. 总管理处应随金融活动之中心而迁移；

c. 总管理〔处〕应与造货、发货中心设在一起。

d. 暂拟总管理处所在地：重庆、香港。

议决事项

（一）各科迁移问题

a. 邮购部——集中重庆，分店当地邮购户当然仍由各分店自行办理；

b. 发行科——随杂志之出版而移动，采分区办法；

c. 进货科——各分店当地有出版机关者在当地接洽，否则由总店发；

d. 批发科——先去长沙；

e. 推广科——采分区办法，根据造货及出版中心而□其他各部分大体上总随总管理处迁移。

（二）杂志迁移及继续出版问题

a. 决定继续出版之杂志：《抗战》三日刊、《世界知识》；

b. 有条件保留的杂志：《妇女生活》《文艺阵地》《战时教育》；

c. 应行停止出版之杂志：《全民》《新学识》《集纳》（与《世知》合并）；

d. 决定继续出版之杂志迁往何处：

《抗战》——随军事中心走；

《世知》——香港；

《妇生》《文阵》《战时教育》以上三种在原则上确定应迁往何地，须与编者商榷后再决定。

主席

业务会议第　　次记录

开会日期：六月十五日

出 席 者：徐伯昕　张又新　任乾英　金汝楫　张志民　艾逖生　顾一凡
　　　　　黄宝珣　严长衍　赵晓恩　徐启运　邵振华　吴全衡　方学武
　　　　　孙洁人

主　　席：徐伯昕

记　　录：吴全衡

一、主席报告

（一）关于分区及管理办法在第廿五次临时委员会议上已通过。至于汉粤两店，汉店划入西南区，粤店划入华南区范围内。

各区名称为生活书店××区管理处，其管理范围为营业及出版两方面。（详见第廿五次临时委员会议决案）

（二）临时委员会通过总管理处决迁重庆，因重庆在目前有下列诸优点：

a. 文化政治中心；

b. 航路灵活，管理方便；

c. 币制方面可不受影响，金融机关多在重庆，比较便利。

（三）临时委员会通过决定出版及造货重心为下列各地：

a. 出版方面：偏重渝、港两地。香港所收稿件可偏重国际及学术方面。

b. 造货重心设桂林及上海，因桂林印刷方便，纸可由港粤运来；上海纸价低廉，印刷成本轻。

c. 渝港偏重印杂志。渝印数量限供给西北及华西两区，先利用土纸印；港印数量限于本地及国外。

（四）临时委员会决定杂志迁移及停刊问题：

a.《抗战》——迁渝。

b.《世知》——迁港。

c.《妇女生活》《文艺阵地》《战时教育》迁移地点在商酌中。

d.《全民》周刊、《集纳》拟与《抗战》《世界知识》合并。

e.《新学识》停刊，商出丛书。

二、讨论及议决事项

（一）关于汉店如何后移办法问题：

议决：

在原则上如此决定：汉店后移时偏重湘西，只一小部分人去渝，下月初汉店与总管理处账一律分开。

（二）关于后移准备问题：

议决：

a. 各科已准备妥当之迁运文件、账册、单据（不需用者）集中起来，十六日起装箱待运。

b. 各同人行李除必要者随身携带外，余限三日内整理妥当，加扎姓名白布签条，留备事务科运往指定地点。

c. 各同人应用之文具,应各自集中,各自携带。

d. 各科应用之各种空白簿册、印刷品等,由各科负责人整理集中,俾便分别装运。

㈢ 关于各科分别准备问题:

a. 出版科:

1. 已发排者月底前赶出;

2. 续发稿如能限期在月底前赶出者发排,否则寄沪发排;

3. 重版书除必要者外,缓印;

4. 存纸计算数量,准备运湘;

5. 长沙方面派人去准备印刷事宜;

6. 各杂志赶速装合订本。

b. 邮购科:

1. 旧户发一通告,一面寄推广品,一面通知邮户卡集中重庆;

2. 除汉口部分外,余均移重庆。

c. 会计科:

1. 总账移渝;

2. 汉店自七月一日开始立分店账;

3. 批发账及进货账分店部分将来移湘;

4. 发一通知单,俾各分店于会计科结账时,将账册寄交重庆。

d. 批发科:

1. 总移渝;

2. 汉口部分移长沙。

e. 进货科:

1. 总账移渝;

2. 汉口部分移长沙。

f. 发行科:

1. 本版杂志采分区办法;

2. 外版杂志暂留汉口,俟外版杂志移定后再寄定单去。

主席

生活书店理事会记录(1939.1)

生活书店理事会第一次会议记录

日　　期：二十八年一月一日

地　　点：重庆舟家巷十六号总处

出席理事：沈钧儒　徐伯昕　胡愈之　王志莘　杜重远　金仲华（艾寒松代）

　　　　　王太来（张锡荣代）　张仲实　韬　奋

临时主席：徐伯昕

记　　录：王太来（张锡荣代）

主席报告

　　□□本店历年来为社会服务，以推广教育文化为责旨。自抗战发生以后，□店一本原来营业方针，更极冀为抗战建国文化略尽贡献。自淞沪沦陷后，一方面感于上海营业情形恶劣，一方面感到推广内地文化之重要，因之将总店由沪迁汉口，建立内地营业之中心。旋为业务上管理便利起见，将总店改称为总管理处，则为管理各分店之机构。去年八月间武汉局势紧急，本处决定迁移至重庆。迨于十月间广州失陷后，武汉情势突更危迫，□于十月廿五日将留守之一部分同人完全撤退。此系本店总管理处在汉口建立以迄于迁移重庆之经过情形也。人事方面，因总处迁渝后工作较繁，而一切业务管理□□需有调集一部分外埠分店同人商讨之必要，因之总处已调回广州、西安等地经理留渝工作，职务分配上感到人手较为充足。此系最近总处人事方面之大略情形也。至于营业方面，虽在抗战后增设分店有二十余处，但以造货及运输等种种困难，不无受到限制之处。尤以本版货供应颇为不全，只得由各分店自行接洽贩卖外版书以谋补救。现在二十七年度各店账册尚未全部寄到，故无法作准确之报告，约计去年全年营业总额共达四十余万元。惟以战时造货成本提高，运输、迁移及同人旅费支出突增，并以广州分店匆促不及迁退，全部存货遭受损失，而汉口、长沙等处分店撤退时亦有部分损失，因之估计营业损益约需纯损三万余元之谱。此关于本店去年度营业概况及财务方面之大概情形也。目前本店较大的分店大半沦陷敌手，营业打击，不可言喻。今后造货重心须在重庆，但处此印刷困难、成本高贵之情形下，虽可提高定价，然销路恐不能畅旺，因之本店将经济上之周转、营业上之调整，均须予以深切之审虑也。诸位对于本店事业热诚赞助，本人代表本店同人全体，深致感谢，并望今后多予指教襄助为幸。

讨论及决议事项

一、理事会应如何推选常务理事俾经常主持会务案决议：推定徐伯昕、邹韬奋、胡愈之、王志莘、金仲华五人为常务理事，并互推徐伯昕为主席。

本会每隔六个月开会一次，常务理事会每隔三个月开会一次。

一、徐理事伯昕以体弱事烦，恳请辞现任经理职务案

决议：推举邹理事韬奋为总经理，徐理事伯昕为经理。

一、如何调整总处各部人事案

决议：调任邵公文为总务部主任，严长衍为生产部主任，孙明心为营业部主任，张知辛为服务部主任。

一、恩施、酆都、天水三处支店营业狭小，应否收束案

决议：通知酆都、天水、恩施三处支店限期收束，恩施人货移并宜昌分店，酆都人货移并万县分店，天水人货移并兰州分店。

一、本店为便利货运拟购卡车案

决议：通知香港分店购置卡车一辆，设法由海防转口经广西驶重庆应用。

散会

主席　徐伯昕

生活书店理事会第二次会议记录

日　　期：二十八年四月七日

地　　点：重庆冉家巷十六号总处

出席理事：徐伯昕　王志莘（孙明心代）　胡愈之（张锡荣代）　金仲华（艾寒松代）

　　　　　韬　奋

主　　席：徐伯昕

记　　录：王志莘（孙明心代）

主席报告

最近三个月来本店营业颇见低落，究其原因，实因广州、武汉两店失陷以后，内地各店来货缺断，渝地造货生产量薄弱，除定期刊物勉强能出版外，书籍印刷困难，大有无法供给之苦，是以营业上影响其巨。惟最近香港、桂林等处分店营业较好，南宁、梧州等处局势亦见稳定，故此后如能造货迅速，运输有办法，营业方面当不难逐渐补救。不过自邮局增加寄费以后，此后对于旧书售价之加成以及新书定价之增高，实一最要问题。目前各分店中营业平常者似有酌予收缩或撤移之必要，此点当于讨论时具体提出之。

关于本店人事管理及督促同人业余进修、职业技能等等，已由总务部拟具各项办法，并成立同人自治会。

关于造货成本提高后，批发折扣亦不得不酌为提高，此事已责成营业部修订办法，通知各店照办矣。

最后，报告本店最近遭遇两件不幸事：一为服务本店历史甚久、管理本店全部会计之孙梦旦先生不幸于四月一日在余姚原籍病故；一为万县分店于二月四日被敌机轰炸，店铺货物全部焚毁，同人何中五先生殉难。本店在患难中遭此创痛，殊为哀悼。除已分电慰唁孙、何两同人家属外，本店自应顾念贤劳，从优抚恤。

讨论及决议案

一、孙梦旦、何中五两同人，一则因公积劳致病，一则因公被难牺牲，本会应如何从优议恤案。

决议：孙梦旦先生在职十三年，主管本店会计劳绩卓著，此次积劳致死，实带有因公性质。孙先生遗有妻女，身后萧条，决一次给与丧葬费二百元，并自本年四月份起按月津贴其家属抚恤金半薪十三年为止。

何中五先生因公致死，一次给与丧葬费二百元，并自本年三月份起按月津贴其家属抚恤金全薪满二十年为止。

一、百色、开江两处支店营业不振，应否收束案。

决议：百色分店限期收歇，同人及存货移并邕店，陆石水调任柳州分店会计。开江分店限期收歇，同人及存货移并万县。

一、华南方面战局稳固，前方需要文化食粮甚感迫切，本店应否筹设分店案。

决议：通知湘店经理严长庆先生即去曲江筹备，并通知桂店调派周幼瑞、任乾英二人赴梅县筹备。

主席　徐伯昕

生活书店会议记录 1939—1940

生活书店总管理处，位于重庆学田湾

第五届渝地社员大会记录

生活出版合作社渝地社员大会记录

日　　期：廿八年二月廿四日下午七时

地　　点：重庆分店二楼

出席者：张锡荣　邵公文　黄宝珣　顾冀然　孙洁人　金汝楫　张志民

　　　　邹韬奋　徐伯昕　莫志恒　范广桢　李济安　吴全衡　徐植璧

　　　　王志万　陈　元　邵峻甫　沈俊元　沈　敢　黄洪年　华风夏

　　　　方学武　董文椿　艾逊生

主席团：邹韬奋　徐伯昕　艾寒松

记　　录：张锡荣

议事日程

一、主席团报告；

二、临时委员会工作简略报告；

三、表决社章；

四、通过名誉社员；

五、选举理事、人事及监察委员；

六、主席团致闭会词；

七、散会。

一、主席团邹韬奋先生报告

本届选举和修改社章的两件重要工作，将在本次大会结束。因为在战争时期，社员分散各地，不能举行全体社员大会，除渝地以外，系采用通信的办法进行的。依照社章的规定，下届的选举应由上届的理事会主持办理。现在的临时委员会，已推定主席团、秘书，并已拟定议事日程，以进行本次大会的工作。

临时委员会是在廿五年八月卅一日由临时全体社员大会推举的，系依照当时的紧急环境，暂时代替理事、人事、监察委员会的职权，主持本店社务及业务的机构，并进行修改社章。后因战事发生，由上海、汉口而重庆，经过许多变化。这次为筹备进行选举及通过社章，曾于廿七年四月间开始发动修改社章的讨论，直到今天才告完成。本次的大会有非常的重要性，因为其他各地不能用会议讨论的方式，只能用通信的方式，而渝地社员能举行会议的方式，民主的精神在会议中可以有充分的表现，而社员名额较多，对于选举的结果作用很大。

中国出版界的老前辈王云五先生对本店事业表示好意，曾对我说："全中国出版家有成绩者仅尔我两家。"且欣羡本店云:"我馆里干部老了,你店却全是青年干部,真是了不起。"并且很诚意的声明这并非当面恭维,他在香港对学生演讲亦如此说。由此知道我们对于社会的贡献已占中国文化界的重要地位,这是可以自慰的。当此抗战时期,我们应愈努力向上,力谋改进,为共同的事业而奋斗。本届的选举,意义甚为重要,应非常审慎的进行。因为第一,选举的结果关系全国文化事业很大;第二,我们组织是民主集中制的,选举出来的代表管理我们的全部工作。

我们选举出来的代表虽然今后管理我们的全部工作,但是参加管理者实际上并不仅仅限于被选者数人,所有全体社员,均应提高对于事业的积极性,担负起管理全部的责任。因为选额有限,不能包含全部,但不在选举之内者并不是没有责任。以后,除理事会、人事委员会及监察委员会之外,尚有群众性的组织,即职务系统、同人自治系统和社的系统,使各个工作人员均担负起对于事业的责任,就是不在理、人、监范围之内的同人,都可贡献力量参加组织工作。

二、临时委员会徐伯昕先生工作报告

临时委员会系由二十五年八月三十一日第二次临时社员大会通过组成,于同年九月三日正式成立,讫本届(第五届)理事会成立日止,计二年七月有二十五日,临时委员会在此时期内之工作,兹择要报告如下:

第一,关于社务方面者:

临时委员会系由理事会、人事委员会及监察三个机构合组而成,委员人数为十一人(王志莘、杜重远、邹韬奋、张仲实、陈锡麟、李济安、周积涵、张锡荣、孙梦旦、孙明心、徐伯昕)共举行会议五十八次,议案达二百○七件,其中执行者一百九十三件,因困难而未执行者十四件。兹分别摘述如下:

一、理事会部分

有筹设粤、汉、陕、渝、蓉、港、桂等分支店,呈报增加资金十万元,组织编审委员会,决定重心迁汉、由汉迁渝、设总区管理处,修改社章进行选举,购置卡车,组织社员小组等十二件。

二、人事委员会部分

有订定员工试用办法,分店服务规程,职工疾病死亡津贴办法,职工训练办法,职工穿着制服办法,举办同人储金,有眷属同人住外津贴办法,提高最低薪额标准,组织同人自治会等二十件。

三、监察委员会部分

有审核二十五年下期决算,二十六年上期决算,二十六年下期决算。查本社会计年度,过去系自每年七月一日起至次年六月卅日止为一年度,现已改自每年一月一日至十二月三十一日止为一年度。临委会开始时之第一届半年(即二十五年七月一日至十二月三十一日)起,各项账册,均按期送交潘序伦会计师查核证明。惟自抗战开始,总店重心分散后,因账册短期内不能集中,故尚未交由会计师查核,但此项结算报告,均曾按期在本会报告。兹将历届营业情况,分列如下:

    1. 营业总额

二十五年下期	二八二,八三七.四六
二十六年上期	三三四,五九八.〇九
二十六年下期	二七五,八四三.〇五
二十七年上期	四三五,二三七.一〇
二十七年下期	四六〇,〇五九.七〇

(说明)二十六年下期因上海重心分散,生产减少,营业亦因之低落。

    2. 销货成本

二十五年下期	二一九,一七九.六九
二十六年上期	二六七,七一一.二〇
二十六年下期	一九一,五八六.八三
二十七年上期	三〇一,九一四.九〇

    3. 各项开支

二十五年下期	三九,九六九.一二
二十六年上期	四四,一二八.〇五
二十六年下期	五六,一二四.一二
二十七年上期	七九,八九八.三二
二十七年下期	九八,六三一.六八

    4. 历届盈亏

二十五年下期	盈一,〇〇三.五四
二十六年上期	盈一,一〇三.一四

    5. 捐助生活周刊社创办者中华职业教育社公益金百分之二十:

二十五年下期	二〇〇.七〇
二十六年上期	二〇〇.六二

第二,关于业务方面者:

本店业务方面,在临委会成立之初,环境重重压迫,《大众生活》停刊,邮局路局严扣书刊,因之各种工作,未能如预期之进行顺利。此后抗战开始,我军西移,本店重心迁汉,以迄移渝,经济渐较困难,造货运输等工作,尤为艰苦。兹分别摘述其变迁情形如下:

    一、关于组织之变迁

本店原设总店于上海,分总务、编辑、出版、营业四部,后为谋业务上便利计,曾将编辑、出版合并为出版部。迨至廿七年七月一日起,在汉口组织总管理处,增设主计部。本年一月又将主计部并入总务部,出版部改为生产部,而增添服务一部,另设秘书处,并组织编审委员会,及成立东南、西南区管理处,同时建立社员小组、同人自治会小组,及业务小组三系统,使组织逐渐改进,更臻完善。

二、关于业务之发展

1. 增设各地分支店,使发行网遍布全国

本店在抗战以前,除上海总店外,仅成立汉口、广州两分店,及香港之安生书店,安生后以营业不振而收缩,归并粤店办理。自抗战开始后,陆续增设西安、重庆、成都、桂林、长沙、梧州、昆明、贵阳、兰州、香港等分店,同时增设万县、衡阳、宜昌、南郑、立煌、吉安、南城、金华、丽水、天水、沅陵、常德、柳州、南宁、桂平、乐山、南平、於潜等支店及办事处,总计达二十八处。当沪重心移至内地时,曾与南京中央书店、杭州之江书店、开封北新书局、芜湖科学图书社等四处成立办事处,嗣以战局变化,先后收缩,其他如广州、汉口、长沙、南昌、遂川、恩施、巴东、海门、余姚、百色、六安、鄞都、开江等十二处,或因战局推移,或因试办流动,亦已先后迁移,总计本店直接到达之处,已在四十处以上。

2. 扩展各地批发户,增进同业之好感

本店以人力、财力有限,不得不与各处内地同业发生良好关系,使文化工作网能普遍深入内地。临委会成立前,内地批发户计四百六十余户,截至最近止,扩展至二千三百五十余户,增加数达五倍以上。

3. 邮购户激增,发扬本店服务精神

邮购读者,原有三万余户,经在手续上之改进,办理之迅速、选书之审慎,以及服务之周到等,同时又特约中国、交通、上海、新华、江苏省农民、华侨、浙江兴业、富滇新、聚兴诚、大陆等十大银行,免费收受购书汇款,使读者更便利而省费,以致在二十六年三四月间激增至五万余户,较过去增加一倍有半。

4. 本版书营业额超过外版书

本店最初侧重代办书报工作,此后本版书逐渐加紧生产,致营业额亦逐渐增高。在临委会以前,本版书营业额仅及外版书二分之一强,迨至二十七年度结算,本版书营业额已超过外版书五分之一而有余。

三、关于生产力之增强

1. 出版各种性质之定期刊

本店出版之杂志,变动最多,除《世界知识》与《妇女生活》历史最久外,在临委会前共出版杂志十三种,以后继续新出者有《中华公论》《国民》周刊、《新学识》《生活教育》《抗战》三日刊、《战时儿童》《抗战画报》《集纳》周报、《全民》周刊、《文艺阵地》《战时教育》《读书月报》等十二种,其中停刊者有八种,《全民》与《抗战》合并出版《全民抗战》一种。现在出版者有七种,其中销行最广者之一种达五万余份。

2. 单行本丛书

单行本在临委会前出版者计一百三十余种,至最近止共有六百三十八种,较前增加四倍。其中销数最多者为《战时读本》。丛书原有七套,新出达二十套之多,其中以"青年自学丛书"及大众读物销行最广。

四、关于工作人员之增加

在临委会前沪汉两店工作人员共八十四人,现已增加至二百六十八人,尤以抗战开始后扩展尤速,约较前增加至三倍半以上。

三、表决社章

通过社章如下:

生活出版合作社章程

第一章　总　　则

第一条　本社定名为"生活出版合作社",对外简称"生活书店"。

(八十七票通过)

第二条　本社本生产合作之原则,以社员共同投资,共同工作,经营出版事业,促进大众文化为宗旨。

(八十一票通过)

第三条　本社社员负有限责任。

(九十三票通过)

第四条　本社业务如下:

一、出版(包括出版、编辑、印刷)图书及定期刊物;

二、贩卖本版及外版图书和定期刊物;

三、举办其他有利于社会文化之事业。

(八十五票通过)

第五条　本社信条如左:

一、为社会大众服务;

二、赢利归全体(包括一切工作人员);

三、依据"各尽所能,按劳取值"原则,共同努力,增进全体福利;

四、社务管理采用民主集中制。

(八十票通过)

第六条　本社总社社址设于总管理处所在地,必要时得于各地设立分社或社的执行部。

（八十票通过）

第二章　社　　员

第七条　合于以下各项资格之一者,得为本社社员:

一、除特约职员外,现在本社服务之职工,经试用期满六个月,任职六个月,年满二十岁,由人事委员会审查合格向理事会提出通过者(未满二十岁者,须至二十岁时开始,又如审查不合格时,得在三个月后再审查一次);

二、曾因事退出本社,重行复职,经人事委员会审查合格向理事会提出通过恢复社员资格者;

三、本社职工,任职十年以上,合于退休规则者(退休细则另定之);

四、虽未在本社内任职,但对本社有特殊劳绩或特殊赞助,经理事会审查合格向社员代表大会提出通过为名誉社员者。

（六十七票通过）

第八条　社员于死亡或离职(暂准告长假者除外)时,即作为出社,但第七条第三第四项之社员于死亡时方作为出社。

（九十三票通过）

第三章　社　　股

第九条　本社资本以社员之社股充任之,每十元为一股,每人至少缴纳五年,至多不得超过股金总额百分之二十。

（九十二票通过）

第十条　社员入社后,应按月缴纳月薪百分之十作为社股。每积满国币十元为一股,至满五年为止。以后愿否继续缴纳听便。

（九十三票通过）

第十一条　第七条第四项之名誉社员,社股得自由缴纳,但至少五股,至多不得超过股金总额百分之二十。

（七十九票通过）

第十二条　社员应得之利益为股息,于每年总决算后,依照第四十三条之规定分派之。

（九十三票通过）

第十三条　社员所派得之股息(除股款满百分之二十者外)一律作为增加股份,如有奇零数目不满一股者,应移入下年度派得之股息并计之。

（九十四票通过）

第十四条　倘遇本社资本充足,不需增股时,得经社员代表大会议决,以现金分派股息,停止扣作股份。

（九十四票通过）

第十五条　倘遇本社资本缺乏而社员所得红利超出月薪总额时,得经社员代表大会议决,已超出红利之一部或全部,作为股份,但以社员股份未满百分之二十者为限。

（九十四票通过）

第十六条　凡出社社员恢复社员资格后,除将全部尚未退清之社股作为社股外,余照第十条办理。

（九十四票通过）

第十七条　本社股份不得买卖、抵押、转让,并不发给股票。但社员入社时发给社员证一纸,上贴本人两寸小照,载明社员姓名、年龄、籍贯、入社日期及所有股份数额,增加股份数额,每年应派股息数额。该社员证由常务理事会主席签名盖章发给。

（九十四票通过）

第十八条　社员自出社日起,其所有股份,由本社按照每年盈亏分期付还,未付还之股份,按周年七厘给息。其每年应付还成数,由理事会决定之,但分期付还之时期,至长不得过五年。

（九十四票通过）

第十九条　本社解散时,除清偿债务外,应尽可照比例先发还社员股份之票面数额。如尚有余额,由社员代表大会议决处理之。

（九十四票通过）

第四章　社员代表大会

第二十条　社员代表大会由各地社员推举代表组织之。各地社员每三人推举代表一人,不满三人者,概照三人计,社员代表大会为本社最高机关。

（九十一票通过）

第廿一条　社员代表大会之职权如左:

一、讨论社员提案及理、监、人事委员会报告;

二、处理社员及理、人、监委会提出之弹劾案;

三、通过社务进行计划;

四、通过本社本年度决算及下期预算草案;

五、通过股息及职工红利之分派;

六、通过变更本社社章;

七、通过解散本社;

八、通过名誉社员;

九、处理其他社员代表大会应行讨论事项。

（八十六票通过）

第廿二条　社员代表大会每年春季举行常会一次,由理事会负责筹备及召集。必要时得由理事会或社员三分之一的请求,召开临时社员代表大会。

（八十一票通过）

第廿三条　社员代表大会以代表三分之二之出席为法定人数,每一代表仅有一表决权,如因特殊情形而不能派代表出席时,得由该处社员指定社员一人代表出席大会。

（七十票通过）

第廿四条　除修改社章须经出席代表三分之二之通过及解散本社须经出席代表五分之四之通过外,其他任何表决以出席代表过半数之通过为有效。

（八十八票通过）

第五章　理 事 会

第廿五条　全体社员用通讯直接选举方式,选出理事十一人,候补理事二人(以未当选理事得票次多数充任)组织理事会,执行社员代表大会之决议案,设计及管理本社一切业务。(每届理、监、人事委员选举,由前届理事会负责筹备)

（七十一票通过）

第二十六条　理事会每三个月开会一次,遇必要时得召开临时会议,由理事会主席召集。如果某理事因故不能出席时,得由该理事指定社员一人代表出席。

（八十八票通过）

第二十七条　理事任期一年,连选得连任,当选理事之在职社员以尽可能调至社址所在地工作为原则,在下届理事未选出前得继续执行职权,但至多不得超过三个月,理事概为无薪职。

（六十九票通过）

第二十八条　理事会选举常务理事五人,组织常务理事会处理日常会务,常务理事互选主席一人,秘书一人,每月至少举行常会一次,由主席召集。常务理事如有不能出席时,可指定理事一人代表出席。

（八十一票通过）

第二十九条　理事会职权如左:

一、核定社员进退;

二、召集并筹备社员代表大会;

三、决定出版计划;

四、决定营业计划;

五、解释一切规章及社务进行计划;

六、任免总经理、经理;

七、理事会认为必需时,得指定各种问题的专门委员会,研究专门事项;

八、处理其他有关于设计及管理本社一切业务事项。

(九十二票通过)

第三十条　理事会互选一人为总经理,代表理事会总揽本社业务并为对外代表,又选任社员一人为经理,协助总经理处理业务,于必要时得增襄理一人,由总经理推荐,向人事委员会提出通过,经理事会核准聘任之。

(七十二票通过)

第六章　监察委员会

第三十一条　全体社员用通讯直接选举方式选出监察委员三人、候补监察委员二人(以未当选监委得票次多数充任)组织监察委员会,管理本社监察事务。任期一年,连选得连任,监察委员概为无薪职。

(九十四票通过)

第三十二条　监察委员会职权如左:

一、监护本社财产;

二、查核会计账目;

三、督促决议案之实施;

四、监督履行社章;

五、弹劾失职理事、人事委员及总经理、经理,提交社员代表大会处理之;

六、处理与监察有关的其他一切事务。

(九十四票通过)

第三十三条　监察委员会互选主席一人、秘书一人,主持会务。监委会三个月开常会一次,由主席召集,如监察委员因事不能出席时,得由该委员指定社员一人代表出席。

(九十四票通过)

第三十四条　监察委员得列席理事会及人委会会议,并有发言及建议之权,但无表决权。

(九十四票通过)

第七章　人事委员会

第三十五条　全体社员用通讯直接选举方式,选出人事委员九人,连同总经理、理事会主席共十一人,组织人事委员会,处理本社人事问题,保障社员利益,设候补委员二人,以未当选正式人事委员得票次多数者充任之。

(六十八票通过)

第三十六条　人事委员会互选主席一人、秘书一人,处理日常会务,人委会每月至少开常会二次,由主席召集,不能出席之委员,得由该委员指定社员一人代表出席。人事委员任期一年,连选得连任,人事委员概为无薪职。

(九十三票通过)

第三十七条　人事委员会职权如下:

一、核定职工进退迁调;

二、核定职工薪额;

三、决定工作时间;

四、拟定职工红利分配办法;

五、考核职工勤旷、劳绩,拟定工作纪律及惩奖办法;

六、核准职工两个月以上之长假;

七、管理宿舍安适及教育卫生娱乐等事项;

八、处理其他有关职工福利之事项。

但以上第一、二、五、六项,如系关于总经理、经理者,则由理事会核定之。

(九十四票通过)

第三十八条　人事委员会各项决定,足以削减全体职工利益者(如裁员、减薪、增加工作时间)除由社员代表大会决定者外,须经出席委员五分之四之通过,方为有效。

(七十七票通过)

第三十九条　人事委员会各项决定足以变更本社预算者,须经理事会之核准,如人事委员会与理事会意见不能一致时,则由理、监、人委会各推相等数量之委员,组织研究委员会解决之。如研究委员会再不能解决时,则由社员代表大会决定之。

(九十四票通过)

第八章　会　　计

第四十条　本社于每年六月终十二月终各结算一次,十二月终之结算应合并六月终之结算而为总结算。

(九十三票通过)

第四十一条　在总决算时,理事会应通知总管理处造具左列各项表册,交由本社所聘任之常年查账会计师,详细查核,转送监察委员会由监察委员会覆核后提交社员代表大会。

一、营业报告书;

二、资产负债表;

三、财产目录;

四、损益计算书；

五、公积金及股息红利分派之方案。

（九十一票通过）

第四十二条　本社会计年度自每年一月一日起至同年十二月卅一日止,下届会计年度总预算由理事会决定提交社员代表大会核准之。

（九十四票通过）

第四十三条　每届总决算如有盈余,应先提公积金百分之十五,捐助生活周刊社创办者中华职业教育社公益金百分之二十,社员福利基金百分之十五,股息百(利)〔分〕之二十及职工红利百分之三十,惟股息不得超过年息一分,其超过之数拨归社员福利基金。

（九十三票通过）

第四十四条　公积金除由社员代表大会议决拨作扩充业务或弥补损失外,不得移作别用。

（九十三票通过）

第四十五条　社员福利基金其动用方法,须由社员代表大会提出决定之。

（七十三票通过）

第九章　社员之权利与义务

第四十六条　社员有自由退出本社之权。

（九十三票通过）

第四十七条　社员均有工作权,即有权获得有保障之工作和按其劳动质与量而得到适当之报酬。

（九十四票通过）

第四十八条　社员均有休息权,以七小时工作制之推行,星期日例假之确定,每年卅六天休假期之施行,休息室的普遍设立,为之保证。（其细则另定）

（九十四票通过）

第四十九条　社员年老以及疾病或丧失工作能力时,均得有物质保障权。（细则另定之）

（九十四票通过）

第五十条　社员不限性别,均享受同等权利,惟女社员在生育前后得有两个月休假权,薪给照发。

（九十三票通过）

第五十一条　社员均有选举权和被选举权,选举办法系采取记名投票直接方式。

（九十四票通过）

第五十二条　社员有对社务提出意见与批评之权。

（九十三票通过）

第五十三条　社员不得在外经营与本社同样性质之业务。

（九十四票通过）

第五十四条　社员有遵守本社一切规章之义务。

（九十四票通过）

第五十五条　社员有执行上级决议或指示之义务。如对上级决议或指示有不同意时，可向上级机关提出询问，但在未得解答前，仍须执行该上级决议或指示。

（九十四票通过）

第五十六条　社员有保护及保障本社财产利益之义务。

（九十四票通过）

第五十七条　名誉社员除第四六、四七、四八、四九、五十等条关于在职社员权利不能享受与第五十三条不受拘束外，其余权利义务相同。

（九十四票通过）

第五十八条　尚未加入本社之正式职工除无选举权及被选举权外，与社员享受同等权利并负同样义务；尚未加入本社之试用职工，除无选举权及被选举权外，在试用办法规定范围内，亦得与社员受同等权利并负同样义务。

（九十四票通过）

第十章　附　　则

第五十九条　本章程经全体社员三分之二之通过后发生效力。

（九十四票通过）

第六十条　本章程须经社员代表大会三分之二之通过，方得加以修正。

（九十四票通过）

第六十一条　凡本章程未规定之事项，悉依照合作社法办理之。

（九十四票通过）

四、通过名誉社员

通过黄任之、江问渔、杨卫玉、沈钧儒四先生为本社名誉社员。

五、举行选举

指定黄洪年、孙明心写票，王志万唱票，沈敢、李济安监票。结果如下：

一、理事

徐伯昕　一百票　　　邹韬奋　九十票　　　杜重远　八十九票

胡愈之	八十六票	王志莘	七十九票	甘蓑园	六十六票
张仲实	六十三票	沈钧儒	六十二票	邵公文	六十二票
李济安	五十三票	王太来	五十票	当选理事	
黄任之	三十八票	艾寒松	三十一票	当选为候补理事	
金仲华	二十八票	张锡荣	二十八票	孙明心	二十八票
毕云程	十八票	严长衍	十八票	孙梦旦	十四票
陈锡麟	十二票	陈其襄	十票	周积涵	八票
顾一凡	七票	张志民	七票	江问渔	六票
杨卫玉	五票	诸祖荣	四票	毕子桂	三票
薛迪畅	三票	朱平初	三票	方学武	三票
卞祖纪	三票	黄宝珣	三票	薛天鹏	二票
刘执之	二票	吴琛	二票	张子旼	二票
王敬德	二票	陈文鉴	二票	赵晓恩	二票
杨义方	二票	陈文江	二票	吴全衡	二票
范广桢	二票	金汝楫	二票	江钟渊	一票
袁信之	一票	杜国钧	一票	周幼瑞	一票
张又新	一票	张春生	一票	黄洪年	一票
任乾英	一票	严长庆	一票	杨永祥	一票
卞钟俊	一票	徐植璧	一票	孙洁人	一票
胡耐秋	一票				

二、人事委员

张锡荣	六十四票	袁信之	六十三票	艾寒松	五十三票
张又新	四十九票	薛迪畅	四十二票	顾一凡	四十二票
华风夏	三十八票	范广桢	三十四票	孙明心	三十四票　当选人事委员
吴全衡	三十四票（自愿弃权）	诸祖荣	二十七票　为候补人事委员		
邵公文	二十六票	张志民	二十三票	王太来	二十二票
李济安	二十二票	黄宝珣	二十二票	周积涵	十八票
莫志恒	十八票	杜国钧	十六票	胡耐秋	十五票
薛天鹏	十五票	赵晓恩	十四票	陈锡麟	十三票
张子旼	十一票	甘蓑园	十票	方学武	十票
严长衍	十票	金汝楫	九票	毕子桂	九票
杨义方	九票	刘执之	九票	孙梦旦	九票
孟汉臣	八票	卞祖纪	八票	陈其襄	八票
严长庆	五票	陈文江	四票	邹韬奋	四票

周幼瑞　四票	张仲实　三票	王锦云　三票
周名寰　三票	黄洪年　三票	陆凤祥　二票
张春生　二票	黄宝元　二票	董文椿　二票
邵振华　二票	徐启运　二票	王敬德　二票
江钟渊　二票	夏长贵　二票	胡愈之　二票
沈钧儒　二票	杨卫玉　一票	陈四一　一票
罗　颖　一票	殷荣宽　一票	毕子芳　一票
施励奋　一票	卞钟俊　一票	王志万　一票
殷益文　一票	徐植璧　一票	吴　琛　一票
胡连坤　一票	黄任之　一票	沈炎林　一票
沈俊元　一票	金仲华　一票	孙洁人　一票
毕云程　一票	朱平初　一票	程树章　一票

三、监察委员

张子昉　五十六票	陈其襄　四十票	杜国钧　二十八票　当选监察委员
严长衍　十八票	毕云程　十七票	为候补监察委员
孙梦旦　十三票	陈锡麟　九票	薛天鹏　八票
王太来　八票	薛迪畅　八票	邹韬奋　七票
袁信之　六票	张仲实　六票	艾寒松　五票
孙明心　五票	方学武　四票	周积涵　四票
诸祖荣　四票	金仲华　四票	邵公文　三票
杜重远　三票	张锡荣　三票	毕子桂　三票
孟汉臣　三票	范广桢　三票	李济安　三票
朱平初　二票	徐伯昕　二票	吴　琛　二票
沈百民　二票	沈俊元　二票	江问渔　二票
黄任之　二票	谢珍水　一票	吴全衡　一票
莫志恒　一票	张志民　一票	严长庆　一票
杜福泰　一票	王志莘　一票	顾一凡　一票
胡愈之　一票	甘蓬园　一票	卞祖纪　一票
金世桢　一票	沈钧儒　一票	周幼瑞　一票

六、主席团致闭会词

　　耗费许多时间和精力经过修改的新社章，业已圆满通过。切望已久的本店的新的领导干部业已产生，当能以新的姿态为本店业务前途努力。

七、散会

主席团　韬　奋

徐伯昕

艾寒松

记　录　张锡荣

附记：邵公文社员当选理事后，于二月廿五日提出辞职书，原文如下："此次选举结果，敝人亦被选为理事，兹因敝人之事务较繁，加以身体又弱，故特诚恳提出辞去理事之职，并拟请改推金仲华先生递补敝人之缺，盖金仲华先生对本社事业将有更多之贡献，请渠当理事，至为适宜也，务祈诸位先生俯察下情，准此所请为感。"留渝全体理事认为邵公文社友所述各端均为事实，且有充分理由，同意按照所请办理。

留渝理事　徐伯昕

韬　奋

李济安

第五届理事会会议记录(一)

生活出版合作社第五届理事会

民国二十八年四月廿八日在重庆举行

出 席 者：沈钧儒　邹韬奋　徐伯昕　杜重远（黄宝珣代）　甘蓢园（张志民代）

　　　　　李济安　张仲实（邵公文代）　金仲华（艾寒松代）　胡愈之（张锡荣代）

主 席：邹韬奋

记 录：张锡荣

主席报告

本会全体社员选出十一人组织，除王太来、王志莘两先生缺席外，余均亲自出席或照章推派代表出席。本会为本社最高领导机构，举行形式虽简单，但意义重要，足以表现本店同志坚苦奋斗的精神。因各人均忙于工作，对于成立会之准备未能充分。成立会议程如下：

一、临时委员会工作报告；

二、选举常务理事五人，主席一人，秘书一人，总经理一人，经理一人；

三、讨论本店组织大纲；

四、讨论二十八年度工作计划；

五、讨论本会组织及办事细则。

一、徐伯昕先生报告临时委员会工作

A. 临时委员会系由二十五年八月三十一日第二次临时社员大会通过组成，于同年九月三日正式成立，迄本届（第五届）理事会成立日止，计二年七月有二十五日，临时委员会在时期内之工作，兹择要报告如下：

第一　关于社务方面者

临时委员会系由理事会、人事会及监察三个机构合组而成，委员人数为十一人（王志莘、杜重远、邹韬奋、张仲实、陈锡麟、李济安、周积涵、张锡荣、孙梦旦、孙明心、徐伯昕），共举行会议五十八次，议案达二百〇七件，其中执行者一百九十三件，因困难而未执行者十四件。兹分别摘述如下：

（一）理事会部分

（1）二十五年九月二十四日决议停收社员，二十七年五月十三日取消决议。

（2）筹设广州、汉口、西安、重庆、成都、香港、桂林等分支店办事处。

（3）办理征缴所得税，申报本店资金十五万元，负责人徐伯昕。

（4）出社社员秦逸舟、陈冠球、林孟愉、张洪涛、孙鹤年、陆凤祥、许三新，死亡社员陈元、孙梦旦。

（5）拟定收印图书办法。

（6）组织编审委员会。

（7）决定重心迁汉，由汉迁渝。

（8）增收社员黄任之、胡愈之、沈钧儒、杨卫玉、江问渔、胡耐秋、华风夏、张通英、徐植璧、邵峻甫、杨永祥、王志万、金世桢、李仁哉、胡连坤、任乾英、金伟民、袁润、黄宝元、甘蘧园、陈国樑、范广桢、罗颖、陈云才、张春生、杜福泰、沈敢、许三新、冯成就、区鉴、瞿悦明、冯景耀、王绍阳、洪俊涛、谢珍水、吴琛、夏长贵、王敬德三十八人。

（9）设立总管理处、分管理处，修订组织系统。

（10）修改与表决新社章，并选举第五届理事、监察、人事委员。

（11）购置卡车一辆。

（12）组织社员小组会及业务会议。

（二）人事委员会部分

（1）订定员工试用办法。

（2）订定分店服务规程。

（3）订定职工疾病死亡津贴办法。

（4）订定门市科职员穿着制服暂行办法。

（5）订定职工调往外埠旅费及假期试行办法。

（6）订定本店徽章式样及佩带办法。

（7）订定职工训练办法。

（8）订定职工赴国外考察及留学津贴办法。

（9）订定职工预支薪水及借款办法。

（10）决定在战争初发时期实行减薪。

（11）核定毕有华、王锦云、周保昌、殷益文、杜国钧、朱树廉请假求学。

（12）举办同人储金。

（13）订定有眷属同人住外津贴办法。

（14）决议同人调职携带母、夫、妻、子女津贴办法。

（15）印发工作与生活调查表。

（16）提高最低薪额。

（17）组织同人自治会小组会。

（18）抚恤陈元、何中五、孙梦旦。

（19）处理西安分店纠纷及广州陆凤祥等私营翻版案。

（20）订立回避法。

（三）监察部分

（1）审核二十五年下期决算。

（2）审核二十六年上期决算。

（3）审核二十六年下期决算。

本社会计年度，过去系自每年七月一日起至次年六月卅日止为一年度，现已改自每年一月一日至十二月三十一日止为一年度。临委会开始时之第一届半年（即二十五年七月一日至十二月三十一日）起，各项账册，均按期送交潘序伦会计师查核证明。惟自抗战开始，总店重心分散后，因账册短期内不能集中，故尚未交由会计师查核。但此项结算报告，均曾按期在本会报告。兹将历届营业情形，分列如下：

1. 营业总额

二十五年下期　二八二,八三七.四六

二十六年上期　三三四,五九八.〇九

二十六年下期　二七五,八四三.〇五

二十七年上期　四三五,二三七.一〇

二十七年下期　四六〇,〇五九.七〇

（说明）二十六年下期因上海重心分散，生产减少，营业亦因之低落。

2. 销货成本

二十五年下期　二一九,一七九.六九

二十六年上期　二六七,七一一.二〇

二十六年下期　一九一,五八六.八三

二十七年上期　三〇一,九一四.九〇

3. 各项开支

二十五年下期　三九,九六九.一二

二十六年上期　四四,一二八.〇五

二十六年下期　五六,一二四.一二

二十七年上期　七九,八九八.三二

二十七年下期　九八,六三一.六八

4. 历届盈亏

二十五年下期　盈一,〇〇三.五四

二十六年上期　盈一,一〇三.一四

5. 捐助生活周刊社创办者中华职业教育社公益金百分之二十

二十五年下期　二〇〇.七〇

二十六年上期　二〇〇.六二

生活書店

会议记录 1933—1945

第二　关于业务方面者

本店业务方面,在临委会成立之初,环境重重压迫,《大众生活》停刊,邮局路局严扣书刊,因之各种工作,未能如预期之进行顺利。此后抗战开始,我军西移,本店重心迁汉,以迄移渝,经济渐较困难,造货运输等工作,尤为艰苦。兹分别摘述其变迁情形如下:

（一）关于组织之变迁

本店原设总店于上海,分总务、编辑、出版、营业四部,后为谋业务上便利计,曾将编辑、出版合并为出版部,迨至廿七年七月一日起,在汉口组织总管理处,增设主计部,本年一月又将主计部并入总务部,出版部改为生产部,而增添服务一部,另设秘书处,并组织编审委员会,及成立东南、西南两区管理处,同时建立社员小组、同人自治会小组,及业务小组三系统,使组织逐渐改进,更臻完善。

（二）关于业务之发展

（1）增设各地分支店,使发行网遍布全国

本店在抗战以前,除上海总店外,仅成立汉口、广州两分店,及香港之安生书店,安生后以营业不振而收缩,归并粤店办理。自抗战开始后,陆续增设西安、重庆、成都、桂林、长沙、梧州、昆明、贵阳、兰州、香港等分店,同时增设万县、衡阳、宜昌、南郑、立煌、吉安、南城、金华、丽水、天水、沅陵、常德、柳州、南宁、桂平、乐山、南平、於潜等支店及办事处,总计达二十八处。当沪重心移至内地时,曾与南京中央书店、杭州之江书店、开封北新书局、芜湖科学图书社等四处成立办事处,嗣以战局变化,先后收缩,其他如广州、汉口、长沙、南昌、遂川、恩施、巴东、海门、余姚、百色、六安、酆都、开江等十二处,或因战局推移或因试办流动亦已先后迁移,总计本店直接到达之处,已在四十处以上。

（2）扩展各地批发户,增进同业之好感

本店以人力财力有限,不得不与各处内地同业发生良好关系,使文化工作网能普遍深入内地。临委会成立前,内地批发户计四百六十余户,截至最近止,扩展至二千三百五十余户,增加数达五倍以上。

（3）邮购户激增,发扬本店服务精神

邮购读者,原有三万余户,经在手续上之改进,办理之迅速,选书之审慎,以及服务之周到等,同时又特约中国、交通、上海、新华、江苏省农民、华侨、浙江兴业、富滇新、聚兴诚、大陆等十大银行,免费收受购书汇款,使读者更便利而省费,以致在二十六年三四月间激增至五万余户,较过去增加一倍有半。

（4）本版书营业额超过外版书

本店最初侧重代办书报工作,此后本版书逐渐加紧生产,致营业额亦逐渐增高。在临委会以前,本版书营业额仅及外版书二分之一强,迨至二十七年度结算本版书营业额已超过外版书五分之一而有余。

（三）关于生产力之增强

1. 出版各种性质之定期刊

本店出版之杂志,变动最多,除《世界知识》与《妇女生活》历史的最久外,在临委会前,共出版杂志十三种,以后继续新出者有《中华公论》《国民》周刊、《新学识》《生活教育》《抗战》三日刊、《战时儿童》《抗战画报》《集纳》周报、《全民》周刊、《文艺阵地》《战时教育》《读书月报》等十二种。其中,停刊者有八种,《全民》与《抗战》合并出版《全民抗战》一种。现在出版者七种,其中销行最广者之一种达五万余份。

2. 单行本丛书

单行本在临委会前出版者计一百三十余种,至最近止共有六百三十八种,较前增加四倍。其中销数最多者为《战时读本》。丛书原有七套,新出达二十套之多,其中以"青年自学丛书"及大众读物销行为最广。

（四）关于工作人员之增加

在临委会前沪汉两店工作人员共八十四人,现已增加至二百六十八人,尤以抗战开始以后扩展为尤速,约较前增加至三倍半以上。

决议:通过徐伯昕先生关于临时委员会的工作报告。此项报告本须向全体社员公布,但目前因环境关系,邮寄文件颇多不便,决交于常务理事会按照实际情形酌量报告社员。

二、举行选举常务理事、主席、秘书、总经理及经理

主席指定邵公文、张锡荣开票,李济安检票。开票结果:

常务理事:邹韬奋八票,徐伯昕八票,金仲华七票,张仲实六票,李济安六票,以上当选。

主　　席:徐伯昕五票当选。

秘　　书:金仲华五票当选。

总 经 理:邹韬奋八票当选。

经　　理:徐伯昕七票当选。

成立会暂推邹韬奋主席,张锡荣记录。

三、讨论本店组织大纲

B. 本店组织大纲草案

第一条　本店由生活出版合作社理事会互选一人为总经理,代表理事会总揽本社业务,并为本店对外代表。又选任社员一人为经理,协助总经理处理业务,于必要时得增襄理一人,由总经理推荐,向人事委员会提出通

过,经理事会核准聘任之。

第二条　全体社员由通讯直接选举方式选出监察委员三人,组织监察委员会,查核会计账目及督促社务之进行;并于总管理处总务部设稽核科办理审核事宜。

第三条　全体社员用通讯选举方式,选出人事委员九人,连同总经理及理事会主席共十一人,组织人事委员会,专任审核同人之进退奖惩及福利等事项,并得在总管理处总务部设人事科,办理考核登记事宜。

第四条　本店设总管理处,内分设总务、生产、营业、服务四部,并在桂林及香港分设西南与东南两区管理处,处理全店之事务与业务。

第五条　本店在总管理处另组编审委员会,专任设计编辑计划,并得依事实上之需要,在西南及东南两区成立分会,处理编审事务,并于总管理处生产部设编校科,办理校对等事务。

第六条　总经理经理得设秘书处,襄助机要事宜及掌理全店文书统计等事宜。

第七条　总务部掌理审计及人事等事宜,统辖会计、稽核、事务、人事四科。会计科得设出纳、账务两股,事务科得设收发、庶务两股。

第八条　生产部掌理印刷、校对及定购纸张等事宜,统辖编校、出版、图版、材料等四科。

第九条　营业部掌理营业及推广事宜,统辖分店、推广、栈务三科,分店科得分设进货、发货、运输三股。

第十条　服务部掌理读者服务事宜,统辖调查、代办两科。

第十一条　本店得以事实上之需要,在总管理处聘任总稽核一人,担任审核会计事务。

第十二条　区管理处掌理造货及发货事宜,统辖生产、营业两科。

第十三条　本店各地分支店,分别处理各店全部业务与事务,得依事实上之需要分设总务、会计、营业三课。

第十四条　本店总管理处各部主任,各科主任,及员工,区管理处主任,各科主任,及各分支店经理、总务、会计、营业各课主任,均由总经理聘任后提交人事委员会核定之。各分支店员工由分支店经理聘任后报告总经理核定,并提出人事委员会通过之。

第十五条　本店为扩展业务,集思广益起见,总管理处得组织业务会议,各科得组织科务会议,各支店得组织店务会议,其章程另定之。

第十六条　本店为加强组织起见,总管理处及各分支店得组织社员小组会及同人自治会,其办法另定之。

第十七条　本大纲由理事会议决施行。如有增删或修正,应由理事会议决之。

生活出版合作社组织系统图

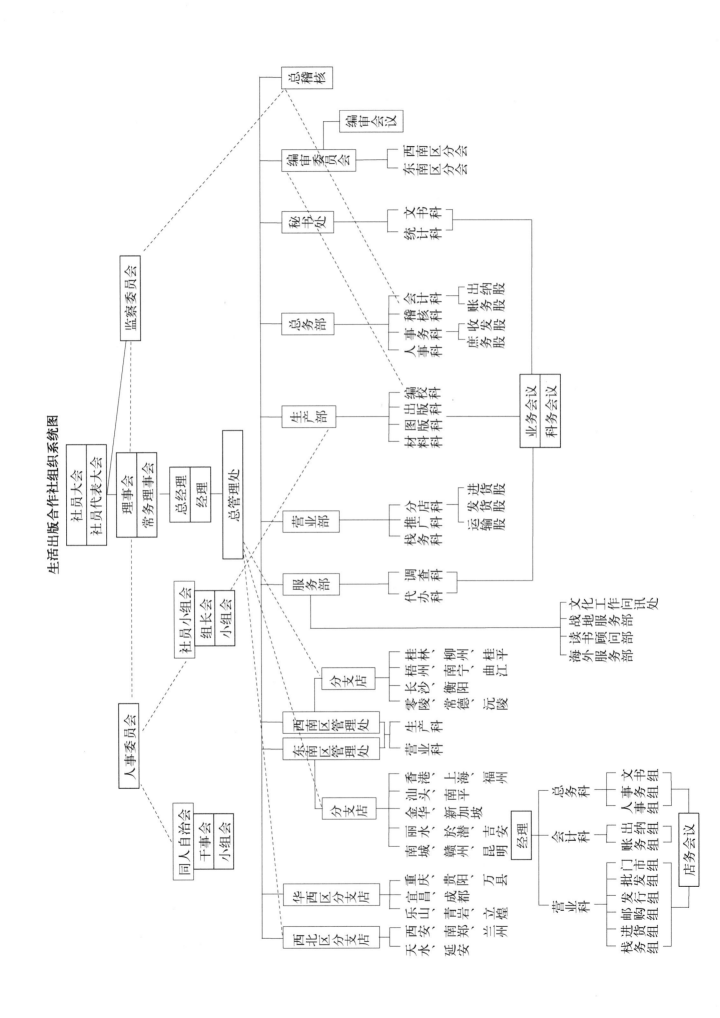

决议：通过照录本店组织大纲草案。惟本社拟改名为"生活互助社"，交与常务理事会研究确定后通知社员。本社名义虽改变，但本社组织内容、精神及实际，仍本"合作"精神，丝毫未加变更。

四、讨论二十八年度工作计划大纲

C. 生活书店二十八年度工作计划大纲草案

第一　总的方针

本店成立已六年，每年营业额由十万元左右，发展至八十余万元。环境多艰阻，屡受挫折，致内部虽经逐渐整理，仍未能走上正规。本年度工作，应一面积极整顿，一面力谋发展。出版方面，除中高级基本读物仍应继续编行外，对于通俗读物，尤须注意大量编印，以争取广大落后群众及士兵等、建立读者基层。营业方面必须偏重于战地及沦陷区之文化供应，同时与出版及贩卖同业，均取得良好关系，以增强商业性地位，避免摩擦尖锐化。兹拟定业务方针及工作原则如下：

一、业务方针：

1. 促进大众文化；

2. 供应抗战需要；

3. 发展服务精神。

二、工作原则：

1. 合作经营；

2. 计划生产；

3. 科学管理。

第二　关于社务部分

社务方面，自理、监、人委员会成立后，第一应切实做到严格实施社章之文字与精神；第二，加强社员小组、自治会小组、业务小组并扩大其作用；第三，厉行职工之合作社教育。下列各项工作希望在本年度逐一完成举办：

一、调制社员名册，发给社员证；

二、厘订社员资格，审查标准；

三、订定组织系统大纲及理、监、人各委员会办事细则；

四、成立经济研究委员会筹划流动资金，暂定二十万元；

五、扩充干部，训练干部，举办研究会；

六、充实并拟订社员福利各项详细办法；

七、整理订定职工薪给标准及加薪办法；

八、修正服务规程；

九、严格考绩,订定工作纪律及惩奖办法;

十、举行工作竞赛与奖励办法;

十一、实行巡回检查制度。

第三 关于业务部分

业务方面,主要为健全总管理处及区管理处之组织,并与各分支店取得密切连系,使能灵活运用,发挥各部门力量,并能迅速造货,迅速分发,其工作分列如下:

一、生产方面:

1. 本年内新书计出七百三十九万字,分重庆、桂林、上海三处造货,其种类如下:

A. 高级读物　　十四种　　　　二百十六万字

B. 中级读物　　卅九种　　　　一百四十八万字

C. 时事读物　　卅四种　　　　一百五十二万字

D. 工具书　　　十四种　　　　八十万字

E. 通俗读物　　百五十六种　　一百四十三万字

2. 定期刊物除已出之《全抗》《世知》《妇生》《文阵》《读书》《战教》《理现》等七大杂志以外,视能力再陆续出版下列各种刊物:

A. 通俗刊物

B. 抗战画报

C. 儿童刊物

D. 少年刊物

3. 已出版之书籍,全部加以审查,分成畅销书、次销书、滞销书、绝版书四类,除绝版书(一百五十四种)暂停印行外,其他各类,照下列数量陆续予以重版发行:

A. 畅销书　　五十一种　　　　一百万册

B. 次销书　　一百廿五种　　　一百廿万册

C. 滞销书　　一百廿九种　　　八十万册

4. 已出版之丛书,依其性质合并,重行编目,在重版时改正出版;

5. 完成小规模之资料室;

6. 派员学习造纸,以三千至五千元资本,试办小规模造纸厂;

7. 以一万至一万五千元资金,筹设一小规模印刷厂,专印重版书刊;

8. 编订各种单行本版次及历年印数统计表;

9. 编制各种书刊成本计算表;

10. 拟订各区造货分配明细表。

二、营业方面:

1. 本年度营业额希望增加至一百万元,内本版书占六十万元,杂志占十五万元,外版书刊占二十五万元,另造详细预算;

2. 开展战地及沦陷区文化供应工作,除原有东南区——香港、上海、昆明、金华、丽水、於潜、吉安、南城、南平、福州等;西南区——桂林、柳州、梧州、南宁、桂平、沅陵、衡阳、常德、曲江等;华西区——重庆、成都、乐山、万县、宜昌、立煌、贵阳等;西北区——西安、南郑、兰州等共二十九处外,拟照下列地点陆续增设十三个据点:

A. 东南区——汕头、新加坡、海防、屯溪、赣州、梅县;

B. 西南区——邵阳;

C. 华西区——襄樊、康定、叙府;

D. 西北区——长治、洛阳、迪化。

3. 举办各省区流动供应工作;

4. 增强同业间连系,并广设杂志分销处;

5. 本版各杂志希望每期增加至下列销数:

A.《全民抗战》 三万份

B.《世界知识》 二万份

C.《妇女生活》 一万份

D.《文艺阵地》 一万五千份

E.《读书月报》 一万五千份

F.《战时教育》 六千份

G.《理论与现实》 一万份

6. 扩充邮购户,发行书券,恢复银行免费汇款购书办法;

7. 外版杂志之内容正确丰富者,尽量争取由本店代为总经售;

8. 自备卡车一二辆,经常往来于滇、桂、渝、陕段运输书籍;

9. 教科书应设法普遍推行至各学校采用;

10. 按月编制全国抗战书报联合广告;

11. 统一各店门市布置与图书分类;

12. 每三月编印新书目录一次。

三、总务方面:

1. 调制各店职工名册,制发职工证及徽章;

2. 订定分支店管理系统及办事规程;

3. 拟订区管理处组织大纲及办事细则;

4. 编制本年度预算书;

5. 拟订会计规程及改革会计制度;

6. 严格执行经常奖惩登记,每三月必须考绩一次,及调查工作及生活状况;

7. 调整和补充各店工作人员;

8. 各店设立休息室;

9. 集中供应各店文具印刷用品；

10. 编造各店生财总册；

11. 办理同人零存整付储金。

四、服务方面：

1. 开展战地文化服务工作；

2. 成立读者顾问部,发行"生活推荐书"；

3. 设立文化工作问询处；

4. 各店设置读者阅览坐位；

5. 实行海外服务部；

6. 实行伤兵文化服务工作；

7. 实行出版服务工作。

决议：通过照录本社二十八年度工作计划大纲草案。惟对于业务方针"促进大众文化"一条,应作如下的正确解释,即出版和贩买以科学社会主义为内容之书报,以少识字者、落后知识分子、中间阶层为主要教育对象,同时满足进步知识分子之需要。为避免政治环境之压迫起见,应特别注重技巧,并应整个的改变过去显露锋芒的作风。此外对于生产方面第七项设厂地点,除昆明外,成都亦可加以考虑。因成都可能为将来重庆之退步,目前有适当的合作者。以上均由常务理事会设计调查进行之。

五、讨论本会组织及办事细则

D. 本社理事会组织及办事细则草案

一、组　　织

第一条　本会根据生活出版合作社章程第二十五条之规定,由全体社员用通讯直接选举方式,选出理事十一人组织理事会,执行社员代表大会之决议案,设计及管理本社一切业务。

第二条　本会并依照社章第二十八条之规定,由理事会选举常务理事五人,组织常务理事会,处理日常事务。

第三条　本会设主席一人,秘书一人,由常务理事会互选之。

第四条　本会开会时,由常务理事会主席任主席,如主席请假,则公推理事一人为临时主席。

第五条　本会秘书,掌管会议记录及一切文件,并照规定时期征得主席之同意,召开会议,通告应于开会前一日发出之。

第六条　本会开会时,出席理事以三分之二为法定人数,不足法定人数时,不得开会。

第七条　本会开会时,任何表决,必须得出席理事过半数之通过,方为有效。

第八条　本会开会时，讨论事项有涉及个人者，关系人本身无表决权。

第九条　本会开会时，讨论事项有涉及某一部或某一科者，得邀各该部科主任或职员列席会议。

第十条　总经理请假时，由经理代理，如同时请假时，由常务理事会主席指定理事一人代理之。

二、理 事 会 议

第十一条　理事会应于每三月在本社开常会一次，如遇有重要事项急待讨论，得由主席召集临时会议。

第十二条　理事如有事故不能出席时，得由该理事指定社员一人代表出席。

第十三条　本会每次常会，总经理应将过去三月内编审、总务、生产、营业、服务等各事项，提出报告。

第十四条　本会议工作如下：

1. 审核社员进退；

2. 决定出版计划；

3. 决定营业计划；

4. 解释一切规章及社务进行计划；

5. 召集并筹备社员代表大会；

6. 考核总经理经理勤旷劳绩及惩奖；

7. 组织专门委员会研究各项专门问题；

8. 领导社员小组会。

三、常务理事会议

第十五条　常务理事会应于每月举行常会一次，遇必要时，得由主席召开临时会议。

第十六条　常务理事如因故不能出席时，得由该常务理事指定理事一人代表出席。

第十七条　本会议工作如下：

一、决定出版具体计划；

二、决定营业具体计划；

三、解释一切规章及社务进行计划；

四、组织专门委员会研究各种专门问题；

五、领导社员小组会。

本会议如有重要决议足以变更整个计划者，须经理事会核定之。

四、附　　则

第十八条　本会关于社务上之通告，由常务理事会主席具名，关于业务上之通告，由总经理具名。

第十九条　本会因业务上及管理上之必要，凡本会委员对于本会任何议案或决议案,除主席具名通告或指定理事传达者外,有保守秘密之必要。

第二十条　本会会议记录及一切文件,应由常务理事签字,由秘书负责保管。

第二十一条　本细则如有未尽事宜,得随时提议修正决定之。

决议:通过照录本社理事会组织及办事细则草案。惟对于第十四条第八项领导社员小组会之方法,应有具体规定。对于十九条应保守秘密之决议案,须特别由主席指出,并由秘书注明,俾资绝对保守秘密。

代主席　韬　奋

第五届第二次理事会常会

时　　间:廿八年八月三日下午三时

地　　点:学田湾总管理处

出 席 人:张仲实(张锡荣代)　甘蕙园(张志民代)　沈钧儒　韬　奋

金仲华(艾寒松代)　王志莘(孙明心代)　李济安

杜重远(黄宝珣代)　徐伯昕

主　　席:徐伯昕

记　　录:艾寒松

报告事项

徐伯昕先生报告

(一)理事王志莘、胡愈之(毕云程代)、张仲实(邵公文代)因公不能出席,来信推请代表如下:

1. 王志莘先生请孙明心先生代表出席。

2. 张仲实先生代表邵公文先生转请张锡荣先生代表出席。

3. 胡愈之先生代表毕云程先生转请张锡荣先生代表出席,惟因张君已有代表,只得缺席。

(二)廿八年第二季(四月至六月)渝地编审会生产计划完成状况:

册数　计划出版　六十五本

　　　结果完成　四十八本

　　　尚差　　　十七本

字数　计划出版　一百七十九万

　　　结果完成　一百七十三万三千

　　　尚差　　　五万七千

（三）第一季及第二季逐月生产量总值之比较

第一季生产量总值：

一月至三月　一六七，一一一.四〇元

第二季生产量总值：

四月至六月　二八五，三一六元

（四）廿八年一月至六月份各分支店营业总况

① 一月至六月营业总额约计为：四一七，〇一〇.七七元。

（五六两月尚有一部分未列入）

② 其中以三、四二个月之营业为最好：三月份为九六，三九五元；四月份为八一，三一七.三三元。

（五）廿八年一月份至六月份各店开支总况

半年来开支总额约为：一〇〇，三七一.三七元

（亦有一部分未寄到，每月开支约为二万元）

（六）廿八年度各店被当局误会查封情形

各店查封及被迫停业日期：

① 西安　　四月廿一日

② 南郑　　五月四日

③ 天水　　五月卅一日

④ 沅陵　　六月十三日

⑤ 宜昌　　六月十七日

⑥ 吉安　　六月廿四日

⑦ 赣州　　六月廿四日

⑧ 金华　　七月一日

⑨ 屯溪　　七月初

⑩ 曲江　　七月八日（七月十八日复业）

⑪ 兰州　　六月廿六日（七月一日复业）

⑫ 万县　　七月九日（栈房被查）

（七）预备结束及拟新布置之分支店

1. 拟收束之分支店：

南郑、乐山、宜昌、万县、沅陵、吉安、丽水、屯溪、青岩共九处。

2. 拟进行建立之分支店：

① 浙、赣、闽至少各留一据点；

② 广州湾已建立一据点，作为转运交通之用，同时营业已先做批发；

③ 广东连县增设一支店在筹备中。

（八）海外营业方面之布置

① 除香港已设立分店外，新加坡分店房屋已租妥，准备在八月十五日开幕营业。

② 在拟计划设立中之海外分店：

吉隆坡、马尼(剌)〔拉〕、西贡等三处。

（九）西北方面业务扩展之布置

① 正在与迪化文化书店商订合作办法。

② 在计拟设立山西宜川据点。

（十）本店出版各杂志每期平均销数统计

① 《全民抗战》　　　一二,五四五份

② 《读书月报》　　　一二,六二五份

③ 《世界知识》　　　一四,〇五五份

④ 《妇女生活》　　　六,三六八份

⑤ 《文艺阵地》　　　一〇,一二五份

⑥ 《战时教育》　　　三,九七五份

⑦ 《理论与现实》　　八,〇〇〇份(香港印数未列入)

此外代总经售者：

《国民公论》　　　五,九九一份

《文艺战线》　　　八,八三四份

（十一）廿七年全年营业开支全体损益计算

① 销货收益　　　八九二,四二五.九八元

② 销货成本　　　四五六,二九八.一九元

③ 毛利　　　　　四三六,一二七.七九元

④ 其他收益　　　五,五八六.二八元

⑤ 收益总额　　　四四一,七一四.〇七元

⑥ 销售费用　　　四二九,九六六.七二元

⑦ 纯益　　　　　一一,七四七.三五元

（十二）服务部成立以来之工作概况

① 设立"文化工作者问讯处"；

② 参加重庆市空袭后之救护工作；

③ 发送《全民抗战》战地版，每期一万份，四千余份由自己直接分发，余送政治部输送前方。收到捐款共三,九四六.一八元(六月底止)。

④ 发动写慰劳信，响应政府号召，结果共得慰劳信达十二万封以上。

（十三）改本社为互助社之执行情形

根据廿八年四月廿八日本会第一次会议决定：将本店改名为"生活互助社"，并

通知社员。该决议已予执行,各分支店之章则皆已改为互助社名义。

讨论事项

1. 为扩展本店业务,应如何筹措整个经济案(附拟定筹措办法)

可能筹措整个经济之办法分为五种:

① 将本店改为两合公司组织,即分有限责任股东与无限责任股东两种,由本店任无限责任股东,有限责任股东则为吸收之外股。

② 组织银团借款,即向银行采用担保信用借款。

③ 发行店债,分向对本店事业同情者进行募集,办法草拟如左[①]:

(生活书店发行债券条例草案)

一、本店为筹集资金,以扩展印刷出版事业起见,发行第一次债券。

二、本债券发行额定国币二十万元。

三、本债券之本息,以书店全部财产作担保。

四、本债券按周息八厘计息,于每年　月　日一次付给。

五、本债券分十年摊还,每年用抽签方法归还十分之一,至民国　年　月　日全数归清,抽签于每年　月　日举行之。

六、由本店委托新华银行负责本债券基金之保管与还本付息事宜。

七、本债券按月由本店提存偿债基金拨交新华银行保管,每月提存金额,另行列表规定。

八、本债券采记名式,不得自由转让。

九、本债券分百元券千元券万元券三种。

十、本条例自债券发行日起施行。

④ 发行书券办法草拟如左:

生活书店发行书券章程草案

一、本店为便利邮购读者购书起见特发行书券。

一、本书券概照券面国币全额十足计算,不计利息。

一、本书券可向各地本店购买或定阅本外版图书什志。

一、本书券发行总额二万元,券面及张数分配如下:

---

① 原第三册《生活书店会议记录 1939—1940》117—122 面"草拟如左"因分册装订而断开,本册特保持其完整性。

五元券　　四百张

一元券　　八千张

五角券　　一万张

一角券　　五万张

一、本书券由总管理处总经理经理,总务部主任副主任,营业部主任组织书券
　　保管委员会,负责保管及发行事宜。

一、本书券指定香港分店负责印刷。

一、本书券经总经理经理盖章并加盖生活书店总管理处硬印后发行。

一、本书券概不挂失。

一、本书券如经损毁至不能使用程度时,应交书券保管委员会,作废保存。

一、本书券号码与硬印部分如被损毁,作废无效。

一、本章程经理事会决议后实行,如有未尽事宜,得随时修改之。

⑤ 发行生活推荐书,已经采用,但尚未著成效。

2. 今后工作方针案

3. 资金、股息及红利分配问题

4. 修改与中华职业教育社所订立之合同问题

5. 审查及通过新社员案

6. 如何切实领导社员小组案

附摘沪店社员小组来信:

"本会于上月接总处通知后,当即按照临委会第三十七次常会所通过之社员小
组会组织条例正式成立,惟本会于举行时,对该条例第八条所规定之开会内容甲项
之'社务报告:由组长将一月来之理事会决议提出报告之',及乙项之'社务讨论:理
事会提出之问题及社务进行计划……'均以本会从未接到理事会之任何通知,实使
本会无从照办,并因此影响小组讨论内容,是以专函声请,今后凡理事会一切决议及
社务进行计划,务请随时拨交本会,以便社务进行也。

沪店社员小组组长会启"

7. 租用华西印刷所追认案

(附华西印刷所租用二月(七八两月)计划)

生产量

对开机	一架	每月可印九十令	每令八元算,计七百二十元
脚踏架	二架	每月可印二十四万	每千二元五角算,计六百元
排字部	新五号二副	每月可出六十万	每千一元六角算,计九百六十元

共计二千二百八十元

开支

租费　　　每月七百五十元

薪工　　　每月六百五十元

伙食　　　每月二百八十元

杂费　　　每月二百元

油墨　　　每月三百元

共计二千一百八十元

至少每月可净一百元

8. 筹备设立印刷所问题（附计划书）

生财

一、印刷部

对开印书机　二架　　　计九千元

二号脚踏机　一架　　　计一千二百元

三号脚踏机　一架　　　计八百元

切纸刀　　　一把　　　计三千五百元

胶　　　　　一百磅　　计四百元

马达　　　　一只　　　计八百元

地轴、皮带　　　　　　计七百元

铁台　　　　一只　　　计三百元

共计一万六千七百元

二、排字部

新五号铜模　　　一副　　　　　　计一千五百元

新五号廿四盘　　四副（二千部）　计二千元

新五号部位　　　二副（二千部）　计二千元

材料、繁用字（三千部）　　　　　计三千元

铡刀　　　　　　一把　　　　　　计五十元

刨角刀　　　　　一把　　　　　　计七十元

字架，字盘木盘手盘铁盘　　　　　计一千八百元

共计一万另四百二十元

三、□……□

浇字炉　　　一部　　　计六百元

字盒　　　　六只　　　计二百四十元

铅　　　　　一千磅　　计六百元

纸型机　　　　一部　　　　　　计六百元

浇版机　　　　一部　　　　　　计四百元

浇铅条架　　　一部　　　　　　计五百元

打纸型铁台　一架　　　　　　计三百元

刨床　　　　　一只　　　　　　计三百元

另件　　　　　　　　　　　　　计一百元

共计三千六百四十元

四、装订部

什件　　　　　计二百元

总计三万零九百六十元

生产量

对开机　二部　每月三百令　每令十元　　　　　计三千元

脚踏架　二部　每月三十万　每千三元　　　　　计九百元

排字房　　　　每月一百万　每千二元五角　　　计二千五百元

装订房（包工）每月四百八十元，每万二元　　　计九百六十元

共计七千三百六十元

职工人数及薪金

经理　　　　　　　　　月薪八十元

工务　　　　　　　　　六十元

会计　　　　　　　　　三十元

营业　　　再加佣金　　二十元

校对　　　　　　　　　十五元

材料　　　兼事务　　　二十元

练习生　　　　　　　　五元

老司务　二人　　　　　三十元

厨子　　　　　　　　　十五元

排字部

领工　　　一人　　　　月薪五十元

拼版　　　三人　　　　每人三十五元

改样　　　二人　　　　每人三十五元

采坯　　　八人　　　　每人三十元

学生　　　三人　　　　每人五元

共计四百八十元

铸字部

领工　　　一人　　　　　月薪五十元

浇字　　　一人　　　　　三十五元

打纸型　　一人　　　　　三十五元

学生　　　二人　　　　　每人五元

共计一百三十元

印刷部

领工　　　一人　　　　　月薪五十元

对开机　　二人　　　　　每人三十五元

脚踏架　　二人　　　　　每人三十五元

学生　　　四人　　　　　每人五元

共计二百十元

共计四十一人，计日工薪水一千另九十五元，加夜工薪水六百另五元，共计一千七百元

开支

薪金　　　　　　　　一千七百元

房租　　　　　　　　二百元

伙食　　　　　　　　五百七十四元

油墨　　　　　　　　一千元

什费　　　　　　　　三百元

装订房　　　　　　　五百七十六元

电费　　　　　　　　一百元

共计四千四百五十元

9. 南岸自建房屋问题（附建屋预算）

地点　　马家店

预算数　　七千三百六十三元七角

10. 重推金仲华先生之理事代表问题

议决事项

1. 关于筹措整个经济，除组织银团借款不予采用，改为两合公司暂缓进行及发行"生活推荐书"已经实行外，尚拟采取下列二种办法，即：① 发行店债，假定为二十万元；② 发行书券，假定为两万元。上项办法之具体进行，交由常务理事会根据本会规定之原则详细研究草拟章程进行之。

2. 关于本店今后工作方针：在编辑方面，除完成原有计划外，并多出有关民主、科学、党义、学校参考、青年自修及工具方面的书籍；在生产方面，拟在内地创办一印

刷所并加强沪港两地之生产量;在营业方面,拟紧缩内地营业据点,调整充实各分支店工作人员,并扩展海外营业,增加对华侨服务工作;在内部及管理方面,应提高工作效率,设法吸收资金并节省开支;在对外关系方面,当服从政府法令,接受当局纠正。

3. 对于本店资金十五万元,及历年累积未分配之股息与红利,决定分配原则如下:

A. 照社章规定应先提公积金百分之十五,捐助《生活周刊》创办者中华职业教育社公益金百分之二十,社员福利基金百分之十五,股息百分之二十,及职工红利百分之三十,惟股息不得超过年息一分,其超过之数拨归社员福利基金。

B. 职工红利之分配应照成立以来之正式职员(包括社员,试用者不在内)历年薪额之累积数与应分红利总额作百分比分配之。

C. 此项红利虽经分配妥当,但须待本店解散时方可提取。

D. 以二十七年度底为止。

4. 关于修改与中华职业教育社所订立之合同,原则上确定改"从每年盈余提取百分之二十"作为固定股本,数目另定,以后仅能照章领取股息,俟详细办法拟定后,再与中华职业教育社当局商酌更改之。

上二项办法由徐伯昕、艾寒松、张志民三先生共同研究后拟具方案提交常务理事会商定进行。

主席　徐伯昕

第五届理事会会议记录(二)

第五届第三次理事会会议

时　　间：廿八年八月五日上午九时

地　　点：学田湾总管理处

出 席 人：徐伯昕　邹韬奋　沈钧儒　李济安　金仲华(艾寒松代)　张仲实
(张锡荣代)　王志莘(孙明心代)　杜重远(黄宝珣代)　甘蘋园(张
志民代)　王太来(莫志恒代)

主　　席：徐伯昕

记　　录：艾寒松

报告事项

1. 上次常会议程未讨论各项今日继续讨论。

2. 理事王太来来信推请莫志恒先生代表出席。

讨论事项

1. 审查并通过新社员案

艾寒松先生报告整理及审查新社员经过。

议决：关于审查及通过新社员问题,凡在廿八年二月廿四日新社章通过后尚未取
得社员资格者,概依照新社章办理。

2. 如何切实领导社员小组案

议决：关于领导社员小组问题,以目前环境特殊,领导方式容有变更,详细办法交
由常务理事会研究拟定施行,惟须依照下列原则：

A. 每地以成立一组,人数无限制。

B. 不必拘泥于开会形式,时间亦得视实际需要而定。

3. 追认华西印刷所租用二月计划案

议决：通过。

4. 建立印刷所计划案

议决：详细办法交由常务理事会草拟进行。

5. 拟在南岸自建房屋案

议决：应造间数及造价照原预算减半,即造价以三千元为限度,详细办法交由常
务理事会研究核定。

6. 理事金仲华代表重推案

议决：金仲华先生之理事代表原为艾寒松先生,现艾先生因公离渝,由本会向金

仲华先生推荐孙明心先生为代表,经金先生同意后决定之。王志莘先生之代表,通知原人重推之。

主席　徐伯昕

第五届理事会第四次常会记录

　　　时　　　间：二十八年十二月八日下午三时
　　　地　　　点：学田湾总管理处
　　　出　席　人：杜重远(黄宝珣代)　李济安　沈钧儒　王太来(莫志恒代)　甘蘧园(张志民代)　胡愈之(张锡荣代)　韬　奋　徐伯昕　张仲实(邵公文代)　金仲华(孙明心代)
　　　主　　　席：徐伯昕
　　　记　　　录：孙明心

报告事项

主席报告

一、理事金仲华先生原推艾逊生先生为代表,兹因艾先生离渝赴沪,由金先生来信改推孙明心先生为出席代表。

二、理事王志莘先生缺席。

三、理事胡愈之先生原推毕云程先生为代表,兹因毕先生临时有约,不能出席,改请张锡荣先生为代表。

四、廿八年七月至十月份各分店营业概况

　　七月至十月营业总额约计为三八四,六〇六.四四元。

五、廿八年七月至十月份各分店开支概况

　　七月至十月开支总额约计为一一二,〇一七.二二元。

六、廿八年第三季渝处编审委员会生产计划完成状况

　　册数：计划出版　六四册　结果完成　三四册

　　字数：计划出版　一,八四七,〇〇〇字　结果完成　九四四,九〇〇字

七、廿八年第三季生产统计

　　新排者：畅销书　一一种　　　九五,〇〇〇册

　　　　　　常销书　九种　　　　六八,二〇〇册

　　　　　　滞销书　二种　　　　三,五〇〇册

　　　　　　杂　志　一〇种　　　四二一,五〇〇册

重版者：畅销书　二种　　二七二，〇〇〇册

　　　　常销书　一种　　　二〇，〇〇〇册

八、关于最近经济状况及调度方面

　　1. 旧欠新华银行借款二万元，息四千余元，劝工借款三千元，吟记借款二万元，均须于本年底准备归还；

　　2. 关于店债之发行，因事实上甚多困难，决定暂缓；

　　3. 向银行进行借款事，经邹总经理与徐经理数度奔走接洽，已承交通银行允许透借十万元。该项借款以本店所有版权纸型及存货作为抵押，限定四年归清；

　　4. 本店与新华银行合作购储印刷原料品，业经进行各半投资，共值国币四千元；

　　5. 原有存纸向中国银行押款，最近已提高押额，办妥手续；

　　6. 昆明存纸，正在接洽出售；

　　7. "生活推荐书"原有发售预约办法，计算目前成本亏损太大，经业务会议决定，停收预约；

　　8. 卡车一辆业已出让，售价国币一万一千三百元。

九、本店廿八年份以后之全部账目，因战时迁动无定，尚未送交会计师检查。最近曾与潘序伦会计师接洽妥当，委托重庆立信会计师事务所查核。

十、本版书成本提高，已从十一月一日起改订新定价发售，加价标准约照原价加五成左右。

十一、华西印刷所租用期满，已告结束。自七月一日至十月十五日营业三个半月，结算账目获得纯益一百六十四元八角二分（细表另具）。

十二、关于最近组织机构方面

　　1. 香港编审分会自张明养先生离港后，因人数不足，未予成立，最近艾逊生先生调往上海，将来拟将香港编审分会移并于上海；

　　2. 关于领导社员小组问题，已经常务理事会拟定适应于特殊环境之办法，通知各分店每地成立一组，不拘于形式；

　　3. 本店全体工作人员一月份统计共有二百零四人，在此十一个月中，除去故世者六人及一部分离职外，目前已增至二百九十人，内中在外编审委员七人，请长假者十四人。

邹总经理报告：

　　此次理事会主席徐伯昕先生向银行接洽借款，夙夜筹划，往返磋商，备尝辛苦。现在接洽成功，本会全体理事代表全店同人向徐先生谨致慰谢之忱。至于此次借到款项，今后必须审慎周详，郑重运用。

讨论事项及决议案

一、准社员曹建章、濮光达、卢锦存、谈春簃、祁保恒、黄孝平、戴绍钧、杨赓福、方钧、张文星、刘静波、张世春、关权林、钱小柏、姚广源、苏昌白、王信恒、王焕洪、毕青、冯一予、龚清泉、徐士林、雷瑞林、崔金元、周遇春、杨玉照、钟达、胡苏、包士俊、汪允安、苟志汉、沈志远、柳湜、张知辛、张国钧等卅五人,经人事委员会审查完竣,提交本会再予审查通过案。(本案经人事委员会主席邹韬奋先生加以说明:当人事委员会审查新社员资格时,除须符合社章中所规定之服务期限及年龄外,并根据各人之"工作优良""对店忠实""思想纯正""私生活严肃"四个原则审查决定之。)

决议:曹建章、濮光达、卢锦存、谈春簃、祁保恒、黄孝平、戴绍钧、杨赓福、方钧、张文星、刘静波、张世春、关权林、钱小柏、姚广源、苏昌白、王信恒、王焕洪、毕青、冯一予、龚清泉、徐士林、雷瑞林、崔金元、周遇春、杨玉照、钟达、胡苏、包士俊、汪允安、苟志汉、沈志远、柳湜、张知辛、张国钧等卅五人,经全体出席理事一致通过为正式社员,自廿八年十二月份起照收社费。

二、建立新印刷所,以辅助生产案

1. 在重庆方面,本店拟与新华银行合资筹设一印刷所,除双方各自投资贰万元外,并向其他方面另筹贰万元,凑足资本总额为陆万元。董事会拟设董事五席,由本店及新华各推二人为代表,此外一人由外股推派。将来经理人选拟由本店推荐,会计主任拟由新华推派。印刷所名称及章程等由董事会草拟决定;

2. 在桂林方面,本店拟与三户图书印刷社合作经营,估计该社原有机器生财约值五万元,此外另需筹措流动金约二万元。全部机器及生财清单可在本年底检点具造,将来营业方面尽先接印本店及三户图书社书刊,余力则为各文化团体服务。经理、会计及全体职工由本店推派任用;

3. 西南区管理处主任诸祖荣先生来信报告,有邵阳印刷所拟全部出盘,可由本店与新知书店、战时文化供应社三家投资合办。本店约需投资四千元,但该印刷所仅有对开机一架,将来接盘后似需添置机件,予以扩充。

决议:

1. 原则通过。具体合作办法及营业计划,另行拟订,并推定张志民、张锡荣两同事为本店代表,出席董事会,印刷所名称交由董事会议决之;

2. 原则通过。推定徐伯昕先生为签约代表人,具体合作办法及营业计划另行拟订;

3. 本店资力有限,且在桂林方面已与三户印刷社接洽在先,故对于邵阳印刷所决定不接受。

三、关于本社十五万元资金分配案

决议：通过常务理事会第三次会议所通过之分配草案。惟第一条股息部分,应根据新旧社章之差别,照法律规定重行考虑后,再行召开理事、人事、监察联席会议讨论决定,然后再付社员代表大会通过之。

四、修改社章及筹备下届选举案

讨论意见：

1. 依社章规定,代表大会每年一次,监、理、人事委员会由大会产生,任期各为一年。本届监、理、人事委员任期将于明年三月终了,因此有先期筹备改选之必要。

2. 本社管理采取民主集中制,在业务方面最高执行机构为理事会,在人事方面最高执行机构为人事委员会。组织上两个最高机构独立并行,而实际上业务与人事密切相关,因此遇有重要问题需要急迫处理时,往往感到缺乏一个最高的集权机构。至于监察委员会职权,在一般团体组织内,往往是仅限于财政之审核,而在本社则可随时弹劾理事会或人事委员会之处理失当事件,这样,监委会又好似一种最高的机构。可是理事、人事、监察委员同样由大会选出,而且监委会提出纠正仍须提交代表大会执行,如此在组织机构与职权上亦欠明确妥当。假如由理、人、监委会推选代表组成联席会议决定一切,似乎最合于民主集权的运用,但先决条件非将社章先予修改不可。

3. 在筹备下届选举期间,为充分发挥民主精神起见,应将现有社章分发各地社员,使得充分发表意见,将来汇集后作为修改之参考。惟在此特殊环境之下,客观条件是否允许如此做法而不发生无谓之误会,是应予以考虑。倘认为原则是必需如此做法,而现时确实限于环境之不可能,则须予以解释说明。

4. 依照目前环境与交通情形,如欲各店推派代表定期开会,恐为事实上所不可能,因此,代表大会会期或须展缓。至于选举则仍以通信办法举行之。

5. 本社理事、人事、监察委员会既属有立法及执行权能之机构,如当选委员推派代表出席会议,是否妥当? 此点值得讨论。因为当选委员是多数社员所选举之代表,而当选委员自荐之代表则为代表的代表,其意义及作用有不同之处。

6. 对于下届选举,事先应拟定候选人名单,介绍竞选。名单或由理事会提出,或由社员提出而经理事会决定,此项提名手续应再予以讨论。

决议：修改社章及召开代表大会因客观环境有许多困难,决定暂缓。惟下届改选,仍须进行,推定张仲实(邵公文代)、胡愈之(张锡荣代)、金仲华(孙明心代)三位理事筹备,并草拟办法,提交下次理事会讨论。

关于实施二十八年度工作计划之报告及检讨

一、关于社务部分者

   1. 调制社员名册,发给社员证。

       此项工作原可依照计划实施,惟限于一年来环境的限制,只得暂缓制发。

   2. 厘订社员资格审查标准。

       此项工作已由人委会拟定四项原则,作为审查标准,即:一、要工作优良;二、要对店忠实;三、要思想纯正;四、要私生活严肃。

   3. 厘订组织系统大纲及理、人、监各委员会办事细则。

       此项工作已分别拟订组织系统及办事细则,并开过理事会三次,常务理事会四次,监察委员会一次,人事委员会十八次。

   4. 成立经济研究委员会,筹划流动资金,暂定二十万元。

       此项工作因关系经济调度,且为数相当巨大,故进行比较困难,但经过最大之努力,向多方面进行接洽,始于最近得到王志莘理事之赞助,已向交通银行商得结果,允借十万元作为书店流动资金,此外并得新华银行合作,筹措四万元作为建立印刷所。

   5. 扩充干部,训练干部,举办研究会。

       此项工作因同人分散各地,且均忙于日常工作,故未能依照原定计划进行,惟最近已先在渝店成立工作技术讲座,并正在着手拟订实验分店实施大纲,拟于明年起在渝店试行实验。

   6. 充实并拟订社员福利各项详细办法。

       此项工作已由人委会将原有关于同人福利规章,重加修改补充,并另订各项新办法。

   7. 整理订定职工薪给标准及加薪办法。

       此项工作已由人委会修正订定,并试行战时眷属津贴等项办法,最近正在征求全体同人意见,拟具彻底调整办法。

   8. 修正服务规约。

       此项工作已由人事委员会修正服务规约,通过施行。

   9. 严格考绩,订定工作纪律及惩奖办法。

       此项工作已在人事委员会修正之服务规约内附及之。

   10. 举行工作竞赛奖励办法。

       此项工作仅能做到一部分奖励事项,工作竞赛则尚未做到。

   11. 实行巡回检查制度。

       此项工作曾经草拟方案,有待讨论通过后施行。

二、关于业务部分者

A. 生产方面:

1. 计划在重庆、桂林、上海三处造货,并拟定各区生产预算,照原定计划如下:

A. 高级读物	一四种	二,一六〇,〇〇〇字
B. 中级读物	三九种	一,四八〇,〇〇〇字
C. 时事读物	三四种	一,五二〇,〇〇〇字
D. 工具书	一四种	八〇〇,〇〇〇字
E. 通俗读物	一五六种	一,四三〇,〇〇〇字

此项分区造货工作计划,早在施行,此外并在香港方面增设造货据点。

现在计算自一月至十一月止,实际做到如下:

A. 高级读物	一一种	一,八六一,〇〇〇字
B. 中级读物	二六种	一,八七七,六〇〇字
C. 时事读物	九种	六九一,〇〇〇字
D. 工具书	三种	二一九,〇〇〇字
E. 通俗读物	一二一种	七〇五,〇〇〇字

2. 定期刊物除已出之《全抗》《世知》《妇生》《文阵》《读书》《战教》《理实》等七种外,视能力再陆续出版下列各种:

A. 通俗读物　B. 抗战画报　C. 儿童刊物　D. 少年刊物

此项工作计划除 A 种"通俗读物"已出"全抗通俗版"十八期(每期最多印八千份,现印三千份)外,其余三种未照计划做到。究其原因所在,限于资金不足、印刷困难及人力不够所致。

3. 已出版之书籍,全部加以审查,分成畅销书、次销书、滞销书、绝版书四类,除绝版书(一百五十四种)暂停印行外,其他各类,照下列数量陆续予以重版发行:

A. 畅销书	五一种	一,〇〇〇,〇〇〇册
B. 次销书	一二五种	一,二〇〇,〇〇〇册
C. 滞销书	一二九种	八〇〇,〇〇〇册

此项工作,关于审查方面,因样书不齐及编审委员时间关系,仅能做到一部分;至于重版书数量,因资金不足,印刷困难,只做到如下结果:

A. 畅销书	四八种	六七五,〇〇〇册
B. 次销书	三五种	一三四,〇〇〇册
C. 滞销书	一〇种	三四,〇〇〇册
D. 停售书	五种	二四,五〇〇册

4. 已出版之丛书,依其性质合并,重行编目,在重版时改正出版。此项工作已在

实行。

5. 完成小规模之资料室。

此项工作今春开始做起,惟以目前交通困难,应备书籍颇多不易办到,故搜集不多。此外因渝市常受轰炸危险,未敢大量购置,亦系原因之一。惟目前正在重行整理,以冀渐求充实。

6. 派员学习造纸,以三千至五千元资本,试办小规模造纸厂。

此项工作限于人材及资金一时无余力顾到,故未照计划实现。

7. 以一万至一万五千元资金,筹设一小规模印刷厂,专印重版书。

此项工作最近已决定在重庆投资二万元,桂林投资一万元,各建印刷所。

8. 编订各种单行本版次及历年印数统计。

此项工作已由生产部正在编制。

9. 编制各种书刊成本计算表。

此项工作尚未实行。

10. 拟订各区造货分配明细表。

此项工作尚在计划中,明年起可以实行。

B. 营业方面:

1. 本年度营业额希望增加一百万元,内本版书占六十万元,什志占十五万元,外版占二十五万元。

本年度营业额上期结计:本版二八五,三二一.五四元,外版二四二,二二九.三四元,杂志六五,五一六.五四元。合计五九三,〇六七.四二元。下期结至十月份止,本版、外版、杂志共约三八六,一五四.六一元。

2. 开展战地及沦陷区文化供应工作,除原有东南区——香港、上海、昆明、金华、丽水、於潜、吉安、南城、南平、福州等;西南区——桂林、柳州、梧州、南宁、桂平、百色、沅陵、衡阳、零陵、常德、曲江等;华西区——重庆、成都、乐山、万县、宜昌、立煌、贵阳等;西北区——西安、南郑、兰州、天水等共三十二处外,拟照下列地点陆续增设十三个据点:

A. 东南区——汕头、新加坡、海防、屯溪、赣州、梅县、广州湾;

B. 西南区——邵阳、玉林;

C. 华西区——襄樊、康定、叙府;

D. 西北区——长治、洛阳、迪化、宜川。

关于增设分店,以冀广植前后方及敌后、海外之文化供应工作,此点为本店最重要之计划,始终尽其最大之努力。惟在此一年中,遭遇环境之重重压迫,以及一部分因战局转移或其他种种困难所限制,截至目前能实现计划者仅有新加坡、梅县、广州湾、玉林、宜川等五处;计划设立而限于客观条件未能实现者,计有海防、汕头、邵阳、襄樊、康定、叙府、长治、洛阳、迪化等九处;至于原来已有及本年度设立而因故结束者,计有金华、丽水、於潜、吉安、南城、南宁、桂平、福州、百色、沅陵、常德、乐山、万县、宜昌、南郑、天水、屯溪、赣州、零陵等十九处。现在共有二十处,分区如下:

A. 东南区——上海、香港、广州湾、新加坡、昆明;

B. 西南区——桂林、柳州、梧州、玉林、衡阳、曲江、梅县、泾县;

C. 华西区——重庆、成都、贵阳、西安、兰州、宜川、立煌。

3. 举办各省区流动供应工作。

此项计划原拟注重于开展敌后文化工作,但以地方环境、交通运输、印刷材料及人事等等困难,未能尽量做到。曾经达到者有:浙江省内之於潜、天目山;安徽省内之屯溪、泾县;广西省内之平乐、八步、贺县、那坡;广东省内之四会、罗定;重庆近郊之弹子石、南温泉、黄葛垭等处。

4. 增强同业间连系,并广设杂志分销处。

此项工作虽曾予以注意,但成效殊嫌不够。究其原因,由于运输困难、存货不足及批发缺乏主动推进、推广不甚注意等等,至于期刊密凑、放账严格限制,亦为间接感到困难之处。

5. 本版各杂志希望每期增加至下列销数:

A.《全民抗战》 三万份

B.《世界知识》 二万份

C.《妇女生活》 一万份

D.《文艺阵地》 一万五千份

E.《读书月报》 一万五千份

F.《战时教育》 六千份

G.《理论与现实》 一万份

现将各杂志实际印数统计如下:

	最高额		最低额
A.《全民抗战》	一六,三〇〇份		八,五〇〇份
B.《世界知识》	一七,〇〇〇份		八,二〇〇份
C.《妇女生活》	九,一〇〇份		四,〇〇〇份
D.《文艺阵地》	一二,四〇〇份		九,五〇〇份
E.《读书月报》	一四,〇〇〇份		九,二〇〇份
F.《战时教育》	六,一〇〇份		二,七〇〇份
G.《理论与现实》	一〇,三〇〇份		八,三〇〇份

6. 扩充邮购户,发行书券,恢复银行免费汇款购书办法。

扩充邮购户尚未尽量做到,但自设立读书顾问部后,将来正拟设法推广;书券已在上海印制,不久即可发行;委托银行免费汇款尚无接洽。

7. 外版杂志之内容正确丰富者,尽量争取由本店代为总经售,此项工作陷于交通困难及发行工作人力不够,只能做到一部分,最近如《中苏文化》亦由本店总经售。

8. 自备卡车一二辆,经常往来于滇、桂、渝、陕段运输书籍。

此项计划曾经做到自备卡车一辆,准备经常运货,但以港、沪来货零星居多,极少万之批;桂林方面未能大量造货,而陕店营业又遭遇意外打击,因此不常应用。最近为调剂资金着想,决定将卡车售让。

9. 教科书应设法普遍推行至各学校采用。

此项工作原可照预定计划进行,惟因环境不许可,只得暂缓。

10. 按月编制全国抗战书报联合广告。

此项工作上半年在重庆曾经做过,自"五四"轰炸以后,有一时期日报改出联合刊,减少广告地位,而同业中又大都存货缺乏,不急需刊登广告,因此下半年未能继续刊制。

11. 统一各店门市布置与图书分类。

此项工作已有一部分分店照做,惟因分类目录久无印出,并以书类缺货太多,一时难能做到各店完全统一。

12. 每三月编印新书目录一次。

目录排印困难,且因书类有改动,定价未确定,故不能如期印出。现在已在上海排竣,不久即可印发。在重庆方面从九月起每月编印新书汇报,分发华西区各店,香港方面亦随时有推广品印发。

三、总务方面:

1. 调制各店职工名册,制发职工证及徽章。

此项工作已由总务部照办。

2. 拟定分支店管理系统及办事规程。

此项工作已由业务会议拟订各种规程,并经人事委员会通过施行。

3. 拟订区管理处组织大纲及办事细则。

此项工作业已拟就草案,正待提交讨论通过。

4. 编制本年度预算书。

此项工作已由主计部具造。

5. 拟订会计规程及改革会计制度。

此项工作近在着手拟具。

6. 严格执行经常奖惩登记,每三月必须考绩一次及调查工作及生活状况。

此项工作已由人委会拟定原则,交由总务部经常登记办理。

7. 调整和补充各店工作人员。

此项工作已于今春起次第调整，统计去年底全体工作人员共有二〇四人，截至最近已达二六九人，计增加六五人。

8. 各店设立休息室。

总处及渝店已有设立，其他分店尚待推行。

9. 集中供应各店文具印刷用品。

此项工作尚未实行。

10. 编造各店生财总册。

此项工作已通知各分店具造抄报。

11. 办理同人零存整付储金。

零存整付储金试行后感到尚有困难，遂即中止。现在仅有整存整（存）〔付〕。

四、服务方面：

1. 开展战地文化服务工作。

此项工作因主观与客观环境均有不少困难，未能开展，惟最近在山西方面已与第二战区文抗会商订合作办法，先从西北方面推进工作。

2. 成立读者顾问部，发行"生活推荐书"。

读者顾问部已于四月份成立，发行"生活推荐书"收到预约户在一千五百左右，惟最近出版困难，亏损太巨，暂行停止预约。

3. 设立文化工作问讯处。

此项工作曾经拟具各种表格及信函，寄发各大中学校、民教馆、文化界、著作家、读者、前方各部队兵站医院等征询调查，此外并答复询问函件，共计约一千四百余件。关于文化工作方面之指导调查办理有相当成效，但因整个环境不好，无法依照计划推行。

4. 各店设置读者阅览坐位。

此项设备最近在渝店已有实行，其他各处尚未普遍设置。

5. 实行海外服务部。

此项工作未照计划进行，将来拟由星洲分店开始试办。

6. 实行伤兵文化服务工作。

此项工作曾由全抗社编行《全抗通俗版》，发动向国内外各界捐款订赠，成绩极佳。

7. 实行出版服务工作。

此项工作曾经代办印刷《广西学生军》《战地知识》及三户出版社各种图书，惟限于人力，未能扩大进行。

总结检讨

　　从事任何事业,欲求组织机构的健全和工作效率的增进,第一须有正确的预算和详密的计划,然后运用科学管理方法以分工处理之。本店二十八年度工作计划之拟订,其目的即在于此。不过在第一年开始试验,一由于缺乏过去的各项详确完备的统计材料作为正确标准,再由于这一年来遭受意外的环境压迫,因此我们虽已竭尽其能,全力以赴,但是以实施的结果与原定计划比照,还是相差得很远。现在将全部工作整理检查之下,特以重要各点分条提出,使得拟具下年度新计划时加以特别注意。

A. 关于社务方面

1. 关于组织系统及各项办事细则,现在虽已各有拟订,但以后必须再予慎重修订,使得更求完善。关于组织机构方面,亦拟在下届改选前提出讨论,务求益臻于健全集中。

2. 关于经济问题,最近已获得解决办法,但今后必须组织经济研究委员会或其他类似性质之会议,使得集思广益,郑重动用,做到增加生产,灵活流转为实效。

3. 关于工作人员方面,今后必须注意到技术水准的提高,使得每个同人对于应负工作都能胜任愉快,而且得到良好的效果。此点除注意于原有同人的加强学习和加紧训练,俾求扩充得力干部外,以后对于新进人员,尤须注意到质的提高。

4. 关于同人薪给标准及各项福利规章,以后当在整个店的经济能力可能负担条件之下,尽量求其调整提高。这样不仅是减少同人生活上的困难,而且正可获得工作上的更高效果。

5. 关于巡回制度的实施,在目前分店散布各地,对社务及业务上各种问题甚多隔膜的情况之下,明年起必须求其实现,借此增强总处与分店的联系。

B. 关于生产方面

1. 关于造货中心,本年度因印刷条件困难,有许多应该再版的书籍无法印造,这是一个严重的缺陷。其中经济的支绌和运输的困难当然也是重大原因。下年度决定在重庆、桂林自建印刷所,增加生产力量。东南区方面仍以上海为主要中心,尽量供给。

2. 关于畅销和常销书籍,下年度必须做到有计划的尽量再版补充,仅有一副纸型的畅销和常销书,必须另在上海重版多打纸型,以便将来分区再版,补救印刷迟缓及运输延搁等等缺点。

3. 下年度起印造书刊,务须做到迅速准期,勿使积压,而且同时要顾到减少错误,避免损失。

4. 关于造货统计、成本计算、造货地点分配等等，本年度未能做到完全正确周到，下年度起务须做到详确适当，条理井然。

5. 关于下年度收稿出书计划，为配合营业上的急迫需要，首须注意到多出中级读物（如"青年自学丛书"之类）、社会科学入门书（如《经济学初步》之类）、工具书（如词典之类）；次要的选出文艺书、学术书及其他。

6. 杂志方面除维持原有的《全抗》《世知》《妇生》《文阵》《读书》《战教》《理实》《全抗通俗版》等八种外，下年度并将《国民公论》改为本店发行。此外，再拟刊行《时代科学》及少年阅读刊物各一种。

7. 关于资料室的设备，下年度起依照规定预算，有计划的购置充实，并指定专人负责管理。

C. 关于营业方面

1. 本年度营业总额预算一百万元，内中本版书六十万元，占总额百分之六十，本版杂志十五万元，占总额百分之十五，此数原可达到，或竟超过预算，只因一年来遭遇环境不好，分店收束多处，因此稍受影响。此外如沿海区印造新书不能迅速运到内地，一部分期刊不能准期出版，畅销书无法尽量印造补充等等，亦属减少营业的重大原因。下年度必须注意到新书分区印造，就近供给；运输设立分站，专人负责；期刊准时出版，并充实内容。至于分店业务经营及工作方面，应当力求改进，并须充实干部，负责推行。

2. 本年度外版营业额预算二十五万元，占总额百分之二十五。现在约计此数大可超过，当然为可喜之现象。不过究其超过原因，也可作如下的估计：一、本年度分店外版进货，除香港、新加坡两处由沪店办发外，其余大部分分店均在当地进货，而且以开明出版物占最多。假如有充分的资金，使内地各店都可从上海办到外版，则结算外版销货总额决不仅止于此；二、外版销货额的超过预算，正是证明了本店出版物甚至各家出版的好书过分缺乏，因此使读者不得不选择比较适合于自己阅读者去购买，因而造成外版销货额的额高；三、根据上述两点，在此可以得到一个结论，就是：我们为了看到外版书的畅销，今后更须注意到本版书的大量供给；外版书的多备并不影响到本版销货的减少，而且正是可以提高本版书的销数。在可能拨出一笔外版进货的资金下，今后外版销货额一定还可增加起来。

3. 关于同行批发往来，本年度尚未注意到有计划的积极推动，下年度起必须拟具计划大纲，使得各店批发课适应地方情形，加强推进，并且需要经常的与同行取得联系，使得代销户普遍到各地。如浙东、新疆、山西各方面更须特别致力。

4. 关于推广工作，本年度尚无一种完全的本版书目印出，在营业上受到许多不便。以后必须不使间断，并随时多印简便推广品分发。对于邮购户、杂志定

생活書店
会议记录1933—1945

260

户、顾问部登记读者,亦须经常有推广办法。

5.《战时读本》及《抗战建国读本》两种教科书原可大量推广,可是因为环境限制,感到许多困难,而且在备货与推销方面也不易和偏重于做教科书的同业互相竞争。今后我们应该酌出中学或专门学校适用的外国语文读本之类,这样比较容易推广,而且在营业上也多利益。

D. 关于总务方面

1. 本年度各分店对于总处通告施行之办事规程,还不能完全照做。下年度应予调整人事,注意执行。比如店务会议之记录等等,必须做到准期报告,借使总处经常明了实情,研求改进。

2. 区管理处组织大纲及办事细则,下年度须拟订施行。

3. 拟订会计规程为健全会计制度的先决条件,下年度务须着手拟草,早日施行。

4. 关于各店人事支配,本年度已有不少调整,最近已将不急要的分支店办理结束,下年度更须集中人力,使得每一处分店人与事分配适宜,提高工作效率。

E. 关于服务方面

1. 服务部原来的工作计划,是以举办战地文化服务、设立文化工作问讯处、举办海外华侨服务三项为主要任务。但自成立以后,为了主观和客观上的许多困难,仅能做到设立文化工作问讯处的一项工作。此外虽也曾经作了一些救护难民、慰问伤兵、下乡宣传等等服务工作,但与原来计划相差很远。为了工作进行的困难,最近将服务部暂时取消,待到将来需要时重行恢复。

2. 读者顾问部的工作原是属于服务性质的,现在只能顾到这部门的服务工作,并决定从这方面有计划的求其向前扩展。

主席　徐伯昕

第五届理事会第⊠次临时会记录

时　　间：二十八年十二月二十八日下午

地　　点：学田湾总处

出 席 者：沈钧儒　韬　奋　徐伯昕　杜重远(黄宝珣代)　李济安　甘蘧园(张志民代)　王太来(莫志恒代)　胡愈之(张锡荣代)　金仲华(孙明心代)　张仲实(邵公文代)

主　　席：徐伯昕

记　　录：孙明心

讨论及决议事项

一、准社员马斌元、孙洁人、赵志成、陈树南、王仁甫、车锦顺、陈幼青、吴俊之、苏尹铨、许季良、冯霜楠、贺承先、王产元、金世禄、张国祥、许彦生、聂会镇、胡绳、廖庶谦等十九人经人事委员会审查完竣,提交本会再予审查通过为正式社员案。

决议:马斌元、孙洁人、赵志成、陈树南、王仁甫、车锦顺、陈幼青、吴俊之、苏尹铨、许季良、冯霜楠、贺承先、王产元、金世禄、张国祥、许彦生、聂会镇、胡绳、廖庶谦等十九人经出席理事一致通过为正式社员,从廿九年一月份起照扣社费。

二、筹备下届理事、人事、监察委员会改选事务及规定候选人应具备如何条件案。

决议:

A. 规定候选人应具备的条件如下:

理　　事:1. 孚社会重望而热心本店文化事业者;

　　　　　2. 工作成绩特别优良能起模范作用者;

　　　　　3. 对社的事业有积极贡献者;

　　　　　4. 长于设计能力者;

　　　　　5. 得同人信仰者。

人事委员:1. 工作成绩特别优良能起模范作用者;

　　　　　2. 对社的事业有积极贡献者;

　　　　　3. 处事态度公正无私者;

　　　　　4. 热心同人教育工作者;

　　　　　5. 得同人信仰者。

监察委员:1. 工作成绩特别优良能起模范作用者;

　　　　　2. 对社的事业有积极贡献者;

　　　　　3. 处事态度公正无私者;

　　　　　4. 熟悉会计者;

　　　　　5. 得同人信仰者。

(附注)在理事的五项条件中,如在店内工作者,不限定具备第一项;不在店内工作者,不限定具备第二项。

B. 在开始筹备改选期间,先由理、人、监委员会共推代表五人(理事会、人委会各二席,监委会一席),组织提名委员会。提名委员会拟定名单以后,召开理事、人事、监察各委员联席会议审查讨论,作最后决定。

C. 候选人名额决定提出三十六人,内中理事十七人,人事委员十四人,监察委员五人。提出候选人时,以顾到进店年期及有关规定应备条件为原则。

D. 确定候选人名单以后,即以候选人之年龄、职务、经历等等加以简短赅要之说明,作为介绍。候选人名单连同全体社员名单及选举票同时发出,以供外埠社员讨论填选。

E. 理事会推定张仲实(邵公文代)、金仲华(孙明心代)两席参加提名委员会,提名委员会拟定候选名单后,决定在一月十日召开理事、人事、监察委员联席会议讨论。

F. 选举票及名单预定在廿九年一月十五日发出,二月二十日截止收票,二十四日开票揭晓。

主席　徐伯昕

第五届理事会会议记录（三）

第五届理事会第五次常会记录

时　　间：二十九年一月十日

地　　点：学田湾总处

出 席 人：胡愈之　沈钧儒　张仲实（公文代）　甘蘧园（张志民代）　李济安
　　　　　王志莘（张锡荣代）　杜重远（黄宝珣代）　王太来（莫志恒代）
　　　　　韬　奋　徐伯昕　金仲华（孙明心代）

主　　席：徐伯昕

记　　录：孙明心

主席报告（略）

讨论及决议事项

一、拟订廿九年度工作计划大纲问题

实施本年度计划时，必须注意下列各点：

1. 重视各分店营业的地方性，使得加强分店的独自发展；

2. 对于业务上如经济调度、人事支配等等，应提高负责人职权，加重其责任；

3. 对于营业及人事方面，应采取集体领导，个人负责为原则；

4. 对于有关人事方面各项工作计划之进行及负责人职权之规定，将来根据集体领导、个人负责之原则，交由人委会研究讨论；

5. 关于社员缴纳社费，发给储金凭证；

6. 对各分店拟采每一单位指定一社务联络员，借以加强社务教育；

7. 本年度注意造货调整，尽量做到"重四、新三、杂三"分配办法。

决议：廿九年度工作计划大纲草案照原则通过，惟须再行补充，并交各部科另订细则后再付讨论。

二、确定社员资格问题

决议：

1. 凡社员（名誉社员例外）经本店以契约规定，准其请假后在外工作，而其工作性质仍与本社事业继续保持密切关系者，得继续为本社社员；

2. 凡社员（名誉社员例外）假期已满，失去契约时效而不再续假或复职者，作出社论，取消其社员资格；

3. 凡社员（名誉社员例外）请假后在外另有工作，而其工作与本店事业并无关系者，作出社论，取消其社员资格；

4. 社员吴全衡另有工作,辞职他去;傅东华自动请求出社;王锦云、殷益文、毕有华假期已满,失去契约时效而不再续假,且已在外另有其他工作,均作出社论,取消社员资格。

三、推定下届选举票保管人及改定投票截止日期

决议:1. 推定邵公文、孙明心、张锡荣三人为选举票保管人;

2. 投票截止期改至廿九年二月二十九日为止。

四、投资邵阳印刷所问题

决议:关于投资邵阳印刷所问题,因西南区管理处在未接总处通知前早已付出定银壹千元,不及收回,故决定三项办法:(一)另觅接替,让渡投资;(二)作为预付印刷费,逐渐扣回;(三)万一无法挽回,作为投资肆千元。通知西南区管理处斟酌情形办理。

五、拟定廿九年度收支预算以作调整薪水准备问题

决议:廿九年度预算营业总额一百三十二万元,除去造货、进货成本外,预计毛利约二十九万四千元。毛利中提存盈余二万元之外,拟以拾叁万元用作同人薪工,十四万四千元作为其他开支。约计全部开支占营业总额百分之二十,薪工占开支数百分之四十七。此不过为原则上的假定比数,仅可作为调整本届薪水时的大概参考而已。

主席　徐伯昕

理事会第六次常会记录

日　　期:二十九年三月十四日下午一时半

地　　点:总管理处

出 席 者:沈钧儒　韬　奋　徐伯昕　甘蘧园　金仲华(孙明心代)　张仲实(邵公文代)　李济安　王太来(莫志恒代)　胡愈之(张锡荣代)　杜重远(黄宝珣代)

主　　席:徐伯昕

记　　录:孙明心

报告事项

一、分析目前时局环境,本店应审慎今后的工作方针,一切以"保全事业,减少牺牲"为原则。

二、根据上面所说的原则,对于本年度工作计划大纲草案应有下列几点变动:

A. 总的方针

    1. 重拟预算，紧缩开支；

    2. 业务机构尽量做到简单化；

    3. 提高区管理处及分店经理的职权。

B. 生产方面

    1. 新书字数拟减缩到五百万字；

    2. 杂志字数拟减缩到三百七十万字；

    3. 重版书字数拟减缩到七百五十万字；

    4. 杂志另行划分，由各刊社独立发行。

C. 营业方面

    1. 营业收入较少的办事处一律结束；

    2. 将现有的十三处分店集中力量，加强业务机构；

    3. 本年度因分店减少，营业预算额拟减为一百零六万元。

三、二十七年度账目已经委托立信会计师事务所驻渝查账员查核竣事，廿八年度决算未齐，拟缓日连同廿六年度账目一并交由上海立信会计师事务所查核。

四、廿八年度营业收入及开支情形

销货总额（包括本、外版，杂志及文具）

    国币　　　　　八十万零七百三十元零五分

    港币　　　　　八万五千七百五十七元六角三分

    叻币　　　　　八千九百十三元四角五分

开支总额

    国币　　　二十一万五千八百八十四元七角三分

    港币　　　一万九千五百十六元二角八分

    叻币　　　　三千零七十元八角七分

损益结算

    纯损　国币　　三万三千五百十七元九角八分

    纯益　港币　　三千四百四十八元四角四分

    纯益　叻币　　七百四十四元五角五分

    以上结算数字未能正确，因为廿八年度柳州、南宁、贵阳、西安、金华、丽水等处决算报告书尚未寄到，所以须待汇齐总结后才能完全正确。关于销货项下应将本版书、杂志、外版书、文具分列计算，亦须待汇齐决算时详细制具报告。

五、关于印刷所合作情形

A. 三户印刷所合作契约早已签订，正待派人接管；

B. 建中印刷所已开过董事会，并于二月十五日起正式开工；

C. 桂林国民印刷所由本店投资四千元，决定先行试办半年。

讨论及决议事项

一、关于杂志改为独立发行事项

　　决议：原则通过。

二、关于甄别新社员事项

　　决议：近来发觉同人中有对于本店事业认识不够，甚至妨碍到本店业务安全者，因此考虑到今后对于新社员的通过，必须严格甄别，宁少毋滥。甄别时除服务年期及年龄两项仍照社章规定外，对于原定的"工作优良""对店忠实""思想纯正""私生活严肃"等四项标准，必须在审查甄别时更加严格周详，慎重通过。至于已经通过的旧社员，也须经常注意到教育工作。

三、本届改选延期事项

　　决议：本届改选原定于二月底截止投票，但因外埠交通不便，尚有一部分选举票未寄到，因此决定展期至三月二十日为截止期。留渝社员在二十日下午七时召开大会，进行选举，并于同时开票揭晓。

四、考虑总经理、经理薪给事项

　　决议：邹、徐两先生现在所支领的薪额，是在数年以前所核定，目前确有重加考虑之必要。兹决定邹总经理、徐经理的薪额，各改支为二百八十元，本年一、二月份薪水应予补足。

主席　徐伯昕

第五届常务理事会记录

第五届理事会常务理事会第一次会议

时　　　间：廿八年八月一日下午三时

地　　　点：学田湾总管理处

出　席　人：徐伯昕　邹韬奋　李济安　金仲华（艾寒松代）　张仲实（邵公文代）

主　　　席：徐伯昕

记　　　录：艾寒松

报告事项

（一）徐伯昕先生报告

1. 廿八年一月份至六月份全部营业状况：

一月份　　　　　　六〇,四〇〇.〇六元

二月份　　　　　　七四,二二五.三八元

三月份　　　　　　九六,三九五.〇〇元

四月份　　　　　　八一,三一七.三三元

五月份　　　　　　六八,〇〇九.四七元（未齐）

六月份　　　　　　三六,六六〇.四九元（未齐）

总共　　　　　　　四一七,〇一〇.七七元

其中以三月份之营业最好。

2. 廿七年全年全体损益计算：

① 销货收益　　　　八九二,四二五.九八元

② 销货成本　　　　四五六,二九八.一九元

③ 毛利　　　　　　四三六,一二七.七九元

④ 其他收益　　　　　　五,五八六.二八元

⑤ 收益总额　　　　四四一,七一四.〇七元

⑥ 销售费用　　　　四二九,九六六.七二元

⑦ 纯益　　　　　　　一一,七四七.三五元

3. 廿八年第一季（一月至三月）及第二季（四月至六月）之造货总值：

第一季：　　　　　一六七,一一一.四〇元

第二季：　　　　　二八五,三一六.〇〇元

4. 本店出版各杂志之销数比较：

①《全民抗战》　　一二,五四五份

②《读书月报》　　一二,六二五份

③《世界知识》　　　一四,〇五五份

④《妇女生活》　　　六,三六八份

⑤《文艺阵地》　　　一〇,一二五份

⑥《战时教育》　　　三,九七五份

⑦《理论与现实》　　八,〇〇〇份

此外总经售之杂志

①《国民公论》　　　五,九九一份

②《文艺战线》　　　八,八三四份

（二）邹韬奋先生报告

本人要报告的是关于过去《生活日报》创办的经过情形,因为常有个别的同人对于《生活日报》的创办和本店关系不甚清楚,容易误会,故有特别提出报告及向常务理事会解释的必要。第一,《生活日报》的创办,完全系由本店最高机构理事会核定;第二,本人根据理事会之决定,代表本店为《生活日报》无限责任股东;第三,本人既系代表本店创办《生活日报》,《生活日报》即为本店事业之一部分,办理《生活日报》之经过以至结束已由本人向理事会报告,账册亦经会计师查核过。根据上面三点,本人应向常务理事会声明:《生活日报》之创办及结束全系本店之事,且该事早已结束,手续清楚,并应由常务理事会向不明真相之个别同人随时负责解释云。

讨论事项

1. 关于《生活日报》问题

2. 关于本店历年来之股息及红利分配问题

3. 关于修改与中华职业教育社订立的合同问题

4. 关于本店今后之资金增加问题

议决事项

1. 通过邹韬奋先生之报告,并认为《生活日报》在营业上之盈亏,邹韬奋先生不负任何责任,此点尤宜由本会向不明真相之个别同人随时解释。

2. 关于本店历年来累积未分配之股息,应先依据社章规定分配,其关于红利部分,亦应按照社章规定,无论出社社员或退职之正式职员,在其工作期内皆得享受上项应得之权利。至红利分配办法,当按各人之任职年月及薪水大小之比例分配之。惟一切分配所得,概作为本店股本或储金,在本店未解散前,不得提取。

3. 在原则上同意修改社章上关于对中华职业教育社之规定,即每年在盈余内提取百分之二十,亦移作股本,不得提取,至详细办法,当提出理事会讨论之。

4. 关于本店今后增加资金问题,拟采取下列六种方式,即:(1) 改本店为两合公司,公开招股;(2) 发行店债;(3) 组织银团付款;(4) 发行书券;(5) 出版"生活推荐书";(6) 吸收储蓄。上项办法,将于理事会提出讨论,并作最后决定。

主席 徐伯昕

第五届理事会常务理事会第二次会议

日　　期:二十八年九月一日

地　　点:学田湾总处

出　席　者:徐伯昕　李济安　金仲华(艾逖生代)

主　　席:徐伯昕

记　　录:艾逖生

讨论事项

本日邹总经理给本会主席信一件,内称"本店贵阳分店经理张子玟同事不服从总处指示,擅离职守,韬认为在此无政府状态之下,无法负责,在人事委员会未对此事实行纠正以前,不能到底办公,特向主席请假。如人事委员会公决此事无须纠正,则请主席召集理事会临时会议,另推总经理为荷"等情,本会对此应如何处理案。

议决事项

张子玟同事此次未经总处允准,擅离职守,确属事有未当,应交人事委员会予以应受处分。惟总经理身系全店托付之重,不容任其请假,推定主席为理事会代表,敦劝邹先生即日销假回店,以维大局。

主席 徐伯昕

第五届理事会常务理事会第三次会议

时　　间:廿八年九月三十日

地　　点:学田湾总处

出　席　人:邵公文(代张仲实)　韬　奋　李济安　孙明心(代金仲华)

主　　席:徐伯昕

记　　录:孙明心

报告事项

徐伯昕先生报告

一、理事金仲华代表艾逖生先生因事离渝,所有代表一节,金理事于八月十九日来信改推孙明心先生出席。

二、目前各分店调整情形:

1.(华西区)现有:重庆、成都、贵阳、昆明、西安、兰州六处,已告结束者,有:万县、乐山、宜昌三处,南郑、天水尚待赶办结束中。

2.(西南区)现有:桂林、柳州、南宁、梧州、玉林、衡阳、常德、曲江、梅县、南平十处,已结束者,有:吉安、赣县、沅陵、金华四处。正在办理结束者,有;丽水、屯溪两处。长沙分店已于"九一八"复业,并拟将常德收歇,并入长沙营业,惟以最近湘北战局吃紧,均须准备撤退,将来拟改去粤北扩展。

3.(东南区)现有:香港、上海、广州湾、新加坡四处。

4.正拟计划增设者:西康及菲(列)〔律〕宾两处。

三、最近业务情形:

1.最近为减清旧有存货,拟就廉价办法,通知各分店自"九一八"起举行廉价三星期,结果成效颇好。

2.目前造货成本飞涨,本版书刊照原定价发售亏损甚巨,爰于业务会议商讨,决定从本年十月廿日起改订新定价,统一发售。

讨论事项

(一)筹措经济问题

(二)资金分配方案

(三)社务分组办法

(四)推进华北业务与第二战区文抗会合作问题

(五)卡车出让问题

(六)施行分店组织简则问题

(七)施行分店办事规则问题

决议事项

(一)向新华交通商洽借款十万至二十万元,定期五年至十年,逐年摊还,采透支限额递降办法,由邹韬奋、徐〔伯〕昕两先生与王志莘、钱新之先生进行接洽。

(二)资本金分配方案,除第一条股息部分,应根据新旧社章之差别照法律规定重行考虑外,余均照原文通过。(附录如下)

二十五年本店以独资商号向国民政府实业部呈请注册,当时呈报资本总额为囤拾伍万元,查资本金原为囤一万六千三百卅九元九角,于二十五年下期内如数转入社员储金账户而将历年(自二十二年七月至二十五年十二月)提存之存货损坏准备、存纸损坏准备、坏账准备、折旧准备、特别准备、停刊定费及本版书提高折扣等项之全部或一部分数额凑足十五万元转入资本金账户。

依据潘序伦查账报告书之意见,认为"上述各项准备,有一部分,固属公积性质,惟有一部分系属资产估价账户,今全部转作资本金,似觉不甚妥当"云云。

上述账面资本金十五万元,应否及如何确定其性质及其分配一案,兹经二十八年八月三日理事会第二次常会决议在原则上通过,推举金仲华(艾寒松代)、徐伯昕、甘蘧园(张志民代)三理事草拟具体分配方案,提交下次常务理事会讨论之。

兹根据理事会决议之原则及上述资本金构成之性质并参酌本社组织之精神谨拟定分配方案如次。

一、按照社章第四十三条关于盈余分配之规定将资本金十五万元先照下列百分数分配:

公积金户	占百分之十五	应得二二五〇〇元
中华职教社补助金户	占百分之二十	应得三〇〇〇〇元
职工红利户	占百分之三十	应得四五〇〇〇元
股息户	占百分之二十	应得三〇〇〇〇元
同人福利基金户	占百分之十五	应得二二五〇〇元

二、自二十三年七月(注)至二十五年十二月社员(包括在此时期内之在社社员)应得股息,按照社章第四十三条"股息不得超过年息一分,其超过之数拨归社员福利基金"之规定尽先自股息户项下分配之。

股息以二十四年六月卅日二十五年六月卅日以及十二月卅一日之社员储金结数,照周息一分计算之。

二十四年六月卅日储金结数为二三七五八.五〇元,应发股息二三七五.九〇元;
二十五年六月卅日储金结数为一八二七一.〇〇元,应发股息一八二七.一〇元;
二十五年十二月卅一日储金结数为一六三三九.九〇元,应发股息八一七.〇〇元。
共计应发股息五〇二〇.〇〇元。(各社员应得股息另详附表)
剩余股息二四九八〇.〇〇元拨入同人福利基金户。

三、自二十二年七月至二十五年十二月每届盈余项下,应付中华职业教育社百分之二十之补助金,均已准期付讫,此数应自资本金项下应得之社股额内除算之。

  二十二年七月至十二月纯益   三,六二一.一四元

  二十三年一月至六月纯益   一,二六四.七一元

  二十三年七月至二十四年六月纯益   九一〇.四六元

  二十四年七月至二十五年六月纯益   一,四二〇.二四元

  二十五年七月至十二月纯益   一,〇〇三.五四元

  共计纯益八,二二〇.〇九元,按百分之二十计算,已付补助金一,六四四元。

  此项已付补助金一,六四四元拨入公积金户。

  自本方案实施以后,应付中华职业教育社补助金之原订契约当与该社商议废止之。今后按其资本金项下之社股额,照章发息,此项社股非至本社解散时,不得提取。

  四、自二十三年七月至二十五年十二月在此期间内所有职工(包括社员、非社员以及已离职之职工)按其历年所得薪工总数,比例分摊红利部分。

  薪工以每年最高之月薪倍全年工作月数计算之。

  二十三年份   薪工总数

  二十四年份   薪工总数

  二十五年份   薪工总数

  合计薪工总数

  红利户四五〇〇〇元,平均薪工一〇元,应得红利   元。

  社员应得之红利(另详附表)作为投资本社之社股,非至本社解散时,不得提取,非社员(另详附表)应得者系属储金性质,但须与社员同样办理之。

  五、上述第二条社员应得之股息并入各人社股项下,不得提取。

  六、依据上述各条分配之原则,本店资本金十五万元之分配确定如下:

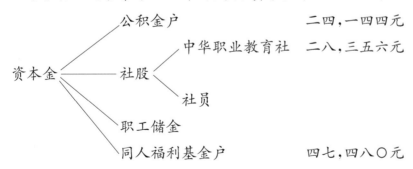

	公积金户	二四,一四四元
	中华职业教育社	二八,三五六元
资本金 —— 社股	社员	
	职工储金	
	同人福利基金户	四七,四八〇元

  七、资本金项下公积金户与同人福利基金户每年应得之股息拨入普通公积金户与同人福利基金户。

  (注)廿二年七月至廿三年六月应发股息及红利业经于廿三年十一月付讫。

  (三)根据理事会决议原则(1)每地成立一组,人数不限;(2)每三月开会一次,不拘形式。二点分别通知各店办理。

（四）可照契约上各款办理。（附录如下）

第二战区文抗会、生活书店特约办文化书店合同草约

第二战区文化界抗敌协会（以下简称甲方），为推进本战区内抗战建国文化起见，特约生活书店（以下简称乙方）承办文化书店，经双方议定条件如下：

一、乙方承办之文化书店，对外得以甲方代表人为对外最高代表人，对内组织，无论经济会计及人事管理等，均由乙方自行负责经营，不论营业盈亏，甲方概不顾问。惟乙方添请工作人员时，得向甲方征聘之。

二、甲方所有出版物，乙方有代理发行之义务，此项代理发行工作，会计完全独立办理，并事先由甲方付给乙方一部分发行资金，事后由乙方按期将应付邮运费、包装费等实报实销，乙方不取手续费或办公等费用。如有盈亏，概由甲方自行负责。

三、文化书店营业状况，得按期向甲方代表人报告，并征求其指示。

四、乙方总店暂设于二战区司令部所在地，并依照事实上之需要缓急，与乙方之能力，经双方同意，增设分店，倘未经乙方同意而甲方认为必须设店时，其办法得临时订定之。

五、乙方所经售之书报目录，甲方所属各分会应予以义务推广散发。

六、乙方运输书报至二战区内各地或其他分店，甲方须予以代雇车辆马匹之帮助，费用由乙方担负，必要时，甲方代为请求军事警卫机关予以武装保护，以利书报输入敌人后方。

七、本办法有效期两年，期内如经双方同意，得提出修正或取消之。期满后如仍有需要，得在三个月前另行商订之。

八、本办法一式两纸，自双方签字日起发生效力。

　　　　　　　　　甲方　第二战区文抗会附设文化书店代表人
　　　　　　　　　乙方　生活书店代表人

（五）卡车决定从速出让。

（六）分店组织简则通过施行。（附录如下）

生活书店分店组织简则

第一章　组　　织

一、本店为发展业务起见，得由总处总经理之提议，经常务理事会通过，于国内外各地设立分店统归总处管辖。

二、分店设经理一人并得视事务之繁简，增设会计营业总务等三课，必要时得在课以下，得因工作部门之不同而设立若干组。

三、各课设主任一人，职员、练习生及店工若干人，视事务之繁简酌定之。

四、分店经理及会计课主任，必要时，得兼任其他任何一课主任，各课职员及练习生得以一人兼办两课或两课以上之事务。

第二章　职　　权

五、分店经理之职权如左：

1. 拟定营业计划及督促店务之进行。

2. 办理营业上契约之签订。

3. 管理员工之进退及工作之支配并考核其勤惰。

4. 核定员工关于营业上之各项建议。

5. 处理关于银钱账目货物之审核事宜。

6. 执行总处通告及函件指定之一切事宜或其他委托事宜。

7. 综理分店其他内外一切事宜。

六、会计课之职权如下：

1. 关于银钱出纳事项。

2. 账务之记载及核对事项。

3. 办理关于款项之审核检查及预算决算之编制等事宜。

4. 造具统计报告事项。

5. 收付款之开单及欠款之催索等事项。

七、营业课之职权如左：

1. 关于门市、批发、邮购、发行及进货等事项。

2. 关于推广及调查等事项。

3. 关于货物之收发保管（栈务）等事宜。

4. 其他有关营业事项。

八、总务课之职权如左：

1. 办理关于文稿之撰拟缮写及一切文件之收发保管等事宜。

2. 办理关于人事、事务及运输等事宜。

3. 关于生财、用具之保管等事宜。

4. 其他不属于各课事宜。

第三章　人　　事

九、分店员工，除经理、总务、会计、营业各课主任必须由总处指派外，余得由分店就地招考试用，但须将考试结果报告总处核定之。

十、分店员工如有犯规行为发生，须报告总处处理，必要时，得由分店经理依照本店员工服务规程之规定处理后，报告总处追认之。

十一、分店员工除各课主任外，其职务之更调由分店经理决定后报告总处备查。

第四章 会 议

十二、分店应于每两周举行店务会议一次,由经理召集之,经理缺席时,由代行经理职务之职员召集。

十三、分店除规定之店务会议外,必要时得举行临时会议,由经理召集之。

十四、店务会议之任务为:(一)业务报告;(二)工作检讨;(三)有关店务各项问题之讨论与研究。

十五、店务会议经过,每次应摘要报告总处备查。

第五章 附 则

十六、支店组织简则与本简则同,惟一切由分店管理之。

十七、本简则经常务理事会通过施行。

十八、本简则如有未尽事宜,得由总处总经理经理提请常务理事会修订之。

(七)分店办事规则通过施行。(附录如下)

生活书店分店办事规则

一、分店在附近区域内增设支店或办事处等之营业机关须先拟具计划书及营业概算,经总处总经理经理核准后方得进行。

二、分店不得以分店名义借贷款项或收受存款,但遇有特殊情形,事先报告总处认可者不在此限。

三、分店不得以分店名义代人担保,但遇有特殊情形事先报告总处认可者不在此限。

四、分店所用各项图章均由总处刻发,不得自行改换或添刻,银行存款证章应在总处预留印鉴。

五、分店所用各项簿册单据及公用信笺信封等均由总处照规定格式,通知造货成本最低处印发,如有改换格式或照样另印情事,须事前报告总处核准。

六、分店所用书目传单及发登日报广告,均由总处排印寄发,必要时,得由分店自行办理,但事后须检送样本报告总处查核。

七、分店非经总处核准,不得兼营本店营业范围以外之他项营业。

八、分店对于书刊定价或批价,如有变更时,应先经总处核准。

九、分店代售外版图书杂志,应由分店经理审查决定,其新出版者,应每周填具报告寄总处备查,但承订特约经售合同或分发其他分店时,须报请总处核准。

十、分店得由总处划定营业区域,在该区域内推销本外版书刊及与同业普通往来,但如与某一地之同业订立特约时,须经总处核准。

十一、分店对于客户往来,一律不得欠账。

十二、分店各项开支,应每半年依照规定编制预算,寄交总处核准。

十三、分店开支款项,应随时遵照总处核定之预算支付,如有特殊情形,必须增加开支时,得造具临时预算报告总处核准。

十四、分店于每半年结账一次,由分店经理会同各课主任依照总处规定格式,造具营业报告书、财产目录、资产负债表、损益计算书等,于一、七两月以分别寄交总处查核。

十五、分店门市收款,应由收款人,于每日营业时间终了时,将现款连同发票账单送交会计课点收。

十六、分店除门市组外,批发、邮购、发行等各组应收款项,均应于每日办公终了时,将现款连同发票账单,送交会计课点收。

十七、分店付款必须有证明单据,并应由经理签字核付。

十八、分店现金存数,由总处酌量情形限定之,逾限应即汇寄总处或总处指定之地点。

十九、总处指定分店划付之款项,须即照付,但存款不足划付时,得向总处申明。

二十、分店未得总处或其他分店划付款项之通知时,不得任意代为付款。

二十一、分店经手银钱部分,分店经理得会同会计主任随时检查库存。必要时,须将检查结果报告总处备查。

二十二、分店本外版存货(包括门市栈房等)应由栈务组或栈务管理员,于每月底查点清楚,于次月五日前将存销报告抄送经理签字后寄总处查考。

二十三、分店本外版存货应由分店经理或营业课主任会同栈务组或栈务管理员随时根据存销卡检查,至少每半月一次,其有滞销货物,外版应随时退还,本版应报告总处处理,如查有散乱污损者应督促负责人整理,并须将检查结果及办理情形逐次报告总处备查。

二十四、分店本外版存货,除栈房应有存销卡片登记,以便稽核外,门市组亦应办理核销手续,分店经理或营业课主任应随时予以抽查,每月至少一次,并将办理经过报告总处备查。

二十五、分店各部分发票账单,均应由会计课随时复核。

二十六、会计课应将总处规定之各项簿册、单据每旬汇寄总处备查。

二十七、总务课应遵照总处规定,按期将员工考绩表,送由经理签字后,寄总处查核。

二十八、分店各课组对外信件,一律用分店名义,文稿均应由分店总务课会阅及经理签字后始得缮发。

二十九、会计课应每旬造具营业旬报,送由经理签字后寄总处查核。

三十、分店对于总处之各项报告,及调查表均应按期照寄不得迟误。

三十一、分店添配本外版图书杂志,应由营业课开单,并经经理核准后,再行寄发总处或区处及其他分店添配。

三十二、凡在分店工作之员工,不论系当地招考试用,或由总处调派者,均由分店经理负责管理。

三十三、分店内包括有造货部分者除其造货数量,及预购纸张应经总处核准外,余均由分店经理管理并督促其进行。

三十四、分店经理如职务更动时,应即依照规定之手续,将本人经理任内一切货款账项、生财等等一一分别点交新任经理接收,新旧经理并须将交接情形及交接物品全数造表备文报告总处查核。

三十五、分店各课主任如职务更动时,应即依照规定手续,将本人任内经管之一切事务分别交代新任主任。新旧主任并须将交接情形书面报告经理并由经理报告总处。

三十六、分店如因被窃或遭受意外,及遗失凭单证据等情,应一面报告军警当局查办,一面登报将重要凭单、证据申明作废外,并须报告总处查核。

三十七、本规则经常务理事会通过后施行。

三十八、本规则如有未尽事宜得由总处总经理经理提请常务理事会修订之。

主席　徐伯昕

第五届理事会常务理事会第四次会议

时　　间:二十八年十月卅一日下午
地　　点:学田湾总处
出　席　人:韬　奋　邵公文(代张仲实)　金仲华(孙明心代)　徐伯昕
主　　席:徐伯昕
记　　录:孙明心

报告事项

徐伯昕先生报告:

上届决议推定邹先生及本人向新华交通商洽借款事,业已拟具借款办法及创办印刷所、造纸厂计划书,与王志莘先生作初步接洽。据王先生意见,投资印刷所可无问题,造纸厂则再须考虑,且认为二十万元为数太巨,进行恐有困难,故拟减为十万元,俟钱新之先生来渝后续行商洽。

讨论事项

一、接盘印刷所问题；

二、与新华合作购贮印刷材料问题；

三、与山西文化书店确定合作原则问题；

四、巡回视导实施办法问题；

五、最近经济困难，应如何处理问题；

六、服务部归并与主计部恢复独立问题。

决议事项

一、励精印刷所现有全部印刷机件出让，排字铸字部分计铅字铜模等约价二万五千元，印刷部分计机器等约价二万五千元，连同流动资金一万元，共计需资本六万元。本店决定与新华共同投资接办，惟以本店必须认股半数为原则。

二、本店与新华合作购贮印刷材料办法，决定各半投资，盈利均分，手续费照扣。文具部分拟筹五万元。详细办法再行商订之。

三、本店与文化书店合作问题，决定暂定资本一万元，文抗会与本店各投资五千元，组织董事会，文抗会推二人，本店推三人，由本店推荐经理负责全权管理。详细办法另行拟定后，与前途接洽进行。

四、巡回视导实施办法，先将拟就草案交由业务会议提出讨论，再作决定。

五、最近造货增加，经济奇窘，除将卡车拟以一万三千元出售外，并将抵押与中国银行之存纸，办理提高押额，同时进行昆明存纸抵押，希望总额为二万元。

六、服务部以环境关系，工作不易开展，决定于十一月份起取消，原有工作归入总务部服务科办理。原有并入总务部之会计、稽核两科，仍予恢复为主计部。

主席　徐伯昕

第五届理事会常务理事会第五次会议

日　　期：二十八年十二月十六日

地　　点：学田湾总处

出 席 者：李济安　徐伯昕　韬　奋　金仲华（孙明心代）　张仲实（邵公文代）

列 席 者：甘蘧园（张志民代）

主　　席：徐伯昕

记　　录：孙明心

报告事项

本年经济收支情形,预计在结账时各区应付印刷费、纸张、版税等等约需六万三千六百二十元,估计各店应收款项约计五万二千元,收支相抵约少一万二千元。内中应付版税适与预支稿费相抵,廿九年日记如能在年内售出,即可周转。

讨论事项

一、昆明存纸应(付)〔否〕出售问题;

二、流动资金运用原则问题;

三、拟具廿九年度营业计划问题。

决议事项

一、昆明存纸三百令,照目前市价每令六十元,似嫌过低,决俟渡过年关后出售。

二、资金问题最近已获解决办法,第一年可向银行透用七万二千元,运用原则必须依照订定计划,并须指定专为积极性的生产用途。运用原则确定如下:

1. 指定造货(包括购纸、印刷费、稿费、版税、运费等等)

2. 外版进货(在资金中划出一部分,专作外版书进货准备金)

3. 购储原料(在不妨碍一、二两项用途外,以正确估计,划出一部分款项作为短期购储原料,利用盈利以增加生产)

三、廿九年度营业计划,应即汇集业务会议、编审会议所提出之具体意见,配合目前经济情形,着手拟具。

主席　徐伯昕

第五届人事委员会会议记录
（第一册）

生活出版合作社人事委员会第五届成立大会记录

时　　间：廿八年五月八日下午三时

地　　点：重庆学田湾总处二楼

出　席　者：韬　奋　孙明心　顾一凡（莫志恒代）　张又新（方学武代）
　　　　　　范广桢　徐伯昕　袁信之（黄洪年代）　艾逖生　华风夏
　　　　　　薛迪畅（吴全衡代）　张锡荣

列　席　者：邵公文

主　　席：邹韬奋

记　　录：张锡荣

主席报告

人事委员会为本店处理人事问题的最高机构，职任甚为重大，这次席地开会，可知我们奋斗的坚苦精神。因外埠委员推选代表迟到，以致延至今日方始成立。本应拟订办事细则及工作大纲，惜时期匆促，未及拟就提付讨论。因急于解决同人困难以增进同人福利，是以草草成立。

选举主席及秘书

决议：推选邹韬奋主席、张锡荣秘书。

讨论事项

一、同人临时公约问题（渝地）；

二、膳食起居问题；

三、本会具体工作分配；

四、领导自治会问题；

五、折薪储蓄问题；

六、成立服务队救济难胞问题；

七、参加突击搬场同人奖励问题。

议决事项

一、渝地同人临时公约如下：1. 规定早晨六点半起身，七点半早餐，十点睡觉，十一时熄灯。2. 在规定睡眠时间内，不得喧哗。3. 规定十时半关锁大门，如因特别事故迟回店就寝者须向室长声明，由室长报告总务部。4. 同人亲友因不得已之理由临时住宿本店者,须商得总务部之同意,行铺住宿,并限迁出日期。5. 同人如不回店睡觉,须通知室长。6. 每天起身后被铺须卷折整齐。7. 每一房间选举室长及副室长各一人,室内同人服从其指导。

二、膳食起居问题,改善如下:1. 厨房清洁,物品器皿均用纱罩,厨子围白布。2. 厕所另行建造。3. 打防疫针。4. 备口罩。5. 备洗面板。备澡盆。6. 拥挤房间酌添行铺另睡。7. 分店(渝)厕所迁移。8. 同人亲友(除夫妻外)借宿,期限至多两星期,限搭行铺。9. 特聘请徐伯昕师母为同人检查食品。

三、本会具体工作分配如下:1. 教育,由艾逊生、华风夏负责。2. 宿舍,由吴全衡、范广桢负责。3. 卫生,由方学武、孙明心负责。4. 娱乐,由莫志恒、黄洪年负责。

四、自治会小组会改名为"自治会分组会"。由艾逊生、华风夏负责领导,斟酌情形尽可能举行常会。

五、同人折薪储蓄原则如下:1. 希望达到每月收入储金总数壹千元。2. 三十元以下者不折储。3. 每人至高不得超过百分之二十月薪,自愿多储者,听。

六、由服务部及同人自治会合办服务队一队,约五人,参加国民党部举办之救护难胞之工作。惟人选须经经理之同意。

七、突击搬场工作之参加者均充分发挥生活精神之自动积极性,在危险与困苦的条件下,迅速完成苦重之工作,自应提出特别努力者予以名誉奖励,兹拟定名单如下:张锡荣、李济安、程浩飞、冯一予、华青禾、徐伯昕、范广桢、孙明心、张东璧、夏雨人、董文椿、邵峻甫、苏有余、朱根兴、王信恒。选定原则如下:1. 连续三天特别辛劳者。2. 在第一晚特别辛劳者。此项办法交由分组会讨论后决定之。此外,店外友人帮忙者应调查分函致谢。

主席　韬　奋

人事委员会第一次常会记录

日　　　期:廿八年五月十五日下午三时半

地　　　点:学田湾总处二楼

出　席　者:孙明心　华风夏　徐伯昕　艾逊生　张锡荣　范广桢

　　　　　张又新(方学武代)　顾一凡(莫志恒代)　袁信之(黄洪年代)

　　　　　薛迪畅(吴全衡代)　邹韬奋

主　　　席:邹韬奋

记　　　录:张锡荣

讨论事项

一、扣薪储蓄问题；

二、局部加薪问题；

三、黄孝平医药津贴及丁道友旷工问题。

议决事项

一、本店为增强资金运用起见，决定自七月份起实行扣储薪工办法，规定原则如下：（一）薪工在三十元以下者不储；（二）薪工在三十一元至五十元者储百分之十；（三）薪工在五十一元至一百元者储百分之十五；（四）薪工在一百○一元以上者储百分之二十。月息一分，期限暂定一年。

二、下列同事试用期满，薪水应调整如下：程浩飞原薪三十元，应加十元；解子玉原薪八元，应加四元；黄鸿远原薪十元，应加二元；王大煜原薪十七元，应加五元；孔东海原薪八元，应加三元；史鹤钦原薪十四元，应加二元。

试用期满之员工加薪，不照一般加薪原则，而应就该员工过去工作经验、工作能力与试用期内工作成绩，另行调整之，以符"各取所值"之原则。

三、沪店黄孝平同事因公受难，医（约）〔药〕费二百余元，由店付给，病后休养三月，薪水照给，本会予以追认。丁道友同事自动离职，无故旷工数月，应予解职。

主席　韬　奋

人事委员会第二次常会记录

日　　期：廿八年六月一日下午三时

地　　点：学田湾总处二楼

出　席　者：张锡荣　孙明心　华风夏　艾逖生　范广桢　薛迪畅（吴全衡代）

袁信之（黄洪年代）　顾一凡（莫志恒代）　张又新（方学武代）

邹韬奋

主　　席：邹韬奋

记　　录：张锡荣

讨论事项

一、分发考绩表问题；

二、华青禾服务员待遇问题；

三、程浩飞医药津贴问题；

四、滇、沪、蓉、桂、乐、宜、柳自治会成立分组问题；

五、奖曹建章、聂会镇、严长庆、张锡荣、徐伯昕、李济安、董文椿、冯一予；惩鹿怀宝、区鉴、葛阳生、胡祖荣案；

六、港沪同事出版《我们的生活》问题；

七、总处变动办公时间及起居时间问题。

决议事项

一、本届考绩表共分三种：一种为考绩表，由各部科主任或各店经理填写；一种为调查表，由每一同人本人填写；一种为报告表，由各地自治会干事填写。考绩表分勤旷、工作、能力、学习四部分。勤旷占二十分：请假日数，除半年中应有的例假十八天不计外，其余请假一天，即扣除一分；又迟到或早退每三次扣除一分；请假与迟到或早退，均须加并扣除，以扣至〇分为止。工作占五十分：共分五项，每项各占十分，每项均分甲、乙、丙三等，甲等为十分，乙等为七分，丙等为五分。能力占二十分：共分五项，每项各占四分，每项又分甲、乙、丙三等，甲等为四分，乙等为三分，丙等为二分。学习占十分：共分五项，每项各占二分，每项又分甲、乙、丙三等，甲等为二分，乙等为一分，丙等为〇分。交由总务部制表分发，并用通告说明之。

二、华青禾君原为投考本店之战地服务员，兹因战地服务工作停顿，华青禾君改任本店职员，此后得享受本店一般职员之待遇。

三、程浩飞同事在试用期内，照章不能享受医药津贴之优待，其已领用者，由邹韬奋先生自认代还。

四、滇、沪、蓉、桂、乐、宜、柳自治会分组办法，照主席核定之办法分配之。

五、滇店曹建章同事在滇店负责人请假期内，代理职务成绩显著，办理会计事务迅速无误，应予奖励。赣店聂会镇同事当南昌失守前夜，押运货物安全最后退出，应予奖励。严长庆同事安全退出长沙迅速建立曲江分店，成绩显著，应予奖励。张锡荣、徐伯昕、李济安、董文椿、冯一予五同事，当五月四日重庆大轰炸后，抢救公物时特别努力，同人公决应予奖励。以上除作考绩记录外，应予以名誉奖励，发给"生活奖状"以志纪念。

西安鹿怀宝同事于四月九日，不得西安分店负责人之同意，擅离职守，实违犯本店服务规程第六条"各职员应服从本店移调派遣，不得无故推诿"之规定。查鹿同事曾已受最后警告与察看三个月之惩戒，此次无可再予宽容，决予停职处分，以维纪律。

沅陵葛阳生私取公款一元，被负责人发觉，写悔过书表示诚恳悔过。本会予以追认，并予以书面劝告。

邕宁区鉴同事不受经理之指导,同时对于顾客有傲慢怠忽情事,梧州胡祖荣同事有舞弊嫌疑,以上待调查确实后分别予以惩罚。

六、《我们的生活》之出版,除因特别情形得本会之允许者外,暂以集中区中心分店出版为原则。为保证其内容妥善起见,须由本会指定同事一人参加编辑,接受本会之指导,印刷材料及快邮寄费概由本店津贴之。

七、为举行早操及防空袭,总处同人起身时间改为上午六时;办公时间改为上午八时至十一时,下午一时至五时。

主席 韬 奋

补第二次常会决议案第三条下文

本店疾病死亡津贴之办法,原规定在试用期内之职工,不能享受。兹为照顾全体同人福利起见,取消该办法关于试用期内之职工不能享受津贴之限制。此后凡在试用期内之职工,一律同样享受本店疾病死亡津贴办法之优待。惟新同事进店,均须经过体格检验。

主席 韬 奋

人事委员会第三次常会记录

日　　期:廿八年七月十七日下午一时半

地　　点:总处二楼

出 席 者:孙明心　华凤夏　徐伯昕　艾逖生　张锡荣　范广桢　邹韬奋
薛迪畅(吴全衡代)　袁信之(黄洪年代)　顾一凡(莫志恒代)

列 席 者:邵公文

主　　席:邹韬奋

记　　录:张锡荣

讨论事项

一、七月份加薪问题;

二、调遣职员问题;

三、自治会改选及组织问题;

四、宜昌杨罕人、兰州薛有安、总处秦侠依解职,臧其吉辞职,陈鹰、孔东海自动离职问题;

五、岳剑莹请长假一年问题。

议决事项

一、按照常例，七月份应考虑加薪一次。但在目前的状况下，本店因受当局误会，被封闭或勒令停业之分店已有十处之多，计西安、南郑、天水、沅陵、金华、赣州、吉安、宜昌、屯溪、曲江。营业收入，每月至少减少一万六千元，即约占每月营业总额四分之一。其他尚有财物被没收之损失、人员调遣的旅费损失、建立新店的损失等。本来加薪系根据营业情形，照目前营业情形，实未能依照向例递加。但因战时物价高涨，为相当顾全一部分同人事实上困难起见，对于薪水在三十元以下者，及正当试用期满而成〔绩〕优良之职工，仍予酌量考虑加薪，加薪额自一元至三元，总额以五百元为原则。在本届应予考绩之材料，完全并入下届同时考虑。如未达下届考虑时期而本店营业好转时，得随时提出考虑加薪。此外，对于成绩特别优良或调任职务特别繁重者，仍得分别情形予以考虑或书面通知，说明应加薪而未能加薪之困难，并予以鼓励。

二、调艾逖生任驻沪编审委员；调赵晓恩、何步云、沈俊元、罗颖、杨赓福、章德宣、吕桐林、陆敬士至香港分店工作；调倪宽至广州湾支店工作；调包士俊、金世桢到新加坡分店工作。

三、关于自治会之组织，应照下列原则予以修改：（一）每组人数增多；（二）开会次数减少；（三）干事会由全体会议产生，推定邵公文、莫志恒、程浩飞负责研究提出修正。关于不应组织自治总会事，由邹韬奋出席干事会解释之。

四、宜昌支店职员杨罕人，因公被捕，受人威胁，于六月廿三日《武汉日报》上刊登声明书，谓"誓与生活书店断绝一切关系"云云，应予以解职。兰州分店练习生薛有安，办事错误，不守店规，已由分店经理执行解职，予以追认。总处职员秦侠依试任绘画工作，速度太差，并不相宜，应予停止试用。总处职员臧其吉提出辞职，应予照准。重庆分店陈鹰、孔东海自动离职，其移交手续应责成分店经理查究办法。

五、岳剑莹因求学，请假一年，应予照准。

（补）人事报告

六月一日以后进店者

一、总处　李德勋（营　练习生）　赵冬垠（编辑）　胡　绳（编审委员）
　　　　　丁洁如（秘　练习员）　汪占魁（工友）

二、渝店　丁希马（邮　练习生）　龙志明（工友）　袁太恒（门　练习生）
　　　　　黄锡钧（发　试用职员）

三、吉安　刘西庚　万　均

四、成都　范玉合（门　练习员）

主席　韬　奋

人事委员会第四次常会记录

廿八年八月九日下午二时半在总处二楼举行

出 席 者：孙明心　范广桢　韬　奋　张锡荣　袁信之（黄洪年代）　顾一凡

　　　　　（莫志恒代）　徐伯昕　薛迪畅（全衡代）　艾寒松　〔华〕风夏

列 席 者：邵公文

主　　席：邹韬奋

记　　录：张锡荣

徐伯昕先生报告人事变动

一、因收歇而已通知停职者，南郑王福田、陈祥锐、陈树德，乐山周裕严、陈永和、曾智明。

二、因工作成绩不佳已通知停职者，重庆冯鉴、何小平，总处刘文隐。

三、调动职务，金伟民、王焕洪、徐云尧、诸侃由沅陵调衡阳，曾淦泉、赵海青由零陵调衡阳，葛阳生由沅陵调曲江（金伟民报告已辞职），王志万由重庆分店调总处。

四、衡阳黄宝亢因肺病请假，总处朱尔悌因母病请假二月。

五、宜昌周纯如辞职。

六、胡润泉进总处任出版科工作。

讨论事项

一、史鹤钦善后问题；

二、南平支店被焚责任问题；

三、审查准社员。

议决事项

一、史鹤钦同事于廿八年七月间任职南温泉流动供应队时，因患回归热不治逝世。查史鹤钦同事在任职期内，因乡间饮食起居比较难苦，流动工作比较辛劳，以致易于得病。病后因人手缺乏，支持工作一天，未能迅速就医疗治，此显系带有局部因公的性质。除将丧葬费二百八十六元五角○分照付外，史鹤钦同事系于廿八年二月间进店，应按照疾病死亡津贴办法之规定及临时委员会第三十三次常会决议之精神，按月支给半薪八元，时期以壹年为限，由其家长（父）收取，以资抚恤。

二、延平支店于廿八年五月九日，因邻居失慎延烧，全部焚毁，损失财产约计四千元,重要账册等文件均未取出。查其过失原因：第一,店中未留职工住宿,以致邻居失慎后未及迅速抢救物件;第二,总处早于　月　日通告各分支店应作防空之准备,将重要文件移存于安全处所,并减少门市非必要的存货量,而延平支店未照办理。延平支店代理负责人陈云才同事,本应负全部过失责任,但查陈云才同事年岁较轻,经验不丰,代理负责延平支店,系属暂时性质,事前布置未周,情有可原,应从轻处分。予以书面警告一次,以资惩戒。

查延平支店之设立,事先未得总处之同意,以经营福州一处之人力,兼办延平支店,以致人力分散,造成陈云才同事代理负责延平支店的事实。顾一凡同事对于人力分配未能适当,照顾延平支店未能周到,此次延平支店全部焚毁,顾一凡同事应负相当责任。惟延平支店之设立,实际上有营业的及作福州退步的价值,并非完全错误,故应从轻处分。予以书面劝告一次,以资惩戒。

三、审查通过准社员如下：鲁昌年、濮光达、卢锦存、谈春簏、祁保恒、黄孝平,共计六名。

临时提议

一、王志万同事工作上的错误问题;

二、本会核定调遣职工问题;

三、本会工作计划问题。

议决

一、据报告,王志万同事在重庆分店发行科任职期内,对于工作的处理有迟慢疏忽之处,工作态度欠好,账务上亦有疑点。特请总经理经理会同进行调查并将调查所得之材料整理后,向当事人提出询问,最后提交本会处理。

二、依照社章之规定,本会有核定职工调遣之权。为求事实上的方便起见,除关于非重要职务者或有急迫性及秘密性者,仍在事先由总经理经理执行调遣,事后提交本会追认外,其余任重要职务(如经理、会计等)而无急迫性及秘密性者,应在事先提交本会核定后执行调遣之。

三、本会工作计划,推定孙明心、莫志恒、邵公文三位起草后,提交本会讨论。

主席　韬　奋

人事委员会第一次临时会议记录

廿八年八月十二日下午二时半在总处二楼举行

出 席 者：袁信之（黄洪年代）　华风夏　范广桢　张又新（李济安代）

　　　　　张锡荣　孙明心　顾一凡（莫志恒代）　薛迪畅（吴全衡代）

　　　　　韬奋　徐伯昕

列 席 者：邵公文

主　　席：邹韬奋

记　　录：张锡荣

讨论事项

一、审查准社员；

二、重庆分店孔东海复职问题；

三、沈志远、廖庶谦加薪问题；

议决事项

一、审查通过准社员如下：龚清泉、雷瑞林、钟达、崔金元、胡苏、周遇春、苟志汉、徐士林、关权林、杨玉照、姚广源、苏昌白、王信恒、冯一予、张国钧、毕青、包士俊、汪允安、钱小柏、张世春、杨赓福、方钧、张文星、戴绍钧、曹建章、王焕洪、刘静波、沈志远、柳湜、张知辛、阎宝航、沈兹九、沈雁冰、戴白桃、刘思慕、曹靖华，共计三十六名。

二、重庆分店孔东海同事，于七月间未曾请假，擅离职守，七月十七日本会第三次常会认为系自动离职，责成分店经理查究办理移交手续。兹查当时孔东海同事因患病初愈，回家调治，遗忘请假，并请其兄代为请假，被遗误，显系无意之过失行为。孔东海同事年岁较轻，任事未久，对于规章之严重性或有未明之处，情有可原，除准其复职外，对于忽视规章之部分，应予以书面警告一次，以资惩戒。

三、沈志远先生自本年七月份起加薪二十元，廖庶谦先生自本年七月份起加薪三十元。

主席　韬奋

人事委员会第五次常会记录

廿八年八月廿四日在总处二楼举行

出席者：孙明心　顾一凡(莫志恒代)　范广桢　袁信之(黄洪年代)

　　　　张又新(李济安代)　薛迪畅(吴全衡代)　徐伯昕　韬奋

　　　　张锡荣　艾寒松

主　席：邹韬奋

记　录：张锡荣

徐伯昕先生报告

一、广州湾章长庚(职员)进店，总处江德全(工友)进店。二、衡阳刘邃工作成绩不佳，停止试用；香港李福安自动离职；赣州熊金荣、沈勤南工作成绩不佳，终止职务；赣州万均、刘西庚工作成绩不佳，停止试用。三、天水阎振业出狱后调兰州；桂林毕子芳、黄宝兴、薛天鹤调赴曲江流动；桂林洪俊涛、唐星之调赴肇庆流动；宜昌赵志成、鲁昌年调渝；万县戴绍钧调渝；乐山张文星调蓉。四、总处闵适因生产给假二个月。

讨论事项

一、同人接眷旅费津贴问题；

二、战时生活费津贴问题；

三、金伟民请假问题。

议决事项

一、同人接眷旅费津贴办法原则如下：（一）限服务期满一年以上者享受；（二）眷属以夫、妻及子、女为限；（三）全部津贴，惟以三等车船票为限，旅费津贴至多以眷属三人为限；（四）事先须申请登记，申明服务开始日期，拟接眷属人数、路程、旅费总数、生活安排预算等外，并须经第三者之证明；（五）按照本店经济担负情形，至迟在申请后一年内批准之。依照上列五项原则，另由总务部起草试行办法。

二、币制变动后，内地物价腾贵，生活程度高涨，同人生活更为艰苦。此事应一方面从上年度本店营业决算中研究本店经济负担的实际能力，一方面调查各地同人除膳宿外，个人生活必需最低限度之费用，及家庭负担情形，务使在本店经济能力所许可范围内，尽量顾到每个同人个人的最低限度生活及相当顾到其家属的负担。

三、金伟民同事于本年三月间任职沅陵分店时,曾致函总处,云因患胃病,拟请假回乡休息。总处以当时沅店人手缺少,为避免影响业务计,请其在代理人未到沅陵以前,暂勿离店。后接其来电,谓因恐浙赣路中断,已于三月十七日启程回乡。此种行为,对于店规及总处指示显有忽视之处。为求处理周到起见,应向各方面进行调查,待材料充分,再行议处。

主席　韬奋

第五届人事委员会会议记录
（第二册）

生活出版合作社人事委员会常务理事会联席会议记录

日　　期：二十八年八月二十九日下午四时

地　　点：重庆学田湾总处二楼

出 席 者：韬　奋　邵公文　李济安　袁信之(黄洪年代)　华风夏　范广桢

顾一凡(莫志恒代)　孙明心　徐伯昕　艾寒松　薛迪畅(全衡代)

张锡荣

主　　席：邹韬奋

记　　录：张锡荣

主席报告

自币制变动后，内地物价迅速高涨，同人生活更形艰苦。此事关系同人工作情绪及生活上的实际困难，人事委员会已予严重注意。今天举行人委会、常务理事会联席会议，要讨论的就是这个问题。人委会对于今后加薪，拟依据上期决算中盈余之百分之二十作为加薪总额的标准，以便随事业之发达而不断提高待遇，此点尚在研究中。其次，不论生活程度如何高涨，同人最低限度的生活，必须予以顾到。除首先顾到本人最低生活外，其次考虑能否相当顾到夫妻子女的生活，再其次考虑能否相当顾到父母的生活，最后考虑能否提高个人生活水准。关于这点，经研究结果如下：

（一）个人除膳宿制服费外，最低生活费用

冬季衬衣裤	每年二套	十六元
夏季衬衣裤	每年三套	十五元
汗背心	每年三件	三元
袜子	每年十二双	七元二角
布鞋子	每年十二双	廿四元
毛巾	每年六条	三元
牙刷	每年四把	二元
牙膏	每年三支	二元一角
肥皂	每年四块	二元五角
理发	每年十二次	六元
洗衣费	每年	廿四元
信封笺及邮票	每年	五元
生活必读书	每年	五元
车费	每年	廿四元

平均每月须十二元

（二）家庭最低生活费用

成人一人　　　　　　　每月须四十元

小孩一人　　　　　　　每月须十元

读书小孩一人　　　　　每月须十五元

以上系依据重庆最近物价情形。其他各地有较高或较低者，须待调查。依照第一项所列计算，本店目前有月薪不满十二元者计六十名，如决定津贴，须贴二百十九元。依照第二项所列计算，本店目前有家庭妻小负担而不够支出者计五十名，如决定全数津贴，须贴一千五百元；如决定酌量津贴，即月薪在七十元以下，已结婚者贴五元，一子贴三元，二子贴二元，至多贴十元之办法，须贴三百六十五元。此系同人方面最低限度的需要情形。应根据本店经济担负的实际能力，予以考虑。关于本店经济情形，由徐伯昕先生报告。

徐伯昕先生报告

兹将廿七年半年及廿八年上期本店总的经济材料列下：

（一）廿七年半年

销货收益　　　　　　　四四六,二一二.八九

各项开支　　　　　　　九三,一九一.三五

（二）廿八年上期预算

销货收益　　　　　　　五三〇,四九八.二〇

各项开支　　　　　　　一一七,九〇〇.〇〇

（三）廿八年上期决算（因各店报告尚未齐，此系拟定数）

销货收益　　　　　　　四五六,九九五.四四

各项开支　　　　　　　一二三,三三二.五二

从上列数字，可以看出本年上期销货较廿七年半年约增一万，而开支较廿七年半年约增三万，本年上期决算销货，较预算约减八万，而开支较预算约增一万。由此可知书店经济负担之困难。

主席继续报告

从具体数字的比较中，可以知道本店经济负担之困难。但对于同人最低限度的生活，即使在整个经济十分困难的情况下，也应该予以顾到。所述廿八年上期营业衰落的情形，系由于政治上受打击而迄今尚未合理解决所致，不能由此得出结论，认为前途黑暗毫无办法。此外，因物价高涨，造货急迫，亦为使资金流转困难原因之一。目前对于薪水问题之解决感到困难，系暂时性质，并非永远如此。此次所决定

的津贴办法,应该仅仅是渡过难关的临时办法。

讨论事项

　　一、战时津贴问题。

议决事项

　　一、币制变动后,内地物价高涨,同人生活更形艰苦。经研究本店整个经济情形之结果,廿八年上期(一月至六月)决算,销货未达预算额约八万元,而开支超过预算额约(乙)〔一〕万元,本期决算与廿七年半年决算比较,销货增加约一万元,而开支增加约三万元。又印刷材料价格高涨,造货急迫,更加深资金流转上的困难。依据此项情形,薪水未能再增。但为照顾同人生活上的实际困难起见,对于一部分生活最困苦的同人,必须予以维持最低限度的生活。决定办法如下:

　　第一,根据研究个人最低生活享用及调查目前重庆物价之结果,个人除膳宿制服费外,每月最低限度生活费需十二元。据此,重庆同人薪水在十二元以下者,一律贴足十二元。其他各地同人,应按照个人最低生活享用标准及当地物价情形,拟定最低限度生活费数额,经人事委员会核准,予以贴足。

　　第二,凡月薪在三十元以下,已结婚而对方无职业者,每月津贴十元。月薪在三十元以上四十元以下,已结婚而对方无职业者,贴足四十元(如三十一元贴九元,三十二元贴八元……三十九元贴一元)。上列两项津贴办法,名曰"战时临时津贴",适用时期自廿八年九月起至廿八年十二月止。

　　二、当此战时物价高涨生活艰苦之时,本店对于同人待遇未能普遍提高,乃由于营业上遭受特种损失所致。而战时在内地经营出版事业,获利之微薄远非他业可比。凡此两端,须向同人解释,以巩固同人对于本店事业的热心。此外,关于薪水问题,须即依据战时物价及社会情况作整个彻底的研究,拟定充分合理之标准办法,以备营业好转时随时依照办法调整之。

主席　韬　奋

人事委员会第二次临时会议记录

　　廿八年九月一日上午十一时在总处二楼举行

　　出 席 者:韬　奋　伯　昕　顾一凡(莫志恒代)　范广桢　袁信之(黄洪年代)

　　　　　　张又新(李济安代)　孙明心　张锡荣　华凤夏　艾寒松

　　　　　　薛迪畅(吴全衡代)

生活书店｜会议记录1933—1945

主　　席：邹韬奋
记　　录：张锡荣

主席报告

本席兼任总经理之职。依照职权之规定，分店经理离开职务在三日以上者，须得总处之允许。兹查贵阳张子旼同事自由离职，于八月卅一日抵渝，事先未经总处之允许，显系违犯规章之行为。张子旼同事于六月间曾来信表示拟来总处一行，当时秘书处答复因贵阳环境不好，须留原处工作，以应付变化。最近又来信表示拟来总处，徐经理伯昕以贵阳环境仍未好转，仍请暂留原处工作。兹据张子旼同事称，第二封复信未曾收到，但此不能作为此次离职来渝的理由。至于社务工作，亦不能作为离开业务工作的理由，因社章规定担任社务工作者如因职务关系未能来渝出席会议，可以推派代表，此即认为业务工作之重要。本席对于职权极为重视，此次张子旼同事未遵总处指示，擅离职守来渝，系忽视总经理之职权，此事本席不能予以负责。本席业已向常务理事会主席提出请假书，在未将张子旼同事犯规行为纠正以前，拟暂行中止执行总经理职务。此事系由本席提议，为求讨论之方便起见，本席暂行退席。

推临时主席

公推徐伯昕先生为临时主席。

临时主席报告

贵阳张子旼同事离开职守，已于八月卅一日抵渝。事先两次来信表示拟来渝一行，总处以应付当地环境需要熟练人员，而业务甚为重要，请其暂留原处工作。来渝后已谈关于人事及营业事务，信函往来均可解决，并无专事来渝接洽之必要。邹总经理韬奋认为此事有违民主集中的管理原则，已因此向理事会提出请假书，等候本案处决。

讨论事项

一、贵阳张子旼同事自由离职来渝问题。

议决事项

一、张子旼同事任贵阳分店职务，于八月廿八日自由离开职守来渝，事先虽两次来信表示拟来渝一行，但总处以贵阳分店业务甚为重要，未予准许。邹总经理韬奋认为张子旼同事此种行为，系违反民主集中之管理原则，忽视总经理之指示，应予纠正,并为保持总经理职权之重要起见,表示对此事不能负责,已向常务理事会主席提出请假书,等候本案之处决。查职员有犯规之行为,可按照服务规程之规定,予以适当之处分,过去处理类似案件不无前例。此次对于张子歧同事之犯规行为,经提出后,自应按照规定议处。据此,邹总经理以提出请假书等候处决,实无必要。为增进本店整个事业的利益起见,兹决定处理步骤如下:(一)由理事会主席请邹总经理收回请假书,并解释依据规章处理之理由;(二)张子歧同事既来总处,准其办理完毕所有一切公务,尽速返筑;(三)待张子歧同事公毕后,按照具体情形及规章之规定,予以适当之处分,以资惩戒。

主席　伯　昕

人事委员会第三次临时会议记录

廿八年九月二日下午三时在总处二楼举行

出　席　者：徐伯昕　孙明心　范广桢　张锡荣　艾逖生　袁信之(黄洪年代)

张又新(李济安代)　薛迪畅(吴全衡代)　顾一凡(莫志恒代)

华风夏　邹韬奋

主　　席：邹韬奋

记　　录：张锡荣

主席报告

今天要讨论的,主要的是依据上次人委会决议处分张子歧同事的问题。

首先,要报告的是关于上次报告的补充,即关于民主集中制的轨道、职权关系的划分和紧急时变通处理的意义。第一,依照民主集中制的轨道,必须少数服从多数,地方服从中央,下级服从上级,个别服从集体。对于个别自由行动是不被允许的。第二,依照职务系统,职权关系应有明确之规定,例如科主任对于部主任的决定有意见,可以提出考虑,如发生争论,应以部主任的意见为准;科主任如认为不满意,可向经理提出,由经理向部主任纠正。店务会议的决议只能供经理执行业务的参考,不若理事会的决议可交与经理执行,此为职务系统与社务系统职权的分别。第三,为应付紧急事件而未能依照民主集中制的轨道和职权之规定处理时,得变通办法,自由处理。但必须因时间上的急迫性未及依照常态处理,或依照常态处理显然失效的情况下,方才能承认采用变通办法为合理的处置。

其次,本席对于上次本会关于张子歧同事犯规案的决议认为是公正的。第一,本席业已接受公意取消请假;第二,张子歧同事在办毕公务后早日回任;第三,处分务求公平与合理,须根据事实对于缺点优点作客观之考虑。本席认为张子旼同事未得总处允许自动来渝是错误的,而主持贵阳分店努力,成绩良好,是其优点。分析其过失情节的轻重,似可予以书面劝告或警告。无论给予较轻或较重之惩戒,应该指出其优点,说明此次过失之事实和必须惩戒的理由,并勉励其以后的努力,以免影响被惩戒者之工作情绪。

徐伯昕先生报告

张子旼同事此次来渝接洽关于筑店人事、进货、发行、营业、社务、建立监察制、同人待遇、存货变现金、盈余分配、建立经济委员会、改善会计制度等问题。综观此项问题,均可事先用信函解决,或先作初步之接洽,并未包含充分之急迫性。因此,张子旼同事此次来渝未能认为有合于变通办法之理由。

讨论事项

一、贵阳张子旼同事犯规案;

二、推选代理主席案;

三、夜袭后改变工作时间问题。

议决事项

一、张子旼同事任职贵阳分店经理,于廿八年八月廿八日自由离开职守往重庆。事先虽两次致函总处,表示拟往重庆一行,以资面洽公务,但总处以贵阳分店业务甚为重要,处境困难,需要分店经理亲自应付可能发生之变化,未予准许离开职守。而张子旼同事忽视总处之指示,自由行动,实与民主集中管理之原则相抵触。且照本店服务规程第十一条之规定:"经理因事请假,须于事前将应行店务托付其他职员妥为代理,如假期在三日以上者,须经总经理之核定。"张子旼同事此次离开职守,对于规章之精神亦有违反。依据民主集中制的原则,如遇有急迫性之紧急事件,未及依照往常之轨道和职权之规定处理时,得变通办法自由处理。但查张子旼同事此次来总处接洽关于业务、人事、社务等事项,均可事先用信函作初步之接洽或完全可用信函解决者,未包含充分之急迫性。因此,未能认为有变通办理之理由。为保持职权之明确与规章之精神起见,应予书面劝告一次,以示惩戒。

二、本会主席邹韬奋先生在第四届参政会开会期内,无暇兼顾本会会务,暂停主席职务,应予照准。公推徐伯昕先生代理主席。

三、敌机夜袭,本店同人因避警报,精神疲惫,难以应付次日工作。兹决定改善办法如下:(一)警报在午夜十二时前解除者,次日照常八时起办公;(二)警报在午夜一时解除者,日间改上午九时起办公;(三)警报在午夜二时解除者,日间改上午十时起办公;（四）警报在晨三时解除者,日间上午不办公,下午增加工作时间一小时;（五）警报在晨四时解除者,日间上午不办公,下午照常办公。此办法在总处适用。各分店得根据此项办法配合当地具体情形引用之,惟以不变动对外营业时间为限。

主席　韬　奋

人事委员会第六次常会记录

　　廿八年九月十四日下午二时半在总处二楼举行

　　出　席　者：顾一凡（莫志恒代）　徐伯昕　孙明心　艾寒松（邵公文代）

　　　　　　　　华凤夏　袁信之（洪年代）　范广桢　张又新（李济安代）

　　　　　　　　薛迪畅（全衡代）

　　列　席　者：

　　主　　　席：徐伯昕

　　记　　　录：张锡荣（全衡代）

主席报告

　　关于人事进退调遣方面者,计:

　　一、进:总处会计科陈正为;总处编校科邱正衡;总处读者顾问部王启霖;总处会计科陈经纬。

　　二、调遣:由蓉调渝吴复之;由万调渝张惠之。

　　三、退:工作成绩及生活均欠佳者王步武、乌金龙、杨敬达。辞职者吴孝先。

　　今天要讨论的主要的是鲁昌年同事善后、制服津贴办法、何中五同事抚恤金改支等问题,现在先请邵公文同事报告鲁同事患病致死之原因及经过,以便考虑是否局部因公而予以津贴。

邵公文同事报告

　　鲁昌年同事于廿八年八月十七日起病,八月卅一日殁于宜昌圣母堂医院。根据胡连坤同事报告,鲁同事所病为伤寒,而其患病致死之因实由于:一、战时生活程度高涨,鲁同事家庭负担过重,无法维持,心境难免悒郁;二、宜店遭封闭,生活不安定,以致身心不快;三、治疗不得法,鲁同事病后先请中医诊治,因彼及其亲戚均不信任西医,又兼宜昌警报频繁,病入危险期始送入医院,以致不治。鲁同事家境贫寒,有母妻子女各一,生活悉赖彼维持。此次鲁同事丧殓费用共计八十九元八角四分。

生活书店

会议记录 1933—1945

讨论事项

一、鲁昌年同事善后问题；

二、制服津贴办法问题；

三、何中五同事抚恤金改支问题；

四、接眷旅费津贴办法问题；

五、衡店提出在乡疗养期间之膳费可否移入医药费问题；

六、总处自治会提出修正受薪水限制的津贴问题。

议决事项

一、鲁昌年同事之善后问题，根据邵公文同事之报告，认为局部因公之理由不够充分，且不能与史鹤钦同事之情形相比拟，应请胡连坤同事再作具体详尽之报告，始能判断其是否局部因公而确定津贴办法。

二、通过生活书店工作人员穿着制服暂行办法。

生活书店工作人员穿着制服暂行办法

一、本店工作人员，在办公时间，除门市工作人员须一律穿着制服外，其他各部分工作人员亦可穿着制服。

二、制服种类，规定下列三种：

　　甲、冬季一律穿着全身黑色夹制服；

　　乙、春秋两季，一律穿着全身灰色单制服；

　　丙、夏季一律穿着白色长制裤（衬衫自备）。

三、制服规定采用学生装式，女装亦得采用旗袍式，衣料为国货斜纹布。

四、制服费由本店津贴，薪水在十四元以内者，完全供给；三十元以内者，每套津贴三分之二；三十元以上者，每套津贴二分之一。

五、夏季制服费至多不得超过十元，秋季制服至多不得超过十二元，冬季制服费至多不得超过十五元。

六、制服费如有超出上条规定者，超出之数由本人负担。

七、冬季制服，每套至少须穿二年。

八、本办法由人事委员会通过后施行之。

附则：以前所制之制服，应照本办法第七条之规定办理。

三、何中五同事系万店被毁时因公致死者，其遗族应得之抚恤金原由万店按月支付，今何同事家属因万店收歇申请改变支付办法，应予变通办理改半年支取一次。

四、通过接眷旅费津贴办法。

接眷旅费津贴办法

一、凡本店同人服务满一年以上，眷属不在一地而拟接至工作地点者，可以援用本办法。

二、所接眷属以夫、妻、子、女为限。

三、每人至多享领三个人之津贴。

四、此项旅费由本店全部津贴，惟车船票以三等为限。

五、凡拟接眷者，须预先向人事委员会填表申请登记。

六、申请接眷登记表上应由各部科各分店负责人或自治会干事证明。

七、本店为避免突然增加巨额津贴计，接眷时期得由人事委员会分配规定，但至久不得超过申请后一年。

八、人事委员会在接得登记表后，如有疑问得拒绝其申请。

九、本办法由人事委员会通过后施行之。

十、本办法得随时由人事委员会修正之。

五、同人疾病，照章可享受医药费津贴及住院津贴，但同人请病假期内，不在店中膳食，应作自动放弃权利论，其自备膳食费用，不得作为医药费支取。

六、本店规定之同人疾病死亡津贴办法，规定薪水在伍十元以上者须受限制，此与同人福利应普遍享受的原则有不合之处，应予修正，取消限制。至〔于〕房贴，与医药津贴性质不同，限于已结婚、眷属同在一地，而本人不住宿舍内者方得享受。

主席　徐伯昕代

人事委员会第七次常会记录

廿八年十月六日上午八时半在总处举行

出　席　者：韬　奋　袁信之（洪年代）　孙明心　范广桢　张锡荣　邵公文
　　　　　　徐伯昕　顾一凡（莫志恒代）

主　　席：邹韬奋

记　　录：张锡荣

讨论事项

一、审查准社员；

二、核定滇、曲、桂、兰、筑各店同人最低生活费额；

三、通过服务规约；

四、通过海外分店同人支薪办法；

五、通过自治会经费额；

六、延平顾一凡辞人事委员职务问题；

七、艾逊生请求在港支取薪水问题；

八、方学武赔偿银钱问题；

九、总处桂奕仙请假问题；

十、蓉店人事问题；

十一、取消丙种储金问题；

十二、渝店黄杰犯规案；

十三、张洪涛犯规案申诉问题；

十四、孟汉臣对于犯规案提出新的反证材料问题；

十五、冯成就奖励案。

议决事项

一、通过王产元、贺承先、冯霜楠为准社员，提交理事会审查。何廷福工作成绩欠佳，待下届重行审查。

二、根据调查目前各该地物价情形，核定下列各分店同人最低生活费额如下：昆明十四元，曲江十元，桂林十一元，兰州十二元。贵阳调查表内容尚有疑问，且手续欠缺，应重行调查。

三、通过服务规约如下：

生活书店员工服务规约

（廿八年十月六日人事委员会通过）

第一章　总　　则

第一条　本店员工均须遵守本规约。

第二条　本店员工除应遵守本规约内所列事项外其他一切本店之章则及通告等，均应遵守。

第二章　规　　则

第三条　各员工在到店服务前，应觅妥实之保证人，并填具保证书。如本店认为有更换保证人之必要时，应即另觅。但如经本店同意，亦得由本店服务二年以上之员工三人联保之。

第四条　各级负责人对各有关之员工，负有指导及督察之责。如各员工认为负责人之指导及督察有不合理时,得报告上级负责人或人事委员会裁决之,但在未裁决前仍应遵照执行。

第五条　各员工应服从本店之调遣,不得无故推诿或拒绝。如认为调遣不当而有充分理由时,得申请人事委员会裁决之。

第六条　各员工应遵守本店工作时间,不得无故旷工或迟到早退。

第七条　各员工如因公出外,应将事由在签到簿上登记,并向有关之负责人报告。但具工作性质须经常出外者,如得负责人同意后,亦得可免予登记。

第八条　各员工如因事请假一天以上者,应开具请假单,经有关之负责人同意并经经理核准。倘假期已满尚未毕事者,亦得续假。但遇店务繁忙,而假单内所开事由在负责人或经理认为无请假或续假之必要时,得予拒绝。凡请假未经核定,自由离开职守者作无故旷工论。

第九条　各区管理处主任或各分店经理因事请假或公出,须于事前将职务委托其他职员代理。如假期或公出期在三天以上者,须经总经理核定,但遇有特殊情形,不及事先核定时,得于事后陈述理由,请求追认之。

第十条　各员工服务应勤慎忠诚,对读者及来宾接洽事务均须竭诚应付,不得有厌烦、傲慢、怠忽等情事。

第十一条　各员工在工作时间内,不得有办理私事、购食零物、阅读书报(因公查阅书报者不在此限)或瞌睡、戏谑、谩骂、任意离开职守及妨碍他人工作等情事。

第十二条　各员工不得有损害本店名誉、营业或财产情事。

第十三条　各员工不得兼营与本店同样性质之营业或兼任与本店同样性质营业机关之工作。

第十四条　各员工不得兼任他处有酬报之职务,但遇有特殊情形,得总经理或人委会或理事会之许可者,不在此限。

第十五条　各员工不得泄漏本店营业上或业务上之秘密。

第十六条　各员工对于本店一切物件,均应随时爱护,不得任意损坏及浪费,私自赠送或携带出外。

第十七条　各员工应彼此充分合作,和衷共济,并应操守谨严,摒除一切恶习。

第十八条　各级负责人对各该有关员工之指导及督察均应秉公执行。如遇各员工有违背规章情事,应即据实报告上级负责人,不得徇私隐匿。各员工对各级负责人认为不称职时,亦得举出事实报告经理总经理或人事委员会。

第十九条　各员工对于与本身职务无关之各项文件,不得任意拆阅或翻阅。

第三章　奖　　励

第二十条　各员工有左列事实之一者,得随时酌量奖励之:

一、办事成绩优良而富责任心者;

二、改进对于读者及其他往来关系有成效者；

三、改进办事程序及方法而著有成效者；

四、遇有损害本店之事,于事前发觉并报告因而得免损害或减轻损害者；

五、建议有利于本店之事项,经本店采纳施行者；

六、全年健康、请病假不及一星期、所用医药费未满五元者；

七、全年请假不满一星期者；

八、节省及爱惜公帑公物而有具体事实者；

九、经常参加店内同人自治会工作而著有成绩者；

十、其他应行奖励之事项。

第二十一条　奖励办法分左列各项：

一、记功；二、名誉奖励；三、加薪；四、给予奖金；五、资助求学费用；

六、特别给假休息。

第廿二条　凡应奖励之员工由各级负责人将受奖事实及拟定奖励办法,报告总经理后由人事委员会核准。

第四章　惩　　戒

第廿三条　凡员工违犯第二章第四条至第九条之规定及有左列事实之一者,得随时按情节轻重酌量惩戒之(惩戒细则另订)：

一、营私舞弊、侵用银钱者；

二、擅离职守或无故旷工者；

三、在本店规定工作时间内办理私人事件及以公物作私用或浪费及损毁公物者；

四、在工作时间内擅自召开不属于本店规定之会议者；

五、工作成绩恶劣者；

六、有扰乱本店安宁秩序或妨碍本店公共卫生者：

七、侮辱或凶殴同事读者及他人者；

八、吸食鸦片或麻醉毒品及其他代用品者；

九、患花柳病者；

十、有赌博及酗酒行为者；

十一、在门市部或存书栈及堆积货物处所吸烟者；

十二、在外肇事,经官厅判决有罪,未能在本店继续执行职务者(因本店业务关系或因其他公私关系而蒙受冤抑者不在此限)；

十三、违反本规程及本店一切章程、规则、通告者；

十四、其他应行惩戒之事项。

第廿四条　惩戒办法,视情节轻重,分左列各项：

一、口头劝告；二、书面劝告；三、警告；四、最后警告；五、停职。

第廿五条　凡应受惩戒之员工，由负责人将应行惩戒事实及拟定惩戒办法，一并报告总经理交由人事委员会核准。

第廿六条　各员工所受奖励或惩戒如有情节相同及轻重相等者，得将以前所得之功过相抵或因功将以前所得之惩戒减轻之。如遇停职处分时，应检查其全部服务劳绩，以考虑能否减轻惩戒。

第廿七条　受惩戒之员工，在下列规定时期内未犯过失者，应取消其已得之惩戒：口头劝告者半年以后，书面劝告者一年以后，警告者三年以后，最后警告者五年以后。

第五章　工 作 时 间

第廿八条　本店工作时间，每日以七小时为原则。每日开始工作时应签到。如有业务上或其他不得已之原因，得由负责人决定延长之。但暂时延长工作时间之状况，至多不得连续至超过一个月，应由负责人调整之。

第廿九条　星期日全天休假，但门市照常营业，轮值工作。内部员工在星期日有工作之必要时得由负责人决定之。

第卅条　星期日及例假日照常工作之员工，另给薪水。

第六章　假　　期

第卅一条　本店假期除星期日例假外，另给年假五天（元旦二天，春假三天），五一劳动节一天，七七抗战建国纪念日一天，双十节一天。

第卅二条　在规定假期内，如适逢星期日，应补假一天。

第卅三条　各员工薪水，按月十六日发给，不得透支或预借，但遇有特殊情形，必须透支或预借时，须经负责人许可。星期日及例假日照常工作之各员工，具另给薪水，至年终汇发。如有请假或迟到早退在一月中满一天者（七小时），年终得照扣薪水。

第卅四条　每年每人各给特别休假三十六天（平均每月三天），在职不满一年者按月计算，不满一月之零数不计。如全年请假未满三十六天者，得按照日数，补给薪水。

第卅五条　各员工如因本人婚嫁得给假二星期，父母夫妻丧亡得给假十天，薪水照给。倘系居住外埠，所有往返日程，亦照给薪水。女员工在生产前后给假二月，薪水照给。

第卅六条　各员工如因疾病请假按照"疾病津贴办法"办理之。

第卅七条　星期日给假，薪水照给，但连续请假期中，有二个星期日者，扣一个星期日，有三个星期日者，扣两个星期日，有四个星期日者，扣三个星期日，全月不到者，完全照扣。

第卅八条　各员工在本店服务每期满五年,工作成绩优良而未受惩戒者,得一次给予特别假三个月,假期起始日期则由人事委员会根据休假者之多寡及业务忙闲情形酌定。自愿延缓休假或自愿与第二次五年期满后合并休假者听之。

第七章　附　　则

第卅九条　本规约经人事委员会通过后施行。

第四十条　本规约如有未尽善事宜,得由人事委员会增修之。

四、通过海外分店同人支薪办法草案,分发香港、星洲二分店同人自治会讨论,待提出修正意见后,本会再予考虑。草案原文如下:

生活书店海外分店同人支薪办法草案

一、凡香港、星洲等国外各地分支店同人支取薪水,在当地通用币制价格高过国币时,得通过本办法。

二、同人薪水在十五元以下者,一律照原薪额发给当地通用货币;在十五元以上者,其超过十五元之数发给国币。

三、同人有妻室在当地同居而薪水在五十元以下者,一律照原薪额发给当地通用货币;在五十元以上者,其超过五十元之数发给国币。

四、同人有妻室在当地同居,薪水在五十元以上而有子女一人者,得将其超过五十元之十五元发给当地通用货币;有子女一人以上者,照此类推。

五、应发国币部分之薪额,如因当地不使用国币,得将应发国币之数,按照当日汇兑价格折合当地通用货币发给。

六、本办法由人事委员会通过施行。

七、本办法如有未尽善处,由人事委员会修改之。

五、各分店同人自治会每月经费,包括茶话会费、书报费、壁报费在内,依照各店人数多寡规〔定〕如下:五人以下七元,十人以下十元,二十人以下十五元,卅人以下二十元,卅人以上三十元。按照同人自治会组织条例之规定,由干事向本店按月领取报销之。

六、延平顾一凡同事因体弱,于九月十三日向本会提出辞去人事委员职务。查人委会系由社员大会直接选举产生,本会无权准许辞职。应予解释,并请继续担任。

七、艾逊生同事在由渝赴港转沪途中,不慎遗失衣箱一只,因此请求发给港币薪水一月,以便在港补购日用物件。查艾逊生同事并非调任港店工作,不能按照港店同人支薪办法支给港币,应予解释。惟为帮助解决艾逊生同事生活上的实际困难起见,特予通融预借国币二百元,分期按月扣还。

八、方学武同事于廿八年五月四日任职总处会〔计〕科时,缺少现款三十三元八角八分。因当晚重庆遭受大轰炸,匆促携走,难免遗失,请求将此项损失由本店负担。查本店对于银钱收付保管之责任,特别严格重视,如在可能保全的情形下有遗失等情,不加追究,则无法严密银钱之管理,将使本店蒙受无限的损失。对于方学武同事提出的三项理由,应予以解释如下:(一)"五四"晚上当时虽极匆促,但并未达到无法保全银钱的程度,且事后情形即较平静,有可能细事检点。(二)出纳员保管银钱均系上锁,别人不能触动,如有缺少,自应负完全赔偿责任,不能与门市缺少书籍相提并论。(三)万县、南平分店曾被毁,账册钱银不能取出,此系人力无可挽回之事;而冉家巷总处当时仅受警恐,并未焚毁,情形不同。据此,仍应由方学武同事负责赔偿。

九、总处编校科桂逸仙同事,因求学请假三月(自九月廿一日起),应予照准。

十、调胡连坤同事任蓉店经理职,蓉店原任经理沈百民同事于办理交代后调回总处工作。蓉店吴复之同事调渝店工作。蓉店王步武同事原定中止试用,兹因工作表现已较前努力,特取消原议,改予察看三个月,期满视成绩再予考虑。

十一、本店为实行节约增强资力起见,曾定"丙种储金"办法,自廿八年七月份起开始实行。兹因币制变动,物价高涨,生活情形已有重大变化。为相当避免同人生活的艰苦起见,自十月份起,取消"丙种储金"的全部办法。关于已交储之部分,得按照原定办法于期满后本利一并发还之。

十二、渝店黄杰同事于九月廿四日自由离开职守,旷工二天半,事后已由分店经理予以警告处分,本会可予追认。黄杰同事复于九月三十日在宿舍内与袁泰恒同事打架,将另一同事的被褥丢在地上,并无故毁坏床架及棕垫。此种扰乱本店安宁秩序与损毁公物的行为,均违犯本店规章之规定。兹决定予以停职处分,以儆效尤。

十三、张洪涛同事于廿七年春间任职上海本店进货科时,经手批进申报馆出版的《中国分省地图》一批,有将赠书之一部分私售与他人之舞弊行为。当时总经理徐伯昕先生在汉口接得报告后,即写信问张洪涛同事:是否确有此舞弊行为? 如有,则请自动离职。而张洪涛同事在广州接信后,即自动离职,此在事实上实已表示当事人承认过失而自愿受停职处分。事隔年余,张洪涛同事于廿八年八月十六日重新提出申诉,事实上已失根据,在本店原可不予受理。惟对本案之处理为求更周到起见,经分别向当事人所提及的各有关证人重行调查,结果,各证人一致证明张洪涛同事有将该赠书之一部分私售与他人之舞弊行为,并未有足以推翻原案之任何新材料。据此,仍应维持原案。

十四、查廿八年三月二日,临(事)〔时〕委员会对于广州分店一部〔分〕同事私营翻版犯规案的决议,关于孟汉臣部分所举之事实中,有此二点:(一)"自总处派员接替孟汉臣同事会计职务后,孟汉臣同事始终未将进货账交出。"(二)"查本店向远东出版社进货，自三月五日起至十日止，共计一千六百三十五元，而在三月十二日至廿五日陆续付款，竟达一千七百四十元，即超过一百〇五元，均由孟汉臣同事核付。"兹据最近由香港携到之广州分店进货账所载，对于上述二点有反证之事实：（一）进货账中间有包士俊同事所记之笔迹，可以证实孟汉臣同事并无将进货账秘密之行为。（二）三月十日所记进货远东出版社发票第五三号，而在三月廿五日后补记发票第五五、五八号二笔，计货价贰百廿捌元〇角〇分；由此可证在实际上，付款并未超过货价。根据上述二点反证之事实，是否足以推翻孟汉臣同事部分之原案，交由本会主席研究后再行提出讨论。

十五、据曲江分店经理严长庆同事的报告，冯成就同事于八月十八日奉派去香港，添配货物七千元，分装百件，通过敌人防线，克服运输上的种种困难，于二十日后安全返抵曲江。冯成就同事为本店事业和中国文化而积极奋斗的英勇精神，值得赞扬。决定除颁给"生活奖状"以留纪念外，并自十月份起按月加薪十元，以资鼓励。

主席　韬　奋

记录　张锡荣

人事委员会第八次常会记录

廿八年十月廿一日上午九时在总处二楼

出　席　者：李济安（代张又新）　袁信之（黄洪年代）　孙明心　胡耐秋（代范广桢）

　　　　　　徐伯昕　张锡荣　韬　奋　艾寒松（邵公文代）

主　　　席：邹韬奋

记　　　录：张锡荣

讨论事项

一、通过本会办事细则；

二、通过本会工作计划大纲；

三、通过职工薪给办法；

四、通过求学津贴办法；

五、核定衡、蓉、沪、金、宜、郁、南、广、筑各店战时临时津贴；

六、修正制服津贴办法问题；

七、修正住外津贴办法问题；

八、总处何廷福缺少公款问题；

九、汪允安、胡润泉工作时间问题；

十、金伟民擅离职守案；

十一、曾淦泉犯规案；

十二、王产元行李被焚请求津贴案；

十三、审查孟汉臣、孙明心、汪允安、王志万、陈锡麟接眷登记表；

十四、通过本店员工惩戒细则。

议决事项

一、通过本会办事细则如下：

生活书店人事委员会办事细则

第一条　本会由全体用通讯直接选举方式选出人事委员九人,连同理事会主席及总经理共十一人组织之。

第二条　本会应互选主席一人,秘书一人,处理日常会务及掌管会议记录及一切文件。

第三条　本会定每隔星期三下午二时半举行常会一次,由主席召集之,通告应于前一日发出。

第四条　本会除常会外,如遇有重要事项,急待讨论,得由主席召集临时会。

第五条　本会每次常会应报告经办事务及讨论事件,提案应于前二日交秘书列入议事日程。

第六条　本会开会时,倘主席请假则公推委员一人为临时主席。

第七条　各委员如有事故不能出席,可委托代表,代表以社员为限。

第八条　本会开会时出席委员以三分之二(八人)为法定人数,不足法定人数不得开会。

第九条　本会开会时任何表决必须出席委员过半数之通过方为有效。

第十条　本会工作如下：

一、核定职工进退迁调；

二、核定职工薪额；

三、决定工作时间；

四、考核职工勤旷、劳绩,拟定工作纪律及惩奖办法；

五、核准职工二个月以上之长假；

六、管理及督察宿舍安适及教育、卫生、娱乐等事项；

七、拟定职工红利分配方案；

八、领导同人自治会工作；

九、处理其他有关职工福利之事项；

第十一条　本会开会时讨论事项有涉及委员个人者,关系人本身无表决权,必要时应暂时离席。

第十二条　本会开会时讨论事项有必要时，得邀该有关之员工列席会议。

第十三条　本会任何议案或决议案，除主席具名之通告或指定委员传达者外，各委员有严守秘密之义务。

第十四条　本会会议记录及一切文件应由主席签字，由秘书负责保管。

第十五条　本细则如有未尽事宜，得随时提议修正之。

二、通过本会工作计划大纲，并推定负责准备人如下：

第五届人事委员会工作计划大纲

一、薪给方面

（一）重订薪给标准；（已办）

（二）调整薪额；（伯昕、公文、风夏、明心、志民）

（三）调查各地物价及同人家庭负担，厘订各种津贴办法。（公文、锡荣）

二、考绩方面

（一）修订考绩标准；（公文）

（二）修订服务规约；（已办）

（三）甄别并调整现有工作人员。（伯昕、公文、锡荣）

三、进退方面

（一）修订考试办法；（公文、明心、耐秋）

（二）拟订长期请假办法；（公文）

（三）拟订因特殊情形辞职之同事与本店继续关系办法。（公文、锡荣、明心）

四、教育方面

（一）拟订自我教育方案；（公文、耐秋、锡荣）

（二）拟订训练干部实施办法；（明心、公文、济安）

（三）拟订补助求学津贴办法；（已办）

五、其他方面

（一）健全自治会组织及工作办法；（公文、洪年、风夏）

（二）拟订健康、娱乐实施办法；（志恒、洪年、公文）

（三）整理修订各种有关同人福利章则。（公文、伯昕）

三、通过职工薪给办法如下：

生活书店职工薪给办法

一、本店职工薪额除总经理经理由理事会决定外，其余职工之薪额均由人事委员会按照本办法决定之。

二、编审委员之薪额,按照责任轻重、工作多寡,随时核定之。

三、本店薪水采用月薪制。职工最低薪额规定如下:工友十五元、练习生十二元、练习员二十元、职员三十元。膳宿一律由店供给。

四、新进本店之职工其开始待遇,均照上条规定办理之,惟有特殊经验之职员,其开始薪额得按照职务轻重及工作能力之强弱酌定之。

五、本店各级负责人之最低薪额规定如下:总处各部主任及各区管理处主任八十元;各分店经理及总处各科主任五十元;各支店经理及各分店课主任四十元。

六、本店增加职工薪额,在营业不亏损的情形下,每逢一月七月总考核各一次,惟薪水在百元以上者,每年考核一次。

七、在试用期内之员工,其成绩特别优良者,得于满三个月后考核加薪一次。

八、本店每次总考核增加薪额数量,分为下列五级:第一级十元,第二级八元,第三级六元,第四级四元,第五级二元。

九、依据经常考绩记录分数,满九十分者加第一级薪水;满八十分者加第二级薪水;满七十分者加第三级薪水;满六十分者加第四级薪水;满五十分者加第五级薪水。

十、本办法由人事委员会通过施行,并得随时由人事委员会修正之。

四、通过求学津贴办法如下:

求学津贴办法

一、本店为培养干部造就人才计,得根据实际情形资助同人出外求学。

二、资助种类分三种:

甲、由本店派去学习某一项专门技术者;

乙、自愿出外学习者;

丙、补习。

三、甲种求学者在学习期内,费用完全由本店供给,薪亦照给。

四、甲种求学者在学习期满后,至少在本店继续服务五年。

五、遴选求学者得由人事委员会指定或用考试办法选取。

六、凡自愿出外学习者,须先向人事委员会申请。

七、本店得代自愿学习者介绍学校,或代为要求免费。

八、自愿学习者必须具备下列诸条件:

甲、职务可以抽身或由别人代理者;

乙、工作成绩良好者；

丙、服务本店在两年以上者；

丁、学习科目适合本店需要者；

戊、学习期满返还本店工作者。

九、自愿学习者之学习时期，至多不得超过两年。

十、自愿学习者在开始时得借薪水一月，每年津贴图书费五十元。

十一、自愿学习者在学习期留职停薪。

十二、补习者必须具备下列诸条件：

甲、工作成绩良好者；

乙、补习科目适合本店需要者。

十三、补习者之学费，由本店津贴半数。

十四、本办法由人事委员会通过施行，并得随时修改之。

五、根据调查物价结果，核定下列各分店同人最低生活额如下，如有未达此标准之薪额者，应按照"战时临时津贴办法"自九月份起补足之：

衡阳分店	十元	南平分店	十元
宜川分店	十元	金华分店	八元
成都分店	十一元	广州湾分店	白银八元
郁林分店	九元	贵阳分店	十五元
上海分店	九元		

六、本店工作人员穿着制服暂行办法第六条："制服费如有超出上条规定者，超出之数由本人负担。"其下应增添修正之文字如下："如因物价高涨等特殊原因而必须超出时，经由人事委员会核定者例外。"

七、黄宝珣同事提出修改住外津贴原则二点：（一）津贴额不应因薪水之高低而有差别；（二）津贴额不应全国同一，应就各地房价之不同而参差。本会对此二点修改意见，认为并不妥善。解释如下：（一）按本店规定供给膳食及宿舍，如有自动放弃享用者听之。惟为顾及有眷属在当地者必须住外的实际情形起见，酌予津贴房租一部分。此项津贴规定薪水在五十元以下者八元，百元以下者六元，百元以上者无，意在相当帮助薪水较低者减少实际生活上的困难，并不含有普遍优待的性质。至于薪水较高者既自动放弃享受宿舍之权利，且有能力支付住外房租，在本店经济力量尚未充裕的目前，自可少予津贴或不予津贴。（二）各地房价不一，乃系事实；但甲地房价高而建筑好、交通方便，乙地房价低、建筑坏、交通不便，亦系事实。间或有差异，但生活需用上有差异者不仅仅房租一端，在本店目前经济状况之下，未能完全顾到。据此，暂时仍应维持原有办法。

八、总处何廷福同事任事务及收发职务，于廿八年十月一日将事务工作移交时,缺少公款一百元六角四分。其中除二十元系暂记欠款外,其余均系遗失、失窃、错账、私用等原因而致缺少者。在缺少时匿而不报,有错账不加清查,甚至私用公款：此均系犯规行为。除应追还全部缺款外,并予以停职处分,以维纪律。

九、总处汪允安、胡润泉二同事因工作繁忙,经常延长工作时间至十小时以上,应添适当员工一人,协助工作,以减少工作时间,改善工作状况。

十、金伟民同事于廿八年三月间任职沅陵分店时,曾致函总处,云因患胃病,拟请假回浙江家乡休养。总处以当时沅店人手缺少,为避免影响业务计,请其在代理人未到沅陵以前,暂勿离店。后接金伟民同事来电,谓因恐浙赣路中断,已于三月十七日启程回乡。此种自由离开职守之行为,对于店规及总处指示显有忽视之处,应根据服务规章,予以警告一次,以资惩戒。

十一、据报告,曾淦泉同事于廿八年任职零陵支店时,有下列犯规行为之事实：(一)五月廿五日中午十二时五十分钟,到楼上睡觉,到一点二十分钟才来办公。三点五十分到家里去赌牌。那天办公缺少三时〇五分。(二)五月廿七日下午一时上楼睡觉,三时五十分钟下楼,直到六时没有办公过。(三)六月七日中午十二时许回家吃饭,到一时回店立刻再回到家里赌牌,到三时十分到店,由三时四十分出外,四(五)[时]五十三分到店。(四)赵海青同事一人做门市,曾淦泉同事做轧销,每月曾同事平均廿余天睡午觉,时间每日三四小时。据此,曾淦泉同事有犯规行为。为求处置本案更周到起见,待向黄宝旡、金伟民两同事调查后议处。

十二、廿八年六月十三日,敌机袭常德,常德分店被延烧焚毁。王产元同事因只顾抢救公物,个人日用衣物未及携出,被毁于火。应予赔偿物价五十元,以示公允。

十三、孟汉臣、孙明心、汪允安、陈锡麟接眷登记表,按照"接眷旅费津贴办法"之规定,并按照本店经济能力及本人服务年数,审阅决定准予领受津贴时期如下：孙明心同事,廿八年十月；陈锡麟同事,十一月；孟汉臣同事,十二月；汪允安同事,十二月。王志万同事眷属接至工作地点后每月生活费尚有疑问,应暂缓。

十四、通过本店员工惩戒细则如下：

生活书店员工惩戒细则(服务规约附件)

第一项　各员工犯下列事项之一者,予以停职处分：

　　一、营私舞弊、侵用银钱者；

　　二、患花柳病者；

　　三、吸食鸦片或麻醉毒品及其他代用品者；

　　四、在外肇事,经官厅判决有罪,未能在本店继续执行职务者(因本店业务关系,或因其他公私关系而蒙受冤抑者不在此限)。

第二项　各员工犯下列事项之一者,予以警告或停职处分：

一、工作成绩恶劣者；

二、损害本店名誉、营业或财产者；

三、兼营与本店同样性质之营业，或兼任与本店同样性质营业机关之工作者；

四、兼任他处有酬报之职务而未经总经理或人事委员会或理事会之许可者；

五、泄漏本店营业上或业务上之秘密者；

六、擅离职守或无故旷工者。

第三项　各员工犯下列事项之一者，予以警告或最后警告处分：

一、在本店规定工作时间内办理私人事件及以公物作私用或浪费及损毁公物者；

二、在工作时间内擅自召开不属于本店规定之会议者；

三、有扰乱本店安宁秩序或妨害本店公共卫生者；

四、侮辱或凶殴同事、读者及他人者。

第四项　各员工犯下列事项之一者，予以劝告或警告之处分：

一、不服从有关负责人之合理指导及督察者；

二、无充分理由而推诿或拒绝本店调遣者；

三、无故迟到或早退者；

四、因公外出，未将事由在签到簿上登记，并未向有关之负责人报告者；

五、各区管理处主任或各分店经理，请假或公出在三日以上，无充分理由并未经总经理核定者；

六、对读者及来宾接洽事务有厌烦、傲慢、怠忽等情事者；

七、在工作时期内购食零物、阅读书报（因公查阅书报不在此限）或瞌睡、戏谑、谩骂、任意离开职守及妨碍他人工作等情事者；

八、同事间彼此不能充分合作、和衷共济者；

九、各级负责人对各该有关员工之指导及督察有徇私隐匿行为者；

十、对于本身职务无关之各项文件，任意拆阅或翻阅者；

十一、有赌博及酗酒行为者；

十二、在门市部或存书栈及堆积货物处所吸烟者。

临时动议

一、本会所定办法开始实行期问题。

决议

一、本会通过之一切办法，须于公布之日起开始实行。

主席　韬奋

第五届人事委员会会议记录
（第三册）

人事委员会第四次临时会议记录

廿八年十月廿八日下午二时半在总处二楼举行

出　席　者：张锡荣　邵公文（代艾寒松）　范广桢（胡耐秋代）　张又新（李济安代）

　　　　　　袁信之（黄洪年代）　莫志恒（代顾一凡）　韬　奋　徐伯昕

　　　　　　孙明心

主　　　席：邹韬奋

记　　　录：张锡荣

徐伯昕先生报告人事进退调遣

进：总处梅丽莎、孙克定、华克行，沪店崔福新，渝店刘新、钟学海、黄世琮、吴良成，滇店严醒夫。退：总处阎宝航，桂店葛陵、廖邦昌，昆明张元培。调遣：总处李德勋调渝，宜昌胡连坤调蓉。

讨论事项

一、通过医药津贴病假办法；

二、通过抚恤办法；

三、孟汉臣犯规案提出申诉问题；

四、重审王志万接眷登记表；

五、衡阳陈风九、李桂生两同事请假问题；

六、王志万任职渝店发行课时犯规案；

七、艾逊生声请发给港币薪水问题；

八、渝店刘观国、总处范广桢请假求学问题。

议决事项

一、修正并通过医药津贴及病假办法如下：

生活书店员工医药津贴及病假办法

一、凡本店员工，均适用本办法。

二、各员工有疾病时，得依照下列各项之规定，津贴医药费：

　　甲、向本店指定之医生门诊者，其诊金及挂号费由本店津贴；

　　乙、向本店指定之医生，请其出诊者，其诊金及挂号费，由本店津贴半数，但以本埠之医生为限；

丙、向本店指定之医院治疗者,本店每日津贴住院费至多二元,每年以六十元为限,一律实交实付,以医院单据为凭;

丁、药费及手术费由本店津贴薪水在五十元以下者,全年不得超过三十元;薪水在百元以下者,全年不得超过二十五元;薪水在百元以上者,全年不得超过十五元。

三、本店指定之医院或医生另行公布之。

四、各员工前往指定之医生或医院处诊病,或请其出诊或住院时,应先向总务部(课)填取凭单,如因紧急不及事前填取者,应于一天内补具手续。

五、各员工如确系直接因职务关系而受伤或致病者经本店指定之医生或医院证明后,其治疗期内所需之医药费或住院费,全部由本店津贴,但住院费以二等病房为限。

六、凡本店指定之医生或医院所不能诊察或留院之疾病,得向其他医生或医院诊治,津贴照给。

七、各员工如因病经本店指定之医生或医院证明,而全年病假不满一星期者,病假期内薪水照给。

八、各员工如因病经本店指定之医生或医院证明而请假一星期以上者,病假期内之薪水,除照第七条办理外,其超过之日期得照下列规定支给之:

甲、任职满一年以上者,薪水减支四分之一,但至多以三个月为限;

乙、任职满三年以上者,薪水减半支给,但至多三个月为限;

丙、任职满五年以上者,薪水照给,但至多以三个月为限;

丁、任职满十年以上者,薪水照给,以五个月为限;满十五年以上者,薪水照给,以七个月为限;满二十年以上者,薪水照给,以九个月为限;满二十五〔年〕以上者,薪水照给,以一年为限。

九、各员工如确系直接因职务关系受伤致成残废,经本店认为不能工作者,薪水照给,但至多不得超过一百元。时间以二十年为限。中途恢复工作能力者,中止津贴。中途死亡者,按抚恤办法办理之。

十、本办法由人委会通过后自公布之日施行,并得随时修正之。

二、修正并通过抚恤办法如下:

生活书店抚恤办法

一、各员工如确因职务关系而致死者,得一次给予丧葬费二百元;如系因病致死者,得一次给予丧葬费五十元。

二、因公致死者,每月薪水照给,但至多不得超过一百元,时期以二十年为限。

三、虽并非完全因公致死,但亦有因公之成分者,得视实际情形酌给薪水四分之一或二分之一,时期照下列之规定办理之:

　　甲、服务不满一年者,以一年计算;

　　乙、服务一年以上三年以下者,以三年计算;

　　丙、服务三年以上五年以下者,以五年计算;

　　丁、服务五年以上不满八年者,以八年计算;

　　戊、服务八年以上不满十年者,以十年计算;

　　己、服务十年以上不满十五年者,以十五年计算;

　　庚、十五年以上者,以二十年计算。

四、如纯系因病致死,且家境清寒者,得酌予抚恤:

　　甲、服务在一年以上三年以下者,给薪水三个月;

　　乙、服务在三年以上五年以下者,给薪水六个月;

　　丙、服务在五年以上十年以下者,给薪水九个月;

　　丁、服务在十年以上者,给薪一年。

五、抚恤金只能由夫、妻、子女或父母领取。

六、此项抚恤金本店得视实际情形,分期拨付。

七、领取抚恤金者,如有子女,本店得代为保管其教育费。

八、领取第四项之抚恤金者,其家境是否清寒,应由服务二年以上之同人二人予以证明。

九、本办法由人事委员会通过后公布施行。

十、本办法如有未尽事宜,由人事委员会随时修正之。

　　三、查廿八年三月二日,临时委员会对于广州分店一部分同事私营翻版犯规案的决议,关于孟汉臣部分所举之事实中,有此二点:(一)"自总处派员接替孟汉臣同事会计职务后,孟汉臣同事始终未将进货账交出。"(二)"查本店向远东出版社进货,自三月五日起至十日止,共计一千六百三十五元,而在三月十二日至廿五日陆续付款,竟达一千七百四十元,即超过一百〇五元,均由孟汉臣同事核付。"兹据最近由香港携到之广州分店进货账所载,对于上述二点反证之事实:(一)进货账中间有包士俊同事所记之笔迹,可以证实孟汉臣同事并无将进货账秘密之行为。(二)三月十日所记进货远东出版社发票第五三号,而在三月廿五日后,补记发票第五五、五八号二笔(系三月廿四日以前所开),计货价贰百廿捌元;由此可证在实际上付款并未超过货价。根据上述二点反证之事实,由本会主席研究之结果,认为孟汉臣同事提出上述反证之事实,可以推翻上述临委会决议关于孟汉臣同事部分所举之二点事实。但在临时委员会决议关于孟汉臣部分所举之事实中,有"每次付与远东出版社之款,多由孟汉臣君收取",及"九月十四日,广州已危急时而孟汉臣同事核付远东出版社货款贰百元"等各点,尚未得到充分反证理由之解释。应向当事人再行询问外,并向有关各方面进行调查。在调查询问期内,仍维持原案。

四、总处王志万同事对于申请接眷登记事提出补充云:"家属接至工作地点后,因房屋由姊丈供给,可不出租费,故个人薪水及津贴之收入,已可维持生活。"据此,按照"接眷旅费津贴办法"之规定,准予于廿九年一月份领受津贴。

五、衡阳陈风九、李桂生两同事于廿八年十月十八日请假一年求学,离开职守,事先未得本会之核准。此显系轻视职守、忽视纪律之自由行动,应按照服务规约予以停职处分,以维纪律。

六、王志万同事于廿八年七月间任职重庆分店发行课时,有下列犯规行为之事实:(一)七月三十日本店向华中图书公司配进《展望画报》一本,由王志万同事经手领取,并非定户需要,而系私用。(二)遗失定单存根二本以上,遗失万、蓉、筑、沅、郑各店通知单六张以上。(三)办理移交时文件紊乱,使接办者困难,且不答复接办者所提出关于工作上之问题。由此可见王志万同事以公物作私用,办事成绩恶劣,不能在工作上和衷共济之犯规行为。根据服务规约原应予以二次警告及一次口头劝告之处分,惟查当时发行课人少事多,且文件因防空搬动,以致有遗失紊乱等情,不无减轻处分之理由。兹决定予以警告,以资惩戒。

七、艾逖生同事由渝调沪,途经香港时,帮同办理港店工作数天,声请按照港店同人支薪办法支取四分之一港币。查艾逖生同事并非调任港店工作,照章不能按照港店同人支薪办法支取港币,且艾逖生同事在留港期内,食宿车资等因公费用,均可由店支付,尽可实报实销,不因币制不同而受损失。据此,所请未便照准。

八、渝店刘观国同事请假一年求学,因人手缺乏,未予照准。总处范广桢同事请假一年求学,应予照准。

主席 韬 奋

人事委员会第九次常会记录

廿八年十月八日在总处二楼举行①

出 席 者:袁信之(黄洪年代) 范广桢(胡耐秋代) 孙明心 艾寒松(邵公文代)

　　　　　徐伯昕 张又新(李济安代) 顾一凡(莫志恒代) 韬 奋

---

① "人事委员会第八次常会"召开时间是 1939 年 10 月 21 日,"人事委员会第九次常会"召开时间是 1939 年 10 月 8 日,存在常会次数与召开时间前后不一的矛盾,系原文如此,照录。

张锡荣

主　　席：邹韬奋

记　　录：张锡荣

讨论事项

一、通过试用员工到职须知及试用办法；

二、陈其襄同事疾病津贴问题；

三、核定梅、梧分店同人最低生活费额；

四、郑川谷同事津贴丧葬费问题。

议决事项

一、修正通过试用员工到职须知及试用办法如下：

生活书店试用员工到职须知及试用办法

一、试用员工到店时，应妥觅相当之保证人，依照本店规定之格式，填具保证书。

二、试用员工在到店前必须向本店指定之医生处检验体格。

三、试用员工到职时应缴二吋半身照片二张。

四、试用员工到职时应先填具志愿书。

五、试用员工应遵守本店之服务规约及其他一切章则通告。

六、试用员工开始待遇，除由本店供给膳宿外，甲、职员每月薪水三十元；乙、练习员每月薪水二十元；丙、练习生每月薪水十二元；丁、工友每月薪水十五元。

七、员工之试用期为半年，期满后如成绩优良，始得正式任用。

八、员工在试用期内，本店如认为不适合时，得随时停止试用。

九、试用员工于三个月后，得视工作成绩及工作能力，酌予递增待遇。

十、本办法由人事委员会通过施行，如有未尽善处得随时修改之。

二、陈其襄同事任职金华分店时，因店被当局误会封闭，奔走设法，辛劳过度，调任曲江分店时，肺病复发，此次致病带有局部因公性质。其所用去之医药费，除照规定办法津贴二十元外，其超过津贴之数，再由店津贴三分之二，以示优待。陈同事任职已满五年，照规定办法应给病假三个月，薪水照给。查陈其襄同事过去工作成绩优良而未曾受过惩戒，特依照服务规约第卅八条之规定，给予特别假三个月，薪水照给。此项假期在病假期满后起始。

三、"员工医药津贴及病假办法"第二条下应添加一项："戊、如致病原因带有局部因公性质，其药费及手术费超过丁项规定时，由本店再津贴二分之一或三分之二，至多以五十元为限。

　　四、郑川谷同事于廿七年秋离职后,在重庆因病死亡,迄今尚未安葬。查郑川谷同事在任职期内,工作成绩良好,故特予以津贴丧葬费五十元,以资帮助。

临时动议

　　一、张通英因病请续〔假〕半年;
　　二、薪水调整准备问题。

议决事项

　　一、张通英同事因患肺病,在蓉休养,自十月一日起,请续假半年,应予照准。
　　二、同人薪水调整问题,应作如下之准备:由邵公文等五同事拟定原则提交本会核定后于十一月二十日前将调整原则分发各地同人讨论,限十二月二十日前收集意见。

主席　韬奋

人事委员会第五次临时会议记录

二十八年十一月十六日在总处二楼举行
出　席　者:张锡荣　华风夏　张又新(李济安代)　孙明心　范广桢(胡耐秋代)
　　　　　　　袁信之(洪年代)　徐伯昕　艾寒松(邵公文代)　顾一凡(莫志恒代)
主　　　席:邹韬奋
记　　　录:张锡荣

讨论事项

　　一、调整薪水原则问题;
　　二、诸祖荣、汪允安等加薪问题;
　　三、张国钧因病请假问题;
　　四、渝店最低薪水额提高问题;
　　五、陈风九、李桂生支款卅五元责任问题;
　　六、冬衣借款问题。

决议事项

　　一、调整薪水原则草案,待询问沈钧儒、王志莘两先生之意见后,再行提出讨论。
　　二、诸祖荣、汪允安等职务特别加重之同事,原拟在七月份仍予加薪。惟因目前本店经济能力薄弱,且薪水在三十元以上者均未加薪水,少数同事加薪可能引起不良印象,故决定于明年一月普遍加薪时合并考虑之。

三、渝店张国钧同事因患神经衰弱病,请假二月休养,应予照准,职务由张东璧同事代理。假期须待代理人接替职务后起始。

四、渝店同人自治会提出最低生活费额须十五元,并将需用物品价格列举,以供本会参考。按渝店最低生活费额已按照调查结果确定为十二元,系根据各地相同之需用物品计算的结果,是以渝店未便单独变更提高此项参考材料,待于明年一月间调整薪水时合并考虑之。

五、衡阳陈风九、李桂生两同事前因自由离开职守,已受停职处分。查因有过失解职,按照前临时委员会决议之规定不能领取退职金。两同事在离职时借款三十五元,应责成衡店负责人金伟民同事追回之。

六、本店一部分同事缺少棉大衣,无力购置,兹定"冬衣借款"办法如下:(一)限实际缺少棉外衣而无力购置者借用;(二)借款每人至多廿元;(三)借款至多须在五个月内分期还清;(四)借款总额至多以一千元为限;(五)借款须由各店负责人证明并经人事委员会核准。

主席　韬奋

人事委员会第十次常会记录

廿八年十一月廿二日在总处二楼举行

出　席　者：徐伯昕　孙明心　华风夏　张又新(李济安代)　艾寒松(邵公文代)
　　　　　　范广桢(胡耐秋代)　张锡荣　袁信之(黄洪年代)　顾一凡(莫志恒代)
主　　　席：邹韬奋
记　　　录：张锡荣

讨论事项

一、调整薪水原则问题;

二、鲁昌年死亡津贴问题;

三、王仁甫升任职员问题;

四、陆杏寿医药津贴及在服侍黄宝亢养病期内薪给问题;

五、戴绍钧请假二月休养问题;

六、通过领用证章规则;

七、丙种储金已存部分支付问题;

八、桂林分店一部分同人提出重行考虑张洪涛案。

议决事项

一、本店薪给标准,过去因生活程度之变动,致未能一律,形成尚欠公允现象,应有适当之调整办法。又战时物价高涨,同人生活艰苦,亦应有适当之补救办法。此事关系整个本店前途和全体同人福利,故须展开普遍讨论,以便获得相当合理之结果。讨论时期定为一个月,自廿八年十一月廿五日开始,至十二月廿四日结束。为便利进行讨论起见,拟定讨论大纲如下:

调整薪水的几个基本原则(即讨论大纲)

一、决定薪水的三个要素:

A. 开始时的职位(练习生、练习员、职员);

B. 工作过程中的历次考绩;

C. 现在的工作成绩、责任和能力。

二、调整的步骤:

A. 查考每人开始的职位及现在每人之工作和责任,确定其职位;

B. 根据历次的加薪标准,假定过去每届最低加薪额——练习生开始一年中,每半年加五元,以后每半年加三元,练习员开始时半年加五元,以后每半年加三元,职员每半年加三元,工友每年加三元;

C. 依据上条并以现在每人的工作和责任加以增减,然后酌定每人现在的应得薪水。

三、调整的原则:

A. 工作成绩、责任轻重和能力强弱的比较;

B. 历年功过的比较;

C. 同等工作的服务年代比较。

四、调整的标准:

A. 适合各尽所能、各取所值;

B. 适合目前的生活程度;

C. 适合店的经济力量。

附战时生活费津贴办法

一、根据各地物价酌给津贴;

二、每三个月调查生活必需品之物价一次;

三、最低生活超出练习生起薪额(八元)时,超出之数,不论薪水多少,一律另给津贴;

四、津贴额亦每三月根据物价予以增减。

二、鲁昌年同事于廿八年八月十七日起病，八月卅一日殁于宜昌圣母堂医院，根据宜昌分店经理胡连坤同事报告，鲁同事所病为伤寒，而其患病致死之原因实由于：（一）战时生活程度高涨，鲁同事家庭负担过重，无法维持，心境难免悒郁；（二）宜店遭封闭，生活不安定，以致身心不快；（三）治疗不得法，鲁同事病后先请中医诊治，因彼及其亲戚均不信任西医，又兼警报频繁，病入危险期始送入医院，以致不治。鲁同事家境清寒，有母妻子女各一，生活悉赖维持云云。根据以上所述，鲁同事致死原因，并未含有因公性质，未能援例局部因公津贴办法。但鲁同事家境清寒，在本店服务已近三年，特根据廿八年十月廿八日通过，将于廿九年一月施行之抚恤办法精神，酌予津贴薪水三个月，计共六十六元，以资抚恤，丧葬费八十九元八角四分，予以追认。

三、沪店社工王仁甫，于廿六年四月进店，原任打包工作，廿八年九月调任门市，试习职员职务，尚可应付。兹经考试，结果成绩优良，准予升任职员。

四、陆杏寿同事于廿七年十一月间，押运货物十余包由衡阳至零陵，所押之船被急流冲击，搁浅沙滩，船底洞穿。陆同事因抢救货物，另雇船只运输，被散兵误会殴伤。二十八年三月六日，伤势重发，在衡阳医治。依照本店"疾病死亡津贴办法"之规定，陆同事因公致病，应予医治，费用完全由本店支给，在医治期内，并照给薪水。六月廿五日，陆同事护送黄宝元同事抵桂林治病。抵桂后，服侍病人，迄今已达四月。按服侍病人不属于本店职务工作范围，故在服侍病人期内，应停止支付薪水。陆同事并非无故离开职守，应准予复职。

五、渝店戴绍钧同事因患肺结核，自廿八年十一月廿二日起请假二月休养，经医生证明属实，应予照准。

六、通过领用证章规则如下：

生活书店员工领用证章规则

一、本店员工皆得领用本店制发之证章，以资识别。

二、员工领用证章，须在登记簿上签名盖章。

三、员工如将领用之证章遗失，须即登报声明作废，广告费由遗失者负担。

四、遗失声明内应载明"生活书店×字××号证章"字样。

五、遗失人应将遗失原因并检同在报端刊登之，遗失申明，书面报告主管部分请求补发证章。

六、主管部分应将员工遗失声明妥为保存，如发觉外人假借已经遗失之证章招摇或撞骗时，俾作为不负任何责任之凭证并可请求官厅查究。

七、员工遗失证章，须赔偿国币一元，以资警惕。

八、员工离职时,须将证章缴还本店。

九、员工离职时,如不缴还证章,以蓄意破坏本店规则论,并登报申明之。

十、员工领用之证章,如须全部更换时,得由本店收回。

十一、本规则经人事委员会通过施行。

十二、本规则如有不适用处,得由人委会随时修订之。

七、本店于二十八年七月份起开始实行"丙种储金"办法,后因生活情形变化,于十月六日决议取消,其已交储之部分,原定于期满后本利发还,但如有需要提早发还者,可将"储金存单"寄回总处,当将本金全数发还。不计利息。

八、关于张洪涛同事因舞弊离职案,桂林分店一部分同事提出意见七点:(一)张同事离职时,曾对人说"忍受不了这种无中生有,随便加上的侮辱",可见并非"默认"过失行为;(二)舞弊行为之经过事实应指出;(三)凭人证不凭物证难以使人心服;(四)原案未曾公布;(五)叫张同事提出反证,应规定范围;(六)应爱护老干部从轻处罚;(七)桂林社员愿保证张同事回店察看一个时期。经研究结果,认为所述七点均非足以减轻本案结论之正当理由,更非足以变更本案结论之有力反证。解释如下:(一)张同事当时未向总经理徐伯昕先生提出申辩,事实仍系"默认",其与他人口头上之辩说,不生效力。(二)舞弊行为经过之事实如此:廿七年二月 日中午,申报馆赠本店《中国分省新图》三十册,由张洪涛同事点收,但交栈务科收存仅二十册,计缺少十册。后查知该缺少之十册,系张洪涛以七折私售与日新屿地学社者。(三)本店处理人事问题,只求合乎实际,如无物证,亦可依据人证。(四)张同事原案,前临时委员会于廿七年五月十三日第廿四次常会曾有案可查,而所有案件并非必须公布。(五)凡有关本案之反证事物均可提出,并无限定范围之必要。(六)无论新旧同事,如犯舞弊之过失,毫无考虑挽回之余地。(七)社员数人担保已停职同事复职,章程并无规定,且亦非合理办法。应据上述要点详细予以解释之。

主席 韬奋

人事委员会第十一次常会记录

廿八年十二月六日在总处二楼举行

出 席 者:韬 奋 华凤夏 张又新(李济安代) 顾一凡(莫志恒代)

范广桢(胡耐秋代) 徐伯昕 袁信之(洪年代) 张锡荣

艾寒松(邵公文代) 孙明心

主 席:邹韬奋

记　　录：张锡荣

讨论事项

一、核定柳、立分店同人最低生活费额；

二、核定孙洁人同事因病请假案；

三、核定施励奋同事接眷津贴案；

四、黄晓萍医药津贴案；

五、方钧同事奖励问题；

六、孙克定先生赴聘途中食用问题；

七、桂林同人对于"战时临时津贴"的意见；

八、通过公出及迁调支领旅、膳、宿费条例；

九、刘执之请假问题。

议决事项

一、核定柳州同人最低生活费额为十一元，立煌为九元。

二、常德孙洁人同事提出要求：（一）因肺病需要休养，请假三月；（二）假期内去沪一行，办理婚事；（三）假期满后请调沪店或总处工作。查孙洁人同事原有肺病，如经医生证明确需休养，应予照准。如准假休养，则不宜去沪办理婚事，以免旅途跋涉，有碍健康，应予婉劝。假期满后调派职务，根据日后工作上之需要另行决定之，调沪工作之可能极少。

三、桂店施励奋同事，系廿四年十月进店，申请接妻都华琴及女安娜至桂林居住，旅费预计约二百元，生活费每月约需三拾元。查施励奋同事所具条件与"接眷旅费津贴办法"之规定并无不合，应准于在廿八年二月领取该项津贴。

四、黄晓萍同事于廿八年一月在上海因公被难，释出后，肺病复发，在医疗期间，又割治盲肠炎，至十一月十七日止，用去医药费一千二百三十二元八角七分。此项支出除由本会予以追认外，以后继续医治之费用，按照"医药津贴及病假办法"之规定，继续予以津贴；但因本店经济困难，须通知在可能范围内，力求节省。

五、方钧同事于廿八年七月廿五日，由金华起运价值约计四千元之书籍，通过敌人布防之公路与长江，到达立煌，中间经历许多艰难，且冒生命危险。此举对于大别山游击区之文化及本店事业有特殊贡献。方钧同事此种英勇奋斗的精神，值得赞扬。决定除颁给"生活奖状"（第十号）以留纪念外，并另给特别奖金壹百元，以资鼓励。

六、本店聘请外埠职员至工作地点执行职务，其旅费规定由本店津贴，惟以三等车〔船〕票为限。此项旅费津贴之范围，应加以扩大，凡赴聘之职员，除三等车船票外，其他膳宿及搬运等费用，一应包括在内，完全由店津贴之。

七、桂林同人对于"战时临时津贴"之意见，可以作为廿九年一月份考虑调整薪水时之参考，并将此意答复桂林同人。

八、通过"公出及迁调支领旅、膳、宿费条例"如下：

公出及迁调支领旅、膳、宿费条例

一、凡因公出差至别埠或职务调往别埠者，均按本条例办理。

二、车船票以三等为限。

三、车船票费、车力、脚力一律实支实付。

四、行李费以五十公斤为限。

五、沿途伙食及旅馆费亦实支实付，惟每天至多不得超过二元五角（火车或轮船上有此项设备者，则照一般规定者计算）。

六、凡留宿地有分支店者，膳宿均由分支店处理，不得另外开账。

七、本条例自通过日起实施并得随时修正之。

九、刘执之同事需要休养身体，且须赶写论著，拟请二个月以上之长假，或减少半天工作。半天工作办法，虽有前例可（缓）〔援〕，但办事效率颇受影响，今后不便采用。刘执之同事平时工作成绩优良，今既有事实上之需要，应准予请假三个月，惟原有职务，须找妥当之代理人接替，假期在职务有人接替时间始，以免妨碍工作之进行。

主席　韬　奋

人事委员会第十二次会议记录

廿八年十二月廿三日上午九时在总处举〔行〕

出　席　者：徐伯昕　孙明心　华凤夏　张锡荣　邹韬奋　张又新（济安代）

顾一凡（莫志恒代）　范广桢（胡耐秋代）　袁信之（黄洪年代）

艾寒松（邵公文代）

主　　席：邹韬奋

记　　录：张锡荣

讨论事项

一、通过返家旅费津贴办法；

二、通过补助家庭负担津贴办法；

三、审查准社员；

四、严长衍同事辞职问题。

议决事项

一、通过返家旅费津贴办法如下：

返家旅费津贴办法

一、凡由进店处调遣至别处工作之员工，有妻或父母，须返故乡同夫妇团聚或省视父母者，始得适用本办法。

二、返乡夫妇团聚者，每年得领津贴一次，津贴额为往返旅费之一半。

三、返乡夫妇团聚者，如调遣后满三年返乡一次，旅费全部津贴。

四、返乡省视父母者，每两年得领取津贴一次，津贴额为往返旅费之一半。

五、返乡省视父母者，如调遣满五年返乡一次，旅费全部津贴。

六、旅费津贴只包括车船票，并以三等为限，一律实支实付。

七、凡欲享领此项津贴者，须事先向人事委员会申请登记。

八、发给津贴之日期，须由人事委员会根据申请者服务年代之久暂、职务是否能离开、本人经济力能否胜任等条件，考虑决定之。

九、本办法自二十九年一月起施行。

十、本办法得由人事委员会随时修改之。

二、通过补助家庭负担津贴办法如下：

补助家庭负担津贴办法

一、凡月薪未满四十元，具有下列条件之一者，始得适用本办法：

　　甲、已婚而对方无职业者；

　　乙、母寡而无职业，且无弟兄分担赡养责任者；

　　丙、父年在五十以上而无职业，且无弟兄分担赡养责任者；

　　丁、父母亡故，弟或妹在十八岁以下者而无人分担生活费者。

二、津贴数额：月薪在三十五元以下者，每月每人五元；月薪在卅六元者贴四元，三十七元者贴三元，三十八元者贴二元，三十九元者贴一元。

三、领取本次津贴，每人只限享领一份。

四、领取本项津贴，须经有关负责人及自治会干事之证明，并经人事委员会之核准。

五、本办法自廿九年一月起施行。

六、本办法得由人事委员会随时修改之。

三、审查合格之准社员十九人如下：

马斌元　孙洁人　赵志成　陈树南　王仁甫　车锦顺　陈幼青　吴复之
苏尹铨　许季良　冯霜楠　贺承先　王产元　金世禄　张国祥　许彦生
聂会镇　胡　绳　廖庶谦

审查未能合格，应予通知改善者　人：

陆敬士　钱叔平　陆杏寿　罗肤春　袁文兴　阎振业　章德宣　任瑞生
曾淦泉

本店新社员日益增多，为保证成分之优秀起见，必须加强教育与组织工作。除充实原有之《店讯》及《我们的生活》外，应编印小丛书及举行巡回视察办法以实现之。

四、严长衍同事于廿八年冬在桂林处理西南区业务，自廿八年一月起停止支薪，不就新调生产部主任之职务，并于二月六日起停止签到，并提出请假半年。总处以业务重要，未予照准。六月间，通知暂任西南区购料及运输职务，支款九百三十元，未有工作报告，其间两次函询，尚未得复。十二月十二日来信提出辞职。查严同事为本店创始人之一，自主持书报代办部，负责本店营业以及创办粤、汉、渝、蓉等重要分店，劳绩卓著。依照服务规约有"如遇停职处分时，应检查其全部服务劳绩，以考虑能否减轻惩戒"之规定，应予从宽处理，以爱护有劳绩之干部。本店于廿八年十二月十四日致严同事长信，关于此问题述说甚详，试待其回信，再行处决，辞职暂未照准。

主席　韬　奋

人事委员会第六次临时会议记录

廿八年十二月卅日下午三时在总处

出　席　者：张锡荣　华凤夏　袁信之（黄洪年代）　顾一凡（莫志恒代）
　　　　　　孙明心　艾寒松（公文代）　范广桢（胡耐秋代）
主　　　席：徐伯昕
记　　　录：张锡荣

讨论事项

一、海外同人薪给问题；

二、夏长贵同事犯规案；

三、李培原同事犯规案；

四、方学武同事请假案；

五、张东璧同事辞职案；

六、吉伽夫同事要求调职案；

七、鲁昌年抚恤办法重行考虑案；

八、暂记欠款集中处理问题；

九、推定第六届选举候选人提名委员会二人案；

十、张知辛同事请长假案；

十一、金汝楫同事犯规案。

议决事项

一、海外各地分店同人支取薪水，在当地通用币制价格高于国币时，得参照本版图书售价，予以折扣，发给当地通用之货币。根据此原则，决定香港分店同人按照原薪六折发给港币；新加坡分店同人按照原薪四折发给叻币；广州湾分店同人按照原薪八折发给白银。所有津贴，除最低生活费津贴外，亦照薪水办法折合发给之。

二、据沪店七同事联名报告，廿九年《生活日记》之印造，由于印刷课夏长贵同事怠忽职守，增多处理上之困难。事实如此：（一）日记稿系于八月十九日交夏同事，而他搁置至九月一日始发排。（二）将印刷所发票积压，未将结欠总数随时报告负责人。（三）日记清样，于十月十一日齐全可以付印，但积搁至二十日由别人发觉，始得送去，以致印刷所说本店"清样没有交来，却催付印，真糊涂"。（四）当印刷所提出偿还旧欠，并以停印日记相要挟时，他站在旁观者之立场，并说"有八千元即可去办""吊桶落在人家井里""最后一只棋子科学不得不用""没有意见，自问对店尽力已够，没有办法，因为以后要到科学跑跑"等语。夏长贵同事对于上述各点之解释理由不够充分。他已请假来渝，待到渝面询后，再行议处。

三、李培原同事于廿八年十月十五日任职泾县流动供应所时，来信报告总处，云有一不知姓名且无证明文件之人，前来处理店务，因形迹可疑而予拒绝接待。后由阮贤道同事来信声明，阮同事于十月初由金华分店代理负责人派往泾县带取账单及调查业务，携有介绍信，且李培原同事曾同他熟识。此次故意拒绝处理职务，实由于私情不睦。关于阮同事所称各节，已由熟知双方历史与事实经过之同事三人予以有力证明属实。据此，李培原同事妨碍业务，侮辱同人，虚构事实，实犯重大过失。惟李同事平时对于职守尚称忠诚努力，得以从轻处分，予以书面警告一次，以资惩戒。

四、方学武同事拟请假壹年求学，因本店现有工作人员不敷分配，碍难照准。

五、张东璧同事因病辞职，应予照准。

六、吉伽夫同事请求调至总处任职，当于廿九年一月间调整人事时合并考虑之。

七、鲁昌年同事死亡抚恤办法，本会第十次常会已有决议。胡连坤同事补行报告，鲁昌年同事"带病工作已成事实"，但当时宜昌有相当医药设备，且店在停业期内，事实上并无须带病工作之理由。据此，应仍照原议抚恤办法办理之。

八、同人暂记欠款，为便于查核计，今后集中总处登记之。

九、推定张锡荣、莫志恒二同事，代表本会参加候选人提名委员会，讨论第六届选举事宜。

十、张知辛同事因工作兴趣转移，要求准予请长假，兹准予请假三月，期满后如未复职，作自动离职论。

十一、金汝楫同事负责渝店邮购课工作，自五月四日重庆市区遭大轰炸后，邮购信件搁积颇多，总处即增调人手帮同办理，后据金同事报告已完全办清，并无搁积。惟本会于十二月下旬，据重庆分店负责人报告，尚有四、五月间之邮购信件三百余封，均系尚未办理完毕者，私自搁积，未曾办清，亦未报告负责人。此事显系工作成绩恶劣之表现，并足以损害本店名誉，依照服务规约之规定，本应予以两次书面警告之处分。惟查金同事平时对于工作极为勤奋负责，此次构成错误原因之一，系由于工作繁忙，不无可原，应予减轻处分。特予书面警告一次，以资惩戒。

主席　韬奋

人事委员会第十三次常会记录

廿九年一月十五日下午在总处会议室

出席者：张锡荣　李济安（代张又新）　华凤夏　顾一凡（莫志恒代）
　　　　范广桢（胡耐秋代）　袁信之（洪年代）　孙明心　徐伯昕

主　席：徐伯昕

记　录：张锡荣

讨论事项

一、调整薪水问题；

二、战时最低生活费津贴问题；

三、代解同人家用津贴汇水问题；

四、任乾英同事续假案；

五、周幼瑞同事接眷旅费津贴案。

决议事项

一、关于调整薪水问题,本会第十次常会认为关系本店事业前途和全体同人福利,有展开普遍讨论之必要,故拟定大纲,自十一月廿五日开始,分发各地同人讨论。兹经收集同人意见,并经本会讨论,最后决定原则的结论如下:

调整薪水基本原则的结论

一、决定薪水的三个要素:

A. 开始时的职位(练习生、练习员、职员、社工);

B. 工作过程中的历次考绩;

C. 现在的工作成绩、责任和能力。

二、调整的步骤:

A. 查考每人开始时的职位及以现在每人之工作和责任,确定其职位。

B. 根据历次的加薪标准,过去每届平均最低加薪额——练习生开始时一年中,每半年加五元,以后每半年加三元;练习员开始时半年加五元,以后每半年加三元;职(社)〔员〕每半年加三元;社工每半年加壹元半。

C. 依据上条并以现在每人的工作和责任加以增减,然后酌定每人现在的应得薪水。

三、调整的原则:

A. 工作成绩、责任轻重和能力强弱的比较;

B. 历年功过的比较;

C. 同等工作的服务年代比较。

四、调整的标准:

A. 适合按劳取值;

B. 适合目前的生活程度;

C. 适合店的经济力量。

根据理事会廿九年度之预算,本年薪水及津贴项下之开支总额十三万,除将编审委员薪水改到成本项下外,计较上年实际支出之薪水及津贴总额约增加三万五千元。此项增加之数额,相当符合原则规定之需要。特推定邵公文、孙明心、胡耐秋三人,根据原则之规定,并配合预算增加之数额,草拟个别调整薪水之具体数字,提交本会讨论决定调整之。

二、关于战时最低生活费津贴问题,根据调整薪水基本原则的结论附件之规定,应调查各分店所在地之物价,计算最低生活费额。此项最低生活费额超过练习生起薪额(八元)时,应以其超过之数,普遍津贴,在该地服务之同人,不论薪水大小。

此项办法,自廿九年一月起实行。兹将最低生活必需品项目及全年必需量规定如下,各地同人应否领受津贴,及其津贴多寡,均以此为准:

品　　名	每年需要量	单价(重庆)	共　　计
卫生衫裤	一身	六元五角	十三元
衬衫衬裤	三身	六元二角	十八元六角
汗背心	三件	一元	三元
袜子	十二双	一元二角	十四元四角
布鞋	十二双	二元二角	二十六元四角
毛巾	六块	九角	五元四角
牙刷	四把	五角五分	二元二角
牙膏	四支	九角	三元六角
肥皂	六块	七角	四元二角
理发	十二次	七角	八元四角
洗衣	十二月	二元	二十四元
信封及邮费	十二月	五角	六元
书报费	十二月	一元五角	十八元
洗澡	十二次	七角	八元四角
什费(车资等)	十二月	二元	二十四元

上列品名及每年需用量,依照重庆最近物价计算,每月最低生活费额为十五元,计超过练习生起薪额(八元)七元,应自一月份起每人加发战时最低生活费津贴七元。

三、代解同人家用,前临时委员会原有办法规定,限薪水在五十元以下者,每月由沪店划付廿元,汇费津贴。但因沪店现款缺少,无力支付,且在内地由同人自行(另)〔零〕星汇寄,费用较省,故须改订原有办法。津贴汇费之原则仍予保留。

四、任乾英同事因满续假两月,应予照准。

五、周幼瑞同事尚未结婚,与规定接眷津贴办法未合,不能领受该项津贴。

六、接眷旅费津贴办法,第四条文字不明确,应修正如此:"此项旅费由本店津贴,惟只限三等车(站)〔船〕票;凡旅途膳食、住宿及行李搬运等费,均不在内。"

七、王锦云、殷益文、毕有华三同事，假期已满，未来续假，应予停职。

代主席

人事委员会第十四次常会记录

廿九年一月廿七日下午二时在总处二楼

出 席 者：李济安　华凤夏　袁信之（洪年代）　顾一凡（志恒代）　范广桢（胡耐秋代）　孙明心　艾寒松（公文代）　徐伯昕　韬　奋　张锡荣

主　　席：邹韬奋

记　　录：张锡荣

讨论事项

一、金伟民犯规问题；

二、刘执之请假问题；

三、区醒汉失款赔偿问题；

四、孟汉臣提出反证案；

五、接眷旅费津贴办法修改问题；

六、携眷旅费津贴办法修改问题；

七、汇款汇费津贴问题；

八、调整薪水问题；

九、取消家属津贴问题；

十、莫志恒妨碍店誉问题；

十一、朱树廉续假问题。

决议事项

一、金伟民同事于廿八年秋任职衡阳分店时，有下述犯规行为之事实：（一）用本店名义，写介绍信为某军人证明身份，幸遭该军办事处拒绝，并由某同事见机索回介绍信，始免肇事。此事经由衡店同事五人一致指出，并经调查属实。按本店系一商铺，与军事机关毫不相干，金同事运用职权显然失当，且足以妨害本店名誉。（二）对待同人态度欠好。如某次当众发言："同人五折购书，或许会八折售出，在这上面图利。"又如骂某同人"比狗还不如"等等，引起同人误会与不满，可见不能充分合作与和衷共济。据此，应予以劝告一次，以资惩戒。

二、刘执之同事需要休养身体，且须赶写论著，拟请二个月以上之长假，或减少半天工作。此案经本会第十一次常会决议,半天工作办法,因办事效率颇受影响,今后不便采用。而准刘同事请假三个月,假期于职务有人接替后开始。但据一月五日上海分店负责人报告,刘同事坚持减少半天工作要求,否则辞职。为避免妨碍工作之进行,已予允许办理。按刘同事此项要求与本店整个管理原则不符,应予婉劝,仍维持原议。

三、区醒汉同事于廿九年一月四日任职广州湾分店时,遗失公款捌拾伍元,应照章赔偿。惟区同事月薪所入较少,准许自廿九年一月份起每月扣还三元,在二年五个月内还清。

四、查廿八年三月二日,前临时委员会对于广州分店一部分同事私营翻版犯规案的决议,关于孟汉臣部分所举之事实中,有此两点:(一)"自总处派员接替孟汉臣同事会计职务后,孟汉臣同事始终未将进货账交出。"(二)"查本店向远东出版社进货,自三月五日起至十日止,共计一千六百三十五元,而在三月十二日至廿五日陆续付款,竟达一千七百四十元,即超出一百〇五元,均由孟汉臣同事核付。"后据由香港携到之广州分店进货账所载,对于上述二点有反证之事实:(一)进货账中间有包士俊同事所记之笔迹,可以证实孟汉臣同事并无将进货账秘密之行为。(二)三月十日所记进货远东出版社发票第五三号,而在三月廿五日后补记发票第五五、五八号二笔(系三月廿四日以前所开),计货价贰百廿捌元;由此可证在实际上付款并未超过货价。根据上述两点反证之事实,由本会主席研究之结果,认为孟汉臣同事提出上述反证之事实,可以推翻上述临委会决议关于孟汉臣同事部分所举之两点事实。但在临时委员会决议关于孟汉臣部分所举之事实中,尚有"每次付与远东出版社之款,多由孟汉臣君收取",及"九月十四日,广州已危急时而孟汉臣同事核付远东出版社货款二百元"等各点,经向当事人及当时在粤店工作之各同人调查结果,未得充分反证理由之解释与事实。因此,前临时委员会对于孟汉臣同事犯规案的决议原案,仍应维持。

五、接眷旅费津贴办法第二条,应修正如此:"所接眷属以夫、妻、子、女、未婚夫、未婚妻为限,惟接未婚夫或未婚妻,本人须年满二十岁,并接至工作地点后即结婚或同居者为限。"又第三条修改如此:"每人至多享领三个人之津贴。接至工作地点后,本人须继续服务至少一年,否则应追还已发之津贴。"

六、修正通过携眷旅费津贴办法如下:

携眷旅费津贴办法

一、凡本店同人因工作地点迁调而需携眷同行者,可以援用本办法。

二、所携眷属以夫妻子女为限。

三、每人至多享领三个人之津贴。

四、此项津贴以三等车船票为限。

五、凡携眷者须向当地负责人书面申请,然后始得具领。

六、本办法自通过之日起施行，并得随时修正之。

七、本店同人汇款至上海，因汇费高涨，前临时委员会原订有津贴汇费之办法。兹将该办法修正如下：（一）凡薪水在五十元以下而汇款至上海作家用者，得享受本办法。（二）每月每人最多限汇二十元，汇费由店津贴。（三）此项汇款，须由内地同人以私人名义直接汇出，凭汇款收条，经分店经理证明，向本店领取津贴。（四）本办法实行后，上海分店停止代划家用。（五）如发现假名代别家汇划者，即永远取消其享受上项权利。

八、本店薪给，今后采用等级办法，确定各等级数额如下：

级次 \\ 等次	第一等	第二等	第三等	第四等	第五等	第六等	第七等	第八等
第一级	八元 A	二十元 D	四十元 G	六十元 I	八十元 K	一二〇元 L	一七〇元	二四〇元
第二级	十元 B	廿四元	四十四元	六十五元	八十八元	一三〇元	一八〇元	二六〇元
第三级	十二元	廿八元 E	四十八元 H	七十元 J	九十六元	一四〇元	一九〇元	二八〇元
第四级	十四元 C	卅二元 F	五十二元	七十五元	一〇四元	一五〇元	二〇〇元	三〇〇元
第五级	十七元	卅六元	五十六元	八十元	一一二元	一六〇元	二二〇元	——
第六级	二十元	四十元	六十元	八十五元	一二〇元	一七〇元	二四〇元	——

说明：（甲）A. 第一等第一级为练习生起薪额。

　　　　B. 第一等第二级为社工起薪额。

　　　　C. 第一等第四级为练习员起薪额。

　　　　D. 第二等第一级为职员起薪额。

　　　　E. 第二等第三级为中心店组主任起薪额。

　　　　F. 第二等第四级为普通店课主任起薪额。

　　　　G. 第三等第一级为中〔心〕〔分〕店课主任及办事处主任起薪额。

　　　　H. 第三等第三级为普通分店经理起薪额。

　　　　I. 第四等第一级为中心分店经理及总处科主任起薪额。

　　　　J. 第四等第三级为总处部及区处副主任起薪额。

　　　　K. 第五等第一级为总处部及区处主任起薪额。

　　　　L. 第六等第一级为编审委员起薪额。

　　（乙）1. 第一等各级每半年加一级至三级。

　　　　2. 第二等至第四等各级每半年加一级至二级。

　　　　3. 第五等各级每半年加一级。

　　　　4. 第六等起各级每年加一级。

本届一月份普遍调整薪水,即可运用上述办法处理之。

十、本店廿九年度之预算中,根据薪水占总开支百分之五十之原则,决定增加支出三万六千四百元,作为调整薪水与扩大津贴之用,以改善同人待遇。按照调查各地物价之结果,战时最低生活费津贴扩大与普遍发给,全部增加总额已达二万一千六百元;按照最近确定之薪给标准,普遍调整薪水,全年增加总额约一万四千八百元。以上两项,适合预算中增加支出之数额。战时最低生活费普遍发给并合理调整薪水后,同人待遇已相当普遍提高,并自一月份起补发后,原有家属津贴一项,可以暂缓施行,待日后本店经济能力较宽裕时,再行考虑。

十、莫志恒同事于一月八日致函某编辑人,对于本店绘图稿费办法,作如下之批评:"关于编审会通过之绘稿给酬办法,相当苛刻,因为那还是战前的标准。……这些对于绘图人的苛刻待遇,不过是某些极少数的市侩遗毒的表现。"莫同事此种批评,显然不当:(一)绘图稿费拟定时,莫同事参与其事,并未提出补充修改之意见;事后在背面批评,实不合民主集中的精神。(二)所定给酬办法即尚欠充分优待,以本店立场言,是减少支出,符合本店求经济自立之原则。莫同事作此种批评实不了解本店合作组织之原则。(三)对店外人作此种批评,充分显出本店内部同事意见之有错误,转辗传播,足以妨碍本店名誉。且侮辱同人为"市侩",实违反和衷共济忠诚合作之原则。依据上述,本应予以应有之处分,惟姑念系致私人信件,与公开发表之文件不同,故仅予以口头劝告一次,并纠正其错误之见解。

十一、朱树廉同事因继续学习航空,续假一年,应予照准,假期自廿九年二月三日起至卅年二月二日止。

主席 韬奋

人事委员会第十五次常会记录

廿九年二月七日下午三时,在总处二楼举行

出 席 者:徐伯昕　孙明心　华凤夏　张锡荣　邹韬奋　胡耐秋(代范广桢)

莫志恒(代顾一凡)　黄洪年(代袁信之)　邵公文(代艾寒松)

李济安(代张又新)

主　　席:邹韬奋

记　　录:张锡荣

邵公文先生报告

本届调整薪水，依据本会所定原则具体分配细数事，由本会推定邵公文、胡耐秋、孙明心三人会同主计部研究准备。兹经总经理经理会同总务部拟定如下：

总处：	张锡荣	100	112	黄宝珣	89	96	徐植璧	43	48	
	冯一予	31	36	丁洁如	16	20	邵公文	90	104	
	黄洪年	37	44	张志民	70	80	孟汉臣	70	75	
	沈百民	38	44	闵适	28	32	陈正为	14	20	
	汪允安	50	70	王志万	29	32	胡顺泉	40	44	48
	倪福祥	20	24	胡耐秋	53	60	郭念群	20	20	
	孙明心	110	120	沈敢	27	32	邵峻甫	24	28	
	莫志恒	62	70	解子玉	16	20	董文椿	37	40	
	陈四一	31	34	王鸿远	13	16	黄奠三	12	14	
	汪占魁	11	12	苏有余	10	12	程浩飞	40	52	
	殷国秀	25	32	华青禾	25	28	孙运仁	35	36	
	华克行	20	20	沈志远	200	220	柳湜	150	160	
	廖庶谦	150	160	胡绳	120	130	赵志成	27	32	
渝店：	李济安	66	75	华风夏	35	40	徐启运	39	40	
	张国钧	30	36	谢珍水	26	28	吴复之	22	28	
	冯霜楠	23	28	金汝楫	55	56	许彦生	23	32	
	戴绍钧	27	28	王大煜	25	28	李宗裕	15	20	
	黄锡钧	20	28	张惠之	8	14	夏雨人	15	20	
	雷良刚	12	14	李德勋	10	14	袁太恒	15	17	
	丁希马	10	14	张锡文	8	12	钟学海	8	14	
	刘新	8	12	田裕昆	14	20	王信恒	16	20	
	苏昌白	14	18	夏华清	10	14	龙志明	10	12	
	晏贤冰	10	14	刘哲钦	10	12	黄志远	10	12	
	苏志均	12	14							
蓉店：	胡连坤	44	48	顾根荣	40	44	张文星	30	32	
	范玉全	18	20	彭朝惠	14	17	寿春	10	14	
	王步武	10	14	张世春	12	17				
宜店：	贺承先	32	40	王海瑞	14	17	林震东	14	17	
陕店：	周名寰	46	52	周积涵	48	52	苟志汉	14	17	

店	姓名			姓名			姓名		
	王宽信	12	14	王自立	12	14			
兰店：	薛迪畅	66	75	仲秋元	30	36	杨长兴	10	14
	阎振业	12	14	薛天鹏	45	48			
筑店：	张子旼	72	80	沈炎林	30	32	张国祥	23	28
	濮光达	16	20	熊蕴竹	16	20	何祖钧	10	14
	董咏华	10	14						
滇店：	毕子桂	67	75	曹建章	37	44	李亦方	20	28
	周启治	15	20	杨玉照	15	20	赵德林	10	20
	刘嘉坤	6	12	方儒显	9	12	董顺华	14	20
	严醒夫	20	24						
港店：	陈雪岭	89	104	赵晓恩	54	60	沈俊元	40	48
	吴元璋	36	44	冯景耀	26	36	周遇春	21	28
	瞿悦明	30	36	罗颖	30	32	杨赓福	25	32
	钱小柏	35	44	何步云	32	36	戴耀德	20	28
	章德宣	30	32	陆敬士	20	24	王绍阳	18	24
	谈春簏	27	32	赵鼎懋	16	20	汪梓端	18	20
	袁文兴	10	12	黄学尧	15	17	何 求	13	17
	吕桐林	25	28	雷瑞林	14	17	金世禄	13	17
	梁 芹	11	12						
星店：	甘蓬园	190	200	包士俊	35	40	金世祯	37	44
	江明深	12	17	凌辉云	12	17	张接奎	6	10
	赖志清	6	10	黄秀峰	6	10	亚 四	9	12
	李英杰	10	12						
梅店：	周幼瑞	40	48	任乾英	34	36	吴德迈	24	28
	林善铨	12	17	余 生	6	10			
赤店：	张明西	40	44	章长庚	20	24	区醒汉	26	32
	倪 宽	21	24						
南平：	顾一凡	40	44	陈云才	25	32	张春生	24	28
沪店：	王太来	80	88	朱平初	37	40	陆九华	53	60
	袁信之	33	40	黄孝平	28	32	王敬德	27	32
	祁宝恒	27	32	王仁甫	20	24	杨义方	56	60
	刘桂璋	37	40	陈文鉴	37	40	殷荣宽	22	24
	崔福新	17	20						
桂店：	诸祖荣	62	80	卞祖纪	56	65	程树章	46	52

	徐士林	36	40	陈文江	51	56	施励奋	39	44
	洪俊涛	34	36	毕子方	31	36	诸 侃	28	32
	姚广源	17	20	陈克理	17	20	笪志昂	17	20
	唐里之	16	20	薛天鹤	18	20	董 凯	20	24
	曹厚础	20	20	任 廉	13	17	徐云尧	10	14
	郭 黎	10	14	颜清和	10	14	潘宝洪	27	30
	黄宝兴	23	24	车锦顺	15	18	陆杏寿	10	14
	崔金元	12	14						
郁店：	苏尹钰	21	28	陈树南	21	28	关权林	19	24
	姚祖志	10	12						
柳店：	卞钟俊	62	65	陆石水	42	48	龚清泉	22	24
	许季良	14	20	陈幼青	12	20	徐绍裘	15	20
	章敏之	17	20	卢锦泉	12	20	冯益滔	12	14
梧店：	陈国樑	33	36	胡祖荣	8	12	钟 达	12	14
衡店：	金伟民	37	40	方学武	33	36	王产元	20	24
	王健行	23	24	郭智清	17	20	沈勤南	10	14
	刘继武	12	14	赵海青	23	24	王焕洪	16	18
	曾淦泉	20	24						
曲店：	严长庆	73	80	邵振华	44	48	冯成就	33	36
	何小平	20	24	聂会镇	21	24	毕 青	30	32
	毛树风	11	14	李仁哉	35	40	马斌元	22	24
罗定：	张又新	49	52	许觉民	28	32	甘观弼	14	14
立煌：	方 钧	35	40	朱锡明	13	17	严永明	8	12
云岭：	李穉絑	28	32	胡 苏	22	24	袁 润	21	24
丽水：	江中元	29	32	王联群	18	20	杜福泰	23	24
金华：	杨永祥	30	36	黄宝亢	48	48	陈其襄	78	80
	孙洁人	33	40						

讨论问题

一、本届加薪问题；

二、严长衍同事请假案；

三、周幼瑞、李仁哉申请接眷旅费津贴案；

四、成立同人互济会案；

五、黄宝珣同事待遇问题案；

六、张子旼同事犯规案。

决议事项

一、邵公文同事报告关于本届调整薪水具体分配之数字,查与本会所定之薪给标准及加薪总额相符,应予通过,但为更求审慎周到起见,特予各地负责人保留参与意见之权,如该当地负责人认为尚有未尽善之处,可以重行提出考虑更动。

二、严长衍同事于廿八年冬在桂林处理西南区业务,自廿八年一月起停止支薪,于二月六日起停止签到,同时不就新调生产部主任之职务,并提出请假半年之议。总处以业务重要,请假未予照准。六月间,通知严同事暂任西南区购料及运输职务。严同事向桂店支款九百三十元,未有工作报告,其间三次函询,未得复书。十二月十二日,来信提出辞职。查严同事为本店最老干部之一,自主持书报代办部,负责本店营业以及创办粤、汉、蓉、渝等重要分店,劳绩卓著,应予从宽处理,以爱护有劳绩之干部,故于十二月十四日致严同事信中,作最后之挽留,迄今为时已将两月。未得复书,可知已无挽回余地,特准予辞职。其全部未了银钱出入,按章予以清算之。

三、周幼瑞同事接未婚妻张慧珍由上海至梅县,费用约九十元,查与规定办法尚无不合,准予于三月份领受津贴。李仁哉同事接妻韩韵梅由百官至桂林,费用约一百五十元,准予四月份领受津贴。

四、方学武同事提出成立本店同人互济会案,原则甚好。惟本店已有同人自治会之组织,为求简单起见,此项互济工作可并入自治会同人福利组办理。

五、黄宝珣同事因过去曾一度出社,薪水据称尚有问题,此事应由总经理经理研究调查后再行考虑之。

六、张子旼同事于廿九年一月间致书代理监察委员毕云程先生,由毕先生交徐经理,后由徐经理交邹总经理审阅,其中涉及本店纪律者有三点:(一)"我对事业所抱的积极心改变成暂时采取消极的作风,同时由环境的教训,使我个人的举止需要多样性,不能极单纯的专心一意在店的事务圈子里,因此最低限度内为职教社贵阳办事处的某些工作需要去效劳,就在它的补习学校里也得要在业余去义务负担簿记会计班的教席。"(二)"由于韬奋这次疯狂的举动,一方面使我在重庆无从工作,同时也无心工作……封建的下意识作风太浓厚,就我亲身感到的举一个例罢,不能采取相互批判办法来进行理论斗争,只想用地痞式捣乱,这是不会有好结果的,这是决不能成为领袖人物条件的。"(三)"敝人当时离筑赴渝促成监委成立与夫提议监会决议此三案者,于公于私当亦有其职责与使命存在,虽于事先未能得总处复信后起行,但就以前分店负责人离开工作地点成例言,亦并无即行有犯峻刑严法之处分者。应注意服务细则在事后发表者,即可知以公(询)〔徇〕私矣。"根据张同事自述之第一点,对工作抱有消极态度,足以损害本店营业;第二点,显然侮辱负责同事;第三点,张同事虽表面上接受人委会之劝告,而实际上并未接受亦并未正式提出异议,此足以表示在事实上不服从合理之指导及督察:此三点均系犯规行为,应按照服务规约之规定予以最后警告之处分,以资惩戒。

主席　韬奋

人事委员会第十六次常会记录

二十九年二月廿八日在总处二楼举行

出　席　者：张锡荣　孙明心　范广桢(胡耐秋代)　袁信之(洪年代)　张又新
　　　　　　(李济安代)　艾寒松(公文代)　韬　奋　顾一凡(莫志恒代)

主　　　席：邹韬奋

记　　　录：张锡荣

讨论事项

一、毕子桂善后问题;

二、黄宝兴善后问题;

三、华风夏、王志万、林震东请假问题;

四、工友薪给标准问题;

五、女同事生产津贴问题;

六、本店决议案发表原则案;

七、"三八"节女同事放假问题;

八、总处同人于二月六日失窃要求赔偿案。

议决事项

一、毕子桂同事任职昆明分店经理,于廿九年一月间患腰疽,延医诊治期内,二天不能起床,后稍愈,因事务繁忙,仍照常工作。继患急性盲肠炎,经施行手术割治无效,于二月六日逝世。查毕同事在服务期内,工作成绩甚为优良,自主持昆明分店后,人少事繁,身兼数职,辛劳过度。此次得病不治,实带有局部因公之性质。毕同事于廿二年一月进店,服务七年又一月,按照本店"抚恤办法"之规定,应每月发给半薪三十七元五角,时期以八年为限,自二十九年二月起至三十七年一月止。此项津贴由其父毕舜卿先生收取,以资抚恤。丧葬费超出规定之数予以追认。

二、黄宝兴同事任职桂林分店什务,于廿九年二月十日患急性盲肠炎,后转成腹膜炎,医治无效逝世。查黄同事曾于廿七年十一月间押运货物由衡阳至零陵,在途被散兵误会殴伤吐血,从此身体颇受亏损,此次得病不治,实带有局部因公之性质。黄同事于廿五年六月进店,服务三年又八月,按照本店"抚恤办法"之规定,应每月发给半薪十二元,时期以五年为限,自二十九年二月起至三十四年一月止。此项津贴由其妻黄氏收取,以资抚恤。丧葬费超过规定之数,予以追认。

三、重庆分店华风夏同事因回家省亲,自二月二十日起请假三月,应予照准。总处王志万同事拟请一年求学,因工作繁忙,未予照准。宜川办事处林震东同事自一月二十九日起因病请〔假〕三月,应予照准。

四、本店工友薪给,今后采用等级办法,确定各等级数额如下:

级 等	1	2	3	4	5	6
1	10	12	14	16	18	20
2	20	22	24	26	28	30
3	30	32	34	36	38	40
4	40	43	46	49	52	55
5	55	58	61	64	67	70
6	70	74	78	82	86	90
7	90	95	100	105	110	115
8	115	120	125	130	135	140

一等至五等　每半年加一级
六等至八等　每一年加一级

五、女同事生产津贴办法,交由总务部研究后再行提出讨论。

六、本会所有关于人事之决议案件,除当时指明须保秘密者,或经由主席指定须保秘密者不予发表外,其他须在《店务通讯》发表,俾使同人明了本会处理人事之状况,而资鼓励与警惕。

七、"三八"妇女节,本店女同事如参加纪念集会,得按照实际需要之时间,准予请假,不扣薪水,以示本店赞助妇女运动之意。

八、廿九年二月六日,总处宿舍失窃,同人损失衣物约二百元。查当时门禁未严,宿舍未曾装置锁及闩,对于此次失窃,本店应负相当责任。待失窃衣物单交到后,再行考虑酌量赔偿。

主席　韬奋

人事委员会第十七次常会记录

廿九年三月廿八日在总处二楼举行

出 席 者：孙明心　顾一凡（莫志恒代）　袁信之（洪年代）　艾寒松（邵公文代）　范广桢（胡耐秋代）　徐伯昕　韬奋　张锡荣　李济安

列 席 者：甘蕙园

徐伯昕先生报告人事

进店者：总处邱正衡、彭迪先、陈祥锐（原系南郑分店同〔人〕，现系复职）、汪宪明；滇店许书、王若明、张企荣、刘本华；渝店王辉耀、裴恕。退职者：渝店林德辩停止试用，总处黄奠三、王志万、孙运仁、郭念群辞职，郁店徐绍裘辞职，星店金世祯辞职。此外迁调者：孟汉臣由渝调滇，闵适由总处调渝店，仲秋元由兰调渝，薛迪畅由兰调蓉，胡连坤由蓉调兰，林震东由宜调兰，方钧调渝，袁润由云调梅，李培原、朱锡明、胡苏由云调桂，王健行、沈勤南由衡调桂，郭智清、刘纪武、王产元、王焕洪由衡调曲，方学武由衡调柳，许觉民由罗调柳，张又新由罗调桂，陆石水由柳调筑，周积涵由渝调筑。

讨论事项

一、海外同人薪给办法补充问题；

二、同人互济会办法问题；

三、黄宝珣同事薪给问题；

四、赵志成同事疾病请求津贴问题；

五、曲江分店同人失物请求津贴问题；

六、陈正为等三同人失物请求津贴问题；

七、杨义方、曹建章、王敬德、陆敬士请假问题；

八、邵峻甫同事升任职员问题；

九、张知辛同事续假问题；

十、同人离店后复职之待遇问题。

议决事项

一、海外分店同人薪给，前经本会决议，按照当地发售书籍之折扣折合计算发给当地通用货币。惟新加坡同人按照四折支薪，与当地一般待遇相差过远，应将最低生活费津贴提高吻币二元,以资补贴。

二、本店为帮助同人解决意外之忧患起见,拟举办同人互济会,主要原则如下:
(一)抽月薪百分之二,作为互助基金;(二)本店照所抽之数,津贴一倍作为互助基金;(三)基金之支用,分借款与赠送两种;(四)基金之支用,限于同人遭遇急难之事件。依据上述原则,由总务部拟具办法再行提出讨论。

三、黄宝珣同事于廿三年《生活》周刊停刊时退职,后于《新生》周刊创办时复职,当复职时,减支薪水三十元(原为八十五元,复职时改支五十五元)。黄同事为此事请求予以追补。经本会主席向各有关部分调查之结果,认为确系事实。但查此项减支薪水之办法,系黄宝珣同事于复职时自己同意办理者,本会无权推翻六年前黄同事自己同意办理之事实,是以未能予以追补。但此项事实,可以作为本届调整薪水时考虑之一个因素,由本会主席斟酌处理之。

四、赵志成同事举出在宜昌及总处服务期内,对于工作负责努力之情形,请求在病假期内,予以特殊之津贴。查同人对于工作负责努力,系属一般情形,赵志成同事此次得病休养,未能认为带有局部因公之性质,是以仍照规定办法办理,未能予以特殊之津贴。

五、严长庆、邵振华、聂会镇、冷金平四同事,当曲江危急时,匆促退出,遗失私人衣服现款若干,请求予以津贴。查此系人力可以避免之事,本店不予津贴。

六、总处陈正为、孙克定、黄洪年于二月七日失窃私人物件约值一百八十元,因宿舍未曾装锁或闩,以致无从谨慎门户,对于未曾装锁或闩一点,本店须负相当责任,特予津贴失物价值三分之一,以帮助同人解决部分困难。

七、曹建章、杨义方、陆敬士三同事提出请假,据各方可靠之报告,在请假期内,已担任他处有报酬之工作。查该三同事在服务期内,工作成绩良好,应予挽留;如已决心担任他处工作,则应照章予以辞职。王敬德请长假到敌后去工作,因工作繁忙,未能准许,否则准予辞职。

八、邵峻甫同事原任总处栈务科社工,兹经考试,成绩尚可,准予自四月一日起,升任为职员,以资鼓励。

九、张知辛同事因在慰劳总会担任慰劳抗战将士等服务工作,未能回店,要求续假。查张同事既已另任工作,应照章予以停职。但张同事对于本店事业抱极大之热心,并表示本店有确当之工作需要张同事负责时,当可放弃其他工作回店,届时当予以考虑复职。

十、本店职工在离职期内,能力强弱或有变动,故于复职时,应根据当时能力强弱及职务轻重,重行酌定待遇。

主席　韬　奋

第五届人事委员会会议记录
（第四册）

人事委员会第十八次常会记录

廿九年四月十二日下午二时在总处举行

出 席 者：韬 奋 顾一凡（莫志恒代） 范广桢（胡耐秋代） 孙明心

张又新（李济安代） 张锡荣 袁信之（洪年代） 艾寒松（公文代）

徐伯昕

主 席：邹韬奋

记 录：张锡荣

讨论事项

一、金汝楫工作问题；

二、施励奋请假问题；

三、同人欠款问题；

四、最低生活费津贴更动问题；

五、徐启运同事因病请假问题；

六、冯霜楠同事失物请求津贴问题；

七、张志民因病请假问题；

八、张子旼怠忽职务问题。

决议事项

一、金汝楫同事任职渝分店邮购科工作，因成绩恶劣，妨害本店信誉，曾于去年十二月卅日予以警告。三月以来，金同事工作成绩恶劣之事实，频频发现，不一而足；且对于工作之态度日趋随便，工作能力日益减退，甚至神经略形失常，均为共见之事实。按本店为一共同工作之团体，对于工作成绩十分重视，金同事既已无力胜任原已担任有年之工作，照最近所表现之恶劣状况，亦无其他适当之工作可以调派。故自本年四月十六日起，停止职务。因过失离职，照章未有退职金，惟念金同事任职已有七年之历史，特除发给回乡川资一百五十元外，并给退职金二个月，股款则全数退回。查此次金同事工作成绩恶劣而无可改善，其原因实由于家室问题处理未当，待□后此种原因消除，工作能力增进，而本店认为有恢复职务之可能时，再行考虑试用。

二、施励奋同事任职桂林分店邮购科，于二十九年四月间请假二月，返乡处理家务。按二个月以上之长假，照章应经本会之核准，而施励奋同事未照办理，实系擅离职守之犯规行为。惟因事先征得当地负责人之同意，得以减轻处分，应予劝告一次,以资惩戒。

三、本店同人借款,原有"预支薪水及借款办法"之规定,但一部分同人由于疾病或其他不得已之原因,常向本店借款,漫无限止,截止最近为止,总额已近两万元。此事虽有益于同人福利,但资金流转增加困难,影响业务前途甚大,故不得不加以相当之限制。今后同人借款,如由于疾病或其他不得已之原因而超过章程之规定者,须经本会之核准,方得支借。其超出规定之借款,至多以六个月薪水(股款抵押在内)为限,并须服务期满三年者方得享受。

四、四月份物价更趋高涨,本店最低生活费津贴支出浩大,不得不酌予减缩,以支持业务。兹决定暂将书报费每月一元五角一项取消,以免开支增长过大。

五、徐启运同事自三月廿一日起因病请长假,应予照准。所请津贴回家旅费一节,应按照规定办理之。

六、冯霜楠同事于三月十七日夜间于南岸办公处失窃衣物价值一百三十元,请求本店予以津贴。查此与因公而人力无可挽回之情形不同,碍难予以津贴。

七、张志民同事因体弱请假,应予照准。职务交替及假期开始日期,由经理斟酌处理之。

八、张子旼同事应解总处款项,两月未解,三次电催不复,对于职务有怠忽等情事,待巡回视导员调查实况后,再议处理办法。

主席　韬　奋

人事委员会第十九次常会记录

廿九年五月八日下午二时在总处举行

出 席 者：韬　奋　徐伯昕　孙明心　范广桢(胡耐秋代)　顾一凡(志恒代)

　　　　　　袁信之(洪年代)　张又新(李济安代)　艾寒松(公文代)

　　　　　　薛天鹏(代张锡荣)

主　　　席：邹韬奋

记　　　录：邵公文

报告事项

一、四月份起各地生活费津贴变动如下：

桂林	八元	宜川	六元	上海	五元
南平	五元	成都	八元	兰州	十元
柳州	六元	曲江	五元	重庆	八元

赤坎　白〔银〕　二元六角　昆明　十三元

二、四月份人事进退：

进店：渝店进陈一平、郝思杰、王宽才、王霁、涂其永、谢元珍、张宜君，桂店进姚可。

离店：总处倪福祥，贵阳董咏华，兰店杨长兴、阎振业，桂店笪志昂、董凯、唐里之、徐绍裘、姚祖志，港店戴耀德、袁文兴，丽店王联群、江宗元。

三、刘执之允恢复全天工作，艾寒松要求返渝，因沪地工作仍极重要，已决定仍请其留沪主持编审工作。

讨论事项

一、编委请假期薪给案；

二、黄宝亢要求医药津贴案；

三、金伟民私营地图案；

四、张通英续假三月案；

五、马斌元申请接眷案；

六、陈风九要求复职案；

七、黄宝珣薪给案；

八、沪店壁报纠纷案；

九、孟汉臣旅途失窃要求津贴案；

十、冯霜楠失物要求津贴案；

十一、同人家属膳费津贴案；

十二、各地物价、物品标准及生活津贴研究案。

决议事项

一、编委因并不签到，又无例假，故平常请假亦不扣薪。最近沈志远先生来信提出：渠二次去新，请假达六星期以上，要求减支薪水一月。现决定以后编委请假连续在一月以上者，扣薪一月。至于沈志远先生之假期，既非连续，而且二次去新，为本店连络该地文化界等，实有因公性质，故所请减支薪水一月，应毋庸议。

二、黄宝亢同事于去年六月一日来电请病假，当时总处并未即行派员前去接替，遂使黄同事力疾从公，故有局部因公性质。其医药津贴再另外津贴实支数二分之一（至多不得超过五十元），以后同人发现病后（须经医生证明）以即行准假休养为原则，如果准假后本人仍旧工作，店中概不负责，但如遇特殊情形，虽已得病而工作不得不由自己处理，且亦无人接替或接替之人一时不能到达者，则可另行考虑。

三、据方学武同事报告，衡店金伟民同事有私营地图等事并提出证人二位。此事决定先着视导员张锡荣同事过桂衡时切实调查后,再行接办。

四、张通英同事要求自四月一日起续请病假三月,照准。

五、马斌元同事申请接眷,条件当无不合,予以照准,津贴本月份支付。

六、陈风九同事前在衡店自动离职,已予停职处分,现又提出要求复职,其理由为曾得衡店经理允许及店务会议之通过。但按诸本店规章,分店经理无权决定同人之进退,故所述理由不能成立,仍予维持原案。但姑念陈同事不明章程及衡店经理亦应负责任之一半,现决准陈同事留蓉工作,作为重新开始试用。

七、黄宝珣同事之薪给问题,前已决定办法。今黄同事又提出规章上不能因经济困难开除职员及毕云程先生允在以后恢复原薪等理由要求复议。但查本店虽有不能因经济困难而开除职员之传统精神,但此乃近几年来发展成之原则,且亦并无明文规定,至毕先生之诺言则据主席之报告,毕先生并未对黄同事说过将来可以恢复原薪等语,因此黄同事所提之理〔由〕仍难成立,决仍维持原案。

八、沪店壁报最近为刘桂璋之文章,造成纠纷,因刘文涉及黄宝珣同事,故黄同事提出要求彻查处分,决发函沪店负责人调查详细经过情形后,再行核办。

九、孟汉臣同事此次调任滇店经理,在旅途中有皮箱一只(放在行李车上,并非自己保管)被窃贼划破箱子窃去衣物数件,因系人力不可挽回之事,故决定酌予补偿。

十、渝店冯霜楠失物要求津贴,原已否决。惟据李济安同事报告:冯同事经济确甚困难,工作成绩亦颇优良,同时南岸宿舍房屋构造亦确太差,如能酌予贴补,工作情绪不致低落,故准予津贴三分之一(至多不得超过三十元),以后凡遇经济困难及工作成绩优良之同人失窃,且系房屋构造确甚不坚者,得酌予津贴。

十一、各地物价高涨,同人膳食虽由店中供给,但家属之膳食费如在物价特高之地,支出亦必特多,似有酌予津贴借以减轻同人负担之必要。现决定自本月份起按照各店之膳费凡超出五元者,同人眷属(以妻子女三人为限)如贴膳,店中可只收廿五元,自理者可将超出之数津贴之(如需卅元,津贴五元,计费以店中支出平均每人之膳费为标准)。

十二、各地最低生活必需品之品质、价格、需用量及生活津贴数,应再加仔细研究,务使公平合理。推定胡耐秋、李济安、邵公文三同事负责研究,下次会议提出决定。

主席　韬　奋

第五届监察委员会会议记录

第五届监察委员会第一次会议

开会日期：廿八年九月七日

开会地点：总管理处二楼

出　席　者：张子旼　陈其襄（华风夏代）　杜国钧（黄宝珣代）

公推主席：张子旼

公推记录：黄宝珣

报告事项

主席报告

（一）互推主席及秘书各一人。

公推张子旼为主席，黄宝珣为秘书。

（二）本会由全体社员选出三人组织。监委杜国钧请假缺席，来函推请黄宝珣代表出席会议；监委陈其襄因在外埠不能出席会议，来函推请华风夏代表出席会议。

（三）本会早应成立，因人数不齐，及各人均忙于工作，故对成立会延迟，准备亦未能充分。

讨论事项

（一）拟订本会三月内工作方案案。

议决：推定由黄宝珣拟草交下届会议讨论通过施行。

（二）拟订本社财产管理办法案。

议决：推定由张子旼拟草后交下届会议讨论。

（三）拟订审计暂行条（理）〔例〕案。

议决：推定由张子旼拟草交下届会议讨论通过施行。

（四）拟订新会计制度案。

议决：推定张子旼起草，至迟必须在下届会议前提交常务理事会讨论施行。

（五）关于理、人会工作进行状况审查案。

议决：推定张子旼审查理、人等会会议记录，于下届会议时报告之。

（六）监委张子旼缺席时推请代理人及检查廿八年上期账册案。

议决：监委张子旼缺席时，由毕云程先生代表出席并由毕先生负责检查廿八年上半年账册。

主席

第二次常会

开会日期：廿九年一月五日

开会地点：总管理处二楼

出 席 者：张子旼（毕云程代） 陈其襄（华风夏代） 杜国钧（黄宝珣代）

主　　席：毕云程

记　　录：黄宝珣

报告事项

一、本会第二次常会应在廿八年十二月份举行，当时以上届决议须草拟之各项章则未能交来，故延期举行。

二、依照本社社章，每年举行选举一次，下届选举期将届，由理事会议决，理、人、监三委员会公推提名委员五人，理事会推二人，人事会推二人，监察会推一人。组织提名委员会，提选候选人，理事十七人，人事十四人，监察五人。

议决事项

一、去函催询张子旼委员所拟"财产管理办法""审计暂行条（理）〔例〕"及"新会计制度"三种草案，早日寄到，以便在下届常会讨论之。

二、提名委员，公推黄宝珣委员为本会代表。

代主席　毕云程

第五届理事会、人事委员会、监察委员会
联席会议记录

第五届理事会、人事委员会、监察委员会第一次联席会议记录

日　　期：二十九年一月十二日下午三时

地　　点：学田湾总处

出 席 人：沈钧儒　张仲实（公文代）　艾寒松（公文代）　袁信之（洪年代）

　　　　　华风夏　李济安　徐伯昕　王太来　顾一凡（莫志恒代）

　　　　　张又新（李济安代）　甘蘧园（志民代）　杜重远（宝珣代）

　　　　　杜国钧（宝珣代）　范广桢（胡耐秋代）　张锡荣

　　　　　金仲华（孙明心代）　孙明心　陈其襄（华风夏代）　韬　奋

主　　席：邹韬奋

记　　录：孙明心

讨论及决议事项

一、关于十五万元资金分配案

　　决议：本社资金的积累，是为了维护和巩固本社的事业而来，所以分配资金亦必须以维护和巩固本社的事业为前提。十五万元资金是在廿五年份确定，所以照法理手续应由当时所有社员来决定，现在要召集当时的社员大会当然不可能，而此事一直悬搁下去也不是好办法，所以只得经此次联席会议通过理事会所拟具的十五万元资金分配方案，并根据廿二年份分派红利原则，决定办法如下：

　　1. 十五万元资金分配办法，依照理事会拟订之分配方案处理之；

　　2. 十五万元资金中所有四万五千元红利部分，应从廿三年七月至廿五年十二月的两年半时期中分年结算，并依照廿二年分派红利办法，以百分之五十按照在此时期内任职人数平均分派，以百〔分〕之五十按照在此时期内任职的薪水比例分派，均以月为计算单位。

二、关于二十六、二十七年份红利分配案

　　决议：二十六年及二十七年的应派红利，决定以现金派给，分派办法仍以百分之五十照在此时期内任职人数平均计算，尚有百分之五十照薪水比例，均以月为计算单位。至于应给中华职教社百分之二十红利部分，在未修改社章以前提存公积金项下。

三、决定候选人名单案

　　决议：依照理事会拟定候选人应具条件，通过名单如下

　　理事候选人：卞祖纪　王太来　王志莘　张仲实　张志民　邹韬奋　徐伯昕

　　沈志远　沈钧儒　李济安　艾逖生　甘蘧园　杜重远　胡愈之　柳　湜

陈雪岭　金仲华(共提十七人)

人事委员候选人：诸祖荣　施励奋　张又新　张锡荣　孙明心　邵公文　袁信之　莫志恒　华风夏　薛迪畅　黄宝珣　胡耐秋　毕子桂　周名寰(共提十四人)

监察委员候选人：廖庶谦　张子旼　毕云程　严长庆　陈其襄(共提五人)

主席　韬　奋

生活书店会议记录 1940—1945

生活书店上海分店（重庆南路6号，1945年）

第六届理事会会议记录

第六届理事会第一次常会会议记录

廿九年五月廿九日下午三时在总处举行

出 席 者：沈钧儒　沈志远　王太来（志恒代）　胡愈之（柳湜代）　金仲华（孙明心代）　杜重远（宝珣代）　韬　奋　徐伯昕　艾寒松（公文代）　李济安

一、第五届理事会主席报告改选经过及召开本届理事会情形

本届改选于廿九年三月廿三日竣事，当即分别通知各当选理事，如遇远道不能出席者，请推派代表。截止本日止，尚有杜重远、王志莘两理事尚未指定代表，金仲华理事因推派之代表与胡愈之理事推派者重复，致改推者未到，故仍由上届代表出席，王志莘理事因未派代表故缺席。

二、推举临时主席及记录

公推徐伯昕先生为临时主席，孙明心先生为记录。

三、主席报告

1. 本店为适应当前环境，配合业务现状起见，本年度起对于总的方针，有所改变如下：

    a. 对于业务措置，抱定以"保存事业，减少牺牲"为原则；

    b. 收缩旧有不必要的分支店，充实各重要据点，并发展新的营业区域；

    c. 上半年切实整理与调整总分店全部业务机构，加强工作效果。

2. 各部门工作情形

    a. 从一月至四月及五月份一部分营业收入，各分店总计三十六万二千九百卅九元八角八分（内包括港币二万三千二百九十八元〇五分，叻币七千二百六十八元九角三分，并未升合囷①）。依据数额多少，列次如下：① 重庆（每月平均在二万五千元以上，三月份达三万七千元）；② 桂林（每月平均在一万元以上，四月份达一万八千元；③ 昆明（每月平均在一万元）；④ 赤坎（每月平均六千元以上，四月份达八千七百元）；⑤ 香港每月平均港币五千元；⑥ 曲江（每月平均四千七百元，三月份达七千一百元）；⑦ 成都（每月平均四千五百元）；⑧ 上海（每月平均三千元）；⑨ 梅县（每月平均二千七百元）；⑩ 星洲（每月平均叻币一千

---

① 囷为生造字，照录。推测意思为国币。

七百元）。（筑店表报未寄到，故未结算。）

b. 本年度根据收缩原则，目前决定留存十一个据点，华西区决定留重庆、成都、贵阳、昆明四处，收束者有西安、宜川、兰州、立煌、南郑等五处；西南区决定留桂林、梅县、曲江三处，收束者有梧州、南宁、衡阳、罗定、云岭、南平、丽水、金华、玉林、柳州等十处；沿海区决定留香港、上海、星洲、赤坎四处。其中陕、兰、立、郑、梧、邕、衡、罗等八处已结束，尚有七处正在办理结束中。

c. 关于人员之变动，除已随时视工作之需要予以适当调迁之外，目前犹在继续调整中，截止最近止，离职者为四十三人，添用者有二十九人。

d. 杂志亏本太大，影响于造货资金之流动，故最近已将《妇女生活》《理论与现实》《战时教育》《世界知识》决定划分，由各该刊独立经营，前两者已决自六月份起开始。

e. 关于编审计划，本年度原拟八百五十万字，继以配合造货资金及出版环境，故经修改之后，减为五百万字，目前收到者已有五百六十二万字。

f. 本版书已拟定畅销、绝版及修改部分，以后注重于畅销书多再版，滞销书停印。

g. 关于分散的布置，已有下列各项事业：① 印刷所之建立；② 投资合作出版社；③ 什志的独立发行。

h. 巡回视导工作已实施，张锡荣同事于四月三十日出发赴筑，准备转赴滇、桂等处视导，并调沈俊元同事会同视导账务。

i. 近以纸价高涨，造货成本较前增加，因此本版书决定重行增改定价，并决定于六月一日起实行。五月中各店举行廉价，对滞销书的脱售，情形尚好。

四、互选本届理事会常务理事及总经理，结果如下

| 徐伯昕 | 八票 | 邹韬奋 | 八票 | 沈志远 | 七票 |

胡愈之　　七票　　　李济安　　四票

以上五人当选为常务理事

徐伯昕　　八票当选为总经理

讨论事项

一、为佐理业务上之需要，提议在总经理下添设襄理一人，人选由总经理推荐，交付理事会决定之。

议决：原则通过。

二、本店如调派社员参加其他合作事业机构工作，应否保留社员资格及其应得权利。

议决：社员资格及社员应得权利应予保留，施行细则由人事委员会另行拟订。

主席　徐伯昕

第六届理事会第二次常会记录

廿九年八月五日上午八时在学田湾总处举行

出 席 者：沈钧儒　沈志远　韬　奋　杜重远（黄宝珣代）　李济安　王太来

　　　　　（莫志恒代）　徐伯昕　艾寒松（邵公文代）　胡愈之（柳湜代）

列 席 者：张锡荣

主　　　席：邹韬奋

记　　　录：李济安

一、报告事项

总经理徐伯昕报告最近以来之业务变动状况及营业、经济情形：

1. 自从上届理事会到现在这二月余之时间中，首先要报告的就是渝市屡遭敌机狂炸，致总处房屋被炸震毁，一切工作不得不分散办理。现除学田湾原屋尚留少数同人办理必需在城内处理之工作外，大部分同人均已迁至唐家沱办公，存货则迁往江北。至于此次损失，估计约有三千元，一方面即进行在江北自建房屋。原来房屋之房租自六月份起即停付，这是总处的情形。渝店则侥幸未被炸过，现在内部工作如会计、邮购、发行等均迁南岸办理，门市部存货减至六千元，并在北碚设立支店，补偿营业上的损失。

2. 欧局突变后，沿海各店即突形紧张，首先就是赤坎分店被迫撤退，人员调曲，存货除一部分留赤外余均转桂。同时港星两店亦作紧急应付，星店改换招牌并将营业项目侧重文具，港店又因开支太大，故决予出盘。至于运输路线，港曲尚可通行，港邮包亦可照寄，另外则在设法添走角曲线。

3. 上半年度营业及开支实况，只能结算至五月底止，现在列表如下：

廿九年上期各店营业开支概况（五月止）

店别	截止月份	本版书	杂 志	外版书	文 具	除折扣	实 销	开 支	开支占营业数之百分比
重庆	5	62 278.64	24 516.71	45 034.73	20 908.87	17 916.69	134 822.26	15 378.76	11.40%
	每月平均数	12 455.73	4 903.34	9 006.95	4 181.77	3 583.34	26 964.45	3 075.75	
昆明	5	15 956.71	8 088.07	33 828.43		3 415.61	54 457.60	7 810.48	14.35%
	每月平均数	3 191.34	1 617.61	6 765.69		683.12	10 891.52	1 562.10	

店别	截止月份	本版书	杂　志	外版书	文　具	除折扣	实　销	开　支	开支占营业数之百分比
成都	5 每月平均数	14 218.34 2 843.67	3 214.52 642.90	9 017.75 1 803.55		2 668.75 533.75	23 781.86 4 756.37	4 885.53 977.11	20.56%
上海	5 每月平均数	9 136.98 1 827.40	2 414.25 482.85	7 835.22 1 567.00		2 314.79 462.96	17 071.66 3 414.33	2 977.70 595.54	17.44% (造货部不在内)
桂林	5 每月平均数	42 761.93 8 552.39	14 636.78 2 927.36	25 221.54 5 044.30		9 961.21 1 992.24	72 659.04 14 531.81	8 882.27 1 776.45	12.23%
柳州	5 每月平均数	6 368.12 1 273.62	3 760.93 752.19	9 920.81 1 984.16		1 440.33 288.02	18 609.53 3 721.91	3 571.79 714.36	19.20%
曲江	5 每月平均数	13 802.01 2 760.40	3 713.83 342.77	11 274.23 2 254.85		2 775.75 755.15	25 014.32 5 002.87	3 442.72 688.54	13.76%
梅县	5 每月平均数	10 288.65 2 057.73	2 289.24 457.85	6 231.91 1 246.38		1 501.32 300.26	17 308.48 3 461.70	1 852.22 370.44	10.70%
香港	5 每月平均数	港 13 484.93 田 26 969.86 港 2 696.99 田 5 393.98	4 835.86 9 671.72 967.17 1 934.34	13 565.99 27 131.98 2 713.20 5 426.40		6 255.29 12 510.58 1 251.06 2 502.12	25 631.49 51 262.98 5 126.30 10 252.60	8 173.99 16 347.98 1 634.80 3 269.60	31.89%
新加坡	5 每月平均数	叻 1 905.41 田 6 351.30 叻 381.08 田 1 270.25	1 917.80 6 352.60 383.56 1 278.52	4 884.98 16 283.11 976.99 3 256.60	953.68 3 178.90 190.74 635.80		9 661.87 32 205.91 1 932.37 6 441.17	3 955.93 13 186.30 791.19 2 637.26	40.93%
兰州	5 每月平均数	14 531.43 2 906.29	980.72 196.14	3 349.07 669.81		3 297.52 659.50	15 563.70 3 112.74	1 872.00 374.40	12.03%
赤坎	4 每月平均数	13 354.97 3 338.74	2 766.77 691.69	13 267.97 3 441.99		4 870.06 1 217.52	25 019.65 6 254.90	4 726.38 1 181.59	18.88%
上海造货部	5 每月平均数							7 902.81 1 580.56	

店别	截止月份	本版书	杂　志	外版书	文　具	除折扣	实　销	开　支	开支占营业数之百分比
总处	5 每月平均数							41 389.25 8 277.85	
	全年共计	236 018.84	82 446.16	208 896.75	5 277.77	63 672.61	487 836.99	134 226.19	27.52%
	每月平均数	47 203.77	16 489.23	41 779.35	1 055.55	12 734.52	97 567.40	27 081.55	

由上表吾人可以窥知上半年五个月之销货总额,虽有四八七,八三六.九九元,但开支额加上总处之四九,二九二.〇六元竟达一三四,二二六.一九元。就是说,开支要占营业额百分之二七.五二的可惊数字。依照上半年的预算,营业额虽亦略有增高,但开支额超出之比数,远较营业额为巨。其次是结束各店的损失,有一部分已经售出,计衡阳亏三千八百元,梧州亏二千七百元,玉林亏二千七百元,南宁亏一千七百元,罗定亏三百元,共达一万一千元以上。营业上这种不良现象是目前本店一个重大危机,这是必须用全力来把它克服过来的。

4. 半年来的经济情形,仍未脱出艰难的境遇。直到目前为止,最低限度需用应付印刷费一万元,版税稿费九千四百元,还借款二万七千元,文具进货资金一万元,造货资金二万八千元,外版进货资金二万六千元,共需十一万元。除分店按月解款有三万五千元及出售存纸可得三万元外,尚短四万五千元。

5. 其他应行报告者,尚有下述几项:

A. 梅县分店因货源困难,决予收束。

B. 柳州书店因营业欠振,决予出盘。

C. 巡回视导已去过筑滇两店,该两店之视导工作已经完成。

D. 蓉店因环境恶化,经理胡连坤及职员彭朝惠被押未放。

E. 什志独立,已办妥者有《理实》《妇生》两刊,《国公》《战教》尚在商洽中,月内亦可具体决定。

F. 合作事业,如两个印刷所均能按照预定计划进行,成绩均颇良好。另在敌后与别家合办之书店亦已在着手筹备中。

二、讨论事项

1. 出版营业方针案;

2. 经济问题案;

3. 廿九年下半年度预算案；

4. 建筑房屋案；

5. 通过新社员案；

6. 改革领导机构案。

三、议决事项

1. 根据经理部拟定之调整业务大纲，一致通过。

调整业务大纲

自去年四月以来，文化工作受限制日趋严厉，本店受封店、捕人、禁书之损失约在十五万元之谱。随着政治环境之变动和抗战局面之紧张，进步读者纷纷往前方工作，留于大后方之读者大都缺乏接近进步读物之兴趣。又查本店出版物行销情形，仅局限于少数大城市，未能深入小城市与乡村，因其内容距离广大读者之需要太远。因此之故，新出版物销路并不畅旺，各店颇多搁置。此其一。本店内地分店，于全盛时期达三十余处，根据各店决算情形，除极少数地处大城市之分店外，大都亏损；即有一部分勉维开支者，亦吸取大量资金，未能作有利之运用；赚钱之分店寥寥，忠诚负责之干部不够分配，货物供应不够充分与适合环境需要，实为亏损之原因，经营分店既有亏损，即影响整个店的经济基础，使总处无足够之资力造货。再版书之补充既未能迅速而充分，新书出版数量亦少，营业状况因之更趋恶劣。此其二。对于外版进货，因限于资力与人力，始终未曾建立完善，使内地各店营业吃亏不小，如内地与沪港交通枢纽之昆明，终年未得上海来货，只得就地进货，货物坏而少，利益微薄，仅此一店每月至少少赚一千二百元。又查港店亏本主要原因之一，为"货不来港"，可见外版进货问题未得妥善解决，损失颇大。此其三。就此三端，试拟改善办法如下：

A. 编辑出版方面　编辑出版方针宜略加变动，须根据沿海、内地及敌后读者之文化水准及实际需要，并估计所处之环境，重拟各区独立编辑计划；即对于沿海及内地，须供应政治环境所许可而为广大读者所需要之启蒙及实用之读物。例如：

甲、启蒙及实用读物，如：关于青年修养及处世待人之书；各界应用之各种书信尺牍等；中初级学校课外补充读物等；一般通用之"大众字典"、文章作法等；有趣味、有价值、笔调轻松之刊物一种；花纸图画书及其他通俗读物。

乙、具有永久性与普遍性之书，希望尽量编辑，如：世界文艺名著的名译、创作方法介绍等；一般社会科学著作由浅入深各级读物全套；哲学著作由浅及深各级全套；良好之史地传记读物；社会科学、哲学辞典、年鉴、各界适用之手册等；俄文读本等;歌曲集等。

丙、已收之新书稿中,举凡成本巨大、销路无把握者,应即停止印造。

丁、再版书之畅销者,须迅速以全力印造:如《青年的修养与训练》《小学教师手册》《萍踪忆语》《萍踪寄语》《高尔基》《被开垦的处女地》《高尔基创作选集》《新经济大纲》《政治经济学讲话》等。本年下半年至少印造五百万字。

B. 分店整顿方面 一部分营业较差而无前途之分店应予收歇,以便集中人力资力于重要分店,提高工作人员之质量,以增加办事效力,节省开支,提高营业额。沿海只留沪星二处,港改设办事处,内地只留渝、蓉、筑、滇、桂、曲六处,此外向敌后华北及江南区谋发展。沿海各店缩小范围,改变名义,准备国际形势之变化;经营重商业性,除兼售各种画报及趣味读物外,并兼售文具及体育用品,以至编印适合当地环境需要之读物,必须求得余利,以经济上帮助整个事业之支持与发展。内地各店,人事调整后货物必须予以充实,经营重商业性,除供应进步读物外,兼售商务、中华出版物及其他无害而有销路之读物,必要时兼售文具,务必经济求自给外,能有相当之余利。沿海及内地各店力求巩固,即:避免政治上之误会,内务上轨,有余利。敌后书店为节省资力起见,可采取合作方式,在初创期内,偏重建立基础与信誉。总处机构简单化,西南区撤销,得力干部分配至各重要据点经营与督导,以求计划之实现。

C. 外版进货方面 上海物质条件优越,今虽受国际环境变化之影响,与内地交通隔断,但同业间大量出版物集中于该地印造,日后仍可能为文化重心,故向上海办理进货,今后仍须准备。外版书营业占本店营业总额十分之四,进货适当与否,进价便宜与否,关系营业利害极大。鉴于过去之经验,进货工作须指派专人负责,并拨出专款办理,方称妥善。办理进货人员必须熟悉内地文化需要情形,富有鉴别书报内容之能力,熟悉商情及运输,常驻上海。进货专款,假定一万元,货物运达各店后,由各店即行直接付款给上海,不必转解总处,以利流转迅速,使上海进货能经常保有相当资金,源源供给,不致中断。

为保证上述原则能正确完成计,下述七项具体任务,必须予以做到。

甲、划区管理,各单位必须独立支持。国际局势与国内政治变动至大,为适应此种急剧变化起见,今后改划沿海、内地、敌后三区独立管理。无论人事、经济、出版、营业等,归各区独立负责主持,根据计划定。其内地之向沿海添造新货或重版货者,均须随时汇款,作为委托代办论,可酌贴事务费用。本年度下期沿海区营业额至少须达到十二万一千另五十元,开支不得超过三万二千二百八十元,半年内应解区处款为二万八千一百四十元。内地区营业额至少须达到三十九万八千一百元,开支不得超过四万五千六百元,半年内应汇解总处款为十八万二千七百元,内地区方面桂林造货机构仍须加强,使能维持西南一部分货物供应,万一公路交通断绝,尚能利用水道供给。

乙、兼营文具，独立会计。各店在下半年起门市增设文具部，由沿海进货，暂以一万元为流动资金，会计完全独立，以求独立发展，借可补助出版方面之损失。将来如资金有办法时，并可兼营纸张等之贩卖。

丙、限定各店销货折扣，以减少损失。近以各店主持者，轻视营业性，偏重于事业性，以致书籍折扣降低发售，门市与批发销货折扣，其总和竟有低过于八折者，如此损失至重，以后决定总销货折扣，不得低过于九折。

丁、营业采责成制，并订惩奖办法。过去各店营业盈亏，各店并不负责，未完成计划者，并不加以指责，超过计划者，亦未加以奖励，今后关于各店营业开支，以及营业计划，必须由各店负责人拟具提出，经过总处核准后施行。其未完成计划者，应予处分，其超过预定计划者，得在其盈余部分提出百分之几，以作该店之奖励金，其奖励金之分配办法，或可照薪给多发一个月或一个月以上。其详细办法另订之。

戊、改革主计制度。第一，改进现金管理办法：过去各店对现金汇解，颇多忽视，以致资金运用甚感困难，兹拟将各店每日收入除去应付开支（由总处规定）外，全数存入银行，分总处及分店两户，分店户由分店直接管理，总处户由总处与银行直接管理，分店如遇超过预约之特殊开支，得另行向总处声请拨付，不得自动支用。第二，增加成本会计补助账。目前各种商业，均有成本会计之设置，书店对每种书籍或刊物，其单独成本之计算，可以看出其实际盈亏，故书店今后必须做〔到〕将整个会计制度加以改革，采用成本会计，但目前为逐步走到此目的计，必须增添成本会计补助账，以资补救。

己、存货划归各店自行负责管理。存货为本店主要之财产，其管理办法之严密或松散，足以影响整〔个〕经济基础，过去各店对存货看做是总处之财产，其损失可划（规）〔归〕总处负责，兹求便利管理与专责计，所有存货，均作为各店财产，总处或各店互添货物，在各店发出后，即作为该店欠总处或分店账款，万一有损失而获得证明者，得由两处各半负担，如是更较合理。

庚、严格执行划一决算办法。在各店拟有单独预算与计划，并执行奖惩办法，对决算办法，必须划一规定，以免在不同办法中发生流弊，例如本版书及本版什志存货一律须照平均造货成本之八折计算，过期什志概不计入，外版存货及文具须照进价以九折计算。其他如每年下期决算时，必须将本期兴业费提百分之二十作摊提。其他准备及损失，亦必须照规定办法办理，以免"浮益"与〔之〕不一律。

2. 筹划资金，决定分头向上海银行振济委员会及经济部去借款，上海银行由沈志远先生去接洽，振济委员会由沈钧儒先生去接洽，经济部已在进行中。

3. 廿九年下半年度预算一致通过

二十九年下期各店营业与开支概算书

店别	分类	每月营业总额	下期营业总额	每月营业实收	下期营业实收	每月开支预算	每月应解货款
重庆	a	12 000	72 000	10 200	61 200		
	b	4 000	24 000	3 200	19 200		
	c	8 000	48 000	7 600	45 600		
	d	4 000	24 000	4 000	24 000		
	T	28 000	168 000	25 000	150 000	2 500	11 200
昆明	a	4 000	24 000	3 400	20 400		
	b	500	3 000	400	2 400		
	c	3 500	21 000	3 325	19 950		
	d	3 000	18 000	3 000	18 000		
	T	11 000	66 000	10 125	60 750	1 200	3 150
贵阳	a	3 000	18 000	2 550	15 300		
	b	500	3 000	400	2 400		
	c	2 500	15 000	2 375	14 250		
	T	6 000	36 000	5 325	31 950	700	2 450
成都	a	3 000	18 000	2 550	15 300		
	b	500	3 000	400	2 400		
	c	2 500	15 000	2 375	14 250		
	T	6 000	36 000	5 325	31 950	700	2 450
桂林	a	10 000	60 000	8 500	51 000		
	b	2 500	15 000	2 000	12 000		
	c	5 000	30 000	4 750	28 500		
	T	17 500	105 000	15 250	91 500	1 800	8 750
曲江	a	3 000	18 000	2 550	15 300		
	b	500	3 000	400	2 400		
	c	2 500	15 000	2 375	14 250		
	T	6 000	36 000	5 325	31 950	700	2 450
内地区	a	35 000	210 000	29 750	178 500		
	b	8 500	51 000	6 800	40 800		
	c	24 000	144 000	22 800	136 800		
	d	7 000	42 000	7 000	42 000		
	T	74 500	447 000	66 350	398 100	7 600	30 450
上海	a	2 000	12 000	1 700	10 200		
	b	500	3 000	400	2 400		
	c	2 500	15 000	2 375	14 250		
	T	5 000	30 000	4 475	26 850	600	1□50

店别	分类	每月营业总额	下期营业总额	每月营业实收	下期营业实收	每月开支预算	每月应解货款
香港	a	H.K. 1 000	6 000	1 000	6 000		
	a	2 000	12 000	2 000	12 000		
	b	500	3 000	500	3 000		
	b	1 000	6 000	1 000	6 000		
	c	2 000	12 000	2 000	12 000		
	c	4 000	24 000	4 000	24 000		
	d	1 500	9 000	1 500	9 000		
	d	3 000	18 000	3 000	18 000		
	T	5 000	30 000	5 000	30 000	1 400	
	T	10 000	60 000	10 000	60 000	2 800	2 100
新加坡	a	200	1 200	200	1 200		
	a	600	3 600	600	3 600		
	b	200	1 200	200	1 200		
	b	600	3 600	600	3 600		
	c	1 000	6 000	1 000	6 000		
	c	3 000	18 000	3 000	18 000		
	d	500	3 000	500	3 000		
	d	1 500	9 000	1 500	9 000	660	
	T	1 900	11 400	1 900	11 400		
	T	5 700	34 200	5 700	34 200	1 980	840
沿海区	a	4 600	27 600	4 300	25 800		
	b	2 100	12 600	2 000	12 000		
	c	9 500	57 000	9 375	56 250		
	d	4 500	27 000	4 500	27 000		
	T	20 700	124 200	20 175	121 050	5 380	4 690
总处						6 520	
合计	a	39 600	237 600	34 050	204 300		
	b	10 600	63 600	8 800	52 800		
	c	33 500	201 000	32 175	193 050		
	d	11 500	69 000	11 500	69 000		
	T	95 200	571 200	86 525	519 150	19 500	35 140

4. 江北房屋业已建就,需款约六千元,目前轰炸危险仍多,资金搁置亦巨,故决予出售,总处办公仍留唐家沱,城内部分另行觅屋。

5. 根据人委会审查之结果,程浩飞、殷国秀、华青禾、李奕芳、丁希马、闵适、何步云、董顺华、赵德林等九人通过为社员。

6. 本店领导机构原有理事会、人事委员会及监察委员会分别负责业务、人事、监察三项任务。但在目前这种紧急局面之下，由于种种原因分别开会颇不容易，以致会期常有延搁，同时当选理事、人事及监委所推代表，颇多雷同，人数原极有限，尤其重要者，三权分立，民主集中亦未能充分发挥，故对于领导机构殊有权宜改革之必要。大致之办法，今后总的领导由理、人、监组织联席会议主持并对全体社员负责，联席会议每三月开会一次。另由理事会推出代表三人，人事委员会推出代表三人，监察委员会推出代表一人，共代表七人，组织联席会议常务委员会，依照联席会议所决定之方针集中负责及领导全店之业务、人事及监察工作，常务委员会每半月开会一次。

对于上述办法，理事会一致同意，决定提请理、人、监联席会议讨论通过后实行，并推定邹韬奋、徐伯昕、柳湜为理事会参加联席会议常务委员会之代表。

主席

第六届人事委员会
会议记录

第六届人事委员会第一次常会记录

　　廿九年六月五日下午二时在总处举行

出 席 者：诸祖荣（百民代）　张锡荣（薛天鹏代）　张又新（李济安代）

　　　　　　袁信之（洪年代）　莫志恒　胡耐秋　徐伯昕　韬　奋　邵公文

主　　　席：邹韬奋

记　　　录：张锡荣（薛天鹏代）

报告事项

　　1. 五月份人事进退调遣如下：渝店姚芝仙，桂店沈一展，筑店王方绥、李淑先进店；渝店陈一平、罗兆林，蓉店陈风九离店；渝店涂敬恒调总处。

　　2. 据视导员之报告，筑店张子旼怠忽职务情形严重，业务损失甚大，并提议解决办法如下：（一）张子旼支薪至七月底止，在支薪期内办理移交，另找他业；（二）七月底以后离店出社；（三）作自动辞职论，不予处分，以增进经营筑店之便利。

　　3. 本店为扩展业务，有与他家合作举办新事业之必要。本店调派职员参加合作事业，须另订待遇办法，兹已拟就草案，提请修正通过。

选举本届本会主席及秘书

　　按照社章之规定，本会须互选主席一人主持会务，并选秘书一人掌管记录文件。兹经投票选举，结果如下：

主席	邹韬奋	六票（当选）
	胡耐秋	一票
	徐伯昕	二票
秘书	张锡荣	四票（当选）
	胡耐秋	二票
	邵公文	二票
	诸祖荣	一票

讨论事项

　　一、筑店张子旼处分案；

　　二、孙明心、陈锡麟、赵晓恩辞职案；

　　三、生活津贴办法改变案；

四、解子玉、方学武、张国钧请假案；

五、黄宝珣薪给案；

六、调派本店职员参加合作事业待遇办法案。

决议事项

一、张子旼同事于廿九年任职贵阳分店经理兼会计，公开宣称对本店事业抱消极态度。查贵阳分店廿九年一月至五月份账务完全搁置，批发账款积欠至五千八百元而未加催索，进货往来关系未加清理，邮购收款及发货手续不清，二月份收到附有邮汇票之信七封，直至五月尚未拆办，凡此皆为怠忽职守之事实，此项事实足以损害本店名誉、营业及财产。据此，张子旼同事应受停职处分，但为顾全其实际困难起见，得准予支薪至七月底止，自行提出辞职。

二、孙明心、陈锡麟、赵晓恩三同事，于五月十六日以同人间意见参商无法寻求协调之方为理由，联名提出辞职。查三同事对于本店出版营业等方针，素无分歧意见，所谓意见参商，想系指人事上之琐碎问题。此类人事问题上之意见出入，在事业利益第一之前提下，开诚布公进行商议，绝对可以获得适当之解决。今以辞职解决问题，实不合团结合作之精神，徒然分散力量，使本店事业受到影响，本会不能予以赞同。惟三同事在店服务均有五年以上之历史，担任重要职务，对事业贡献甚多，为本店依界极重之干部，应特别予以爱护，此次提出辞职，坚决予以挽留。

三、本店战时生活津贴办法，原定每三月调查物价一次，决定津贴额。惟战时物价腾涨极速，应改每二月调查物价一次，决定津贴额，以减少同人生活上之困难。

四、解子玉同事原任推广科工作，因求学，请假一年。目前本店工作人员缺乏，请假求学未能照准，其离开职务，应作自动离职论。

五、方学武同事任职桂林分店总务，于廿九年五月廿四日提出请长假一年，未得允准，即行离职来渝。查此系擅离职守之犯规行为，本应予以停职处分，惟念方同事平日对店忠诚，工作成绩良好，特减轻予以警告一次。目前本店工作人员缺乏，请假未能照准。

渝店张国钧同事因病请假一月，业经医师证明必要，应予照准。

六、黄宝珣同事对于其自身之薪给问题，第三次提出意见，根据社章要求复议，推翻本会已成之决议案。查六年前减低黄同事报酬之时，情形特殊，而于事后产生之章则自不能追认既往之事实。据此，黄同事之意见应毋庸议，仍维持原案。

七、通过"调派职员参加合作事业待遇办法"如下[①]：

韬 奋

---

① 以"如下"结尾却无内容，系原文如此，照录。后文亦有此类情况。

第六届人事委员会第二次常会记录

廿九年八月四日上午八时在学田湾总处举行

出 席 者：韬 奋 徐伯昕 张锡荣 诸祖荣（沈百民代） 胡耐秋 袁信之
（洪年代） 张又新（学武代） 薛迪畅 莫志恒 邵公文

主 席：邹韬奋

记 录：张锡荣

报告事项

1. 六月至七月份，人事进退调遣如下：总处孙克定、渝店罗兆林、桂店姚可辞职照准；渝店夏雨人、李宗裕，蓉店王步武、范玉全、寿春，赤店章长庚停止任用。赤店张明西、区鉴、倪宽调曲；宜店贺承先、王海瑞调蓉；立店严永明调渝。

2. 蓉店经理胡连坤失踪，彭朝惠被捕，陕店周名寰请求保释未准，均在设法营救中。

3. 张子旼因怠忽职务，应予停职处分，已有决议在案。今提出自八月一日起辞职，已予照准。

4. 李仁哉当邕店退出时失物九十四元二角，已按章津贴一半，计四十七元一角。何步云在沪失物一百元，按章津贴三分之一，计三十三元。

5. 下列各职员因职务加重，变更待遇如下：柳湜原薪一百六十元，改支一百八十元；程浩飞原薪五十二元，改支七十元；邱正衡原薪四十八元，改支六十元；陈正为原薪三十二元，改支四十元。

讨论事项

一、渝店刘新、丁洁如，曲店陈云才请假案；

二、总处张志民、滇店孟汉臣辞职案；

三、沪店同人参加联谊会要求津贴会费案；

四、张春生接眷案；

五、甄别工作人员、变更薪给办法及变更工作时间案；

六、审查新社员案。

决议事项

一、刘新同事工作成绩良好，因求学请假一年，未能照准，应商请复职。丁洁如同事因病请假三月，未经医师证明，应予调查，如确有病，应予照准；否则应即日回店复职，如不复职，应作自由离职论。陈云才因肺病请假三月，回家休养，应予照准。

同人请假，假期在二月以上者，按章须由本会核准。但该请假书须向当地负责人提出，并由当地负责人签注意见，最后提交本会决定。

二、张志民、孟汉臣二同事，分别于六月廿四及七月十五日提出辞职，并已离开职守。查张志民、孟汉臣二同事担任重要职务有年，对店贡献甚多，为依界极重之干部，应予恳切挽留。

三、据沪店同人自治会七月十三日函称，沪店同人为获得正当娱乐起见，拟随商务、世界等书业同人参加华联业余俱乐部书业组，每人每年需缴会费四元，要求按照同业通例津贴半数二元，以示鼓励之意。此项津贴可予照准，按时于同人自治会经费项下拨付之。

四、张春生于八月一日申请接眷，接至工作地点后每月生活如何支持，颇有疑问，待调查后再议。

五、本店在抗战开始以后，业务扩充，工作人员数量增多，散居各地，故管理上不无欠周之处。目前所显现之缺点，其最著者有四。第一，工作人员量多而质差，不是技能薄弱，便是没有责任心，或两病都有，以致享受一人待遇而未能完成半人之工作者，数见不鲜，使本店开支无形增大，已达到占营业额百分之廿八之空前高度。第二，大部分工作人员因家累过重或对于待遇期望过奢，本店无力予以满足，心中常怀不满与不平，明知文化事业之难于获取厚利，但不能抱牺牲精神过清苦生活。第三，在七小时工作时间内，大部分人未能紧张工作，或抱敷衍塞责态度，甚至争调轻便之工作，以求清闲。此种恶习之存在，使工作效果大大减低，纪律废弛。第四，本店领导机构过去对于干部之识拔与调遣，未十分重视认识水准与忠诚程度，故有少数干部在困苦时期动摇，不能坚持工作，甚至发生损害本店利益之事实。据此四端，决议改善办法如下：

（1）实行甄别　每一分店之基干人员，如经理、会计、内务营业及门市负责人员，应先予调整充实，并使紧密团结合作。然后在不妨碍工作之情况下，依据最近考绩，对于具有下述情形之一者，予以适当之惩戒，其情节严重者停职。

A. 工作成绩恶劣者；

B. 对工作抱消极态度者；

C. 不服从负责人之指导而怠忽职守者；

D. 私生活处理失当而影响工作者。

务使留店之工作人员皆能尽其职守，紧张工作，保持优良之工作精神，以减少人力浪费，节省开支。各店聘用工作人员数量应以营业额多寡为标准，每月营业每满一千元用一人，职员占三分之二，其余三分之一为练习生，每月营业万元以内者，加用工役一名,万元以上者加用工役二名,减用职员一名。如分店中附有编审、造货、运输、发行等特殊业务者另行酌加。按照目前营业与用人之比例估计,至少可省四十人,即每月至少再可省二千元之开支。如此甄别之后,不但可减省开支,更可提高工作情绪。

(2)变更薪给　本年七月,本应按照规定办法加薪,上半年营业虽已超过预算,但目前欧局激变,沿海损失颇大,重庆又遭狂炸,且开支超过颇巨,故暂不普遍加薪。惟须特别注重提高工作成绩特别优良而富有责任心与职责加重者之薪额。此外,凡薪水在五十元以上者,举行普遍减薪,凡超过五十元之数,一律打八折减发,此种局部减少薪额为过渡艰危局面之暂行办法,一以根据共艰苦之原则,鼓励全体同人工作情绪,二以救济店的经济困难。此项办法自八月份起实行,至廿九年十二月份为止。届时视本店经济情形,再议改变办法。此外,并实行奖金制度,每年划出一部分现款,分作大小若干份,奖励对职务特别努力,对本店事业表现特别忠诚的同事。

(3)增加工作时间　在抗战艰苦时期,经营文化事业利益微薄,为支持本店事业起见,工作时间决定改为八小时。在工作时间内,须绝对紧张工作,进膳时间须在工作时间之外。如门市营业时间为十一小时,则其余三小时可由内部工作人员轮值。工作之分配,须以充分利用工作时间为准,一人得兼任数种工作。

(4)本店对于干部之识拔与调任重要职务,除注意工作成绩优良外,同时须注意认识清楚,技术熟练,责任心丰富,与私生活严肃。此五端须就整个服务时期之表现加以考察,如缺其一,不能视为完整之干部而任以重职。对于青年同事之训练,亦以此五点为准则。对于每一分店之工作人员,须根据此五端加以调整,使每一分店拥有相当数量之中坚干部,在工作上起模范作用,以改善以至清除一切消极、怠惰自私、损害本店利益之恶劣倾向。

六、按照社章之规定,凡年满二十岁,试用六个月期满后正式任职。满六个月之职员,经过审查,得为社员。兹就规定之四项标准(一、工作成绩优良;二、对店忠诚;三、思想纯正;四、私生活严肃)审查结果如下:

程浩飞、殷国秀、闵适、华青禾、董顺华、李亦方、赵德林、丁希马、何步云,以上九人均与标准相符,应予通过,提交理事会审核。

汪梓端最近考绩材料不充分,应予调查后再行审查。

王海瑞、何求、薛天鹤、郭黎、黄学尧、王健行,以上六人倾向均好,但尚未成熟至符合标准之程度,应去函鼓励外,暂缓通过。

汪占魁、苏有余、王大煜、夏华清、袁太恒、梁芹,以上六人与标准相差甚远,不予通过。

韬　奋

第六届人事委员会第一次临时会议记录

出 席 者：邵公文　徐伯昕　张锡荣　韬　奋　胡耐秋　诸祖荣（沈百民代）
　　　　　薛迪畅　袁信之（黄洪年代）　张又新（学武代）　莫志恒
主　　席：邹韬奋
记　　录：张锡荣

主席报告

根据本日理、人、监联席会议通过关于改革本店领导机构之决议，本店为应付当今紧急之局面起见，须将原有之理事会、人事委员会及监察委员会，改为理、人、监联席会议，每三月开会一次，其职权为：（一）听取报告；（二）核准过去工作；（三）决定社务、业务重要方针。再由联席会议产生常务委员会，由各原有机构推选理事会代表三人，人事委员会代表三人及监察委员会代表一人组织之，每半月开会一次，其职权为：将理、人、监之职权依照联席会议决定之方针集中执行之。常务委员之执行事项，事后须向联席会议提出报告，请求核准。如此可以加强民主集中之领导，使业务处理迅速，增加效率。原有机构并未取消，必要时仍得分别举行会议，对于所推选之代表，必要时得撤回重选之。联席会议并已责成理、人、监各原有机构迅速推选代表，组织常务委员会，以便在联席会议闭会期内，执行本店社务、业务、人事之最高职权。因此，本会即须推派代表三人参加组织常务委员会。

须附带报告者，为使推选常务委员结果良好起见，理事会根据实际执行业务上之需要，特提出候选人名单，希望在人事委员会方面，推选张锡荣、胡耐秋、邵公文三人为代表。推选参加联席会议常务委员会之代表，本会一致通过，推选张锡荣、胡耐秋、邵公文三人，为参加联席会议常务委员会之代表。散会。

韬　奋

第六届理事会、人事委员会、监察委员会联席会会议记录

理、人、监第一次联席会会议记录

廿九年八月五日在学田湾衡舍举行

出席者：沈钧儒 沈志远 韬奋 杜重远（黄宝珣代）胡耐秋 诸祖荣（沈百民代）薛迪畅 袁信之（黄洪年代）李济安 张又新（学武代）莫志恒 王太来（莫志恒代）邵公文 艾寒松（邵公文代）陈其襄（邵公文代）徐伯昕 张锡荣 胡愈之（柳湜代）

公推邹韬奋主席，张锡荣记录

主席报告

理事会有一重要提案，须向各领导机构报告，故召集联席会议讨论，本店为应付当今紧急之局面起见，拟将原有之理事会、人事委员会及监察委员会，改为理、人、监联席会议。每三月开会一次，其职权为：㊀听取报告；㊁核准过去工作；㊂决定社务、业务重要方针。再由联席会议产生常务委员会，由各原有机构推选理事会代表三人，人事委员会代表三人及监察委员会代表一人组织之，每半月开会一次，其职权为：将理、人、监之职权依照联席会议决定之方针集中执行之。常务委员之执行事项，事后须向联席会议提出报告，请求核准。如此可以加强民主集中之领导，使业务处理迅速，增加效率。原有机构并未取消，必要时仍得分别举行会议，对于所推选之代表，必要时得撤回重选之。

须附带报告者，为使推选常务委员结果良好起见，理事会根据实际执行业务上之需要，特提出候选人名单，可供参考：理事会代表徐伯昕、柳湜、邹韬奋，人事委员代表张锡荣、邵公文、胡耐秋，监察委员会代表廖庶谦。

讨论事项

改革本店领导机构案。

决议事项

联席会议一致决议，通过主席关于改革本店领导机构之报告，并立即付之实行。责成理、人、监各原有机构迅速推选代表，组织常务委员会，以便在联席会议闭会期内，执行本店社务、业务、人事之最高职权。

散会

主席 韬奋

记录 张锡荣

理、人、监第二次联席会会议记录

廿九年十二月廿七日在重庆学田湾衡舍举行

出 席 者：沈钧儒　顾冀然（代邵公文）　诸祖荣　薛迪畅（薛天鹏代）
　　　　　莫志恒　王太来（志恒代）　张又新（方学武代）　张锡荣
　　　　　徐伯昕　袁信之（黄洪年代）　胡耐秋　杜重远（黄宝珣代）
　　　　　沈志远　廖庶谦（顾冀然代）　胡愈之（胡绳代）

主　　　席：邹韬奋

记　　　录：张锡荣

报告事项

主席及总经理报告：

一、社务方面

1. 廿八年下期决算，亏一八，一二五.五五元；实亏四九，二六三.二〇元，因其中经营纸张赚得三一，一三七.六五元。

2. 加强社务领导已拟草案、组织社务分会；训练新社员；吸收社员办法；选拔中坚干部。加强社务领导之工作，由总务部进行之。

3. 廿一年至廿五年十五万元盈余分配，改按年平均分，即每年三万元。

4. 通过社员：仲秋元；许觉民。

5. 合作事业：华北、皖南、苏北；西南；建中；三户；妇生；理实。

6. 如敌进迫陪都，我店应有之准备。

7. 江北新屋尚未租出。

二、业务方面

1. 廿九年下期各店营业及开支预算。实际营业及开支状况，营业大致均达到计划或超过计划，开支却大致超过至二分之一以至一倍，开支中以膳食与津贴两项加最多。总处开支平衡。

2. 卅年度编审计划为八百万字，包括会计丛书，高尔基著作之一部分，《抗战小说选》《资本论解释》《中国通史》《语法》《社会科学辞典》《大众字典》等。《世界》移渝不果，《文阵》复刊。

3. 造货：廿九年下期计划重版书五百万字，新书二百万字，每种平均三千本，实计造出新书廿六种，重版书卅五种，均符合计划，但字数及册数未达到计划，相差三分之一以至一半，因资金困难，未能造出。

4. 改订定价:土纸杂志每页九厘至一分,卅二开书籍土纸每页六厘五至七厘五,报纸一分至一分二。

5. 各店整顿情形:港店自廿八年八月起,按月亏损,最近国际局势紧张,已接受负责人甘蔗园先生之提议,以港币二千五百元出盘。曲店因主持人营私颇受损失,整顿后,于十二月十五日被炸烧毁,损失约三万元。丽水存货万元,被没收一部〔分〕外,余发还运桂。渝店整理已上轨,滇店货源供给日益困难。星加坡已缩小范围,货源供给受英政府限制,沿海区准备独立经营。

6. 运输。瞿卜周押货五(顿)〔吨〕分抵梅、曲、桂,一部分待转内地,港曲路通畅,在继续利用,港渝航路在设法中。

三、人事方面

进十二人

总处沈雁冰先生	编委	一五〇元	十二月起
顾诗灵	读者顾问部	一〇〇元	十一月一日起
莫原	编校	四〇元	十月二十八起
曹吾	《全抗》		十月十四起
解子玉	前辞职,十二月十七日复职印刷科		
渝店宁起栩	发行	十二元	
秦天芬	文书	八元	
岳德明	文具	八元	
姚光芝	已停止试用		
萧志恺	已停止试用		
李涛	前辞职,十一月八日起复职		
滇店劳泽华	邮购课	二十元	
冯克昌			十一月廿一日
蓉店陈崇礼	已停止试用		十月十五日
朱钦恺	服务生		

退廿八人

渝店王大煜	九月廿八日辞职,因去开店
孔东海	九月廿一日因工作不力停职
陈永德	九月廿一日因工作不力停职
刘新	十二月十日因工作态度及成绩不佳停职
谢元珍	十二月十三日因工作能力及成绩不佳停职
苏有余	十二月一日辞职,因父命归
桂店程树章	辞职(九月),因就高薪

金伟民	九月辞职，自开店
苏尹铨	辞职，因就高薪
沈一展	九月十九日停职
王焕洪	十月卅一日停职
滇店方儒显	九月停职，因工作不力
严醒夫	九月辞职，因恋爱问题
刘嘉坤	十一月三日辞职
曲店严长庆	九月五日辞职
聂会镇	九月辞职
陈云才	十二月辞职
冯成就、王产元辞职	
沪店刘桂璋	九月底辞职
港店汪梓端、章德宣、何求、谈春簏、王绍阳、梁芹等六人因店收歇，介绍职业	
蓉店顾根荣	十月十八日辞职未准
筑店王方绥	十月卅一日辞职

调十七人

张锡荣	渝店调总处总务部，十二月十九日到
诸祖荣	桂店调总处营业部兼渝店经理，十二月一日
顾一凡	闽店收歇后调渝店营业课
严永明	由立煌调渝，十月十五日
邵公文	由总处调桂店经理，十月十四日到
彭朝惠	由蓉调渝
张明西	由赤调桂
袁文兴	由港调桂
赵鼎懋	由港调桂
周遇春	由港调桂
卞钟俊	柳店调曲店经理
姚广源	曾调曲，仍调回桂店
吕桐林	由港调桂，十一月三日到
周幼瑞	由沪运货到梅，十一月廿四日到
冯景耀	由港运货到桂，十二月十二日到
瞿悦明	由港运货到桂，十二月八日到
卞祖纪	由沪运货到桂，十二月十三日到

请假四人、销假三人

沈俊元	由桂请假返沪,九月三十日起
甘蓬园	体弱请假二月已准,离港去星
闵　适	十一月廿五日销假调总处
许彦生	十一月廿七日销假返渝店
施励奋	一月在沪店销假复职

1. 七月份加薪之执行:

渝店丁希马六元、钟学海六元、张锡文八元、王宽才六元、严永明八元(十月起)、田裕昆四元、王信恒四元、程元积二元、方学武四元、仲秋元;蓉店贺承先八元;滇店李亦方八元;桂店姚广源八元、姚豫元四元(均九月起);总处程浩飞十八元、邱正衡十二元、陈正为八元。

2. 生活津贴之变动。

3. 调动旅费,如继续服务不满一年者须收回。

4. 稽核员毕云程先生自一月起停支薪水。

5. 张春生接眷照准。

6. 卅年一月份加薪原则:八十元以下者普遍增加,以上者不加,但取消折扣;职员起薪额改廿四元。增多薪水总额,每月预计壹千元。

7. 重要负责人准开车马费,营业万元之分店经理廿元,二万元者四十元,三万元者六十元,总经理一百元,编审主任五十元,一律实报实销。

8. 家属膳食津贴,凡超过廿五元者均照贴,以母、妻或夫、子女无业为限。(尚未执行)

9. 奖董文椿一百元。

讨论事项

一、整理津贴问题;

二、卅年一月份加薪问题;

三、第七届选举筹备案;

四、卅年度营业方针案;

五、沿海区整顿问题;

六、推定常务委员三人案;

七、加强社务领导问题;

八、黄孝平津贴案;

九、资金问题;

十、严长庆、邵振华犯规案;

十一、变更本会之期案;

十二、《世界知识》出版问题;

十三、援救杜重远先生案;

十四、推荐毕云程先生为名誉社员案;

十五、孙明心、孟尚锦、陈锡麟、赵晓恩、甘蘧园职务问题;

十六、曲江损失案。

决议事项

一、根据廿八年本店决算及廿九年营业开支情形,本店经济状况甚为困难。为节省开支以支持本店事业起见,对于原定各种津贴办法,酌量其轻重缓急,加以整理如下:(一)战时生活津贴办法、预支薪水及借款办法、职员调动移眷旅费津贴办法及抚恤办法,应仍予保留。(二)有眷属员工住外津贴规则、工作人员接眷旅费津贴办法、求学津贴办法及回家旅费津贴办法,应予暂停施行,待经济状况好转时再议恢复。(三)家属膳食津贴办法应改为家属米贴办法,领受者以无业之夫、妻或子女为限,每人限领一份,以当地两斗劣等米价价格超过十元之数,作为津贴之数,细则另订之。(四)穿着制服暂行办法仍予保留,但未经试用期满之员工不得享受,须加以修正。(五)医药津贴仍予保留,但其津贴数量应以物价高低而有不同,应加以修正。

二、本店同人薪水,规定每半年考虑增加一次,卅年一月份,决定尽最大可能举行普遍加薪。举行一月份普遍加薪之原则如下:(一)薪水在八十元以下者,一律考虑增加;(二)薪水在八十元以上者暂不增加,但取消折薪办法,特别加重职责者则另作特别考虑;(三)职员之起薪额提高至廿四元;(四)预定加薪总额约为每月一千元。加薪办法:(一)根据考绩表、调查表、报告表及已定之薪给办法办理;(二)加推人事委员莫志恒、诸祖荣、顾冀然(代邵公文)会同总经理及总务部主任组织一特种委员会,设计具体分配事宜;(三)经本会常务委员会核定后执行之。

三、本店第七届选举领导机构事宜,责成常务委员会按照往例进行筹备,限于卅年一月十日前完成,但其候选人名单应经本会决定后提出之。

四、卅年度营业方针,在于加强商业性,加强运输工作,加强经营副业,分店独立经营之原则,先在沿海区开始试办。

五、本店沿海区业务,自负责人离职,香港分店出盘后,情况更形混乱,新加坡开支浩大,沪店营业不振,香港无人处理事务,实有从速加以整顿之必要。沪编审工作亦不健全,对于原定之各种计划进行至何种程度,如何进行,须加以切实查究,如未能满意,应提交常会议处之。香港为交通及造货之据点,应从速设立办事处以便处理日常事宜。

六、理、人、监联席会议会期，今后改为二月一次。常会决议案，由与会委员于会后分别转告未参加常会之委员，以资沟通。

七、加强社务领导案原则通过，细则尚待另订。实行时须注意避免可能引起之误会，宜多采用业务上之方式进行，限于卅年二月份前，在渝地开始试行。

八、上海黄孝平同事于廿七年冬曾一度因公受难，体弱多病，本店按章予以医治，并按月照给薪水。兹据黄同事来函称，已在乡间家中举行结婚。此足以证明黄同事健康业已恢复，应自卅年一月起停止享受医药津贴及病假办法。在未恢复工作前，暂作留职停薪处理。

九、本店需要增添资金，但以处此战时，出版事业获利微薄，资产者皆不愿投资。兹拟以下述方式设法增添资金：（一）由本店划出一部分资力及人力，创办一教育用品社，资金约十万元，向外募集，独立经营文具之进运及批销。（二）以建中印刷公司名义，述明规模、扩充计划，向振济委员会请求帮助资金。

十、严长庆同事于廿九年在任曲江分店经理期内，营私舞弊，查有确据，应予停职处分。邵振华同事于廿九年在任金华办事处负责人期内，营私并侵用公款查有确据，应予停职处分。

十一、理事会加推胡绳参加常务委员会，人事委员会加推诸祖荣参加常务委员会。

十二、据《世界知识》主编人金仲华先生来函，谓《世界知识》业已移交香港国际政治研究会出版。此事本会未能同意，应仍归本店继续出版，至低限度采用合作方式共同经营出版，应责成总经理照办。

十三、本店理事杜重远先生，在新疆文化界服务，受奸人作弄，被省当局拘押审讯，含冤莫白。重庆文化、实业各界领袖如张仲老等闻讯后，已一再去电疏解。本店决以全体同人名义，致电盛世才主席，解释误会，予以援救。

十四、毕云程先生原任本店稽核职务，至廿九年十二月底为止暂行停止。本会拟推荐毕云程先生为名誉社员，按章向下届全体大会通信提出之。

十五、孙明心同事于廿九年五月十六日提出辞职，本店曾予挽留，查孙同事已任职香港星群书店，殊少回店，希望应准予辞职。孟尚锦同事于廿九年六月廿八日在任职昆明分店经理期内，擅离职守，查孟同事曾受最后警告，此次应予停职处分。陈锡麟、赵晓恩两同事，在廿九年六月十六日提出辞职，本店曾予挽留，兹据事实所见，两同事在香港任职期内，实工作不力，且不忠于店，应予停职处分。甘蓬园同事假期已于廿九年十一月卅日期满，未来续假，据各方报告以及事实所见，甘同事实已不愿继续工作，应作自由离职论，停止职务。

十六、曲江分店于十二月十五日因敌机轰炸焚毁，损失约计三万元。造成此次损失之原因，根据调查所知，实由于事先毫无防空准备，事后未能及时抢救所致。曲店经理卜钟俊给总处之报告，与事实颇有出入。此事应详细调查后由常务委员会按照规章议处之。

主席　韬　奋

理、人、监第三次联席会会议记录

开会日期：三十年一月十四日

开会地点：重庆学田湾衡舍

出 席 者：韬　奋　莫志恒（胡耐秋代）　胡耐秋　张又新（学武代）　袁信之（洪年代）　薛迪畅（天鹏代）　邵公文（一凡代）　张锡荣　诸祖荣　徐伯昕　杜重远（宝珣代）　王太来（锡荣代）　廖庶谦（一凡代）　沈钧儒　沈志远

主　　席：邹韬奋

记　　录：张锡荣

报告事项

总经理徐伯昕先生报告

下届选举将至，本会应按照民主集中制原则，提出候选人名单，此项名单已由常务委员会拟定，请本会审核通过。一部分显然符合条件之社员，因参加店外工作，恐因此妨碍本店业务，是以未曾列入。本届选举时共有社员一百五十六人，在一年中，出社者计五十人，而入社者仅十一人。现尚有一部分准社员可予审查，而尚有一部分社员须作出社之决定。

讨论事项

一、通过候选人名单案；

二、通过新社员案；

三、陆石水、罗颖、杨赓福、毕青出社案；

四、参加店外业务之社员权利问题。

决议事项

一、根据常务会所提之草案通过候选人名单如下：

理　　事　邹韬奋　徐伯昕　王太来　艾寒松　邵公文　诸祖荣　卞祖纪
　　　　　胡连坤　胡　绳　金仲华　胡愈之　沈志远　沈钧儒　黄任之

　　　　　　杜重远　　王志莘　　沈雁冰

人事委员　黄宝珣　张锡荣　薛迪畅　周积涵　薛天鹏　张又新　莫志恒
　　　　　顾冀然　方学武　胡耐秋　冯一予　贺承先　程浩飞　施励奋

监察委员　沈百民　包士俊　陈其襄　毕云程　瞿悦明

选举手续按章进行，推定张锡荣、胡耐秋为收票人。

二、通过新社员如下：

严永明　　廿八年六月进店

周启治　　廿七年三月进店

薛天鹤　　廿八年五月进店

陆杏寿　　廿七年八月进店

三、陆石水、罗颖、杨赓福、毕青擅离职守，应作自由离职论，停止职务。

四、本店社员调派参加店外业务者，其义务与权利并未变更。但鉴于目前环境特殊，为本店事业之利益起见，决定未将各该社员列入候选人名单及全体社员名单。此种原因，须向各该社员解释，使之谅解。关于各该社员当另定具体办法，予以特权，可随时顾问本店业务计划，由领导机构个别解答，以资联系。

　　　　　　　　　　　　　　　　　　　　主席　韬　奋

理、人、监联席会议
常务委员会记录(第一册)

理、人、监联席会议常务委员会第一次常会会议记录

廿九年八月廿六日下午二时至七日上午十二时在唐家沱总处举行

出席者：韬奋　邵公文　柳湜　徐伯昕　胡耐秋　张锡荣

主　　席：邹韬奋

记　　录：张锡荣

一、报告事项

总经理徐伯昕先生报告

关于新机构的变动、业务方针的新决定以及工作时间之延长与折薪等问题，已分别通知各店办理，并均在本期店讯内有详文说明，议决案亦摘要公布。

关于执行决议案情形：

A. 理事会通过新社员九人，已分别通知。

B. 通告各店讨论新计划与新预算。

C. 江北新屋已完工，共计约造价六千五百余元，正在登报出让中，拟开价万元。

D. 筹款事尚未进行。

其他方面：

A. 已函廖庶谦先生递补监委。

B. 通告各店《理现》《妇生》《国公》自二卷二、九卷一、四卷一期起均独立，作总经售，以外版进货记账。

C. 各杂志改订定价，每面八厘至一分。

D. 存货保管已改由分店负责保管，如有中途损失，由寄货处与收货处各半负担。决算办法，决定将五〔月〕底各店存货照新价改妥后结转总处，然后再照新价发给各店。

二、讨论事项

1. 下半年新书及重版书造货分配案。

2. 整顿内地区各分店业务及收支预算案。

3. 分店奖惩办法案。

4. 沿海区独立计划及预算案。

5. 七月份局部加薪案。

6. 加强社务领导案。

7. 各地生活费津贴变动案。

8. 总处预算案。

9. 下年度编审计划案。

10. 常委会办事细则案。

11. 编委会增加人员及工作支配案。

12. 港店出盘及与受盘者合作办法案。

13. 廿一年下期至廿五年止,盈余分配计算办法案。

14. 仲秋元社员资格案。

15. 冯景耀、瞿悦明请长假案。

16. 曲江同人要求停止缴纳甲种储金案。

三、决议事项

1. 通过廿九年下期重版书、新书及什志造货分配办法如下:

依照本年度下期预算,重版书应为五百万字,每种平均以印三千册计算,新书应为二百万字,每种平均亦以印三千册计算。兹将其分配及进行办法,说明如下:

(一)重版书分配办法:重版书五百万字,计可印《辩证唯物论》《高尔基》《政治经济学讲话》等畅销书及常销书共计三十种,约计五百○五万字,分渝、桂、沪三地印造。上海计印二百四十五万九千字,内地计印二百五十九万三千字(内包括桂一百卅九万七千字,渝一百十九万六千字),共造八万二千册,总值为廿二万二千二百八十元,共需造货成本沿海为　　　　元,内地为　　　　　　元(内包括桂　　　　元,渝　　　　元)。此项重版造货,假定分四期完成,自九月份起,沿海每月须汇款　　　　元,桂林每月须拨款　　　　元,重庆每月须准备　　　　元。本办法确定后,即日起通知各地先将已存有纸型者,提前印造,其余限期在一个月将纸型分别调齐,以便在次月起陆续赶印。如遇有畅销书而仅有纸型一付,并已不能再印者,速将样书交由作者,限期在半个月内修正完竣,以便重版改打纸型两付,俾得将来分区运用。照新增预算,本版销货额提高二成,应为六百万字,依上列办法,尚留九十五万字,可作预备数字。待各店存货账办理完竣,视实际缺货情形,再定补充。以渝地印造为原则,则渝地印造数字,应为一百七十八万六千字。

(二)新书分配办法:本年下半年新书造货数字预定为二百万字,每种印数平均以三千册计算,照下半年本版销货额提高二成计算,约需二百四十万字。查已收而未印之稿,除已决定不印者外,计共廿七种,字数为二百七十三万字,印数为七万五千册。包括上海造货字数为二百○六万字,内地六十七万字,其中由桂林印造者计廿八万二千字,重庆印造者为卅八万八千字。造货总值约计共　　　　元,共需造货成本　　　　元。

（三）总合上两项造货，其分配情形，列表如下：

1. 上海造货字数　　　四，五一九，〇〇〇字

　　　新书　　　二，〇六〇，〇〇〇

　　　重版书　　二，四五九，〇〇〇

2. 重庆造货字数　　　一，五八四，〇〇〇

　　　新书　　　　　三八八，〇〇〇

　　　重版书　　一，一九六，〇〇〇

3. 桂林造货字数　　　一，六七九，〇〇〇

　　　新书　　　　　二八二，〇〇〇

　　　重版书　　一，三九七，〇〇〇

　　总计造货字数　　七，七八二，〇〇〇

　　　新书　　　二，七三〇，〇〇〇

　　　重版书　　五，〇五二，〇〇〇

（四）根据最近造货成本将重版书与新书两种分折其与定价之比例，并与总预算之符合情形，如下：

① 假定重版书造货三千册，照重庆印造成本及定价，其比例为：

　　　　印刷费 32%——印工 24%　纸张 56.2%　订工及其他 19.5%

定价 100%

版税 12%

如此每书成本包含印刷费及版税两〔项〕，其成本已为四四折。照发给分店以七折计算，除去四四折成本及邮费 5%，仅余毛利 21%，即包含总处之开支推广费及利息等项。照上表计算，版税在定价中与印刷成本之比率为 38%。

② 假定新书造货五千册，照重庆印造成本及定价，其比例为：

　　　　　　　　　／ 排工 17.5%　印工 20%　纸张 47%　纸型 5.2%

　　印刷费 40%

定价 100%　　　　　＼ 订工及其他 10.3%

版　税 12%

如此每书成本包含印刷费及版税两项，其成本已为五二折。照发给分店以七折计算，除去 52% 成本及邮费 5%，仅余毛利 13%，亦即包含总处之开支推广费及利息等项，照上表计算版税在定价中与印刷成本之比率为 30%。

③ 照下半年营业总额内地区本版书增加两成为二七三，〇〇〇.〇〇元，以重版书五百万字与新书二百万字之比例为百分之七十与百分之卅，则重版书营业额为一九一，〇〇〇.〇〇元，新书营业额为八二，〇〇〇.〇〇元。照上述成本计算重版书应为八四，〇〇〇.〇〇〔元〕，新书应为四二，〇〇〇.〇〇元，两〔项〕共为

一二六，〇〇〇.〇〇元。以下期营业总额二七三，〇〇〇.〇〇〔元〕计算，其平均成本为四六折。照七折发给分店，除上述成本及邮费5%（一三，六五〇元）、推广费及利息约5%（一三，六五〇元），仅余24%为总处开支及损失等各项之活动余地。

④ 照本版书营业额增加两成之预算，每月营业额为四五，五〇〇.〇〇元，如此项营业额能达到时（事实上恐有困难）而总处开支又能不超过14%，计每月六，三七〇元时，则总处在下半年可获余利二七，三〇〇元。

⑤ 兹为保持新书之利益计，决将卅二开每面定价内地印刷者增加为六厘五，沿海印刷运至内地者增加为壹分，则可将新书成本与定价之比例改为46%，较重版书高20%或借可挹注。

2. 关于整顿内地各分店业务及建立收支预算问题，八月十五日总经理致各分店经理函并拟定初步预算，征求各分店经理之同意，本会予以追认，原函及初步预算照录如下：

廿九年下半年度营业预算，业已拟就，兹特抄奉一份，希洽阅。依据过去的经验，分店业务经营类多不得其法，以致勉维开支已不容易，其有亏损者亦比比皆是。此类现象，无疑地是增加了店的困难，其结果必然是经济困难，新书印造迟缓，外版无力添进，于是又愈益造成各店的经营业低落。当然构成本店整个业务上之困难的因素，尚不止此，但分店不能帮助总处，实亦系重要因素之一。所以今后之计划，必须针对事实，力矫此弊。而分店业务，首先应予积极整顿，务使每店均能有余利，帮助总的经济。因此今后经营分店，必须着重商业性，营业额尽量提高，开支则竭力节省，并再拟定八个重要原则如下：

（一）营业采责成制。总处根据分店过去营业情形，拟订初步计划，交由分店讨论，经分店负责人同意后，即作为决定之计划，分店必须以全成执行完成，并订立奖惩办法，如能完成计划而有盈余者，即将盈余项下提出若干作为该分店同人的奖励金，如果不能达到计划且亦无充分之理由者即应受相当的处分。至于详细办法，当另行拟订。

（二）限定销货折扣。过去的情形，本版书刊的销货折扣，竟有占全部本版书刊销货额百分之二十以上者，因此本吃亏其大。现假定本版书刊，一半为门市邮购实价发售者，一半为批发，其折扣又假定均为八折，则一万元本版书刊的销货折扣至多仅一千元，即今后规定本版书刊之销货折扣，至多不得超过全部本版书刊销货额的百分之十。

（三）严格执行统一决算办法。过去各店的决算办法，颇不一律，有的为了造成有盈余，或则提高存货折扣，或则将应该打去之兴业费及折旧等不计，致造成此实系浮益而非真正的盈余。今后的决算办法，必须做到存货应照固定的折扣计算，积存什志概不作为存货，兴业费摊提百分之二十等等。即每期决算必须遵照会计规程所规定之办法办理。

（四）存货由各店自行负责管理。因为存货既系本店主要的财产，如不好好保管或不去好好关心，损失甚大。过去某些分店认为存货既系总处的财产，如有损失概归总处负担，分店毫无责任。甚或有即使可能挽回之损失，亦因并不注意而坐令其损失等情形。故今后发交分店之货，即可作为分店欠总处之账款，如有缺少或意外损失，分店应负担半数，且须将证明物件检寄，如遇廉价发售等情，应详细抄报。其确系搁置过久之滞销货，同样要详细抄报总处，俾在处理版税时或对实际存货额保持正确性。

（五）规定解款额及汇解时期。各店解款之能否正常，关系造货及进货至大，故今后之解款数必须严格规定后切实遵办，并规定汇解时期至多不得超过十天，如在凑足整数时而不到十天亦可随时解汇，以便集中运用，使各店供应不致中断。

（六）各店无文具者均开始试行兼行文具以谋盈利，补偿书刊上的损失。外版书刊亦予充实，其资金及具体进行步骤另行妥筹。

（七）各种表报必须准期填寄。过去各店按期应填之表报，常有间断或不能准期，影响账务之不能按期结算，各店实际情形之不能了解，对业务无法研究改进。今后各店人手配齐后，必须做到所有重要表报如营业旬计表、现金收付旬报、工作旬报、店务会议记录、发货收货通知单、存销月报表等务必在截止期五日内按期寄出，以便统计备查。

（八）加强集体讨论，提高工作效率。除此次总处拟定之初步预算及摘示之工作要点，必须经过店务会议讨论，如何去完成此项计划，并可进一步根据各店的实际情形，提出更具体的营业计划外，今后更可每月根据计划及预算详加检讨，究已完成至如何程度以及工作过程中之优点与缺点，借以增强同人对业务与经济情形之了解而提高其工作效率。

☒□上述要点诸如营业应该如何提高；开支应该如何节省；销货折扣如何始能不超过规定；统一决算办法，如何严格执行，存货如何保管；解款如何始能准期；文具如何设法经营；各种表报如何始能准时填寄；加强集体讨论应该如何进行等，希即提交店务会议详加讨论，如有意见，即请见告，以便作最后决定后付诸实施。至于此间应该准备之工作，如编审计划、造货计划、货源及运输问题等，亦当配合各店之实际情形努力完成。尤盼今后在总处与分店之间、分店与分店之间加强联系，互相督促，互相勉励，务期均能完成计划、超过计划，俾使本店事业早日稳定，迅速巩固，然后再力谋发展。而欲达此目的，更赖全体同人均能加强努力与充分合作。专此并祝本店事业前途灿烂光明及各店业务无限的发展，以及同事等的健康！

内地区各店廿九年下期营业开支概算

店别	分类	每月营业总额	下期营业总额	每月营业实收	下期营业实收	每月开支预算	每月汇解货款
重庆	A	15 600.00	93 600.00	13 260.00	79 560.00		
	B	4 000.00	24 000.00	3 200.00	19 200.00		
	C	10 400.00	62 400.00	9 880.00	59 280.00		
	D	4 000.00	24 000.00	4 000.00	24 000.00		
	T	34 000.00	204 000.00	30 340.00	182 040.00	2 500.00	14 800.00
昆明	A	5 200.00	31 200.00	4 420.00	26 520.00		
	B	500.00	3 000.00	400.00	2 400.00		
	C	4 550.00	27 300.00	4 332.50	25 935.00		
	D	3 000.00	18 000.00	3 000.00	18 000.00		
	T	13 250.00	79 500.00	12 152.50	72 855.00	1 200.00	4 300.00
贵阳	A	3 900.00	23 400.00	3 315.00	19 890.00		
	B	500.00	3 000.00	400.00	2 400.00		
	C	3 250.00	19 500.00	3 087.50	18 525.00		
	D						
	T	7 650.00	45 900.00	6 802.50	40 815.00	700.00	3 300.00
成都	A	3 900.00	23 400.00	3 315.00	19 890.00		
	B	500.00	3 000.00	400.00	2 400.00		
	C	3 250.00	19 500.00	3 087.50	18 525.00		
	D						
	T	7 650.00	45 900.00	6 802.50	40 815.00	700.00	3 300.00
桂林	A	13 000.00	78 000.00	11 050.00	66 300.00		
	B	2 500.00	15 000.00	2 000.00	12 000.00		
	C	6 500.00	39 000.00	6 175.00	37 050.00		
	D						
	T	22 000.00	132 000.00	19 225.00	115 350.00	1 800.00	11 700.00
曲江	A	3 900.00	23 400.00	3 315.00	19 890.00		
	B	500.00	3 000.00	400.00	2 400.00		
	C	3 250.00	19 500.00	3 087.50	18 525.00		
	D						
	T	7 650.00	45 900.00	6 802.50	40 815.00	700.00	3 300.00
梅县	A	2 800.00	16 800.00	2 380.00	14 280.00		
	B	500.00	3 000.00	400.00	2 400.00		
	C	1 700.00	10 200.00	1 615.00	9 690.00		
	D						
	T	5 000.00	30 000.00	4 395.00	26 370.00	480.00	2 500.00

店别	分类	每月营业总额	下期营业总额	每月营业实收	下期营业实收	每月开支预算	每月汇解货款
内地区	A	48 300.00	289 800.00	41 055.00	246 330.00		
	B	9 000.00	54 000.00	7 200.00	43 200.00		
	C	32 900.00	197 400.00	31 255.00	187 530.00		
	D	7 000.00	42 000.00	7 000.00	42 000.00		
	T	97 200.00	583 200.00	86 510.00	519 060.00	8 080.00	43 200.00

廿九年下期营业开支概算说明

一、分类 A 为本版书，B 为什志，C 为外版书，D 为文具，T 为合计。

二、本版书照八五折计算，外版照九五折计算，什志照八折计算。

三、各店营业与开支百分比：渝 8％强、滇 10％弱、筑 10％强、蓉 10％强、桂 10％弱、曲 10％强、梅 10％强。

四、每月应解总处货款系以每月本版书及什志两项收入总额假定除去 10％开支之余额作为应解总处之数。

渝 14 800.00、滇 4 300.00、筑 3 300.00、蓉 3 300.00、桂 11 700.00、曲 3 300.00、梅 2 500.00，总额为 43 200.00。

五、各店开支细数，另行列表。

六、滇、筑、蓉、桂四店，拟另筹款万元，扩充经营文具。滇桂各三千元，筑蓉各2 000 元，此项营业额暂不记入，希望在经营文具后，内地区下期营业总〔额〕达五十五万元。

3. 今后各分店营业与开支均有计划，其达到或超过计划者，应由盈余项下抽取若干作为该分店全体同人之奖励金。其虽未达到计划，但其开支节省能与营业相适应而仍有盈余者，亦予相当之奖励。未达到计划而有亏损者，应予该分店全体同人劝告、警告或停止加薪之惩戒。此项办法之采取在促成计划之实现，以巩固本店事业之基础。待拟定后再提本会讨论，并征求各分店之意见后决定之。

4. 决定沿海区独立工作计划大纲及收支预算如下：

沿海区独立工作计划大纲

第一　总　则

（一）以沿海区为适应欧局与远东形势之激变，在总管理处规定之原则下成立沿海区管理处，独立管理一切营业经济、人事及货物供应等，得随时由区处办理后，报告总处。

（二）区处每半年必须拟具营业计划书、营业及开支概算书，提请总处核准后施行,每半年对计划之完成情形及营业开支决算,均须按期报告总处。

（三）区处对于本区内各店人事之处理,得根据总处之各种规章办理后,报告总处追认之。

（四）区处为便于造货及进货工作计,得设于上海。

第二 管 理

（一）沿海区各店所有本外版存货,应于八月底盘点清楚,作为总处转发区处之存货,并划出固定资金俾资流转。

（二）区处造货成本应维持四折,其中三分给分店,一成作区处管理费,二成交总处作为支付版税等用。

（三）内地各店托造之货照成本付价,运费由内地店负担,另津贴区处手续费百分之二。

（四）区处代内地店添取外版货,得代进外版货总额百分之二作为手续费,运费由内地店负担。

（五）沿海区各店应填之表报,除以一部寄区处外,仍须以一份寄总处,以备查考。

第三 工 作 要 点

（一）沿海各店以力求开支撙节、维持生存为原则,营业方式得在不妨碍本店总方针下酌予改变之。

（二）上海方面工作：

1. 加强外版进货工作,充实门市,搜罗各地好销书刊,迅速而齐备,以提高门市营业;

2. 发展沦陷区邮购工作,代办各种书报什志,范围可更广泛,地域可伸展至内地及沿海各交通口岸;

3. 扩大沦陷（去）〔区〕批发工作,与各地新旧同业取得密切联系,代为批购各种书报什志,以办理迅速为争取重要条件;

4. 推广《读月》及《理现》销路,增收预定户,或添设自由定户,吸取资金;

5. 本版畅销货必须印备充足,如因出版处有妨碍环境者,得改用"兄弟"名义印行;

6. 上海对港星两店货物供应必须办理迅速;

7. 经常印发新书及经售书目,分发邮购户及批发同业,以资连络与推广;

8. 内地委托之造货及进货工作,在款项解到时,必须按照指定计划负责完成;

9. 经常办理沿海与内地运输线之沟通。

（三）港星方面工作：

1. 香港改设办事处,注意本版书刊之推销,兼办海外邮购与批发;如在利益上合算时,亦得兼做外版批发;

2. 新加坡除加强本版书刊之推销外,如环境有困难时,得偏重文具及运动器具之经营;

3. 港星两店均可设立服务部,代侨居海外之读者代办各种书报什志、代汇小额汇款等。

第四 营业开支预算

(一)假定沿海区各店营业额能达到十六万〇三百五十元,而开支不超过三万三千八百二十元时,则各店每月共可获余利七千〇十五元。

(二)详细营业及开支预算细数,列如另表。

第五 附 则

(一)本大纲经由总处核准后施行。

(二)区处管理详细细则另定之。

沿海区各店廿九年下期营业开支概算

店别	分类		每月营业总额	下期营业总额	每月营业实收	下期营业实收	每月开支预算	每月应解货款
上海	A		4 000.00	24 000.00	3 400.00	20 400.00		
	B		500.00	3 000.00	400.00	2 400.00		
	C		3 500.00	21 000.00	3 325.00	19 950.00		
	T		8 000.00	48 000.00	7 125.00	42 750.00	800.00	3 300.00
香港	A	H. K. $	(2 400.00)	14 400.00	2 400.00	14 400.00		
			6 000.00	36 000.00	6 000.00	36 000.00		
	B	H. K. $	(400.00)	2 400.00	400.00	2 400.00		
			1 000.00	6 000.00	1 000.00	6 000.00		
	T	H. K. $	(2 800.00)	16 800.00	2 800.00	16 800.00	180.00	2 620.00
			7 000.00	42 000.00	7 000.00	42 000.00	720.00	10 480.00
新加坡	A	叻	(400.00)	2 400.00	400.00	2 400.00		
			1 150.00	6 900.00	1 150.00	6 900.00		
	B	叻	(100.00)	600.00	100.00	600.00		
		叻	(300.00)	1 800.00	300.00	1 800.00		
	C	叻	(700.00)	4 200.00	700.00	4 200.00		
			2 000.00	12 000.00	2 000.00	12 000.00		
	T	叻	(1 200.00)	7 200.00	1 200.00	7 200.00	350.00	850.00
			3 450.00	20 700.00	3 450.00	20 700.00	2 450.00	5 950.00
沿海区	A		11 150.00	66 900.00	10 550.00	63 300.00		
	B		1 800.00	10 800.00	1 700.00	10 200.00		
	C		5 500.00	33 000.00	5 325.00	31 950.00		
	T		18 450.00	110 700.00	17 575.00	105 450.00	3 970.00	19 730.00
区管理处							1 500.00	

注:一、港店售价照囤四折计算,新店照三五折计算;

二、港币一元合囤四元,叻币一元合囤七元。

沿海区各店廿九年下期开支概算

分类 \ 店别	上海	香港	新加坡	沿海区合计	区管理处
薪工	254.00	H.K. 53.00 囤 212.00	叻 46.00 囤 322.00	788.00	706.00
津贴	48.00	15.00 60.00	34.00 238.00	346.00	64.00
膳食	180.00	30.00 120.00	45.00 315.00	615.00	240.00
房租	140.00	30.00 120.00	160.00 1 120.00	1 380.00	120.00
水电费	40.00	10.00 40.00	10.00 70.00	150.00	40.00
邮电费	20.00	8.00 32.00	10.00 70.00	122.00	30.00
文具印刷费	5.00	4.00 16.00	8.00 56.00	77.00	10.00
购置费	5.00	3.00 12.00	2.00 14.00	31.00	5.00
交际费	4.00	2.00 8.00	2.00 14.00	26.00	5.00
捐税	30.00	5.00 20.00	10.00 70.00	120.00	30.00
医药费	20.00	3.00 12.00	2.00 14.00	46.00	80.00
书报教育费	4.00	2.00 8.00	1.00 7.00	19.00	20.00
杂费	50.00	15.00 60.00	20.00 140.00	250.00	150.00
合计	800.00	H.K. 180.00 囤 720.00	叻 350.00 囤 2 450.00	3 970.00	1 500.00

5. 根据人委会决定之原则，七月份局部加薪以工作成绩特别优良而又加重职责者为限，兹就已有之材料决定第二批加薪名单如下：滇店李亦方加八元，蓉店贺承先加八元，渝店张锡文加八元，渝店丁希马加六元。

6. 本店采用合作社之组织原则,虽拥有一百五十人左右之社员,参加本店日常工作,但因初期吸收社员时未经审查,平时又缺乏组织与训练,以致绝大多数社员未能明白本店事业之利害关系,未能在工作上起模范作用,未能团结非社员坚决为事业之利益而努力。因此必须加强社务领导:(一)规定入社时之严密手续,如有当地老社员观察其表现,解释入社意义,填志愿书等;(二)建立组织系统,如在理事会以下组织社员分会(由分会社员共推干事会),每隔若干时开会;(三)规定社员分会之工作,如初步审查新社员,团结和教育同人,实现社的方针,在工作、生活、学习上起模范作用,巩固本店事业。关于此事须另拟方案,提交下次本会常会再议。原有社员须加以整理,选定若干优秀者,作为中坚干部,以备分配至各店进行巩固本店事业之工作。为保证建立中心干部之工作完成起见,须(一)研究干部,如对于干部之出身、生活、思想、工作表现、兴趣、特长及社会关系等均有清楚之了解,以便正确识拔;(二)分配干部如对事业之认识及营业技术俱强者、对事业认识强而对营业技术弱者、对营业技术强而对事业认识弱者均应有适当之分配;(三)教育干部,对于中坚干部,须用各种可能之方法,如视导、通信、调总处等,予以教育,使之彻底了解店的组织与工作及其意义,并培养其对于文化工作之永久兴趣,以便使之为本店事业之利益而坚决努力。关于此事,亦须另拟方案,提交下次本会常会再议。社务部分文件,须以适当方法公开,以免外界之误会。

7. 近来物价高涨,各地同人生活费津贴,应变动如下:

滇十九元,桂九元,曲九元,梅九元,渝十四元。此项津贴自七月起补发。

8. 通过廿九年下期总管理处各项开支预算如下:

子　目	上期决算数	本期每月预算数	备　注
薪工	30 909.47	2 214.00	上期津贴并入薪工项下。上期决算包括总管理处及造货部分在内,本期薪工以总处额定 26 人计算,编委薪水亦列入薪工项内。
津贴		500.00	
膳食	6 439.75	850.00	
房租	3 890.50	300.00	
水电费	544.03	100.00	
邮电费	1 862.40	350.00	
旅费	4 832.03	400.00	包括同人接眷旅费津贴在内
文具印刷费	2 904.91	300.00	

子 目	上期决算数	本期每月预算数	备 注
购置费	373.50	60.00	
保险费	140.00	50.00	
修缮费	43.40	50.00	
交际费	556.99	100.00	
捐税	300.84	50.00	
医药费	891.15	100.00	
书报教育费	885.40	150.00	
抚恤费	1 059.55	160.00	
什费	3 142.31	400.00	

9. 通过本店卅年度全年编审计划如下：

类别	种 别	册数	字 数	百分比
A类	创作		880 000	11％
	翻译		720 000	9％
	A类统计		1 600 000	20％
B类	古典哲学、社学科学		800 000	10％
	名著翻译（甲）			
	大学补充读物（乙）		400 000	5％
	B类统计		1 200 000	15％
C类	青年自学丛书（甲）	16	800 000	10％
	中学补充读物（乙）		400 000	5％
	科学、工业、技术（丙）		400 000	5％

类别	种 别	册数	字 数	百分比
	C类统计		1 600 000	20％
D类	社会科学初步(甲)	16	320 000	4％
	儿童读物(乙)		400 000	5％
	启蒙和应用读物(丙)		480 000	6％
	D类统计		1 200 000	15％
E类	辞典或字典(甲)		800 000	10％
	手册(乙)		400 000	5％
	E类统计		1 200 000	15％
F类	党义		200 000	2.5％
	时事单行本		200 000	2.5％
	F类统计		400 000	5％
G类	其他单行本		800 000	10％
	G类统计		800 000	10％
	合 计		8 000 000	100％

说明：

A. 本计划起草时的原则：

一、基于廿九年度营业以及社会客观要求的实况；

二、基于加重文化启蒙的意义,扩大出版物性质及种类的范围；

三、基于和友好同业分工合作的原则,避免出版物的重复；

四、基于卅年度营业中心偏重出版中级读物。

B. 项目中应加说明部分：

一、B类乙"大学补充读物"系指：(一)与大学学科有关之补充读物；(二)比"青年自学丛书"较高而比高级学术著作较低之中级学术著作；

二、C类乙系指：(一)与中学课程有关之补充读物；(二)中级语文写作自修书；(三)提高中学生读书兴趣之总览读物；

C类丙系指：(一)自然科学中级读物；(二)一般工业常识书；(三)一般应用技术知识书；

三、D类丙系指：(一)一般大众常识书；(二)日用技术读物；(三)成人教育用书、参考书。

C. 依据计划项目,另有按"类别""种别"之拟目,分别特系文化团体或个人撰述,或由本店编委自撰。

10. 通过常务委员会办事细则如下：

理、人、监联席会议常务委员会办事细则

第一条　本会由理事会、人事委员会各推出代表三人及监察委员会推出代表一人共
　　　　七人组织之。

第二条　本会互选主席一人、秘书一人处理日常会务及掌管会议记录及一切
　　　　文件。

第三条　本会每半月开常会一次，由主席召集之，通知应于前一日发出。

第四条　本会除常会外，如遇重要事项急待讨论者，得由主席召开临时会议。

第五条　本会开会时如遇主席请假，则公推委员一人为临时主席。

第六条　本会每次常会应由总经理报告半月来之业务及人事状况，议案亦应于前一
　　　　日由秘书列入议事日程。

第七条　本会开会时出席委员以三分之二（五人）为法定人数，不足法定人数不得
　　　　开会。

第八条　本会开会时任何表决必须出席委员过半数之通过方为有效。

第九条　本会职权如左：

　　　　一、审核社员进退；

　　　　二、决定出版计划；

　　　　三、决定营业计划；

　　　　四、核定每年度预算、决算；

　　　　五、解释一切规章及社务进行计划；

　　　　六、核定职工进退迁调；

　　　　七、核定职工薪额；

　　　　八、决定工作时间；

　　　　九、考核职工勤旷劳绩，拟定工作纪律及奖惩办法；

　　　　十、核定职工两个月以上之长假；

　　　　十一、管理及督察宿舍安适及教育卫生娱乐等事项；

　　　　十二、拟定职工红利分配案；

　　　　十三、领导社员分会及自治会工作；

　　　　十四、组织专门委员会研究各项问题；

　　　　十五、查核会计账目及监护财产；

　　　　十六、处理其他有关同人福利及业务、监察等事项。

第十条　本会开会时讨论事项如有涉及委员个人者，关系人无表决权，必要时应暂
　　　　时离席。

第十一条　本会开会时讨论事项如有涉及某一部分或某一个人者,得邀有关人员列席会议。

第十二条　本会任何议案或决议除授权总经理通告或指定委员传达者外,各委员有严守秘密之义务。

第十三条　本会会议记录及一切文件应由主席签字后由秘书负责保管。

第十四条　本细则如有未尽事宜得随时修正之。

11. 为充实编审委员会起见,添聘潘念之先生为编委,参加本店编务,经常办理再版书之修订审阅及编辑手册文选等事,月薪暂定壹百五十元。

12. 港店全部生财及门市外版存货,决定以港洋二千⊠百元出盘。受主为孙明心等所办之新事业,本店愿以本版存货作价投资港洋壹千元,商议互惠合作之办法,使有利于本店业务。

13. 本店廿一年度至廿五年度累积之盈余十五万元,其中应派职工红利部分,原拟须按照统一决算办法分年重行结算后以每年实际盈余多寡再行分配。但目前因各项必(须)〔需〕材料无法查得,未能重行分年结算,故决定按年平均分配,即每年作盈余三万元算。

14. 通过渝店仲秋元同事为社员。

15. 港店冯景耀、瞿悦明两同事要求请假求学,因本店干部缺乏、工作重要未予照准,但在工作需要范围内,可考虑调派适当之职务。

16. 曲江分店之社员因生活程度高涨,要求停止缴纳社费,查缴纳社费系章程所规定,为社员必须履行之义务,在目前状况之下,尚无加以变更之必要。

散会。

主席　韬奋

常务委员会第二次常会记录

廿九年九月十一日上午十时在学田湾邹宅举行

出席者:韬奋　胡耐秋　邵公文　柳湜　徐伯昕　张锡荣

主　席:邹韬奋

记　录:张锡荣

一、报告事项

总经理徐伯昕先生报告最近两周来之业务及人事

1. 沿海区情形：港店出盘已经办妥；办事处拟不设；与星群合作事可以成功，办法容讨论；星店决予充实，据来信，书刊营业仍能发展，文具、运动器具反因进口不易及价格昂贵、同业竞争剧烈而不可能侧重发展，与此间前拟原则略有出入。至于整个沿海区独立计划，区处商讨后尚未得复，现已直接发交各店讨论。

2. 内地区情形：渝店在空袭较少时，营业即能好转，如有一天门市亦能达九百元。北碚支店之营业，平均按月亦可达三千元，情形颇好。故预拟渝店按月营业三万元之数，只需供应灵活，定可达到；蓉店营业最近亦较前大有起色，门市已加整顿，营业时间已经增加。筑、滇、桂三店因市面比较稳定，营业均能正常进行；曲店已去整顿，报告尚未接到，现拟与别家同行合作办理；梅店要看运输如何再定留撤。

3. 运输情形：港滇已断，港曲亦难，现在试行港桂线，系走西江经梧州而来，如当妥提，以后可照做，沪甬线亦在试运中。

4. 人事：港店结束后，现只留甘蓬园、瞿悦明、冯景耀、雷瑞林四同事办理结束，汪梓端、章德宣已离职；王绍阳、谈春簏、何求、梁芹已介绍与星群；沪星两店无甚变动；滇店新添劳泽荣同事为职员；曲桂两店人事调整尚未办妥；程树章、金伟民两同事辞职，拟予挽留；筑、蓉两店无甚变动。又港店杨赓福同事前请假返沪，假满后因港店即将结束，故甘同事即嘱渠不必返港，并向沪店接洽工作，惟沪店并不需人，后者闻即嘱渠至桂店工作；现渠要求八月份沪店虽未派工作，但渠已销假，故薪水要照支，又旅费应自沪起算。但杨同事八月份既未在沪销假工作，薪水自亦不能照支，同时请假时既在港，调职后之旅费自亦只能自港起算。又滇店严醒夫、方显儒两同事互殴，决对严同事加以劝告，方显儒停职。又蓉店彭朝惠同事因当地环境不宜，已来渝，暂留渝店邮购组工作。

5. 合作事业：敌后工作华北部分原拟先在晋东南开始，现因该处条件困难，故决定暂缓，但延地编印工作仍进行，同时先在晋冀察建立翻印工作，因延与晋冀察之交通颇便利也。江南部分，皖南合作已开始，皖北流动尚待进行，苏北因目前军事紧张，只得暂缓。又曲江分店决定与其他两家同行合资经营。又云南局势紧张，应作后退布置，决定大理亦由三同行合办一店。

6. 总处开支：总处开支前次通过每月规定为六，一三四.〇〇元，现七月份为三，八一四.六七元，八月份为五，五八三.八一元，连同区处七八两月除一部分房租津贴等未付外，总额为一〇，〇〇九.八四元，并未超过预算数字。

附总处七八两月各项开支明细表

子目	预算额	七月份	八月份	港桂		合计	备注
薪工	2 214.00	2 041.20	1 901.73	港	65.52	4 260.44	
				桂	252.00		
津贴	500.00	232.00	273.20	港	21.84	614.00	应补七、八两月生活津贴未列入。
				桂	87.00		
膳食	850.00	565.61	1 268.62			1 834.23	八月份膳费内一部分是七月份的,但账单乃八月份交来,故入八月。
房租	300.00			桂	95.00	76.00	七、八月份房租未交。
水电	100.00	92.59	61.02			153.21	一部分尚未付讫。
邮电	350.00	110.51	125.99			236.50	一部分尚未付讫。
旅费	400.00	50.00	75.91			125.91	账单未转来。
文具印刷	300.00	68.30	374.90			443.20	
购置	60.00	41.50	[11.]10.20	桂	90.00	141.70	
保险	50.00						未付。
交际	00.00		10.32			10.32	
捐税	50.00						未付。
医药	100.00	8.40	74.10			82.50	一部分尚未转账。
书报教育	150.00	44.83	138.59			183.42	
抚恤	160.00		933.00			933.00	六个月一并在八月份转。
修缮	50.00	24.60	30.00			54.60	
什费	400.00	554.53	306.23			860.76	七月份内有防空证2□0元。
共计	$6 134.00	3 814.67	5 583.81		611.36	$10 009.84	

416

二、讨论事项

1. 甘蓬园请假案;

2. 通过许觉民为社员案;

生活書店——会议记录 1933—1945

3. 后退布置案；

4. 调动工作地点后离职员工之旅费应如何追还案；

5. 总稽核工作应否停止案；

6.《文艺阵地》应否续出案；

7. 与星群合作案；

8. 张春生接眷案。

三、决议事项

1. 甘蓬园同事此次处理港店结束事，煞费苦心，辛劳极甚，同时近来体质甚弱，医嘱必须休养。现决定给假二月，薪水照给，以便使甘同事能早日恢复健康。同时在休假期内，仍请甘同事留港，以便就近照顾星店业务及与《世知》合作等事。对于沿海区独立问题，亦请渠详细计划，一俟假满仍请渠去沪主持沿海区业务。至于沪店人事等，届时派锡荣同事同去调整，及沟通各方面之意见。

2. 许觉民同事进店已三年余，前因年龄未届，故未通过为社〔员〕，现在年龄已满二十岁，议决通过为本社社员。

3. 敌人恐有进逼行都之企图，万一局势严重，应早作必要之准备，决定办法如下：

总　　则

（一）政治中心必须建立一单位，完成偏重营业，由五人主持之；

（二）总管理处应根据交通、经济、造货三条件及能管理较多单位而定其迁移地点；

（三）编辑出版工作仍分在沿海、内地、敌后三区中心计划进行，惟必要时得分一二编辑在范围较大之单位处理编审计划内工作；

（四）经济及供应尽可能做单位完全自给；

（五）什志分散，除最与政治有关联者，得随政治中心移动外，必须均根据营业、造货两条件予以适当分配；

（六）提出完成敌后计划。

准　备　工　作

（一）经常注意军事及政治之动态；

（二）渝存纸型根据需要提早分散至桂林及华北等地；

（三）尽量减少渝地存货，新货随造随发；

（四）房屋、存纸、家具等无必要之财产迅速变换现金；

（五）准备三千元至五千元现金，以作迁移之用；

（六）总处机构再须简单化，至多留二十人；

（七）危险性单位之人员尽量减少；

（八）有查考需要而非经常动用之重要文件账册等，得提早运寄至指定之据点；

（九）加紧指定迁去据点之准备工作。

4. 员工调动工作地点，均要（化）〔花〕费巨额旅费，亦往往有才调去不久即行自动离职，实系利用本店给予之机会而便利自己之意图，现决定调动工作后，至少再在本店工作一年，如果中途自动离店，旅费应予追还，携眷旅费亦然。

5. 稽核工作已无需要，且毕云程先生至今未能到店视事，故决定自明年起停止支薪，以省开支。

6.《文艺阵地》原拟改式出版，正在征求茅盾先生之意见中，现在该刊已遭查禁，决定不予续出，该刊改与《文艺战线》合办高级文艺刊物一种，即与该两刊主编详商。

7. 与星群合作办法决定如下：投资本版货五千元，以囤八折作价；以后本版书批价以囤八五折计算；港印什志批价以港洋六折计算；代办运输及造货不取手续费；代办外版提取手续费半折至一成；每月结账一次。

8. 张春生接眷前因渠不接至工作地点，故未予通过，现渠又来要求，按渠之工作为流动性质且因运输线亦时有变动，即流动地带亦不能一定，故事实上恐亦不能接至某一固定之工作地点，现渠拟接至福建，可以照准。

主席　韬　奋

理、人、监联席会议
常务委员会记录(第二册)

常务委员会第三次常会记录

廿九年十一月五日□午□时至七日下午十时

出席者：韬奋 柳湜 胡耐秋 徐伯昕 张锡荣

主　席：邹韬奋

记　录：张锡荣

一、报告事项

总经理徐伯昕先生报告最近业务及人事状况

1. 各店业务状况　香港分店出盘事，已与受盘者星群书店订立契约，条文如下："立盘顶契约　生活分店、星群书店　兹因生活书店香港分店（以下称甲方）有意结束，愿将全部外版存货、生财器具及店铺装修出盘与香港星群书店（以下称乙方）顶受经营，双方议定条件如左：

一、自本契约签订日起，甲方所有全部外版存货、生财器具及店铺装修，均由乙方顶受接办，另改星群书店牌号继续经营。

二、自本契约签订日起，甲方所有人员欠人一切往来账项，概由甲方自行负责处理，以后乙方营业盈亏，则由乙方自行负责，各不相涉。

三、甲方所有全部外版存货、生财器具、店铺装修及门市电灯押柜，总计作价港币二千五百元，盘与乙方顶受。该款于订约时由乙方如数付清，经甲方另制收据为凭。外版存货及生财另抄清单附入备查。

四、甲方存出电灯、电话保证金计港币壹百元，由乙方如数另□□付甲方，以后乙方转换户名顶受。

五、甲方结束时所有留存乙方之本版存货，以囤五千元作为批给乙方经销，当由甲方另开批发之票，作为批发往来账。余均由甲方委托乙方暂代保管或指定代运各地，照另开存货清单由乙方负责代办，不得动用。

六、甲方所有尚未满期之杂志定户，委托乙方代办发行，继续寄发。每期刊物及寄费应由乙方按月开单结算，归由甲方负担。

七、甲方以后如有书刊委托乙方代办印刷或委办其他一切事务，乙方当为竭诚接受，负责办理。

八、本契约一式两纸，双方各执一纸存照。"

关于结束香港分店经过情形，须附带报告者：寄售全部本版图书与星群以八五折算，总实囤二万四千六百二十三元九角一分（其中一万九千六百二十三元九角一分停止寄售，待收回）。本版最近期杂志盘与星群以三折计算，计实港洋九十八元三角九分。外版书未开发票,盘点存数另有登记。本版过期杂志划转星群代售。生活推荐书代存卅四本。《鲁迅全集》十二部又六十五本暂存,其余三百四十五本运桂店。呆销货十六箱存栈,收据已转星群暂存。《列主初步》五二〇本,另存星群宿舍内。广州湾分店存港外版书,划转星群售卖。日新舆地学社货二包划星群代售,其余四包退上海该社。前广州湾分店运港定单簿、电版、纸型一批存门市地下室。同业寄售书转星群代售。港店信封等文件运桂林。余略。

沿海区独立经营之计划,业经沪店讨论并提出修正意见,全文如下:

沿海区独立工作计划大纲

第一 总 则

一、沿海区为适应欧局与远东形势之激变,在总管理处规定之原则下,成立沿海区管理处独立管理,一切营业、经济、人事及货源供应等得随时由区处办理后,报告总处。

二、区处每半年必须拟具业务计划书、营业及开支概算书,提请总处核准后施行,每半年对计划之完成情形,及营业开支决算,均须按期报告总处。

三、区处对于本区内各店人事之处理,得根据总处之各种规章办理后,报告总处追认之。

四、区处为便利造货及进货工作计,得设于上海。

第二 组 织

五、区处设区主任一人,负区处营业、管理之全部责任。

六、区处除区主任外,下分总务部、生产部及营业部三部。

七、区主任会同总务部、生产部、营业部组织区处会议,处理区处一切事宜,每月内区主任召集开会一次。

八、区处组织系统约如左表:(表列大纲末)

第三 管 理

九、沿海区各店所有本外版存货,应于八月底盘点清楚,作为总处转发区处之存货,并由总处划出固定资金,俾资周转。

十、区处造货成本应维持四折,其中三成给分店,一成半作区处管理费,一成半交总处作为支付版税等用。

十一、内地各店托造各货,照成本付价,运费由内地店负担,另津贴区处手续费百分之五,其造货款项及运费,预由区处估定须先汇沪,余数另行找补。

十二、区处为内地店添货之外版书,得提代进外版货总额百分之五作为手续费,运费由内地店负担,代办货款及运费均应先汇。

十三、内地委托之造货、进货工作,在款项解到时,必须按照指定计划负责完成。

十四、本版畅销货必须印备充足,如因出版处有妨碍环境者,得改用某种出版社名义印行。

十五、区处对于沿海各分店货供应,必须办理迅速,本外版运费由分店负担。本版货款,须每月结清一次。

十六、区处经常办理沿海与内地运输线之沟通。

十七、沿海区各店应填之表报,除以一份寄区处外,仍须以一份寄总处,以备查考。

第四 工作要点

十八、沿海区各店,以力求开支撙节、维持生存为原则,营业方式得在不妨害本店总方针下酌予改变之。

十九、沪店方面工作:

1. 加强外版进货工作,充实门市,搜罗各地好销书刊,迅速而齐备,以提高门市营业。

2. 发展沦陷区邮购工作,代办各种书报杂志,范围可更广泛,地域可伸展至内地及沿海各交通口岸。

3. 扩大沦陷区批发工作,与各地新旧同业取得密切连系,代为批购各种书报杂志,以办理迅速为争取之重要条件。

4. 推广《读月》及《理现》等杂志销路,增收预定户,或添设自由定户,吸取资金。

5. 经常印发新书及经售书目,分发邮购户定户及批发同业,以资连络与推广。

二十、港星方面工作:

1. 香港改设办事处办理内地转运工作,并注意本版书刊之推广,兼办海外邮购与批发,如在利益上合算时,亦得兼做外版批发。

2. 新加坡除加强本版书刊之推销外,如环境有困难,得偏重文具及运动器具之经营。

3. 港星两处均可设立服务部,代侨居海外之读者代办各种书报什志、代汇小额汇款等。

第五 营业开支概算

廿一、详细营业及开支预算总数,列如另表。

第六 附 则

廿二、本大纲经总处核定后施行。

廿三、区处管理详细细则另订之。

生活书店

会议记录 1933—1945

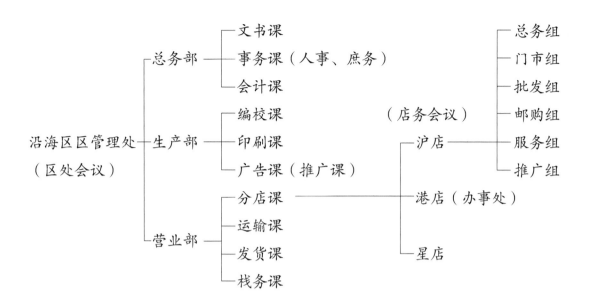

港店每月营业

本版　$1 500.00 ＼实价
外版　$2 000.00 ／

$3 500.00　三成利润 $1 050.00

开支　　　834.00

净余　　$216.00

假定

沪店给区处　　$450.00

港店给区处　　450.00

星店给区处　　450.00

$1 350.00 以其中 1/2 给总处 675.00

区处净收 $675.00

开支 $1 495.00,则〔区〕处亏本 $820.00

又假定三店的净余各为 216.00,而以此合并起来供区

处的开支则尚不足 $172.00。

每月开支概算

类　　别	金额(沪店)	区　　处
薪工	254.00	706.00
津贴	48.00	64.00

类　别	金额(沪店)	区　处
膳食	180.00	300.00
房租	169.00	120.00
水电费	40.00	40.00
邮电费	20.00	30.00
文具印刷费	10.00	20.00
购置费	15.00	20.00
交际费	4.00	5.00
医药费	10.00	40.00
书报教育费	4.00	20.00
捐税	30.00	30.00
杂费	50.00	100.00
合计	$834.00	$1 495.00

星加坡进口书籍,最近由英政府加以限止,须造货原料之大部分用英国出品者,方准进口。因此,星店营业甚受影响。

曲江分店素由严长庆同事主持,最近以来据各方报告,情况至为混乱。业经派西南区主任诸祖荣同事前往整理,结果如此:"长庆同事态度甚好,已于九月五日赴浙,其辞职之最大原因约有三点:一、生活程度高,入不敷出;二、不愿调渝担任职务;三、各方意见反映觉以后不能共处;四、建国亟须彼去整理;五、此后拟一试纯粹商人之生活,以见与过去为文化意义而工作之区别何在。查长庆同事交际广阔,所以入自不敷出,不得不另谋补救,惟如调渝后则势非专一本店工作不可,则家庭开支颇有困难,而家属来渝旅途亦有困难。而又感于乃兄之物质受益,店之困难日深,适建国书店需要亲信得力人才,故此去浙。长庆同事对于私营文具、贩卖香云纱等亦经坦白承认,而对于文化事业之信心,亦已日趋薄弱,故有打算做一纯粹商人之行动也。此次移交,办理手续极为严格,现金如数无误。应收应付货款均重新与客户核对,暂记欠款亦经整理。存货部分除八月底重予彻底盘点一次外,关于上届结算时所缺之货,亦已查明大部分,业由长庆同事报告营业部请予转正。计桂发 1 058.9〔元〕,一部分货在廿八年已收到 2 827 元,而在一月份又重复计入之故。当经查明属实。《生活日记》进货价为二元五角,销货则以三元五角计,此中亦相差达三百五十余元。杂志方面,因外埠销货另加邮费,此项邮费亦被误计为销货。总计除前项缺货补转外,尚超出六百余元。惟外版货方面,销数与进数相差竟达九百余元,曲店既未做外版轧销,彻查极为困难。又查曲店机构组成未趋完善,联络不够,往往售价反较进价为便宜,而不自知,外版与本版之分类,亦不大顶真,缺少、不符,自在意中。兹只得以本外版混合计算,而与总数相核,结果为进货数超出销货三百〇六元一角四分,而此数则无法查出也。关于缺货之最大疑问为本店与民众书店之合作,手续极为不妥,民众货物全部由曲店供给,但曲店发与民众货物,既不开具发票,亦不另立簿册登记,只凭派往民众协助之成就、产元两同事之便条付货,其便条上亦未编有号码,而有将更连便条都不写,轧销者凭记忆销卡,其不能准确,显而易见。晚上民众之货由民众负责看管,如监守自盗,曲店万难发觉。曲店发民众之货,既不登账,则民众售出之款,亦不能作为批发账款,故只由冯或王同事每日晚上返曲店门市部开门市散票交账。曲店与民众既无账目登记,则经手人交账是否准确,殊为可疑,惟祖荣于廿二日抵曲时,民众全部存货业已收回,根据全销,亦无从查考矣。不论民众与曲店合作,是否有助业务,而其手续之不完备,实难令人不起疑窦。民众营业每月约达七百元,以八五折计,曲店应付民众回佣壹百多元,实际民众每月房租不过卅元,曲店则七百元之营业,实收只六百元,尚须负担同事二人之薪水及伙宿等,实属不智之甚。长庆同事因民众之房屋与房东纠葛未清,且民众店主甄君本身亦甚滑头,致原有之设店计划未能顺利进行,而建国书店方面需要日殷,最后不得不放弃原来计划。关于现金方面,核对存折时有多少。惟长庆同事既已全部照账交出,故亦不再根究。"

曲江严长庆同事之规外行为,与金华邵振华同事有连带关系,总处已获有确切之证据。此事须待丽水存货万元取出后,方可进行议处。丽水存货现已启封,一部分被没收,一部分现批与同业,一部分在待运内地中。

2. 各店营业状况　本年下届,实行集中力量经营重要据点之原则以来,结果颇好,各店大都均能达到计划或有超过计划者。根据不完全之统计材料,各店营业状况如下:

3. 总处及分店开支:总处开支预算每月为六,一三四.〇〇元,七月至九月份三个月实支一五,六六〇.一〇元,与预算尚称相符。但须特别注意者,即九月份之支出中,伙食与生活津贴两项数字突增,表示在物价高涨中,本店支持同人生活之努力。各分店开支情形相仿,因材料不足,暂略。

4. 生活津贴之增减:本店为帮助同人支持最低生活起见,定有生活津贴办法,每两个月调查物价一次,变动一次。兹将本年一月至十月变动情形列下:

店　别	一—三月	四—六月	七—八月	九—十月
渝　店	七元	八元	十四元	廿一元
蓉　店	六元	八元	十一元	九元
筑　店	十二元	十二元		十七元
滇　店	十元	十三元	十九元	
桂　店	六元	八元	九元	九元
梅　店	三元	八元	九元	
曲　店	五元	五元		九元
沪　店	四元	五元	五元	四元
星　店	叻四元八	叻四元八		
港　店	H.K.五元二	H.K.五元二	H.K.五元二	
云　店	二元	二元	五元	五元

5. 人事进退调遣：重庆总处新进顾诗灵任编辑工作，十一月一日起月薪百元；莫原任编校工作，十月二十八日起月薪四十元；邵公文十月五日离渝，十四日到桂；福建顾一凡九月底抵渝，任营业课；渝店孔东海、陈永德因工作不力停职；王大煜九月廿八日起辞职。桂店：张明西到桂助理会计；袁文兴、赵鼎懋抵桂任门市；周遇春抵桂协助进货；程树章辞职；金伟民辞职；沈俊元请假返沪；三户参加工作之苏尹铨辞职。滇店：方儒显、严醒夫离店，劳泽荣进店任邮购工作，月薪廿元。曲店：严长庆辞职，九月五日离店；聂会镇辞职；姚广源调桂；卞钟俊调曲代经理。蓉店：朱钦恺进店为服务生。沪店刘桂璋辞职。港店汪梓瑞、章德宣、何求、谈春簏、王绍阳、梁芹离店。

6. 造货：各地在七、八、九三个月中，造货情形如下：重庆新书《怎样演讲》二千本、《实用经济学大纲》四千本、《宪法论初步》三千本、《哲学译文集》三千本；重版《黄河大合唱》三千本、《活的身体》二千本、《战地歌声》二集三千本、《流亡三部曲》三千本、《怎阅文艺作品》三千本、《创作准备》三千。桂林新书《以孙子兵法败日本》二千本、《一个英雄的经历》二千本、《黄河大合唱》三千本、《战地歌声》二集四千、《游击队母亲》二千；重版书《实验无线电集粹》《新公文程式》《世界科学名人传》《杜布罗夫斯基》《怎研究中国经济》《没有祖国的孩子》《创作准备》。上海新书《史太林》一千本、《历史唯物论》一千、《学习的理论与实践》一千本、《斯大林文化》一千本、《三年来的中国》一千本、《新都花絮》二千本、《我是劳动人民儿子》一千；重版书《战斗入门》一千、《死敌》一千。

7. 编审工作：已请潘序伦先生编辑"会计丛书"六册全套，此项丛书适合职业学校采作教本，及职业青年自修之用。全套约九十万字，按照百分之十五抽取版税，并指定在版税中以定价百分之三提作特别推广费之用。又请戈宝权先生编译《高尔基著作集》，预备每年出一百五十万字，五年出完。以上均在进行商洽中。此外，金仲华先生来函，拟将《世界知识》改交香港另一新机构独立出版，重庆则另筹出重庆版，文字可以互相转载。此办法并不适合本店之希望，须另议妥善办法。《文艺阵地》续出事，已在与欧阳山、沙汀、以群等商谈中，本店表示在不亏本原则下接受续出，预计每月出一期，每期十五万字，月需编费及印刷成本约四千元。

8. 运输工作：最近已去沪港两地将大批新书及存货连同试运文具三千余元，分两批押运，由港曲线运来内地。以后当继续运用此线运输。

9. 合作事业：《理论与现实》合作出版以来，情形良好。《妇女生活》因人事方面未能合作，拟交与沈钧儒先生另行支配专人负责出版，本店退出合作，仅在技术上及发行上予以帮助。三户、建中均能自立而略有余利，情况良好。西南投资四千元决于年底收回，本店退出合作。华北、苏北、皖南方面在积极进行。曲江分店由三同业合作事，在进行途中发生故障，决定停止进行，暂保持原状。

10. 廿八年下期决算已制成，计亏损一八，一二五.五五元。造成此项亏损，主要由于支持八种杂志之出版，其次由于政治上没收书籍及限制出版、限制销路之结果。实际亏损额达四万九千二百六十三元二角，幸由经营纸张中赚得三万一千一百三十七元六角五分，稍资弥补。（决算表另存）

11. 江北新屋尚未售出，学田湾屋由房东自动修理，惟修理费须由本店垫付，将来作为押租。房租亦将增高至七八百元，近在商洽中。

二、讨论事项

（一）卅年一月份调整薪水案；

（二）负责人车马费津贴案；

（三）修正家属膳食津贴案；

（四）加强社务领导及人事管理案；

（五）沿海区业务整顿案；

（六）《世界知识》移内地出版案；

（七）《妇女生活》独立出版案；

（八）《文艺阵地》续出案；

（九）与二家同业合作建立分店案；

（十）奖励董文椿同事案；

（十一）杜福泰同事离职案；

（十二）桂林同人局部加薪案。

三、决议事项

（一）本店同人薪水，规定每半年考虑增加一次，本年七月份因经济情形困难，仅就工作成绩特别优良而又加重职责者局部加薪。但战时物价暴涨，同人生活更形艰苦，日益难于支持，此足以影响工作情绪，有害本店事业之前途。除仍按照物价之涨落发给相当之生活津贴外，卅年一月份，决定尽最大可能举行普遍加薪。举行一月份普遍加薪原则如下：（1）薪水在八十元以下者，一律考虑增加；（2）薪水在八十元以上者暂不增加，但取消折薪办法；（3）职员之起薪额提高至廿四元；（4）预定加薪总额为每月壹千元。按照本店营业及经济现状，实无力担负加薪之开支，应另拨资金经营副业以谋补救。

（二）本店各重要负责人，因公出差或交际，其费用应由本店负担。得按照下述之规定，每月约计所费总数，支取车马费一次。支取人及最高限额规定如下：每月营业一万元以内之分店负责人，支二十元；每月营业一万元以上、二万元以内之分店负责人，支四十元；每月营业二万元以上、三万元以内之分店负责人，支六十元；总经理支壹百元；编审委员会主席支五十元。一律实报实销，并不得超过最高限额。

（三）战时物价暴涨，同人生活艰苦，尤以有家属之同人为甚。为相当减少同人困难起见，将家属膳食津贴办法修订如下：（1）凡同人家属膳食费用，每人每月超过二十五元时，其超过之数，由本店按照本办法之规定津贴之。（2）领受津贴之同人家属，以夫或妻、母、子女为限，并以本身无业、依靠同人生活者为限。（3）应否津贴或津贴若干，以距离该地最近之分店每月膳费额为计算标准。如超过时，居住于该地分店附近之同人家属，凡合于第二条之规定者，皆得领受津贴，须事先将实际情形报告总处，获得许可后，由总处通知分店行之。

（四）关于加强社务领导以推进业务巩固本店事业事，兹已拟成草案一份。此项草案原则通过，条文待开始实行时再行修改（草案原文附系于后）。关于加强社务领导、选拔中坚干部、经常进行组织与教育，以提高同人质素等工作，应划归总务部处理，作为该部工作之主要部分。原有总务部机构应予充实。为求迅速切实有效完成此项任务起见，该部负责人必须在认识上、工作技术上及生活上能为人模范者，并掩饰其实际职务上之面目。

加强社务领导纲要草案

要　旨

本店原系商业性质之组织，在过去承平时代，获利丰厚，同人待遇比较优裕，人事上易于应付。自抗战进入坚苦阶段以来，文化工作受政治上限制特严，且市场紧缩，物料昂贵，获利微薄，同人生活日益艰苦。据事实所见，借故离店另图他业或自立门户者已十数起。此种情形至为严重，如继续发展下去，足以动摇本店事业之基础。本店原有社务机构，虽为服务历史较久、工作成绩较优者所组成，但大部分社员对于文化工作意义之认识素质较弱，在动荡中未能起中坚作用。因此之故，社务之领导实有加强之必要。

社务与事业此后必须加紧联系，因业务是社务进展的具体内容，而社务领导之加强可以保证业务成绩之良好。因此对于社员之要求提高，社员必须同时了解社务与业务，而担负起团结同人积极推动业务的责任。

欲加强社务领导，须在各分店所在地建立社员分会，与总处领导机构联接，而成一完整的社务组织系统。通过社务分会之组织，加紧训练社员，提高其素质，并在社员中选拔素质特优者作为中坚干部，建立坚强之核心，借以贯彻总的领导方针。对于中坚干部，首先须从事调查，其次予以适当之分配，第三用通信、巡视、调回总处等方法加以密切联系，务必使之充分了解本店文化工作之意义，提高工作热诚、兴趣与技术。此外，在吸收新社员时，须采用由下而上严格考察手续，以保证质素之优秀。

办　法
社员分会组织办法草案

一、为加强社务领导及社员推进业务计，各地社员均应组织社员分会。

二、分会由理事会直接领导之。

三、分会选出社员一人为干事，负责分会工作及与理事会联系。干事每年改选一次，连选得连任。

四、分会每月开会一次，内容规定如下：

1. 社务报告：由干事将一月来之社务及理事会之决议提出报告之。

2. 业务报告：由分店经理报告分店一月来之业务状况。

3. 社务及业务讨论：理事会提出之问题及社务业务进行计划均可提出讨论之。

4. 吸收新社员：任职期满之职员在期满前二月应由分会加以考察，凡合格者即提交理事会通过为社员（考察原则及方法另订）。

五、分会工作每月应有详细之报告交与理事会，在必要时理事会得派员参加分会，协助分会工作。

六、各社员如有意见可直接提交理事会或交分会讨论后由干事提出之。

七、社员如有重大犯规行为须受开除社员资格之惩戒时，得由分会讨论后提交理事会决定之，当事者不能参加会议。

八、社员分会对业务上之意见与分店经理之意见有出入时，除分店经理仍可施行职权外,可提交理事会议处之。

九、本办法自通过之日起施行之。

十、本办法如有未尽事宜得随时修正之。

训练社员办法大纲

一、认识方面

1. 对本店事业有深刻的了解;

2. 对文化工作具有高度之热诚和久远之兴趣;

3. 对社务、业务均有积极性。

二、工作方面

1. 具有管理的能力;

2. 对本门工作之技术熟练而迅速;

3. 发挥创造性及模范作用;

4. 对编校、出版、发行、会计四部分工作均能知道,养成独立工作的能力;

5. 能站在书店本位的立场,切实工作。

三、生活方面

1. 私生活严肃、紧张、活泼;

2. 待人接物和(霭)〔蔼〕诚恳;

3. 注意健康;

4. 重视集团生活之秩序,尽力帮助别人。

四、学习方面

1. 工作第一,在工作中学习,为工作而学习;

2. 尊重技术;

3. 对于兴趣最浓的一门特别加强,深入研究,以便造成专才;

4. 注重自我教育。

调 查 表

分下述各项:姓名、私生活、社会关系、性格、工作能力及成绩、学习能力及成绩、个人志愿、对本店事业之态度、对文化工作之兴趣、在同人间能否起领导及模范作用、是否能严守纪律、虚心接受负责人之指导。

吸收新社员办法

第一 准 备 工 作

一、在社员将到期之前三个月,应由本会通知分会办理下列各项工作:

1. 社章、业务方针及规章等之说明;

2. 征询其对社章之意见;

3. 征询其对业务方针及各种规章之意见；

4. 调查其对于下列各点之具体事实：

A. 工作成绩是否优良；

B. 对店是否忠诚；

C. 思想是否纯正；

D. 私生活是否严肃。

5. 第一项工作应在期满前两个月办理之,第二至第四项工作应在期满前一个月内办理之。

二、上述四项工作,应由分会干事与之接谈,并将历次谈话经过摘要记录,经分会讨论后在期满前一星期内汇寄本会,俾作审核时之参考。

第 二 　入 社 工 作

一、社员经过审核通过后,应填具入社志愿书。

二、社员入社时由本会主席备函通知,并由分会干事与其谈话,内容包含下列各点：

1. 说明本人之优点与缺点；

2. 摘示本店重要工作方针；

3. 摘示社员应负之责任；

4. 听取其对于社务及业务之意见,如有特殊者,得摘要报告本会。

三、参加社员分会,听取各种报告,及提供各种意见。

第 三 　附 　　则

一、每店或每一单位必要备有社章一份,及各种规章全份。

二、社员应负之责任应另拟提纲一份。

三、调查及征询准备社员时,应拟具各种表报,以备填写。

四、恢复社员分组工作,将旧有之社员分组办法改为分会办法。

（五）自甘蘧园同事请假后,沿海区业务主持乏人。甘同事对店态度暧昧,如对于星群书店内部实况,始终无详细之报告,且有甘同事亦属参加星群机构之说,同人中对此颇抱不满,尤以上海同人为甚。上海方面,据报告,一部分同事有私营贩卖书籍之事。因此,沿海区情况顿形混乱,有即速予以整理之必要。决于最短期内调派视导员前去整理,同时并调整进货及运输工作。

（六）《世界知识》原在香港编印,在内地再版。但寄递纸型每多延搁,影响内地销路甚大。鉴于内地国际刊物之缺乏,决移重庆编印,寄纸型至香港再版,材料则仍由港供给。此原则即向该刊编辑人提出商议之。

（七）本店前为赞助妇女文化事业并为减轻自身经济负担起见,曾与沈兹九先生商定，合办妇女生活出版社，除拨出一部分妇女书籍出版权让予该社作为投资外，并调派胡耐秋、沈敢两同事协助技术工作。后沈兹九先生因事离渝，将该社交与曹孟君先生主持。最近曹孟君先生对于本店之合作颇持异议，影响业务进展。兹决定将该刊物交还该团体之最高负责人沈钧儒先生，由沈先生决定处理办法。本店合作部分，迄至廿九年底为止，全部退出，但对于该刊物之支持，仍愿竭力予以帮助。

（八）本店原有文艺刊物，均因故停刊。鉴于读书界之迫切与广大之需要，决定在不亏本之原则下，接受续出《文艺阵地》。内容务求精审，定价则可酌量提高。

（九）为节省人力物力并求营业上之方便起见，对于经营分店，可采用与同业合作之方式。此种合作分店之设立，以未有本店分店之地区为限。如已设有本店分店之地区，仍保持独立经营之原状，暂不采用合作办法。

（十）总处董文楠同事，在廿九年五月至十月敌机狂炸重庆期内，工作特别辛劳，举凡抢救公物，挑运货品，保护财产，修理店屋，无不独具显著之成绩。此种对于职务工作之热忱、忠诚与负责，实为爱护本店事业强有力之表现。特给予奖金壹百元，以资鼓励。

（十一）丽水杜福泰同事，业已离开职守，自营洗染业，应从自营他业之日起，作为自由离职论，停止职务。

（十二）桂林姚广源同事自九月份起代理会计职务以来，责任加重，工作努力负责，薪水应加两级，计改支廿八元，以资调整。又姚豫源试用期满，成绩甚佳，薪水应加两级，计改支十二元。

（十三）沈钧儒、杜重远、胡愈之、王志莘四理事，仍按向例每半年致送车马费六十元。

（十四）周幼瑞同事误解接眷条例，事后所持因抽壮丁及配货等理由殊不充分；要求津贴去沪全部旅费，仍准原议，不予照支。

主席　韬　奋

常务委员会第四次常会记录

卅年一月十一日上午九时在重庆学田湾举行

出席者：韬　奋　徐伯昕　胡耐秋　张锡荣　诸祖荣　胡　绳

主　席：邹韬奋

记　录：张锡荣

报告事项

总经理徐伯昕先生报告

（一）本店财产之保管，为求周密起见，曾于去年十月拟定"财产管理要则"七条，通告各店办理，请予追认。

财产管理要则

一、本店财产除存货有栈务组专人负责保管外，其他一切生财用品及参考图书（不是在短期内所能耗损者），均由总务部或总务课保管。

二、此项生财用品及参考图书等均应编目入册，并在生财用品上粘贴标签，参考图书上盖章编号，以便保管核对。

三、此项生财用品或参考图书在每次添置时，必须经总务部或总务课登记入册后，方可交需用部分领用。

四、此项生财用品或参考图书系于何处领用，应由总务部或总务课点交各该部负责人签收，以便共同负责保管。

五、此项生财用品或参考图书，如有损毁等情，如可修理者应即迅速修好，倘系故意损毁者，应由使之损毁之本人照价负责赔偿。

六、此项生财用品或参考图书必须每半年检点一次，并在结账时之财产目录上详细列入。惟每半年检点后如与簿册核对时有缺少等情形，应即查明原因，并须斟酌情形由负责保管者赔偿。

七、此项生财用品或参考图书每次折旧摊提办法应照会计规程第四章第十七条正确办理之。

（二）立煌分店因邻居失慎，于去年四月五日被焚，同人因抢救公物，以致私物颇有损失，兹已按照规定酌予津贴：方钧损失八十元八角，贴五十元；严永明损失三百八十元，贴一百元。请予追认。

（三）联席会议第二次例会决议变更津贴办法，业已以通告第九十一号实行。其中拟定米贴办法如下，请予追认。

家属米贴办法

一、凡本店同人有妻或夫、子、女而该家属自身未有收入者，得依照本办法领受米贴。

二、同人子、女十二岁以上作全份计算，六岁以上十二岁以下作半份计算，六岁以下除吃奶者外，作四分之一份计算。

三、适合于第一条规定之同人每人得领受米贴，至多以一份为限。

四、每份津贴数量（每月两斗），依照该家属居住地本店发薪日之劣等米市价计算，如两斗劣等米市价超过国币十元时，其超过之数，由本店津贴之。

五、领受米贴者，须于事先将实情报告总处，获得许可，由总处通知附近之分店支付之。

六、本办法以通告施行之。如有未尽善处，由人事委员会修改之。

（四）孙明心、陈锡麟、孟汉臣、赵晓恩、张志民各同事出社手续，已按照联席会议第二次例会之决定办理。但甘蓬园同事请假情形尚在调查，出社手续暂缓办理。

讨论事项

一、报告事项之讨论；

二、筹备第七届选举案；

三、改组总处机构案；

四、毕云程先生社股问题；

五、昆明同人失窃损失津贴问题；

六、同人消费合作社扩大问题；

七、复议车马费案。

决议事项

一、通过关于保管财产，关于津贴方钧、严永明两同事因公损失私物，关于米贴办法之报告。

二、本店第七届选举筹备办法如下：

A. 根据民主集中制的领导原则，提出候选人；

B. 明确规定候选人应具备的条件；

C. 候选人的产生，先由常务委员会根据全体社员名单，把具备那些条件的社员提出来，然后提交理、人、监联席会议上予以通过；

D. 候选人之数，计理事十七人，人事委员十四人，监察委员五人；

E. 选举票在一月十五日发出，在二月底以前收还；

F. 选举票收还后，渝地社员举行大会开票揭晓，并公布结果。

根据上述办法，并按照旧定候选人应具备的条件，本会拟定第七届候选人名单如下：

理　　事　邹韬奋　徐伯昕　王太来　艾寒松　邵公文　诸祖荣　卞祖纪

胡连坤	胡　绳	金仲华	胡愈之	沈志远	沈钧儒	黄任之
杜重远	王志莘	沈雁冰				

人事委员　黄宝珣　张锡荣　薛迪畅　周积涵　薛天鹏　张又新　莫志恒

　　　　　顾冀然　方学武　胡耐秋　冯一予　贺承先　程浩飞　施励奋

监察委员　沈百民　包士俊　孙洁人　陈其襄　毕云程

凡已派往店外服务之社员，为求事实上之方便起见，一部分未列入候选人名单。上述名单待提交联席会议作最后决定。此外手续悉照往例进行之。

三、改组总管理处机构如下：（附末）

四、毕云程先生一再声明，自愿将社股五百元移作同人福利金，并指定以一百元赠董文椿同事。兹决定予以照办，分配如下：五十元留作名誉社员股款，一百元赠董文椿同事，三百五十元作为奖励同人之用，办法另定。

五、昆明同人因避空袭，失窃私人衣物，损失颇巨，请予津贴事。按此种情由在战时屡见不鲜，未能视为直接因公而损失，故未能予以津贴。但失窃同人衣被单薄，此种实际困难应予帮助解决。兹决定按照实际需要借给款项，按月在薪水中抽取薪水百分之十偿还之。

六、渝地同人消费合作社拟扣取全体同人薪水一月充实资金，在渝设立门市扩大经营。本会认为此项计划在实行上困难殊多，碍难照准。仍得在渝地同人可能投资之范围内，力谋扩大。

七、前为顾及各重要负责人对外交际上之需要起见，曾定有支取车马费办法。但此种办法易于引起同人误解，视为等同增加薪水之部分，颇有未妥。兹决定将该项办法自卅年二月份起取消。此后各负责人凡因公出差或应酬，其费用仍应全部开公账由店担负。如应酬之对象为私人朋友，而其应酬目的为公务，或带有公务性质者，仍得全部开公账由店担负。

　　　　　　　　　　　　　　　　　　　主席　韬　奋

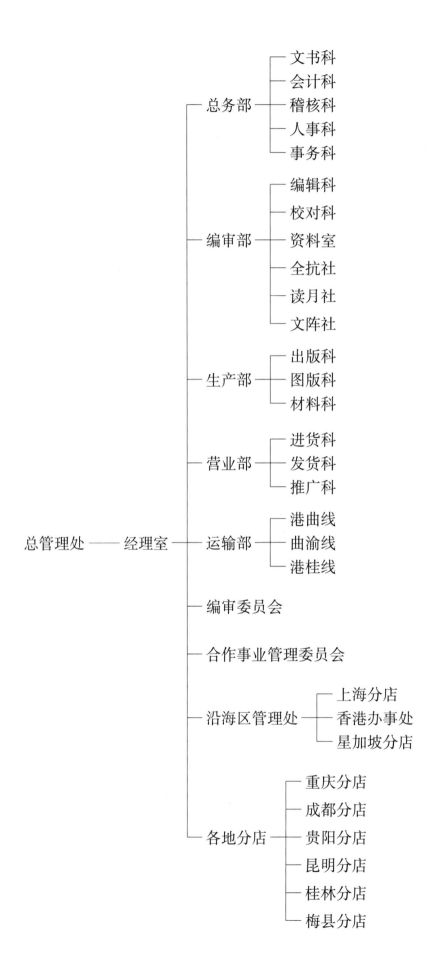

生活書店 ——会议记录 1933—1945

总管理处 —— 经理室

- 总务部
  - 文书科
  - 会计科
  - 稽核科
  - 人事科
  - 事务科
- 编审部
  - 编辑科
  - 校对科
  - 资料室
  - 全抗社
  - 读月社
  - 文阵社
- 生产部
  - 出版科
  - 图版科
  - 材料科
- 营业部
  - 进货科
  - 发货科
  - 推广科
- 运输部
  - 港曲线
  - 曲渝线
  - 港桂线
- 编审委员会
- 合作事业管理委员会
- 沿海区管理处
  - 上海分店
  - 香港办事处
  - 星加坡分店
- 各地分店
  - 重庆分店
  - 成都分店
  - 贵阳分店
  - 昆明分店
  - 桂林分店
  - 梅县分店

常务委员会第五次常会记录

卅年一月十五日在重庆总处二楼举行

出 席 者：韬　奋　胡　绳　诸祖荣　徐伯昕　胡耐秋　张锡荣

主　　席：邹韬奋

记　　录：张锡荣

报告事项

总务部张锡荣报告

本店现有工作人员共计一百八十七人，其中十五人派往店外工作，十五人在假期中，不支薪给，实支薪给者计一百四十七人。如每月加薪总额以一千元计算，则每人加薪之平均数为七元。兹根据廿九年一月第五届人事委员会所定"八等六级薪给办法"及本届联席会议第二次例会关于薪给问题的决议，由特别委员会会同总经理、总务部拟定本届加薪草案。此项草案所拟定之级次及数字，系采用考绩表所填及平时直接接触所得之材料，力求公正。其中一部分薪额在二十元左右者，注意其基数之调整，是否有当，请公决。

讨论事项

一、本届加薪案。

决议事项

一、本届加薪数额，就特别委员会会同总经理及总务部拟定之草案，加以个别考虑，修正如下。加薪自卅年一月份起实行，其中有未寄到考绩表者，须待寄到后核对，如有重大出入者，再行复议。

卅年一月份加薪名单

总处

邹韬奋	原薪二百五十元 不加	徐伯昕	原薪二百四十五元 加特级　改支二百八十元
张锡荣	原薪一百十二元 加二级　改支一百卅元	黄宝珣	原薪一百十二元 加一级　改支一百廿元
徐植璧	原薪四十八元 加二级　改支五十六元	冯一予	原薪五十元 加二级　改支六十元

陈正为	原薪四十元 加三级　改支五十二元	闵　适	原薪四十元 加二级　改支四十八元
涂敬恒	原薪十七元 加一级　改支廿元	沈　敢	原薪四十元 加二级　改支四十八元
莫志恒	原薪七十元 加二级　改支八十元	黄洪年	原薪四十四元 加二级　改支五十二元
邱正衡	原薪六十元 加二级　改支七十元	解子玉	原薪二十元 加一级　改支廿四元
胡耐秋	原薪八十元 加二级　改支九十六元	程浩飞	原薪七十元 加二级　改支八十元
刘润生	原薪廿元 加二级　改支廿八元	华青禾	原薪廿八元 加二级　改支卅六元
胡　绳	原薪一百六十元 加二级　改支一百八十元	陈祥锐	原薪廿元 加二级　改支廿八元
宋家梯	原薪八元 加二级　改支十二元	董文椿	原薪四十元 加三级　改支四十九元
陈四一	原薪卅四元 加二级　改支卅八元	汪显明	原薪十元 加二级　十四元
杨松山	原薪十元 加二级　改支十四元	沈雁冰	原薪一百五十元 不加

渝店

诸祖荣	原薪八十元 加二级　改支九十六元	仲秋元	原薪四十四元 加三级　改支五十六元
田裕昆	原薪廿四元 加三级　改支三十六元	方学武	原薪四十元 加三级　改支五十二元
张锡文	原薪廿元 加三级　改支卅二元	钟学海	原薪廿元 加三级　改支卅二元
涂其永	原薪十四元 加三级　改支廿四元	张惠之	原薪十四元 加三级　改支廿四元
袁太恒	原薪廿元 加二级　改支廿八元	姚芝仙	原薪十四元 加二级　改支二十元

路　名	原薪十四元 加一级　改支十七元	王信恒	原薪廿四元 加三级　改支三十元
苏昌白	原薪十八元 加二级　改支廿二元	程元积	原薪十四元 加三级　改支二十元
苏致钧	原薪十四元 加二级　改支十八元	夏华清	原薪十四元 加二级　改支十八元
王鸿远	原薪十六元 加二级　改支二十元	邵峻甫	原薪廿八元 加一级　改支卅二元
顾冀然	原薪十六元 加四级　改支六十元	秦天芬	原薪八元 加二级　改支十二元
宁起枷	原薪十四元 加二级　改支廿元	丁希马	原薪二十元 加三级　改支卅二元
岳德明	原薪八元 加二级　改支十二元	严永明	原薪二十元 加三级　改支卅二元
薛天鹏	原薪四十八元 加三级　改支六十元	吴复之	原薪二十八元 加二级　改支卅六元
王宽才	原薪十四元 加二级　改支廿元	彭朝惠	原薪二十元 加二级　改支二十八元
许彦生	原薪卅二元 加二级　改支四十元	雷良刚	原薪十四元 加三级　改支廿四元
张宜君	原薪十四元 加二级　改支二十元	刘哲钦	原薪十二元 加三级　改支十八元
张尧华	原薪十元 加三级　改支十六元	李　涛	原薪十元 加二级　改支十七元

蓉店

胡连坤	原薪五十二元 加二级　改支六十元	何恒之	原薪四十八元 加二级　改支五十六元
张文星	原薪卅二元 加二级　改支四十元	张世春	原薪十四元 加二级　改支二十元
戴绍钧	原薪廿八元 加二级　改支卅六元	王海瑞	原薪十七元 加二级　改支廿四元

筑店

周积涵	原薪五十六元 加三级 改支七十元	沈百民	原薪四十四元 加四级 改支六十元
沈炎林	原薪卅二元 加二级 改支四十元	濮光达	原薪廿元 加二级 改支廿八元
何祖钧	原薪十四元 加二级 改支廿元	董永华	原薪十四元 加一级 改支十七元
李淑先	原薪八元 加二级 改支十二元		

滇店

薛迪畅	原薪七十五元 加二级 改支八十八元	杨玉照	原薪廿元 加二级 改支廿八元
周启治	原薪廿元（改加二级，改支廿八元） 加三级 改支三十二元	劳泽华	原薪廿元 加二级 改支廿八元
李亦方	原薪四十元 加三级 改支五十二元	王若移	原薪十一元 加一级 改支十四元
王若明	原薪十二元 加二级 改支十七元	董顺华	原薪廿元 加三级 改支卅二元
杨尚忠	原薪八元 加一级 改支十二元	冯克昌	原薪八元 （试用期内不加）

桂店

邵公文	原薪一〇四元 加一级 改支一百十二元	姚广源	原薪廿八元 加二级 改支卅六元
沈勤南	原薪十七元 加二级 改支廿四元	张明西	原薪四十四元 加三级 改支五十六元
曾淦泉	原薪廿四元 加二级 改支卅二元	任 廉	原薪十七元 加二级 改支廿四元
李耀池	原薪十三元 加二级 改支廿元	钟 达	原薪十四元 加三级 改支廿元
赵海青	原薪廿四元 加一级 改支廿六元	许觉民	原薪卅二元 加三级 改支四十四元

袁文兴	原薪卅二元 加三级　改支十七元	赵鼎懋	原薪二十元 加二级　改支廿八元
周遇春	原薪廿四元 加二级　改支卅二元	诸　侃	原薪三十二元 加三级　改支四十四元
张又新	原薪五十二元 加二级　改支六十元	马斌元	原薪廿四元 加三级　改支卅元
洪俊涛	原薪卅六元 加二级　改支四十四元	车锦顺	原薪十八元 加三级　改支廿四元
陈文江	原薪五十六元 加一级　改支六十元	陆杏寿	原薪十四元 加三级　改支廿元
潘宝洪	原薪卅元 加三级　改支卅六元	崔金元	原薪十六元 加三级　改支廿二元
陈国樑	原薪卅六元 加三级　改支四十八元	关权林	原薪廿四元 加一级　改支廿八元
吕桐林	原薪廿六元 加一级　改支廿八元	姚豫源	原薪十二元 加二级　改支十七元
颜清和	原薪十六元 加二级　改支廿元	徐元尧	原薪十四元 加二级　改支二十元

曲店

卞钟俊	原薪六十二元 调整　改支六十五元	卢锦全	原薪十六元 加二级　改支廿元
袁　润	原薪廿四元 加二级　改支廿八元		

梅店

吴德迈	原薪卅二元 加二级　改支四十元	杨永祥	原薪卅六元 加二级　改支四十四元
余　生	原薪十元 加二级　改支十四元	余　敦	原薪五元 调整　改支八元
刘继武	原薪十四元 加二级　改支廿元		

沪店

王太来	原薪八十八元 加一级　改支九十六元	朱平初	原薪四十四元 加二级　改支五十二元
陆九华	原薪五十八元 加二级　改支六十五元	祁保恒	原薪卅二元 加二级　改支四十元
陈文鉴	原薪四十元 加一级　改支四十三元	王仁甫	原薪廿四元 加一级　改支廿八元
殷荣宽	原薪廿四元 加一级　改支廿六元	倪　宽	原薪廿四元 加一级　改支廿六元
何志华	原薪一百九十元 加一级　改支二百元	刘执之	原薪六十六元 加一级　改支七十元
何步云	原薪四十元 加三级　改支五十二元	毕子芳	原薪三十六元 加二级　改支四十四元
陈怀平	原薪十四元 加三级　改支廿四元		

星店（共加五十六元）

包士俊	原薪四十八元	李英杰	原薪叻币十元
张接奎	原薪十元	张祥祺	原薪廿元
黄秀沧	原薪十元	赖志青	原薪十元
凌辉云	原薪十七元	叶声何	原薪十元

运输

卞祖纪	原薪六十五元 加二级　改支七十五元	周幼瑞	原薪四十八元 加二级　改支五十六元
张春生	原薪廿六元 加二级　改支卅元	陈幼青	原薪廿元 加二级　改支廿八元
瞿悦明	原薪卅六元 加二级　改支四十四元	冯景耀	原薪卅六元 加二级　改支四十四元

给假

冯霜楠	原薪连津六十五元	裴　恕	原薪连津四十元
钱小柏	原薪四十四元 加二级　改支五十二元	黄学尧	原薪二十元 加二级　改支二十八元

主席　韬奋

理、人、监联席会议常务委员会第六次常会记录

卅年一月廿五日上午九时在重庆衡舍举行

出　席　者：韬　奋　诸祖荣　胡耐秋　徐伯昕　张锡荣　胡　绳

主　　　席：邹韬奋

记　　　录：张锡荣

报告事项

主席报告

最近以来，环境变化甚大，估计发展前途，恐须影响进步事业。本店在此变动中，须作保护事业及干部安全之布置。此事之处理贵乎灵活迅速，拟另组一特别委员会根据常会决定之原则负责执行之。

讨论事项

一、组织合作事业管理委员会案；

二、职教社收回本店股款三万元案；

三、建中今后经营方针案；

四、桂店同人请复议房贴案。

决议事项

一、为适应环境之变化，保护事业及干部之安全起见，特推定徐伯昕、张锡荣及诸祖荣三位，组织合作事业管理委员会。该会根据本会决定之原则，执行及管理本店与外界合作之一切业务，其中心设于沿海。此外并拨出资金拾万元，以作扩展经营合作事业之用。

二、职教社对本店投资三万元，准予全部抽去。惟本店现金缺乏，待商请以存

货、纸型及部分事业作价退还之。

三、本店曾投资于建中一万元，今决定收回。惟其利润部分，转作资本继续投入，合伙经营，并另调人员协助管理。

四、桂店同人请复议恢复住外津贴。惟因本店经济情形困难，为节省开支起见，此项津贴暂缓恢复，仍维原案。

主席　韬　奋

内地区管理处会议记录

渝桂区联席会议记录

时　　间：三十三年十二月廿七日下午九时
地　　点：书店三楼韬奋室
主　　席：沈　老
记　　录：薛迪畅
出 席 者：沈钧儒　程浩飞　冯舒之　诸度凝　薛迪畅　张友渔
列 席 者：张锡荣　仲秋元　陈正为　孙在廉　方学武

沈主席：一、以书店为中心，团结起来，个人行动应受若干约束；二、重庆书店规模不大，不能容纳很多人，但不在一起工作，精神上仍应保持更密切联系；三、今日疏散工作，仍应继续，不仅要防军事的变动，并应提防其他方面的意外；四、旧的合作社机构是否应该变更，应采取何种新的组织形式等。讨论之前，拟请先报告西南区、上海区、西北区各区近况。

程：（西南区）西南区包括机构：学艺，与冯合作之三户图书社，与水合作的光华行，占十分之六股份之建华印刷厂。曾于本年一月初商讨如何经营等办法，如无战争发生，很能站稳。同事间相互了解，惟在疏散时期，负责人略有错误，致损失甚大，一部分资产及人员尚留昭平，由李伯纪负责处理。余留问题，请商量办法解决：一、留昭平同事计李伯纪、董顺华、彭琳、吴宪俊及家属约十人，应如何取得联络，应归哪一个机构负责办理？二、留昭平同事在后方家属，应否继续补助；三、学艺是否另行成立；四、三户债务如何清理；五、后退同事如何支配工作。

张：（上海区）首先补充桂林区的损失，据约略估计，资产连疏散费用将七百万元。损失系因：一、孙洁人因病搁留路上，桂区负责人二人同时来渝，临时不能料理；二、方向错误，不应向平乐、八步撤退；三、负责〔人〕不能团结合作。关于上海情形，廿九年准备充分，敌人搜索租界时，未受损失。上海同人在店遭最严重打击时，人员均隐蔽妥当，并自谋解决生活之道。裕中行为陈其襄、（新）〔张〕又新、张锡荣三人以私人关系凑集资金参加之商业机构，在上海为邹先生医药丧葬及准备书店将来发展之准备，填用约一百五十万。此次桂林疏散填用约一百五十万，前后共约三百万。上海资产，全部投在新光百货公司，由王太来负责代表。

诸：（西北区）集中力量，保存书店。另外机构计：建兴，立信，西安兴华（王海瑞代表）及贺尚华派出之沈勤南，大华，国讯等。

提出问题：

归纳各人意见，拟具问题六项，作下次讨论：

一、桂区应予结束，其善后问题，应如何办理？

二、旧的合作社组织，应予变更，应采取何种形式？

三、重庆书店不能容纳所有后退同人，应如何分配工作及保证其最(底)〔低〕限度之生活。

四、四散同人，应何种团结，如何密切联系？

五、书店今后之支持巩固及发展问题。

六、同人生活作风，影响工作纪律，应自我检讨并建立新的优良作风。

主席：今晚时间不早，多项问题，留在廿九日下午二时详细讨论，并请张友渔、张锡荣两先生将提案整理。

主席　沈钧儒

渝桂联席会议第二次会议记录

时　　间：卅四年一月六日上午十时

地　　点：书店三楼韬奋室

出 席 者：沈钧儒　冯舒之　诸度凝　程浩飞　薛迪畅

列 席 者：孙在廉　方学武　陈正为　仲秋元　张锡荣　沈百民　邵公文

讨论事项

一、据总经理徐伯昕交议，以我店合作社组织，在过去固已达到发展文化事业、团结许多作家及同人的目的，但自湘桂战争发生，不但桂林资产全毁，并因同事的撤退，需用旅费，借入债款达一百三十万元左右，为求将来之发展，非吸收大量外资不能维持，可否将社的组织予以解散，另创新的组织，俾适应实际需要案。

决议：

① 邹先生遗嘱创办四大事业，同人等继续遗志，努力以求实现，但第一步骤，非吸收大量外资、扩大组织不能完成。经全体出席者之同意，决将合作社组织予以解散，并推举社员七人，组织"社务结束委员会"，清理账目，将各社员票面股额，按尚余资产净额，照百分比分配，一面用总经理徐伯昕及在渝代表人理事沈钧儒名义，书面通知各社员。关于上海部分资产，约计一百万元左右，但上海负债达一百五十万元左右，该项不足之数，由徐伯昕私人负责料理，重庆清算账目时，即以已抵消论。

② 推选沈钧儒、诸度凝、薛迪畅、方学武、陈正为、沈百民、仲秋元七人为社务结束委员会委员，由诸度凝负责召集，以三十三年底为止，尽速结出。

二、据总经理徐伯昕交议,新机构之组成,应合于如下之原则:1. 可以适合目前环境,取得合法地位者;2. 可以公开大量吸收外资者;3. 可以放宽尺度,容纳方面适合于事业需要之人才者,是否可以采取公司组织案。

决议:

1. 前桂林一部分同事草拟之公社章程草案,主张以公社组织替代合作社,但公社名义易被误会为一般的政治团体,显与徐总经理所定原则不符。徐总经理所定原则,确合于事业发展之需要,而求合于该项原则,只有采用公司组织,经全体出资者决议通过徐总经理提议,着手组织公司,定名为"新生企业公司",并推选五人,组公司筹备会,拟订章程及筹备其他一切事宜。

2. 推选沈钧儒、张锡荣、邵公文、诸度凝、仲秋元五人为筹备委员,由邵公文负责召集。

三、薛迪畅提议,拟请改组重庆书店人事,并提请辞职案。

决议:保留至下次开会讨论。

四、仲秋元提议,桂区事实上已不存在,渝桂区联席会议不能负责重庆重庆区管理责任,应另行改组案。

决议:

桂林区负责同事,对重庆情况并不了解,共同讨论重庆区事务,并无需要,经商讨决定:1. 成立内地区管理处。2. 凡大后方之一切业务及新旧机构,以内地区管理处为管理之最高机关。3. 需选委员五人,当选者沈钧儒(十票)、诸度凝(十票)、薛迪畅(十票)、张锡荣(七票)、方学武(五票),候补仲秋元(五票)。4. 凡西北区管理处经手未了事宜及桂林区善后事宜,应即移交内地区管理处,桂区管理处各项资〔产〕损失及旅途用费、留平乐之人及资产等,责任程浩飞负责书面报告。5. 以后凡结束委员会及公司筹备会之各项工作,均应向内地区管理处告报及负责。

主席　沈钧儒

社务结束会议第一次会议记录

日　　期:三十四年一月九日下午六时

地　　点:分店三楼

出 席 人:诸度凝　方学武　沈百民　薛迪畅　仲秋元

主　　席:诸度凝

记　　录:方学武

决定事项

旧账结束计算方法

资产类：

现金	三十三年底止	点库存。
暂记欠款	三十三年底止	查账造表。
应收货款 存出保证金	三十三年底止	查账造表。
存货	三十三年底止	点存由迪畅办理。
生财	照盘，依市价折核，由迪畅办理。	
房产	店基口岸费，作价二十万元。	
纸型	将所有纸型整理，全部抄录细单，根据账面作价，请方学武负责办理，限月底前办好。	
版权	凡有再版价值者，抄单另行估值，请薛迪畅负责清理，限本月底前办好。	
各单位投资	调查投资额，估价增值，请诸度凝负责调查，限本月底前办好。	

负债类：

应付货款	根据新旧账、账面价值计算。
应付版税	调查欠额，再定加成额。
借入款	立详表，按照账面计算。
暂记存款	立详表，按照账面计算。
存入保证金	立详表，按照账面计算。
社股	查账面计算总额，按盈余比率退股，不论入股（欠）〔久〕暂。

另提：

职工酬劳金	定二十万元。
已故同事家属生活补助费	开列清单，再商议定额。
三十三年捐税及应付未付款	定额另拟。

工作人员及分配职务

请仲秋元总负账务工作,每日抽半天时间,百民、正为全日襄助。百民负责清理分店部分,正为负责总处及桂区部分,从本月十五日开始,至迟二月十五日办竣。

会期

第二次会议定本月二十日下午六时

主席　诸度凝

内地区管理委员会议第一次会议记录

日　　期:三十四年一月十一日上午十时
地　　点:冉家巷三楼
出 席 者:诸度凝　薛迪畅　张锡荣　方学武
主　　席:诸度凝
记　　录:方学武

主席报告

本次集会,因临时凑集诸同人而召开,未及通知沈老,所有决定事项,事后均送交沈老复阅,如有未尽善处,当在下次会议中提出重议修正之。

决议事项

一、本区管理处组织

推沈老任本区管理处主席,并为本会召集人,推诸度凝任本区管理处主任,推方学武任本区总务,负责实际事务工作。总务每日下午在区处办公,并定冉家巷三楼为区处办公室,一月份起区委每人每月发车马费五百元,总务每月支薪水二千元。

二、冉家巷宿舍管理事

所有冉家巷之房屋及管理工作均划归区处,委方学武负责经管。

三、本区经常预算

每月经常开支四万元。(附细表)由分店按月负担一万元,三万元由吟记往来按月支借。

四、昭平来电:"留昭人员生活艰难,由广西银行电汇昭平《广西日报》共收拾万元　李、何　十二月四日。"

请锡荣同事向新知书店交涉划款,如困难,则暂由吟记往来中先汇五万元济急。

五、结束老账办公人员事

定本月十五日在冉家巷三楼正式开始工作,百民、正为全天,秋元、学武半天。

六、孙洁人同事因肺病疗治事

入唐家沱市民医院疗治,定期三月,按月付医药费、住院费共壹万伍仟元。

七、桂渝不在职同人工作问题事

程浩飞同事	店中无适当工作,原则上决定介绍至店外工作。
方学武同事	上午至联营总处代迪畅同事工作半天,下午在区处。
陈正为同事	在本月二十日返渝,可正式进行结束老账事宜,老账办竣后入分店。
朱芙英同事	入分店会计科工作。
杨永祥同事	待结束建兴后,考虑在张锡荣同事处之工作。
薛天鹏同事	分店中无适当工作可支配,原则上介绍至店外工作。 去年整理资料室工作二月,薪金应照补发。

附:

经常开支预算表

收入部分		付出部分	
分店	一〇〇〇〇.〇〇元	薪金	五,〇〇〇.〇〇元
吟记往来	三〇〇〇〇.〇〇元	伙食	四,〇〇〇.〇〇元
	共计四万元	什用	五,〇〇〇.〇〇元
		旧同事伙食	四,〇〇〇.〇〇元
		洁人病	一五,〇〇〇.〇〇元
		徐心斋	三,〇〇〇.〇〇元
		预算资	四,〇〇〇.〇〇元
		共计四万元	

主席　诸度凝

新机构委员会会议记录

日　　期:三十四年一月十四日晚七时

地　　点:沈宅

出　席　者:沈钧儒　度　凝　邵公文　仲秋元

主　　席：沈钧儒
记　　录：度　凝

主席报告

开会意义

决议事项

（一）旧机构为合作社形式，不失为进步性质之组合，新机构拟仍采合作社形式，根据旧社章加以详细审讨，扬善弃恶，另辟贸易部分采企业组织以帮助合作社之发展。

（二）为慎重商讨上项原则起见，订于一月十七日上午召开三机构联席会议重行商决。

主席　　沈钧儒

内地区管理处、社务结束会、新机构起草会联席会议记录

日　　期：三十四年一月十七日上午
地　　址：平正事务所
出 席 者：方学武　张锡荣　仲秋元　邵公文　薛迪畅　沈百民　诸度凝
　　　　　沈钧儒
主　　席：沈钧儒
记　　录：方学武

报告事项

一、沈老报告开会意义
二、方学武报告陈正为先生因去乡家缺席
三、诸度凝先生报告社务结束会议之决议
四、邵公文先生报告新机构会议之决议

讨论决议事项

沈老提议对第二次渝桂联席会议中议决之生活出版社改组为新生企业公司案提出复决。

——经过出席同人普遍发言。

生活书店

会议记录 1933—1945

决议

一、前议结束生活出版合作社案，否决。经复决，决议本店原组织予以整理及改组，采合作社制，名称改为"生活文化合作社"，以重庆为中心，另在上海筹组新生企业公司，并头进行。

二、社务结束会议名称改为旧生活出版合作社清理改组委员会。

主席　沈钧儒

内地区管理委员会第二次会议记录

日　　期：三十四年二月一日上午

地　　点：分店三楼

出　席　者：张锡荣　薛迪畅　诸度凝　沈钧儒　方学武

主　　席：沈钧儒

记　　录：方学武

报告事项

诸度凝先生报告一月十五日参加国讯书店董事会情形

一、国讯书店总资本额六十三万元，本社投资额为四万六千元。

二、本期及上期盈余为二十三万元。

三、资产类：

存货（以对折计）	四十万元
应收账款	六十六万元
国讯社垫款	三十万元
资产总额	共计一百卅六万元

四、负债类：

借入款	九十六万元

五、在账面上虽略有盈余，然实际则借入款达九十余万元，按月付出息金在七万元以上，经济上困难相当严重，而仍维持出版更为事实所不许可。故已经该店董事会决定下列二点措施：

A. 在二个月内暂不出书；

B. 责成经理二月内偿清借款。

讨论事项

一、桂林三户图书社、三户印刷厂善后问题

决议：

1. 本社桂林之财产此次撤退全部损失，而三户图书社欠人之借款及账款总额在百万元以上，三户图书社本社占总额百分之八十，主持人由本社所推荐，故此项借款及应付款项应由本社负责清理。印刷厂方面则概应由冯方负责，如此，两方均属责无可逭。以上拟请诸度凝先生与对方接洽。

2. 三户图书社之负债，责成贺尚华先生负责清理，由诸度凝先生去函，询问账情及欠额，以及解决办法，并规定以后经常报告。

3. 建兴、华山因无货源接(挤)〔济〕，决定结束。

二、联营书店常驻西安代表人选事

决议：拟请沈百民先生担任代表前往，原在华山书店之沈勤南先生拟荐入大东书局工作。

三、桂林建华厂善后问题

决议：

1. 应对各股东报告此次撤退及损失情形，并征询各股东对今后意见；由程浩飞先生办理，并请诸度凝先生代表本店一部分股权出席会议。

2. 对建华厂留渝之同人家属之接(挤)〔济〕，董顺华、彭琳二人按月发二千元，由分店转付。

四、大华印刷厂原先由邱正衡先生个人经营，本社投资一万元，现业务较为开展，应使其正规化。

决议：应成为内地区管理处所属之单位机构，仍原由邱正衡先生主持厂务，与诸度凝先生联系，并应即办：1. 财产估值；2. 所有权之确定；3. 今后业务计划。

五、昭平所留人事问题

决议：指定何步云、董顺华、彭琳三同人在可能内来渝。李伯记夫妇、赵志成夫妇、吴宪俊夫妇留昭平，由李伯记同人负总责，处理日常事务。

六、老同事工作问题

决议：

1. 杨永祥同人入裕中；

2. 薛天鹏同人入成都；

3. 程浩飞同人入上川。

七、陈正为先生薪给

决议：定每月五千元，在办理结束老账时期，由区处支付。

八、本会会期

决议：每星期六上午九时在分店三楼。

主席　沈钧儒

内地区管理处委员会第三次记录

日　　期：三十四年二月十日上午
地　　点：建兴
出 席 者：诸度凝　张锡荣　薛迪畅　方学武
主　　席：沈钧儒
记　　录：方学武

报告事项

方报告：

1. 社章已取来，并已复写三份。

2. 桂林三户图书社蒋明先生抵此。

3. 昭平不通汇，款子未汇出。

诸报告：

因旧历年底将届，各事繁忙，上次决议需向各方接洽之事，尚未洽办。

薛报告：

致西安沈勤南先生信已发出。

讨论事项

一、沈百民先生不愿去陕任联营代表事

决议：既然个人不愿前往，且分店调整工作后，亦须百民先生任重要职务，决止行。

二、蒋明先生工作问题

决议：即入分店工作。

三、拟推荐分店同人卢寄萍入大华厂工作

决议：与邱正衡先生洽商。

四、分店粉饰门面事

决议：即予进行，款如不敷，除由沈老先生借二万元外，张全富先生处亦可通用。

主席　沈钧儒补押

内地区管理处委员会第四次记录

日　　期：三十四年三月三日上午

地　　点：分店

出 席 者：薛迪畅　诸度凝　张锡荣　方学武

主　　席：诸度凝

记　　录：方学武

报告事项

诸度凝先生报告大华厂接洽进行经过：

一、先待账目整理后，再行决定股额；

二、推荐人事，须待账结出后再行商议。

方学武先生报告旧账结束情形。

薛迪畅先生报告西安沈勤南先生已接受联营书店驻陕代表职务。

讨论事项

无

主席　诸度凝

内地区管理处委员会第五次记录

日　　期：三十四年三月十日上午

地　　点：分店

出 席 者：薛迪畅　诸度凝　沈钧儒　张锡荣　方学武

主　　席：沈钧儒

记　　录：方学武

报告事项

在决议中尚未实行而正在进行中各事

方报告：

一、人事方面，薛天鹏同事尚未去蓉。

诸报告：

二、与冯方接洽三户厂事，数度前往，皆未谋面，当再去洽商。

三、大华厂之账尚未整理清楚。

四、本社旧账结束事，在进行中。

五、修改社章事，已会议二次，未曾修改完毕。

六、立信董事会（报告另存）决议案。

薛报告：

七、分店出版情况，三月份出版《黄花岗》《劫后拾遗》二册，四月份出版《经历》《事业管理》二册。

八、分店装修事，决定立即进行，惟价昂贵达十五万以上。

九、分店在推行"模范工作者运动"。

讨论事项

代表本社参加合作事业，因此项原因所得之个人性质酬劳应如何支配。

决议：如有上述情形发生，其所得酬报应属个人。

主席　沈钧儒

内地区管理委员会第六次记录

日　　期：三十四年三月廿四日上午

地　　点

出 席 者：沈钧儒　薛迪畅　张锡荣　诸度凝　方学武

主　　席：沈钧儒

记　　录：方学武

报告事项

诸报告三户厂、大华厂洽谈经过：

三户厂方面：张德萱已返渝，据云：张在桂林紧急时曾有电致冯索款，冯复电询交通工具有否办法，因无复电，故无汇款，现张向冯报告谓"一切都完了"，人欠、欠人等项亦无法详查。此间请王转告冯方，三户厂应由冯方全部负结束之责，图书部由书店负责结束，王已先转告。

大华厂方面：据邱正衡谈，账面尚未结出。经口头询问，账情资产、负债相抵，亏损四十余万元。查亏损之原因，系收到定货之款，成品未好之故。

邱正衡意见：

一、店无计划拓展，仍照现状维持，大华厂不愿受店之约束；

二、如店有计划设厂，愿收束大华厂，参加新厂；

三、店款壹万元如何办理另议。

讨论事项

一、仲秋元辞兼结束旧账主持人职事

决议：仍请担任，并在下星期一（二十六日）起，请仲秋元、方学武在分店三楼工作半天，办理结束老账事宜。

二、大华厂正规化问题

决议：大华厂既然不愿受店之管理，先前所投资壹万元，应予接洽退股。

三、陈正为因有妻、子需津贴事

决议：由三月份起加发特别津贴三千元。

四、"内地区管理处章则"事

决议：通过。

内地区管理处委员会章则草案

第一条　本区定名为内地区管理处委员会，根据总经理之指示，就原有之西北区、西南区委员会加以合并、扩充、改组成立之。

第二条　内地区管理处委员会辖管地区为整个大后方。

第三条　内地区暂设于重庆。

第四条　内地区负责处理本区所属各单位之业务。

第五条　由总经理指定；或经总经理之同意，由所在地社员互选委员五人组织之，另派或选候补委员一人。

第六条　区委员指定或选出后，应互选一人为主席，主持会务，并推选一人为主任，在闭会期内执行区会决议并管理本区一切业务，又互选一人为总务，协助主任处理事务。

第七条　本会委员任期一年，连派或连选均得连任。

第八条　区内事业，按其性质，划分单位，处置创立或收束之事宜。

第九条　任免各单位经理（副经理），并受本区直接领导与指示。

第十条　本区经常处理下列各项工作：

　　1. 审核各单位拟订之业务计划；

　　2. 审核各单位预算决算；

　　3. 编订区内预算及决算；

4. 调度本区经济收支；

5. 核定区内各单位各科章则、规程、各项薪津办法等；

6. 保管本区财产；

7. 各单位日常事务报告之审核指示事宜；

8. 与区内合作对方之交涉及必要之联系；

9. 决定本区社员进退；

10. 接受及考虑社员之建议及申诉；

11. 区内干部教育、奖惩、迁调、进退之决定；

12. 与各区处之连系；

13. 其他各单位不能处理之事项。

主席　沈钧儒

附　录

重庆三联分店周年纪念同人合影（1946年）

1937年"生活书店员工集体怠工事件"中
两份员工联名函

王锦云等社员联名致人事委员会函

敬启者：

批发科同人张君季良

钧会未曾宣布过失，而予开除处分，后闻钧会此次加薪决议，另有与前不同的新则；于宿舍床铺继续借予同人之请求，尚未蒙钧会答复各节，同人等深感有不妥当之点，都以为有妥为更正，并迅予答复必要。谨特郑重请求钧会，在顾全多方原则之下，容纳同人等下列三点，实深感戴。

一、收回开除张君季良成命；

二、保持过去加薪成例；

三、对宿舍床的问题，请即予以答复。

谨呈

徐经理转

人事委员会

同人

王锦云	李济安	李伯彭	张锡荣	施励奋	黄洪年	孙鹤年	陈冠球	薛天鹏
沈百民	殷益文	王昆元	秦逸舟	王太来	沈俊元	袁信之	金汝楫	吴全衡
卞钟俊	徐启运	邵公文	顾根荣	张洪涛	朱树廉	陆中飞	吴元章	刘桂璋
毕有华	沈炎林	周幼瑞	金乃洪	薛迪畅	张明西	周保昌	毕子桂	陆石水
周名寰	张又新	江□□	卞祖纪	陈其襄	毕子芳			

卞钟俊等 26 位社员请求人事委员会紧急处分怠工社员函

窃思本社为自愿结合之合作社组织，凡属社员，对于社章，均应绝对遵守。此次人事委员会根据社章所赋予之职权及工作成绩之审核，将练习生张季良君停止试用，原属合法手续。乃有一部分社员，蔑视社章，不惜以油印诬蔑、毁坏本社之宣言及胁迫怠工之手段，破坏本社组织原则，动摇本社基础，摧残本社公共利益，此端一开，于本社之生存，实有莫大之妨害。兹为保障本社之生存与社员之福利，敬请人事委员会执行紧急处分，以安社基，而免危害。谨呈。

人事委员会　二五.七.二十

签名者

卞钟俊　孙明心　吕桐林　董文椿　丁道友　殷荣宽　孙梦旦　孟汉臣　徐启运
诸祖荣　陈子文　陈　元　陈文鉴　陆凤祥　张明西　金乃洪　金汝楫　陈锡麟
张洪涛　杜国钧　严长衍　徐伯昕　黄宝珣　傅东华　殷荣高　张仲实

生活書店
会议记录 1933—1945

报 告 材 料

（一）历年查账报告

（二）各店成立经过（在未成立分店前有特约所若干？各地批发户之散布情形，即某重要省市有若干？并与临委会成立以前作比较。）

本店为配合全面抗战，展开文化工作起见，自"八一三"上海抗战爆发后，在营业方面，即向内地开拓。除原有沪、粤、汉三地外，先后在西安、重庆、长沙、梧州、成都、贵阳、桂林、昆明、香港等处成立分店，并在万县、兰州、南昌、吉安、金华、沅陵、常德、南郑等地分设支店，更在宜昌、衡阳、六安、天水、立煌、开江、酆都等处设立办事处，以期文化阵线上精神食粮之供给，普及于全国。

本店全国批发户原有四百六十户（系旧户似可作为临委会前者，因户名内无开户日期，无从分别），分布河南、湖北等十三省，以河南省为最。河南 151 户、汉口 57 户、陕西 46 户、广东 45 户、江西 36 户、湖南 34 户、四川 32 户、福建 18 户、贵州 11 户、广西 10 户、甘肃 10 户、云南 9 户、新疆 1 户，共四百六十。（根据主计批发账）自各地分支店及办事处成立后，新增批发户约在一千户以上，计陕店 127 户、渝店 300 户、湘店 12 户、梧店 18 户、蓉店 144 户、兰店 16 户、滇店 50 户、港店 5 户、万店 138 户、赣店 1 户、沅店 8 户，共八百十九户，尚有沪、粤、桂、郑、常、金、衡、天、皖、丽等各地批发户约有三百余户，较之以前，已增加二倍以上。（根据开幕调查表）

（三）邮购户最多时为何时？有若干户？散布情形？与临委会未成立前之比较如何？

邮购户最多时在廿六年三、四月之间，户名有五万余户。散布全国各省及南洋欧美各地，国内以河北山西及广东为最。在临委成立时计邮购户有二万户强，自临委成立后，迄"八一三"止共有五万户，计增一倍余。（以上根据邮卡）

（四）临委会成立后，曾新订过何种规章，修正过何种规章，已订而未实行者有几种？

自临委会成立后，曾新订有章程十八种：

1. 生活书店员工试用办法。（廿五年十月八日临委会第二次常会通过）

2. 生活书店职工佩带证章试行章程。（廿六年五月廿日临委会第十三次常会通过）

3. 生活书店职工住宿店内津贴办法。（廿六年五月廿日临委会第十三次常会通过）

4. 生活书店试用职工到职须知。（廿六年六月四日临委会第十四次会议通过）

5. 生活书店职工预支薪水及借款办法。（廿六年七月廿九日临委会第十七次常会通过）

6. 生活书店职工疾病死亡津贴试行办法。（民国廿六年八月二日临委会临时会议修正）

7. 生活书店门市科职员穿着制服暂行办法草案。（廿六年五月六日第八次常会通过）

8. 生活书店职工调往外埠旅费及假期试行办法。（廿六年八月二日临时委员会临时会议修正）

9. 生活书店分店职员服务规程。（廿六年廿八日临委会第六次常会修正通过）

10. 生活书店组织大纲草案。

11. 生活书店同人储金章程。（二十七年八月四日临委员通过）

12. 生活书店分店暂行办事规则。（廿七年八月七日临委会通过）

13. 生活书店分支店办事处店务会议议事规程。

14. 总管理处业务会议议事规程草案。

15. 生活书店职工赴外考察及留学津贴办法。（未公布）

16. 生活书店编审委员会组织大纲草案。

17. 生活书店收印图书办法草案。

18. 职工薪给规则草案。

曾修正有五种，名称如下：

1. 生活书店职工疾病死亡津贴试行办法。（民国廿六年八月二日临委会临时会议修正）

2. 生活书店职工调往外埠旅费及假期试行办法。（廿六年八月二日临委会临时会议修正）

3. 生活书店分店职员服务规程。（廿六年一月廿八日临委会第六次常会修正）（现仍在征求意见中）

4. 生活出版合作社章程修正草案。（廿七年三月十四日）（现在征求意见）

5. 生活书店分店暂行办事规则。（现在征求意见）

已订而未实行者有二种：

1. 生活书店职工赴外考察及留学津贴办法。

2. 生活书店职工训练班办法草案。（廿六年六月十七日修正通过）

（五）重要的人事变动，及在临委会以前的人数比较。

临委会成立时，沪店及汉口分店职工共有八十四人，自成立后至"八一三"沪战爆发，各地分支店及办事处林立，直至廿七年十月止，增至二百二十六人（四十二），共二百六十八人。因过停职者有七人，试用不适合有十人，自动辞职者有五人。因病请长假三人，求学而请长假五人，参加救亡运动者一人，其他二人。

（六）杂志停刊几种，新出几种，最大的销路？

在临委会成立前，共十三种，以及陆续出版亦有十三种，共廿六种，其中已停刊有十八种，现继续出版有七种。《全民》与《抗战》合并出《全民抗战》一种。

已停刊十八种

1. 生活周刊
2. 星期三周刊
3. 新生周刊
4. 大众生活周刊
5. 永生周刊
6. 生活星期刊
7. 光明半月刊
8. 太白半月刊
9. 文学月刊
10. 文学季刊
11. 译文月刊
12. 新学识
13. 中华公论
14. 战时儿童
15. 国民周刊
16. 抗战画报
17. 集纳
18. 生活教育
19. 新知识
20.

继续出版七种

1. 世界知识
2. 妇女生活
3. 全民抗战
4. 文艺阵地
5. 战时教育
6. 国民公论
7. 世界文库

《全民》《抗战》

合并《全民抗战》五日刊

（七）单行本以前有若干种，这中间增加了多少种，何者销数最多？

单行本在临〔委〕会成立前约有一百二十余种，最近止共有四百八十余种，较前增加三倍，其中销数最多者，过去为《青年的修养与训练》，现今以"青年自学丛书""世界知识丛书"《政治经济学讲话》《萍踪寄语》等书，总括可分三个阶段：第一阶段以青年修养之书销行最广，第二阶段以社会科学书为最适合读者需要，第三阶段为"八一三"后，以救亡读物销数最大，其中尤以《战时读本》为最。

（八）丛书原有几套？新出几套？销行情形如何？

丛书原有七套，新出廿套，共廿七套。

原有七套丛书

书　　名	主　编　人	已出册数
时事问题丛刊	胡愈之	已绝版
创作文库	傅东华	廿三种

书　　名	主　编　人	已出册数
翻译文库	本店编辑部	五　种
世界文库	郑振铎	第一年十二册 第二年九册
文学丛书	编译所	六　种
文学社丛书	文学出版社	六　种
小型文库	文学出版社	十一种

新出之廿套

书　　名	主　编　人	已出册数
百科小译丛	张仲实　沈志远	二　种
世界名著译丛	编辑部	四　种
妇女生活丛书	沈兹九	六　种
黑白丛书	钱俊瑞	十五种
青年自学丛书	张仲实	廿八种
大众读物丛刊	江　凌	七　种
抗战中的中国丛刊	长　江	八　种
救亡文丛	胡愈之	十四种
战时大众知识丛书	白　桃	九　种
黑白丛书战时特刊	钱俊瑞	廿一种
问题与答案丛刊	张仲实	七　种
世界知识战时丛刊	金仲华	六　种
西北战地服务团丛书	丁　玲	三　种
大众抗敌剧丛		十二种
战时社会科学丛书	柳　湜	四　种
中国文化丛书	周　扬	一　种
新中国学术丛书	张仲实　沈志远	未　出
自由中国丛刊	陈北鸥	二　种
战时通俗读物	通俗读物编刊社	六　种
世界知识丛书	金仲华	廿　种

（九）编委会的成立经过

编审委员会拟有"编审委员会组织大纲草案"，由出版部主任为主席及聘任之委员二人组织之，该会任务为规划或审议出版方针与编译方案及其他有关编审各事项。

（十）业务及科务会议

业务会议系根据本店组织大纲第十二条之规定由经理及各科主任组织之，每二星期开常会一次，讨论各科有关业务上困难与改进事宜。

科务会议，系各科小组会议，各科在需要时，由各科主任召集之，必要时经理亦得参加讨论，但该会议无决议权，各小组会议应将每次会议经过报告于业务会议，作最后决定。

（十一）中间经过几次风波，如被市政府或市党部或中央党部压迫等经过，如何处理应付？

廿五年十二月中宣部以本店历来出版及经售书籍内容左倾者颇多，又于西安事变时将大量左倾书籍运送内地销售，特训令上海市政府、市党部会同派员来店警告，除已据情分别详予尚局作口头解释外，并另行分呈市政府、市党部转向中宣部解释误会，始告平靖。

廿五年十二月甘先生至上海北站查询《永生》周刊被扣事，误会被捕，后经多方设法，始在一月中释放。

廿七年二月廿五日上海总店被巡捕房带同便衣探及日人各二人搜查反动刊物，幸事前已有准备，当日仅检去《集纳》《世知》《团结》等刊物二三册，且均在废纸堆中检出，不能作为证据，虽事后曾一度探查负责人，惟门市已停业，故未扩大。

（十二）增加资本的经过

本店原报资本额为五万元，于廿六年　月曾向上海市社会局申请增加资本十万元，总数为十五万元。

（十三）关于同仁福利事项

本店对同仁福利事项，已经规定之章程共有四种：

1. 生活书店职工疾病死亡津贴试行办法。（廿六年八月二日临委会修正通过）

2. 生活书店职工赴外考察及留学津贴办法。（未公布亦无实行过）

3. 生活书店有眷属员工住外津贴规则。（廿七年十月十一日临委第廿七次常会通过）

4. 生活书店职工调往外埠旅费及假期试行办法。（廿六年八月二日临时委员会临时会议修正）

（十四）临委会成立以后收稿抽版税者若干部？买版权者若干部？与以前的比较？

临委会成立前出书不多，且一切手续不完备，至已出版各书之抽版税与买版权无从计算确数，根据已签合同抽版税约五十七部，买版权约廿九部，最近二年来偏重出版方面，收印外稿甚多，计抽版税较以前增三倍，买版权较前增六倍。

临时委员会工作报告

临时委员会系由二十五年八月三十一日第二次临时社员大会通过组成，于同年九月三日正式成立，至本届（第五届）理事会成立日止，计二年七月有二十五日。临时委员会在时期内之工作，兹择要报告如下：

第一　关于社务方面者

临时委员会系由理事会、人事委员会及监察三个机构合组而成，委员人数为十一人（王志莘、杜重远、邹韬奋、张仲实、陈锡麟、李济安、周积涵、张锡荣、孙梦旦、孙明心、徐伯昕），共举行会议五十八次，议案达二百〇七件，其中执行者一百九十三件，因困难而未执行者十四件。兹分别摘述如下：

（一）理事会部分

一、二十五年九月二十四日决议停收社员，二十七年五月十三日取消决议。

二、筹设广州、汉口、西安、重庆、成都、香港、桂林等分支店办事处。

三、办理征缴所得税，申报本店资金十五万元，负责人徐伯昕。

四、出社社员秦逸舟、陈冠球、林孟愉、张洪涛、孙鹤年、陆凤祥、许三新。死亡社员陈元、孙梦旦。

五、拟定收印图书办法。

六、组织编审委员会。

七、决定重心迁汉，由汉迁渝。

八、增收社员黄任之、胡愈之、沈钧儒、杨卫玉、江问渔、胡耐秋、华风夏、赵志成、张通英、徐植璧、邵峻甫、杨永祥、王志万、金世桢、李仁哉、胡连坤、任乾英、金伟民、袁润、黄宝元、甘蓬园、陈国樑、范广桢、罗颖、陈云才、张春生、杜福泰、沈敢、许三新、冯成就、区鉴、瞿悦明、冯景耀、王绍阳、洪俊涛、谢珍水、吴琛、夏长贵、王敬德，三十九人。

九、设立总管理处、分管理处。修订组织系统。

十、修改与表决新社章，并选举第五届理事、监察、人事委员。

十一、购置卡车一辆。

十二、组织社员小组会及业务会议。

（二）人事委员会部分

一、订定员工试用办法。

二、订定分店服务规程。

三、订定职工疾病死亡津贴办法。

四、订定门市科职员穿着制服暂行办法。

五、订定职工调往外埠旅费及假期试行办法。

六、订定本店徽章式样及佩带办法。

七、订定职工训练办法。

八、订定职工赴国外考察及留学津贴办法。

九、订定职工预支薪水及借款办法。

十、决定在战争初发时期实行减薪。

十一、核定毕有华、王锦云、周保昌、殷益文、杜国钧请假求学。

十二、举办同人储金。

十三、订定有眷属同人住外津贴办法。

十四、决议同人调职携带母、夫、妻、子女津贴办法。

十五、印发工作与生活调查表。

十六、提高最低薪额。

十七、组织同人自治会小组会。

十八、抚恤陈元、何中五、孙梦旦。

十九、处理西安分店纠纷及广州陆凤祥等私营翻版案。

二十、订立回避法。

（三）监察部分

一、审核二十五年下期决算。

二、审核二十六年上期决算。

三、审核二十六年下期决算。

本社会计年度,过去系自每年七月一日起至次年六月卅日止为一年度,现已改自每年一月一日起至十二月三十一日止为一年度。临委会开始时之第一届半年(即二十五年七月一日至十二月三十一日)起各项账册,均按期送交潘序伦会计师查核证明,惟自抗战开始,总店重心分散□,因账册短期内不能集中,故尚未交由会计师查核。但此项结算报告,均曾按期在本会报告。兹将历届营业情形,分列如下:

1. 营业总额

二十五年下期	二八二,八三七.四六
二十六年上期	三三四,五九八.〇九
二十六年下期	二七五,八四三.〇五
二十七年上期	四三五,二三七.一〇
二十七年下期	四六〇,〇五九.七〇

(说明)二十六年下期因上海重心分散,生产减少,营业亦因之低落。

2. 销货成本

二十五年下期	二一九,一七九.六九
二十六年上期	二六七,七一一.二〇
二十六年下期	一九一,五八六.八三
二十七年上期	三〇一,九一四.九〇

3. 各项开支

| 二十五年下期 | 三九,九六九.一二 |

二十六年上期　　　　　　四四,一二八.〇五

二十六年下期　　　　　　五六,一二四.一二

二十七年上期　　　　　　七九,八九八.三二

二十七年下期　　　　　　九八,六三一.六八

4. 历届盈亏

二十五年下期　　　盈　　一,〇〇三.五四

二十六年上期　　　盈　　一,一〇三.□□

5. 捐助生活周刊社创办者中华职业教育社□……□二十□……□

二十五年下期　　　　　　二〇〇.七〇

二十六年上期　　　　　　二二〇.六二

第二　关于业务方面者

本店业务方面,在临委会成立之初,环境重重压迫,《大众生活》停刊,邮局路局严扣书刊,因之各种工作,未能如预期之进行顺利。此后抗战开始,我军西移,本店重心迁汉,以迄移渝,经济渐较困难,造货运输等工作尤为艰苦。兹分别摘述其变迁情形如下:

(一)关于组织之变迁

本店原设总店于上海,分总务、编辑、出版、营业四部。后为谋业务上便利计,曾将编辑、出版合并为出版部,迨至廿七年七月一日起,在汉口组织总管理处,增设主计部。本年一月又将主计部并入总务部,出版部改为生产部,而增添服务一部,另设秘书处,并组织编审委员会,及成立东南、西南两区管理处,同时建立社员小组、同人自治会小组,及业务小组三系统,使组织逐渐改进,更臻完善。

(二)关于业务之发展

1. 增设各地分支店,使发行网遍布全国。

本店在抗战以前,除上海总店外,仅成立汉口、广州两分店,及香港之安生书店,安生后以营业不振而收缩,归并粤店办理。自抗战开始后,陆续增设西安、重庆、成都、桂林、长沙、梧州、昆明、贵阳、兰州、香港等分店,同时增设万县、衡阳、宜昌、南郑、立煌、吉安、南城、金华、丽水、天水、沅陵、常德、柳州、南宁、桂平、乐山、南平、於潜等支店,及办事处,总计达二十八处。当沪重心移至内地时,曾与南京中央书店、杭州之江书店、开封北新书局、芜湖科学图书社等四处成立办事处,嗣以战局变化,先后收缩,其他如广州、汉口、长沙、南昌、遂川、恩施、巴东、海门、余姚、百色、六安、酆都、开江等十二处,或因战局推移,或因试办流动,亦已先后迁移,总计本店直接到达之处,已在四十处以上。

临时委员会为通过社章进行选举事告社友书

亲爱的社友们：

为了使本社的机构更加健全,本社同人工作的效率和兴味更加提高起见,最近本社有两件很重要的工作必须立刻进行,并加以完成,这就是：

第一,通过修改的社章草案。

我们的社章从本社成立到现在,因事实的需要,当中曾经过几次的修改,这修改的事实告诉我们,本社社章不可否认的还有很多缺点,这些缺点一直到现在还存在着。因为这样,根据全体社员的公意和要求,临时成立了一个社章修改委员会,负责修改社章。经过委员会不断的研究和讨论,这一修改社章的任务终于完成了。对原来的社章有过很多增改,为的要使本社社章更加周密完善。现在我们特将这社章修正草案发给每一个社员,盼望每个社员能提供更好的意见；同时,因时间和地域的关系,不可能召集全体社员大会来讨论和通过这一修正的社章草案。因此,经临时委员会的议决,对通过这一社章草案,采取下面几个办法：

一、本社章草案发给每社员一份,用通讯方式征求每个社员意见,并用通讯方式表决通过这一草案。

二、各地分店经理及办事处负责人负分发本社章草案给社员与收集该草案寄交总店之责。

三、本社章草案如有重要增改之处,皆旁附详细说明,请注意。

四、各地社员于收到本社章草案后,除个人研究外,希望集体讨论,以昭慎重。

五、凡现尚未成为社员,但在本店服务的职员,亦请参加讨论,倘有意见望同样另纸写出,交各分店经理或负责人寄交总店,俾供参考。

六、每一社员对每条社章如无意见提出,即作为对该条社章之同意和通过。如有意见提出,请另纸注明条数,详细写出,并上书本人姓名与分店地址。

七、根据全体社员对每条社章赞否之多数,来决定每条社章之通过。凡未经多数通过之社章,当继续研讨解释,务必在得到多数之同意与通过。

八、本社章草案从收到之日起,请尽于半月内交还。如能提早更佳。凡总店分店及办事处社员请交由负责人寄交总店甘蓬园先生收。

九、本社章草案每条经全体社员用通讯方式表决,得到多数赞同后,即成为正式社章,以后一切社务,依照新社章办理。

第二,进行理、监、人事委员的选举。

现在我们的社务是由临时委员会主持,大家知道,临时委员会系临时性质,无论在事实上和性质上,应该取消临时委员会而恢复过去的理事会、监察委员会及人事委员会,换句话说,就是要恢复常态,要使本社的组织更为严密灵活,而能够配合着大时代的发展和新文化的推进。但是,临时委员会的职权的停止,是要在正式的理事、监察委员会和人事委员会产生之后。

关于怎样的选举理事、监察和人事委员,这里有几个说明：

一、无论根据新的社章和旧的社章，理、监以及人事委员，概由社员全体直接投票选出。

二、依照旧章系召集社员大会或用通讯方式进行选举，新章以不可能召集社员大会，改一律用通讯方式选举。

三、新的社章要等每条正式全体多数通过，至少需时两月，但一方面，我们新理事会等的产生，刻不容缓，故不得不通融办理，先依照新社章凡理、监、人事委员改由全体社员一律用通讯方式选举。

四、根据这一次新的社章，正式理事选出十一人，监察委员选出三人，人事委员选出五人，皆由社员全体直接选举。倘使我们全体社员对这以上办法都同意的话，那末，就请先予通过新章选举理、监、人事委员各条，并同时进行新的选举。

社员选举条例如左

一、每一社员都发给社员一览表一份，借供参考，并望保存。

二、每一社员都发给选举票一张，该票注有选举人姓名、号码，并经临时委员会主席签字，以昭慎重。

三、每一社员之选举票务须缮写清楚，如有涂改调换情事，该票作废，务请注意。

四、每一社员于选举完毕必须在选举票上亲笔署名，并立即交分店经理或办事处负责人代为寄出。

五、每一分店经理及办事处负责人负分发、收集社员选举票之责，并请于一星期内办妥寄交汉口总店甘蓬园先生收。

六、选举票由临时委员会保存整理，并负责公布理事会、监委会及人事委员会委员当选人姓名。

通过名誉社员

另外，还有一件事就是通过名誉社员，依照旧社章，名誉社员是要经全体社员大会通过，新社章改由社员代表大会通过；但在新社章未正式通过前，仍是依照旧章经全体社员表决通过，办法是采用通讯方式。兹将临时委员会所提议的几位名誉社员姓名及略历介绍如左：

一、黄任之　黄任之先生想大家都是熟悉的，他是办职业教育的老教育家，是过去生活周刊社的创办人之一，他与《生活》有着十年以上的关系，以及黄先生的学问道德与努力救国工作的精神，都是值得钦佩的，故由临时委员会提出请他做本社名誉社员。

二、胡愈之　胡先生也是我们同人所敬佩的，他的为人大家都熟悉，不必多说。他是对本社最热心帮忙的一个，我们第一次的社章就是他起草的，他原是我们的老社员，因事退出，现在临时委员会提出又要请他来做本社的名誉社员。

三、张志让　张先生是上海律师界及学术界最令人敬重的一个学者，他不但学识渊博，对救亡运动非常热心，就是对文化事业也常有周密的建议。他最近参加本店的编辑委员会，贡献甚多，我们相信请他加入本社，对本社事业前途的规划是会有很大的裨益的。

亲爱的社友们，上面几件事都是很重要的，并且要赶快的完成的，请每一个社员都需要更加积极的紧张起来。谨致

文化抗日救国　敬礼！

临时委员会　廿七年四月一日

二十九年度工作计划大纲

第一 总 的 方 针

一、加强社务领导；

二、实行巡回视导，加紧训练干部，提高工作效能；

三、调整和充实现有据点及工作人员，不再扩展；

四、营业采"责成制"，提高处区及各店负责人职权，试行计划营业；

五、生产采"重四、新三、杂三"分配办法，增强资金流转；

六、节省开支，减少浪费；充分运用资金于造货供应；

七、加强进货、造货、发货、运输管理，提高各店营业额；

八、营业收入按期汇解，进货、造货、运输费用适量分配；

九、提高同人待遇，严格考绩；重质不重量；

十、一切工作均须有计划性，注意检讨改进。

第二 社 务 部 分

一、理事会方面：

1. 继续调制社员名册，发给甲种储蓄证；

2. 每一单位指定一社务连络员，进行社员社组工作；

3. 草拟社章修正草案；

4. 整理临委会及第五届理事会期内工作及经济报表，分期向社员报告；

5. 将廿五年度止公积所得资金□□□□依照理、人、监联席会议决定分配方案，草拟

　　具体

　　A. □……□；

　　B. 每一单位，必须根据工作部门予以精细□……□；

　　C. 每一单位，必须对下列工作人员□……□。

6. 根据廿六年以后历届决算拟具发给股息及分配红利等方案。

二、人事委员会方面：

1. 拟订薪给制度；

2. 调整薪额，提高待遇；

3. 拟订各项津贴办法；

4. 修订考绩标准；

5. 加强自治会组织领导。

三、监察委员会方面：

1. 查核本年度一切账目；

2. 拟订监察委员会办事规程；

3. 拟订审计暂行条例。

<h1>第三　业　务　部　分</h1>

一、总的方面：

    1. 调整机构事项：

        A. 总处除原有业务会议与科务会议应经常举行外,增加部务会议,至少每星期开会一次,报告并商计一周间重要业务；

        B. 总处总务部增设服务科,办理原有服务部工作；

        C. 总处营业部原有运输股改设科,由专人负责管理各区运输队及各转运据点指定之运输工作人员,取得密切连系；

        D. 充实区处机构,除已设生产、营业两科外,增设总务科,并重行规定其工作范围如下：

           ㈠ 总务科注重运输工作；

           ㈡ 生产科注重造货工作；

           ㈢ 营业科注重进货、发货工作。

        E. 东南区管理处为便利管理、造货、进货及编审工作计,移设上海；

        F. 总处秘书处统计科应有专人负责,办理各项统计工作。

    2. 工作连系事项：

        A. 总处部务会议记录应按期择要用密件分寄各区处负责人,业务会议记录应按期择要分寄各店负责人,以加强业务沟通与领导；

        B. 各区处及分店会议记录,必须每次抄寄总处,以供研讨；

        C.《店讯》多注意刊登各店通讯及总处动态,以沟通消息；

        D. 各区处及各分店每月应填之表报,应严格做到准期填报；

        E. 各店每月应将当地文化动态以及有关业务方面之变动情形,经常详细记载,报告总处,再由总处斟酌情形刊登《店讯》,以增进各地相互了解。

    3. 工作人员调整与分配：

        A. 各区处及各店工作人员,应根据其能力、兴趣及工作需要,力谋适当之调整与分配,以增进工作效能；

        B. 每一单位,必须根据工作部门予以精细的分工,同时亦必须注意密切合作；

        C. 每一单位,必须对下列工作人员之分配加以调整：

           ㈠ 对营业、会计等技术工作熟练而成绩优良者；

           ㈡ 对店历史较长、认识较深而态度公正无私者；

           ㈢ 有组织及教育能力者。

    4. 训练及吸收新干部：

        A. 草拟各项工作训练大纲,编印"店讯丛书",备作训练之用；

        B. 试办"实验分店",□计划训练干部；

        C. 每一单位,均须成立各种学术研究会；

        D. 经常与各职业介绍机关连系,罗致各部门熟练工作人员；

E. 经常办理人才登记。

5. 工作实行计划、竞赛与奖励：

    A. 各项工作必须有整个精密计划，责成负责人员执行，事后必须严格检讨；

    B. 实行每月或每字工作进行历；

    C. 拟订各种工作标准；

    D. 实行各种统计工作；

    E. 每一单位应根据预定之工作计划如期完成，并进行竞赛与奖励；

    F. 拟订工作竞赛与奖励办法。

6. 实行巡回视导：

    A. 草拟巡回视导办法；

    B. 每半年由总处派员会同区处实行分区视导一次；

    C. 巡回视导工作之要点：

    ㈠ 对总方针的讲述；㈡ 对各项工作的检查与研讨；㈢ 意见的沟通。

7. 改善作风：

    A. 根据"服从法令，接受纠正"之原则与各政府机关加强连系；

    B. 改善读者、作者、同业间之连系；

    C. 同人间应充分发扬和衷共济、通力合作之优点。

二、总务工作：

1. 拟订财产保管办法；

2. 详细调查同人家庭状况及各人个性与旨趣；

3. 调制历年有关同人福利金支出比较表；

4. 制定各项会议历及工作进行历；

5. 修订总区管理处及各店组织大纲及办事细则；

6. 实行各店大事日记；

7. 每三个月调查各地生活费一次；

8. 根据服务规约严格执行奖惩登记；

9. 严格实行考绩，及调查工作与生活状况，每半年办理一次；

10. 调整各店工作人员；

11. 统一各种表册印品式样，集中印刷供给；

12. 各店设立休息室；

13. 增设服务科，办理各项服务工作；

三、主计工作：

1. 编制本年度预算，造具上年度决算；

2. 拟订会计规程，及改良会计制度；

3. 编造各店生财总册；

4. 按期编制各店每月收支分类表报；

5. 整理暂记欠款；

6. 吸收储蓄存款；

7. 根据审计规程严格稽核各店账目；

8. 调制各店历届营业分类统计；

9. 草拟历届股息□……□；

10. 制定各店汇解货款分配表；

11. 办理会计师查核账册手续。

四、编审工作：

1. 单行本出版字数，假定为八百五十万字，其分配比例如下：

A. 高级学术	十四册	二，四四〇，〇〇〇字	28.7%
B. 中级学术	廿五册	一，六〇〇，〇〇〇字	18.8%
C. 时事	十二册	六二〇，〇〇〇字	7.3%
D. 辞典及语文	六册	九〇〇，〇〇〇字	10.6%
E. 儿童及大众读物	四十七册	五九〇，〇〇〇字	6.9%
F. 文艺	十七册	一，五〇〇，〇〇〇字	17.7%
G. 其他	十一册	八五〇，〇〇〇字	10%

2. 本年内应计划出版世界及中国大幅挂图或单行本各一种；

3. 民国三十年《生活日记》提前在本年六月底前完成；

4. 自学丛书、社会科学初步丛刊、工具书、中学补充读本各项，必须提前完成；

5. 定期刊出版字数，假定为七百八十七万字，其出版分配如下：

A.《全民抗战》周刊	（渝）
B.《世界知识》半月刊	港
C.《读书月报》	渝
D.《理论与现实》季刊	渝
E.《妇女生活》 ＼	渝
F.《文艺阵地》——改出月刊	迁渝
G.《战时教育》 ／	渝
H.《国民公论》半月刊	桂
I.《时代科学》二月刊	渝

6. 充实资料室；

7. 继续审查修订全部图书，依其性质合并，重行编目；

8.《世界文库》工作，在本年内完成；

9. 加强读者顾问部工作；

五、生产工作：

1. 照本年度预算营业总额为一百三十二万元，其中本版占七十五万元，什志占十七万元，兹
   分配如下：

A. 新书——以八百万字计算，每种印数五千册（符合营业额三十二万元）；

B. 重版书——以一千〇七十五万字计算，每种印数平均五十册，分畅销、常销及滞销三种印造，尽先赶造畅销书（符合营业额四十三万元）；

C. 杂志——以八百万字计算；共计杂志七种，每种平均销一万册（符合营业额十七万元）。

2. 从速建立重庆、桂林两造货机构，并连络各同业，必要时（运输路线中断）内地供应由内地负责；

3. 拟订各区造货管理办法；

4. 拟具各区各季造货分配表；

5. 实行成本计算；随时考虑改订定价；

6. 日记、地图、手册、稿纸等造货，随时按照限期完成；

7. 决定绝版书暂停印造；

8. 修正□□畅销书，重批加打纸型，分区印造供应；

9. 各书一律加印注册证或审查证号码；

10. 搜集全部本版书刊样本；

11. 充分购储造货原料。

六、营业工作：

1. 本年度营业总额希望达到一百三十二万元，内本版约占七十五万元，什志约占十七万元，外版约占四十万元。希望各店达到之营业额如下：

A. 华西区：

重庆	二五〇,〇〇〇.〇〇元
成都	五〇,〇〇〇.〇〇元
贵阳	六〇,〇〇〇.〇〇元
昆明	七〇,〇〇〇.〇〇元
兰州	二五,〇〇〇.〇〇元
共计	四五五,〇〇〇.〇〇元

B. 西南区：

桂林	八五,〇〇〇.〇〇元
柳州	二五,〇〇〇.〇〇元
衡阳	二五,〇〇〇.〇〇元
曲江	六〇,〇〇〇.〇〇元
梅县	二五,〇〇〇.〇〇元
共计	二二〇,〇〇〇.〇〇元

C. 东南区：

上海	四〇,〇〇〇.〇〇元
香港	二四〇,〇〇〇.〇〇元（港币八〇,〇〇〇.〇〇元）

新加坡	二四〇,〇〇〇.〇〇元(叻币四〇,〇〇〇.〇〇元)
广州湾	二五,〇〇〇.〇〇元
共计	五四五,〇〇〇.〇〇元

    D. 办事处:

西安	一五,〇〇〇.〇〇元
宜川	二五,〇〇〇.〇〇元
立煌	五,〇〇〇.〇〇元
泾县	一五,〇〇〇.〇〇元
罗定	二〇,〇〇〇.〇〇元
共计	八〇,〇〇〇.〇〇元

2. 加强各店能在营业区域内有计划的推广,普遍到各县城市镇,须用统计图表说明。

3. 加强进货工作,必须做到外版繁销货适量配进分发各店,估计正确,发货迅速。除上海应特别选调精干人员前往负责外,如港、渝、桂三处,亦须由总处指定一人专负外版进货之责,直接受总处营业部之指挥。

4. 组织运输队或设立转运输站,由总处指定专人负责,总处成立运输科,专司调查及管理工作。运输路线分配如下:

    A. 港曲线——由港经淡水、惠阳、河源、老隆至曲,必要时可在老隆成立转运站;

    B. 赤柳线——由赤经遂溪、玉林、贵县、桂平至柳,必要时可在玉林成立转运站;

    C. 沪金线——由沪经甬至金,必要时可在金设立转运站;

    D. 贡滇线——由沪经贡转昆明转运内地;

    E. 在沪、港、赤、曲、滇指定一人专管运输工作,受总处营业部之指挥。

5. 提高各什志销数,增加广告篇幅,使书籍销路扩增:

A.《全民抗战》	二万份
B.《世界知识》	二万份
C.《妇女生活》	一万份
D.《文艺阵地》	一万五千份
E.《读书月报》	一万六千份
F.《战时教育》	六千份
G.《理论与现实》	一万二千份
H.《国民公论》	八千份
I.《世界与中国》	一万份
J.《时代科学》	八千份
K.《全抗通俗版》	一万份

6. 各店常备简明书目,并每三月编新书目录一次;

7. 有计划的推广定户及邮购户;

8. 教科书按期加强推广;

9. 整理《世界文库》预定户，本年内予以结束；

10. 扩大邮购工作，发行书券；

11. 统一各店门市布置与图书分类；

12. 整理各店总经售及特约经售之外版什志，其内容正确而丰富者，应尽量争取由本店经售；

13. 扩大什志发行网，增设战地及内地代销处；

14. 各区中心经常编制全国出版物联合广告；

15. 加强迪化、河北、边区及海外批发工作；

16. 各店门市部设立阅览坐位；

17. 计划在渝、沪、蓉、筑、滇、港、星各店经营文具；

18. 香港发行工作，只发本港、澳门及国外，余均移赤店办理，并扩充赤店邮购工作。

总管理处通告八通

总管理处通告第拾捌号

本店附设之文化工作问讯处，为谋文化界便利起见，曾举办代转文化工作者信件之工作。办理以来，均称便利。此项服务工作，固能增加本店对于社会之贡献，但处此非常时期，如有民族败类，利用本店服务工作以进行其违反民族国家利益之活动，则危险殊大。是以本店以后代转信件，限定范围如下：发信人可以信任者；或收信人可以信任者；或可以信任之委托代转者。此外不知名之信件，收到后迅即批明"恕难代转，退回原处"字样，交原局退回。因此项信件本店不能代负责任，转交恐滋麻烦也。请为查照办理是荷。

右通告

常德分店经理孙洁人

总管理总经理邹韬奋

二十八年五月廿四日

总管理处通告第十九号

查自抗战开始以来，坊间出版书报，内容纯正者固多，但内容芜杂者亦复不少。本店旨在普及文化，增强抗战力量，是以对于经售书报之内容，本须审慎注意。近接数地分店报告，有因售卖书报之内容失检，引起当局误会等事，殊属不妥。嗣后对于查禁之书籍，务须严格遵守法令，随时检点，停止售卖，以免口实。查禁书籍中，如有已经内政部登记者，则可与当局试行解释，请求继续售卖；如解释未有结果，则通知总处，以便呈请内政部纠正。因该项书籍既经政府机关审查，应受法律之完全保障也。请为切实照办示复为荷。

右通告

店经理

总经理邹韬奋

六月三日

总管理处通告第二十号
——发行"生活推荐书"账务处理办法

一、生活推荐书预约金，在预收定费科目项下另立"生活推荐书"子目处理之。

二、生活推荐书邮寄户应加收之邮费，入装运费科目。

三、预约户自取者由各店自己发行，其预约金入预收定费科目。如系邮寄户则集中区中心店发行(沿海区——香港,西南区——桂林,华西区及西北区——重庆),各店代收之预约金与邮费,应入区中心店往来账,开往来通知单连同预约通知单寄交区中心店办理。

四、生活推荐书每期寄发预约户后,不问各期书价若干,均照预约金之平均数转账,即内地以每期八角三分三厘,沿海区以七角一分四厘计算,用销货、销折与预收定费三科目转账。

五、寄发预约户之"生活推荐书",均按对折计算,转本版进货账。

六、赠送预约户之《读书月报》,集中区中心店直接寄发,每期发出数量由区中心店开发货通知单,通知总处由总处转推广费账。

七、预约户如变更取书地址,例如自取者自甲店转至乙店,邮寄者自华西区渝店转至西南区桂店时,当由甲店或渝店核定该预约户之定费余额,开往来通知单划转乙店或桂店。

八、区中心店寄发"生活推荐书"与《读书月报》之邮费,如超过二元以上,由各区中心店自己负担。

右通告

店经理

总经理邹韬奋

廿八年六月五日

总管理处通告第二十二号

查本店所备之信笺信封,原来规定只限公事之用;同人书写私人私事信件,不能领用是项笺封。惟各地同人或尚有不明了此条规则,而仍用店中之信笺信封,作书写私人私事信件之用者。用特再通告,希自即日起,严格注意为要。如再忽视,即系犯规行为。所有各同人已领去之信笺信封,除备公事需用者外,请即行交还总务部或总务课。本店规模日大,同事日多,对公物多多注意节省,积少成多,即对本店公产有甚大之裨益,此点尚希诸同仁谅解为幸。

右通告

全体同人公鉴

总经理邹韬奋

六月十四日

总管理处通告第二十四号

查各分店贩卖书报,对于书报内容,务须审慎检点,前已通告周知。兹检奉"不准发售书刊一览"全份,请再细加检点,如有发现,绝对停止售卖,以守法令。依照中央当局之规定,关于查禁书报名称,地方当局应每隔十日通知各书店一次,以便商家协助杜绝流传。以后如有查禁书报,须请地方当局按时在事先通知,庶可有所遵循,而免误会。如有必要,或向地方党部请教,取阅中央政府或地方政府所颁发之禁书名单,以供参考。此外,对于外界寄来之邮件,亦须严格检点,如无关本店营业或足以引起事端者,须拒绝收受或消毁之,以免麻烦。尚希切实办理,并请将办理情形示复为盼。

右通告

店经理

总经理邹韬奋

二十八年六月二十四日

总管理处通告第廿六号

本店原规定在营业状况较好之情形下,每半年加薪一次。最近本店因受当局误会,分店被封或被迫停业者有十处之多,每月营业损失几达全部营业总额四分之一,其他尚有存货被封、调动人员旅费等巨大损失。在此种情形之下,本店经济周转至感困难,如照常规加薪,不堪负担。惟念同人半年来之辛苦,及战时物价高涨,故凡同人薪水在三十元以下者,本届仍酌予增加。所有本届考绩表,除作为本届之考绩参考外,其有优良成绩者,概合并于下届考虑之。此事业经人事委员会第三次常会开会时对于救济整个经济及顾到同人最低生活两方面详慎研究后,始行决议。如此措置,全体同人想亦必能予以谅解也。此致

全体同人公鉴

总经理邹韬奋

二十八年七月二十六日

总管理处通告第五十四号

二十九年度营业总预算,早经理事会通过在案,前曾通告各店先行试拟个别预算书,再经总处配合总预算予以核定,作为各店本年度营业努力之标准。兹为使预算工作及早实施起见,已由总处根据各店过去之营业状况,斟酌今后之营业预期,拟定各分店二十九年度营业预算书大纲,分发各店。兹将拟具大纲之原则分述如左:

一、营业实收数字,其分类平均折扣,假定如下:本版八五折,杂志八折,外版九折。

二、每月开支预算限额,系根据通告第四十五号第五条之规定,并参照各店实际开支拟定,开支分类细数,则由各店自行拟定,应包括装运费、推广费二项在内。

三、每月应解总处货款,系根据每月本版书刊营业总额以七折计算得之。今后各店解款,可随实际营业数字比例增减,但必须准期切实照解。(代收代付之往来款包括在内计算)

四、国外分店之预算数字,不适用上项原则,系另行拟定。

总处拟具本大纲,视为各店营业上与管理上之竞赛标的。各店务须每月检讨本身之业务,如营业额不达预算数时,当应筹谋推进之方针;如超过时,则益加奋勉。开支当力求撙节,以不超过规定之比数为最高原则。兹附奉 沪 店二十九年度营业预算书大纲一份,即希查照

办理。

右通告

上海分店经理

总经理邹韬奋

二十九年二月十三日

附上海分店二十九年度营业预算书大纲

类　别	全年营业总额	全年营业实收	每月营业实收	经常存货额	每月开支预算限额	每月应解总处货款
本版书	30 000	25 500	2 120	10 000		1 700
杂　志	5 000	4 000	330	80		200
外版书	16 000	14 400	1 200	3 000		
合　计	51 000	43 900	3 650	13 080	500	1 900

总管理处通告第九十一号

本店原定各种津贴办法,兹为节省开支起见,经理、人、监联席会议议决,变更如下:

一、战时生活津贴办法、预支薪水及借款办法、调动职务家属旅费津贴办法、抚恤办法仍予保留。

二、有眷属员工住外津贴规则、工作人员接眷旅费津贴办法、求学津贴办法、回家旅费津贴办法,自三十年一月起均暂行停止施行。待日后经济情形较好转时,另行考虑恢复。

三、家属膳食津贴办法改为"家属米贴办法",条文见附件。

四、工作人员穿着制服暂行办法仍予保留;该办法第四条原文末,应增加如下之文字:"但试用尚未满期之员工,不能享受此项津贴。"

五、医药津贴及病假办法仍予保留;该办法第二条丁项原文末,应增加如下之文字:"地处内地之同人,因药费昂贵,得按照下述比率提高津贴之:渝、蓉、筑、滇提高三分之二;桂、梅提高三分之一。"

六、其他各项津贴办法如同人雇用仆役膳食津贴等,一律取消。

以上所述各条变更办法,自三十年一月份起实行,即请查照办理为盼。

右通告

店经理

总经理徐伯昕

卅年一月六日

附　件
家属米贴办法

一、凡本店同人有妻或夫、子女,而该家属自身未有收入者,得依照本办法领受米贴。

二、同人子女十二岁以上作全份计算，六岁以上十二岁以下作半份计算，六岁以下除吃奶者外，作四分之一计算。

三、适合于第一条规定之同人，每人得领受米贴，至多以一份为限。

四、每份津贴数量（每月两斗），依照该家属居住地本店发薪日之劣等米市价计算，如两斗劣等米市价超过国币十元时，其超过之数，由本店津贴之。

五、领受米贴者，须于事先将实情报告总处，获得许可，由总处通知附近之分店支付之。

六、本办法以通告施行之。如有未尽善处，由人事委员会修正之。

邹韬奋与徐伯昕关于生活书店
遭受当局诬陷与摧残二文

为生活书店辟谣　敬告海内外读者及朋友们书

韬　奋

海内外读者及朋友们：

　　生活书店由于海内外读者及朋友们的深厚同情，热心赞助，经十五年之惨澹经营，始略具规模，对于国家民族的文化事业，无日不在艰苦奋斗中，以无负海内外读者及朋友们的热诚期望。自抗战爆发以来，对于抗战国策的宣传与前方精神食粮的供给，尤竭尽心力，不敢懈怠，所设分店深入战区及游击区，同事冒战地危险而努力服务，屡次押运大量书籍出入敌人封锁线，艰苦备尝，几遭不测，有一同事因忠于职务，不幸惨遭敌机炸毙，为抗战文化而牺牲。凡遇党政当局有所号召，本店无不竭诚响应，不敢后人，举其较显著者，如在战时首都，本店第一家响应党部对于义卖的号召；在党政军五大机关五十万封慰劳信的伟大运动中，本店同人全体动员，单独征得慰劳信十三万余封；中央党部征求翻印总理遗教，本店亦为第一家响应实行者；此外如广印《蒋委员长抗战言论集》，特为前方战士编行《全民抗战》周刊战地版（总数已达五十余万册），为一般民众编行《战时读本》（总数已达百余万册）及大众读物（宣传抗战的通俗小册，总数已达三百余万册）等等，凡遇与抗战有裨的文化事业，虽在印刷、纸张及运输极艰难的情况中，无不全力奔赴。本店虽自愧贡献微薄，但尚可告无罪于国家民族。不料最近屡承读者见告，谓竟有人造谣中伤本店，说本店是受共产党津贴的机关，企图利用党派摩擦以破坏本店的事业，最初以事出捏造，一笑置之，但报告者日多，且有以此类诬陷的印刷品见示者，似有人企图造成不利于本店的浓厚空气，作为整个摧残的张本，所以不得不根据事实，略加辩正。我国自抗战以来，全国同胞及各党各派皆在最高领袖及政府抗战国策领导之下，精诚团结，一致为国努力，党派原已不应成为罪名。本店所以辩正在事实上并没有任何党的关系，不过就事实加以说明而已。为简明计，请分三点略加解释。

　　第一，谣言中最动人听闻者，为本店以如许小资本（民国廿四年十二月廿八日向实业部商号注册资本十五万元，领有执照设字〔第〕八七〇号）怎样能办这样大规模的事业，于是认为这就可以作为本店必然受了共产党津贴的铁证！这种诬陷的话，是完全抹煞了本店十五年艰苦奋斗日积月累的历史。本店最初为生活周刊社，该刊销数每期在十五万份以上（有当时邮局盖章的立券簿为证），仅仅该刊每年的订费即有数万元。本店忠诚为读者服务，积时既久，信用日著，所以刊物种类亦渐多，都深蒙读者赞许，每年所收订费之总数亦逐渐增加；此外因侨胞读者以及内地读者经常存款委托随时代办书籍，邮购户经常总在三万户以上：这两项每年一二十万元以上的订费和书费存款，虽非资本，但只须分期及随时由书刊中逐渐偿还，在运用资金方面实为读者对本店间接的莫大的协助。这种事实完全由于本店多年在广大读者间所建立的信誉而来，初办同类事业者未能在短期间得到这样的基础,或一般社会人士不明此中实际情形者,听到有人致疑于本店以如许小资本能办这样大规模的事业,往往易被谣言所迷惑。去年六月间,重庆市政府社会局会同市党部及中央图书杂志审查委员会,派员三人亲到本店审查账册,连查二日,对于经济之来踪去迹,特别注意,结果无弊病可言,足见本店实全恃自食其力,绝不受任何方面的津贴。造谣者之毫无根据,不辩自明。此外本店同人创业的艰苦,平日工作的辛勤,亦有非外人所能尽悉的。最初数年,因经济特别困难,同人工作夜以继日,有几位同事因过于劳瘁,以致牺牲生命者,如由练习生逐渐升至主计部主任之孙君梦旦,由练习生逐渐升至分店经理之陈君元、毕君子桂等,都是因为过劳伤及健康以致短命早死。近数年虽因业务比较发达,劳苦比较减少,但以支出随事业发展而渐大,仍不得不极撙节,每日工作仍极紧张,每一同事仍极辛苦。现在还有好几位同事因参加创业过劳及多年辛勤而致疾,未获痊愈的(多属肺病)。即韬奋自己,亦因参加创业,日夜工作,伏案过久,发生胸部剧痛,病剧时在床上乱滚,医生束手,每数日一发,或一日数发,缠扰数年,后来出国游历二年,才渐渐痊愈。这样由海内外无数热心读者所赞助与许多同事的血汗乃至生命所培植,经十五年的含辛茹苦而有今日的文化事业机关,竟有人广播毫无根据的谣言,企图中伤,每念及此,不胜痛心! 是非不明,正义何在! 一个文化事业机关被摧残的事小,影响于国家民族的前途事大。这是韬奋所沉痛悲愤,诚恳提出,希望全国公正人士加以注意的。

第二,关于书报内容,亦往往被造谣者加以种种诬陷。本店出书共达九百十余种,其中有关思想问题者仅四十种,为图书杂志审查委员会认为应禁止者二十六种,在此二十六种中尚有十种为已由内政部审查通过得有执照者。足见本店在出版方面即偶有被认为有错误之处,亦甚微细,且早已接受纠正。本店出版的杂志,都已经过重庆图书杂志审查委员会的审查。依照中央图书杂志审查委员会对于一般书业的办法,在本年四月份以前出版的书,除有通令禁止者外,均可售卖,四月份以后出版的书须一律原稿送审,本店已随同同业一致遵办。韬奋个人曾以国民参政员资格在国民参政会中提出撤销原稿审查的议案,这是不错的,但这是另为一事,至于在政府决定之后,公布法令,国民有服从法令的义务,这又是一事。韬奋认为出版自由之争,为个人属于国民方面应尽的天职,而本店服从法令的态度,亦为平时一贯的方针,这种界限,是最应该分别清楚的。

第三,关于本店在管理上相当地采用了民主的原则,亦往往被造谣者作为一种口实。其实本店的同人自治会,其任务只是由同人自理关于卫生、娱乐及自我教育等事;同人所公举的人事委员会,其任务只是在相助商决关于考绩奖励及待遇等事;每二周由各分店负责者召开店务会议,由同事参加工作检讨及商决有关营业上的种种问题。本店同人自创业以及现在,在极艰苦的环境中尚能团结奋斗共甘苦者,即借此集思广益,有事大家商量的民主精神,得以勉力维持。以上种种组织及会议都不出店务范围,竟有人诬为秘密组织或秘密会议云云,贸然加以毫无根据的罪名,实属冤抑。

谣言无根,原无足惧,亦不致引起政府轻信,但三告曾参,曾母投杼,不利于本店的谣言日播日广,即平日深表同情于本店的朋友们,也许以为本店是自陷于党派摩擦的漩涡中,实属自作自受,于人何尤,这样适中造谣者的阴谋,加深本店的冤抑,所以略就事实加以说明,诚恳希望海内外读者及朋友们主持正义，如听到上述谣言，代为力辟，俾十五年艰苦辛勤培成的文化事业机关不致含冤沉没，俾对国家民族能作继续的贡献，不胜感激之至。谨致

抗战胜利敬礼！

韬奋敬启

廿九、三、卅日深夜，重庆

生活书店横被摧残经过

生活书店创始于民国十四年十月，资金十五万元，曾在前实业部商号注册，出版定期刊物八种，书籍近千种，均经内政部及图书杂志审查会审查通过，由于海内外读者及朋友们之深厚同情，热心赞助，经十六年来惨澹经营，稍具规模。自抗战爆发后对于抗战国策之宣传与前方精神食粮之供应，尤竭尽心力，不敢懈怠，凡遇党政当局号召，无不争先响应，向不后人。所设分支店办事处前后共达五十五处，遍及十四省，满布于大后方，并深入战区及游击区，努力为抗战文化而忠心服务。不幸当局被谣言误会，认为本店以极小资本，如何能经营偌大规模之事业，诬为受共产党津贴，以致造成二十八年三月份起之严重误会，于继续十三个月中，被封或迫令停业之店有天目山、西安、南郑（汉中）、天水、沅陵、金华、吉安、赣州、宜昌、丽水、屯溪、曲江、南平（福建延平）、衡阳、宜川、立煌等竟达十六处之多，被拘工作人员共达二十八人之众，西安分店经理周名寰被拘二年，迄未释放。此外尚有兰州、乐山、万县、鄮都、南城（闽）等各分支店，则被一再横遭搜查并没收非禁售书刊，以及寄递之邮包，时遭无故扣押，以致被迫结束。二十八年六月间，重庆市政府社会局会同市党部及中央图书杂志审查会派员亲自到本店总管理处审查账册，特别注意经济之来踪去迹，但经二日查核之结果，毫无弊病可言。同年七月四日，中宣部潘副部长以叶部长之指示转告，要本店与正中书局、独立出版社联合组织总管理处或成立董事会，主持总的出版营业方针，增加资金，直接受党领导；经过本店再四解释本店为一独立之商业机关，政府无法律根据，可以命令合并，证诸查账经过，可见本店实全恃自食其力，绝不受任何方面津贴。至于本店出版书籍，其中最大多数均属一般常识，其与思想有关者仅四十一种，为图书杂志审查会认为应禁止者二十六种，而在此二十六种中，已有二十四种业经内政部审查通过得有执照者。平时经售书刊，亦均经审查许可，方予发售，从无任何违法情事，只有各地检查机关，不遵法令，任意将已审查通过之《苏联作家七人集》《鹰和它的奴隶们》等予以没收或扣留。当兹抗战已日益接近最后胜利，本店自当益自奋勉，期为抗建文化工作努力奋斗，讵料自本年（三十年）一月八日起至二十一日，不到半个月，又无故将成都、昆明两分店先后查封，桂林分店则被勒令限期停业，贵阳分店则在遭封后并将全体员工拘捕，家具现金搬运一空，形同抢劫！以一恪遵法令，努力抗战文化工作之正当商业机关，竟在毫无法律根据之情况下，平白遭此处分，似与政府保障正当商业、维护文化事业之原旨，显有不合。窃思一个正当文化事业机关被摧残之事小，而影响于人民观感及国家民族前途之事大，言念及此，不敢缄默，敬以事实经过，公诸爱护文化事业、主持正义之海内外诸公及读者朋友们，请赐予援手，俾冤抑得以伸雪，俾正当商业机关能获得合法保障，俾恪遵法令之文化事业机关，不致含冤沉没，而对国家民族能作继续之贡献，不胜感祷之至。

一、二十个分店被封及勒令停业经过

甲、二十八年三月起被封各店情形：

（一）浙江天目山临时营业处：该处于二十八年三月二日开幕，同月八日即被浙江省行署迫令停业，至十一日由警察等四人将临时营业处封闭，并将职员袁润及胡苏二人强迫押送出境，所有行李及财货均被封存，损失总值约二千元。

（二）陕西西安分店：二十八年四月廿一日晚，第×战区政治部，陕西省党部会同警察局至西安分店搜查，当时被扣去已经内政部审查注册准予发售之书刊一千八百六十册，并将经理周名寰拘捕，一面派警看守，强迫停止营业。至同月廿七日，又将全部同事驱逐，不准携带行囊，所有账册及现款四百元也不准携去，一并封闭在内。至同年五月底，陕西省会警察局复将西安分店全部货物生财约计四千元连同现款四百元及所有账册，全部没收，并代向房东取回店屋押金数百元，亦予没收；同时工友苟志汉于五月廿四日被便衣探员在途中拘捕，所携价值四百元之非禁书籍（《世界文库》等），无故全被没收。苟同事被押三日，最后迫写"伏辩"，始予释放。经理周名寰内患肺病，外患瘰病，屡经医生证明，依法请求保释未允，扣押迄今已近二年，仍未释放。而所有西安分店之生财用具，现悉陈列于文化服务社应用。

（三）陕西南郑分店：二十八年四月卅日县党部会同警察局搜查南郑分店，当〔时〕被扣去本外版书籍四百九十八册（其中最大多数并非禁书），及私信等物。五月四日，即遭封闭，并拘押经理贺承先。当时因南郑分店正在迁移中，以致新址旧址两处均被封闭。邮寄南郑生活书店函件及货物，均被没收。党部检查私人信件及日记结果，认为贺承先系一有为青年，劝其入党。所有存货及生财用具（连栈房在内）总值八千元左右，全被没收。

（四）甘肃天水支店：天水支店自二十八年四月至五月几遭搜查而被迫迁入陋巷后，因营业不佳，已在办理结束，讵知至五月三十一日又被县党部搜查，毫无所获。职员阎振业在车站候车，突遭拘捕；经理薛天鹏正在甘谷收账，亦被逮捕入狱。阎振业前后拘押七十四日，至八月十三日始无罪释放。薛天鹏在监因禁七月余，至二十九年一月上旬始证实"毫无罪状"而予以恢复自由，惟立即限令出境。

（五）湖南沅陵分店：二十八年六月九日深夜，由县党部会同警备司令部及学生抗敌后援会至沅陵分店搜查，至十日中午复作一次搜查，前后扣去本外版书籍五百余册（其中并无禁书），当将代理经理诸侃拘捕。诸侃于当日保释，十一日起继续恢复营业，至十三日县政府命令限于三天内收歇，自十六日起，沅陵分店遵令收歇。

（六）浙江金华分店：二十八年六月十四日，浙江省党部会同警察宪兵等搜查金华分店，当搜去书刊千余册（中有八百册业经金华图书杂志审查委员会审查通过之书刊）。当即将职员阮贤道拘押，判处徒刑六个月。同年七月一日复到店限十分钟内强迫同人迁出，将店与栈房同时封闭。至七月卅日，始予启封，但呈请复业未予照准，迫令自动收歇。同年九月十一日，阮贤道无罪出狱。

（七）江西吉安分店：二十八年六月十五日，省会警察总队执行省党部命令，搜查吉安分店及栈房，结果一无所获。至同月廿三日又被县党部等搜去非禁书数册，省会警察总队即勒令停业，至同月廿九日遭封闭。

（八）江西赣州分店：二十八年六月十五日，由县党部等至赣州分店搜查，当时搜去代售之非禁售书数册，至十六日，遂即勒令停业，几经交涉无效。

（九）湖北宜昌分店：二十八年六月十七日，湖北省党部会同警备司令部、警察局及图书杂志审查委员会等同至宜昌分店搜查，当时扣去书刊一千四百廿三册（其中除本版已经内政部注册准予发售者外，外版书中亦并无禁书），其余均被封起，且迫令停业，并将职员杨罕人拘押。杨罕人被押七日，最后胁迫杨罕人于六月二十三日在当地《武汉日报》登刊"悔过"启事。至同年七月廿三日，准予启封存货，惟勒令自动停歇。

（十）浙江丽水支店：二十八年六月廿六日，县党部会同警察局搜查丽水支店，当即带去非禁售书籍数十种，声言重予审查，而同时即将货栈查封（存货总值约一万余元），门市亦被迫停业。

（十一）安徽屯溪支店：二十八年六月廿九日，屯溪支店未经搜查，即由县政府无故勒令限期收歇。

（十二）广东曲江分店：二十八年七月八日晚十时，由武装警长一人，带领便衣探员十余人至曲江分店搜查，当即带去非禁售书数册，并将店封闭。

（十三）福建南平分店：二十八年十月廿三日中午，由当地警察所长"邀请"负责人（经理顾一凡）至县长处谈话。谈话终了，即派人与顾一凡同程返店，将账册银钱及私人行李搬出，然后在店门上加上封条，顾一凡亦即被押。所有书籍，各检样书二册复审。顾一凡至二十九年四月十三日始行无罪释放，前后囚禁共达半年。书籍经一再复审，至二十九年五月六日，认为无违法之处，始行发还，但不准复业。

（十四）陕西宜川临时营业处：二十九年二月三日，深夜十二点钟，突然打门闯进十多位武装同志，借调查户口为名，将负责人周军，职员王海瑞、林震东等三人用绳索捆绑后解至县政府看守所。至四日下午，经过一番审询后，王、林二人即行释放，周军依然还押。延至同月七日，周同事始行无罪释放。

（十五）湖南衡阳分店：二十九年二月五日，下午六时半，衡阳警备司令部会同警察局、图书杂志审查委员会、书业公会及保甲长至衡阳分店搜查，搜查至深夜十二时，并未检出任何一册禁书，而结果依然将店封闭，并将职员十一人全体逮捕，拘押于警备司令部。后来几经交涉与疏解，结果十一人在铁索玲琅中押解至耒阳，经过军法执监大堂之审询后，认为毫无罪状，始于三月十八日准予交保释放，几经请求复业无效。

（十六）安徽立煌分店：立煌因地处敌后，交通运输本极困难，加以当局凡遇生活书店之邮包，概行无故扣留，因是立煌分店已于二十九年三月底开始赶办结束，讵知至四月五日因邻居失火而诬本店同事方钧、严永明二人为纵火者，结果被拘押至警备司令部，且传至军事法庭审讯，问题亦由失火事而牵涉至所谓政治问题。于是在转辗押解与候询之复杂情形下，方、严二人一直囚押至五月廿二日始行认为无罪而交保释放。

前述十六个分支店均系直接受到摧残与打击而被毁灭者，其他各地分支店，除五处系因战局关系而撤退者外，余均遭到各该地当局之压迫过甚而无法继续营业（例如无故没收非禁书刊或扣留不问内容如何之印刷品邮包等等）。因之在抗战后先后广布于各地之五十五个分支店，迄至廿九年六月，仅剩六个分店。以六与五十〔五〕之比，其惨遭摧残之情形，深堪痛心！

乙、本年二月起被封或勒令停业各店情形

本年二月起，本店仅存之六个分店，又接连遭难，未及半月，被查封与迫令停业者，竟达四个分店。总观前后种种事实，与外间盛传"如中央不能合并生活，只有加以消灭"之说，不无令人疑惧。最近本店负责人于接到各店查封与限令停业之电讯后，即亲赴中宣部访晤王部长雪艇，及许主任秘书孝炎，均负责表示中央并未发出此类命令，且亦并无此意云云。然以短短半个月不到之时间内，即行封闭及限令停业各地四个分店，其间是否确系地方性质，似有难以置信之嫌。

（一）四川成都分店：三十年二月七日，四川省图书杂志审查会即到店检去书籍二十四种，至八日晨既无正式行文，亦未明示审查结果，即遭封闭。事后于十二日下午由审查委员会会同三民主义青年团与警士数人到店没收已经内政部注册与重庆市图书杂志审查委员会审查通过之书籍，以及并无明令查禁之书籍等二千六百八十七册，总值约计千元。

（二）广西桂林分店：三十年二月十日，桂林当局接到中央查封本店命令，（三民主义青年团中央团部及中央宣传部）当约本店桂林负责人谈话，限令于三日内办理结束。至十二日晚七时余，桂林分店门市正当顾客十分拥挤之时，忽有一个穿军服及二个穿便服者，私自将数十本非禁之纯文艺书籍拿走。当时该分店门市职员认为此系窃书无疑，当即与之交涉，一经查询，该三人方出示名片二张，上书"军委会少校谍务员"及"桂林警备司令部特务连长"。非禁书籍，自属不能任意带走，而该谍务员与该连长等，竟收据亦不出，即径自携书而去。事隔半小时，该连长与警备司令部官长多人又重临门市部，进门即大声辱骂本店营业旺盛之景况为"毫无秩序"，并喝令顾客不准将所买之书带走。移时，又将所有顾客及职员留驻店内，合摄一照相，并迫读者签名及写明职业住址方准相继离去。继后又拥进警察四名，宪兵六名，以及省党部人员三名，将桂店职员四人拘押至警备司令部，店内留驻警察二人及宪兵一人。拘捕之职员四人，经过审讯后即当晚十二时释放。事后发现会计课贮藏现钞之抽屉锁被毁，缺少现款六百余元及各项单据；门市预储兑换之辅币十余元及委员长白磁像二十余个，亦已不翼而飞；收发课短少邮票百余元；同人消费合作社所有之肥皂、袜子、牙膏以及所有之日用品及私人信件，亦都取去。经交涉后，信件仍发还。至十四日又至栈房搜查，计扣去准备发给定户之《鲁迅全集》全套及其他非禁书数十册。

（三）贵州贵阳分店：贵阳分店于三十年二月二十日深夜二时，由当地审查会会同宪警查封，当〔时〕将经理及职员全体拘捕。至二十四日职员已陆续释放，经理周积涵则移押于保安处。当查封之晚，贵阳分店所有之生财存货及银钱，全被搬运一空，形同抢劫。目下周经理积涵仍在羁押中。

（四）云南昆明分店：昆明分店于三十年二月廿一日晚七时被封，封存货物之总值约在万元以上。

按诸一般法律手续，公司或个人有犯法行为，应由主管机关根据事实控告于法院，依法判罪执行。以出版法规而论，如书店发售违禁书刊，须先通知其停售或送审，倘不遵照办理，应依法先予警告；警告无效，则可将事实经过，诉诸法庭，依法判罪。不应审查标准不统一，有若干书刊，中央通过而地方予以禁售，地方通过而中央予以查禁；更不应检查机关不统一，不论宪兵、警察、三民主义青年团、审查会、邮检所等均可不经法律手续，任意不问书刊内容，不述理由，无故检扣没收或竟不给收据，私自取去。至于拘捕工作人员，有禁闭数月而不加审讯者，有囚禁将近二年而尚未自知其罪状者，或竟移送集中营长期锢禁者，或锒铛入狱，而又倏忽无罪释放者；甚至先有封书店，后审查书刊内容，再加找寻证据者。凡此种种，实属视法律如无物，视人命如儿戏！前线闹"文化食粮"饥荒，而后方却在如此摧毁文化事业，痛哉！

二、书刊被非法扣留及查禁情形

依据三年来各地封店捕人之种种事实，其唯一之理由，谓为本店有售卖违禁书刊之嫌。但在事实上，本店自二十九年四月份起，已依照中央图书杂志审查委员会对一般书业之办法实行，即在二十九年四月以前出版之书籍，除有通令禁止者已遵令停售外，余均依法售卖；在四月以后出版书籍，须一律将原稿送审，本店亦均遵令办理，迄未稍懈，且均有事实案据，足以证明。即就本店所有之出版物而论，迨至最近，其总数为九百六十余种，被列入为禁书者，仅止二十六种，而在此二十六种中，尚有二十四种已经审查通过及早经内政部注册者，且此绝对少量之禁书，事实上均已遵令停止发卖。兹将书刊被扣及查禁情形分述如后：

（一）长篇文艺创作《新生代》已经广西省图书杂志审查委员会审查通过，并执有桂书字第十四号审查证，后遭中央审查委员会命令禁售，各地存书全被没收。以同一审查标准审查通过之书籍，仍遭查禁，审查会不负任何责任，则出版之人权益与损失，已全无法律保障可言。

（二）儿童故事《鹰和它的奴隶们》及翻译小说《苏联作家七人集》两书，先后遭中央查禁。盖前者执有重庆市图书杂志审查会审查证渝图字六七八号，后者执有重庆市图书杂志审查会审查证渝图字第九五九号。经几度交涉，方始准予解禁，然各地在查禁期内被邮检扣留，被审查会没收之数量，已属损失不赀！

（三）已经内政部审查通过准予注册发行之书籍如《中国外交史》（内政部注册执照警字第九九七二号）、《救亡手册》（警字第九八〇三号）、《从旧世界到新世界的外蒙》（警字第九七八五号）、《中国不亡论》（警字第九七三八号）、《给初学写作者的一封信》（警字第九八四二号）、《抗战歌曲第一集》（警字第九七一四号）、《抗战歌曲第二集》（警字第九八七一号）、《德国农民战争》（警字第九九七五号）等八种，均先后被查禁、扣留及没收之数量，不胜计算。已经过政府审查许可发行之书籍，而又遭政府查禁，出版界之困难，于此可见。

（四）廿九年四月一日至十八日以前本店出版之《小革命家》《赵老太太》《四劝》《战斗》《中国政治史讲话》《歼灭》《一年间》《国际纵队从军记》《抗日根据地鲁西北区》《近代中国经济史》《新哲学概论》《政治经济学讲话》《法西斯政治赌博》等书十三种，均被中央图书杂志审查委员会查禁（其中《四劝》《战斗》《歼灭》《一年间》《近代中国经济史》等五种，均已由内政部审查通过，准予注册发行）。查各出版业在四月前所发排稿件，均未将原稿送审，后经四月十六日呈准复审，当由中央图书杂志审查委员会第二十六次会议议决，"令饬依照书籍杂志查禁解禁暂行办法呈候办理"，当将被扣经过，被扣书每种多至三千余册，抄表呈报，请求复审解禁，经七月二日、八月三十日、十二月五日，本年一月廿二日迭次函催，时隔近年，迄未复审解禁，显系故意拖延。

（五）最近成都分店之被封，据四川省图书杂志审查委员会称因成都分店一再售卖《组织工作读本》等禁书，此显与事实不符，盖《组织工作读本》一书，早经内政部注册且执有警字第九八一七号注册执照。而在事后没收之书籍中计有：《世界知识读本》（执有内政部注册执照——以下简称注册执照——九八二二号）、《战争途中的日本》（执有重庆市图书杂志审查委员会审查证——以下简称审查证——渝图字七七一号)、《台儿庄之战》(执有审查证渝图字六八二号)、《萍踪忆语》(执有注册执照九八二四号)、《国际现势读本》(执有注册执照字七八四号)、《什么是新启蒙运动》(执有审查证渝图字六九〇号)、《突击》(执有审查证渝图字九八九号)、《黄花岗》(执有审查证渝图〔字〕七一九号)、《战争军火与利润》(执有注册执照九八四三号)、《封建主义》(执有注册执照九八四〇号)、《铁流》(执有注册执照一〇〇二四号)、《思想方法论》(执有注册执照九七一〇号),以及其他本版书如大众读物等与外版书如《孙哲生先生演讲集》等合计二千六百八十七册,总计约值千余元。以此已遵令审查,且已获得法律保障之大量书籍,仍在"一再售卖禁书"之借口下予以没收,则出版商人之合法权益何在?

(六)各地邮局无故查扣书刊及宪警等没收书刊,不胜枚举,例如:

A. 廿八年七月九日万县宪兵第三团第三营第八连向万县分店搜去内政部审查通过准许发行之书籍《民众动员论》(警字第九七八五号)、《抗战与外交》(警字第九七三九号)、《逻辑学与逻辑术》(警字第九七九六号)等共四千三百四十册,经再三交涉,迄未发还。

B. 廿九年一月六日,寄往阜阳青年书店之挂号邮包九件,内系《倭营历险记》等一百六十八册,及一月八日续寄之快包九件,内系《全民抗战》等期刊三百五十册,均被宿县检查员全部扣留。

C. 廿九年二月二十日由渝寄曲江分店之书籍十二种,内系《国际现势读本》二百本,及《抗日游击战术问题》四十二册等,全部被曲江驻邮局检查员扣留。

(七)《全民抗战》按期均经重庆市图书杂志审查委员会审查通过后印行,而各地仍有时予非法扣留或无故没收之事实。尤有甚者,如前南郑分店发售该刊,非经当地重行审查绝不能自由发售;至郑店被封闭后,同业代售该刊,竟有明令禁止发售者。继后至该刊第一四四期与一四五期,因重庆市图书杂志审查委员会受空袭影响而迁至南岸办公,通知全民抗战社每期原稿只能作一次送审,且须隔天始能取回,查过去周刊每期至少须分二次送审,并规定发还时间,至迟不得过一日,该刊在万分困难中,仍勉力照办,但遇有时间性之稿件,常因审查后交还较迟或送审稿件扣登后补充之稿件临时无法送审,故有于次期原稿送审时一并补行送审。而一四四期与一四五期稿件中,因有《领导青年的方向问题》及《最近国际局势与敌寇诱降阴谋》两文,审查会认为内容有不妥处应予删改或免登,当时因该两期均已排印,不及抽改,故决定将应行修正处涂抹后发售,且曾获该审查会主任干事面允,讵料事后仍由中宣部通令各地将该两期予以查禁,而各地方审查机关竟扩大为自一四五期以后之《全民抗战》概行禁止发售,此种误会,实属冤抑莫明!

总之,本店对于出版书刊方面,素来绝对服从法令,接受纠正。惟审查会对本店出版书刊之审查,一天严格一天,已经审查通过在杂志上发表过之文字,另印单行本时,又须重加删改,稿件被扣,日益增多,并密令各地学校不采用已审查通过之教科书及参考书。在运输上更受各水、陆、空交通机关严格限制,并检扣邮件。其他如浙江、江西等地,凡印有"生活书店"字样之书籍,不问内容,一律禁售,如发现即予没收。甚至在二十九年夏本店总管理处不幸被敌机炸毁,同仁正在抢救财物,而宪警则来搜检纸型以去,如此惨酷非法摧残,夫复何言!

徐伯昕

1941 年 3 月